RUMOS E METAMORFOSES

Um estudo sobre a constituição do Estado
e as alternativas da industrialização no Brasil
1930–1960

SÔNIA DRAIBE

RUMOS E METAMORFOSES

Um estudo sobre a constituição do Estado
e as alternativas da industrialização no Brasil
1930–1960

2ª edição

PAZ E TERRA

© by Sônia Draibe

CIP-Brasil. Catalogação-na-fonte
Sindicato Nacional dos Editores de Livros, RJ.

D795r

Draibe, Sônia
Rumos e metamorfoses: um estudo sobre a constituição do Estado e as alternativas da industrialização no Brasil, 1930-1960 / Sônia Miriam Draibe. —
Rio de Janeiro : Paz e Terra, 2004
ISBN 85-219-0752-4

Anexos
Bibliografia

1. Brasil — Indústria e Estado — 1930-1960. 2. Brasil — Política econômica — 1930-1960. 3. Brasil — Política e governo — 1930-1960. 4. Capitalismo — Brasil I. Título II. Título: Estudo sobre a constituição do Estado e as alternativas da industrialização no Brasil, 1930-1960 III. Série.

85-0181

CDD-322.30981
338.981
320.981
330.1220981

EDITORA PAZ E TERRA S/A
Rua do Triunfo, 177
Santa Ifigênia, São Paulo, SP — CEP 01212-010
Tel.: (011) 3337-8399
Rua Hermenegildo de Barros, 31A
CEP 20241-040 — Rio de Janeiro, RJ
Tel.: (021) 2242-0456/2507-3599
E-mail:vendas@pazeterra.com.br
Home Page:www.pazeterra.com.br

2004
Impresso no *Brasil / Printed in Brazil*

Para meus irmãos e meus amigos.

Sumário

Introdução 9

PRIMEIRA PARTE — AS FACES DO LEVIATÃ 51
Introdução 53

Capítulo 1 — 1930-1945: Rumo à industrialização e à nova
forma do Estado Brasileiro 75

A ossatura material e a emergência da nova forma de Estado 76
O projeto de industrialização pesada e os planos econômicos:
questões de coordenação e planejamento 87
As bases fiscais do Estado e as questões do financiamento da
industrialização 102

Capítulo 2 — O governo Dutra: A direção conservadora e a
neutralização da ação econômica estatal 125

O sentido das alterações do aparelho econômico 126
Planificação no governo Dutra: A "modernização" da estrutura
produtiva e a fragmentação do plano 131
Governo Dutra: Questões de tributação e financiamento 143

Anexo I 161
Anexo II 165

Capítulo 3 — O segundo governo de Vargas: Avanços e resistências .. 167

O plano geral de desenvolvimento econômico e social 169
Problemas de financiamento 182
Os impactos no aparelho estatal: Centralização e limites 192

Anexo III 219

Capítulo 4 — Considerações finais: Crise do Estado na etapa
final da industrialização 223

SEGUNDA PARTE: AS ARTIMANHAS DO LEVIATÃ 243
Introdução 245

Capítulo 1 — Os limites do planejamento 257

As imposições do plano: do DNC ao IBC 258
Os limites político-institucionais: Dasp e Conselho Nacional de
Economia 273

Capítulo 2 — Os limites dos controles políticos 299

O controle do Executivo pela restrição ao poder pessoal do
Presidente 302
Freios e contrapesos: O reforço do Poder Legislativo 309
A organização política estatal: Interpenetração dos poderes e a
"Reforma do Estado" 319

Considerações finais — Formas do Estado e limites do Liberalismo .. 337

BIBLIOGRAFIA 355

FONTES
Anais 366
Boletins 367
Decretos e leis 368
Jornais e periódicos 369
Mensagens 371
Relatórios 372
Outros 373

Introdução

I

A crítica da economia política da Cepal realizada principalmente por Maria da Conceição Tavares[1] e João Manuel Cardoso de Mello,[2] assim como a *Revolução burguesa no Brasil*, de Florestan Fernandes,[3] apreendendo a historicidade particular da constituição do capitalismo no Brasil, abriram novo espaço teórico em que podem ser recolocadas algumas questões pertinentes à relação entre Estado e industrialização.

Apesar das diferenças existentes entre os trabalhos desses autores, é possível indicar convergências quanto à visão geral que ilumina as suas análises: tomam as transformações econômicas e sociais no Brasil como um processo que retém simultaneamente tanto as características gerais de todo e qualquer desenvolvimento capitalista, como aquelas específicas, próprias de um capitalismo que se constitui na etapa monopolista do capitalismo mundial e que tem como ponto de partida um passado colonial.

A partir da crítica da economia política da Cepal, caracterizam-se de forma distinta as etapas percorridas no processo de constituição do capitalismo no Brasil. Indiquemos, rapidamente, aquelas que se delinearam com a introdução do trabalho assalariado: a economia exportadora capitalista, a industrialização restringida e, finalmente, a industrialização pesada. Com a constituição da economia capitalista exportadora no Brasil, abre-se um período de transição capitalista. Conforma-se uma estrutura econômica na qual aparecem as diversas formas de capital: o comercial, o bancário, o produtivo, ligado às atividades de exportação, o capital estrangeiro com suas inversões em sistemas de transporte, serviços públicos etc. e, finalmente, o capital industrial. Apesar da acentuada diversificação das formas de capital, a economia exportadora é dominada pelo capital mercantil.

Esse domínio limitou os investimentos industriais ao setor produtor de meios de consumo popular, obstaculizando a instalação de um setor produtor de meios de produção. Caracteriza-se esta fase como de "crescimento industrial",[4] para diferenciá-la de um processo de industrialização. Tal "crescimento industrial", diante das exigências da industrialização, não conferiu ao capital industrial um grau de diversificação e uma escala suficientes para a dominância neste processo de acumulação, nem o habilitou a destruir formas pretéritas de organização da produção. É a heterogeneidade desta fase que permite caracterizá-la como uma estrutura de transição: sob a dominação do capital mercantil, nela convivem as mais diversas formas de organização da produção e distintas relações de produção.

Dessa forma, "com o nascimento das economias capitalistas exportadoras, já o dissemos, o modo de produção capitalista se torna dominante (...). Porém, o fato decisivo é que não se constituem, simultaneamente, forças produtivas capitalistas, o que somente foi possível porque a produção capitalista era exportada. Ou seja, a reprodução ampliada do capital não está assegurada endogenamente, isto é, de dentro das economias latino-americanas, em face da ausência de bases materiais de produção de bens de capital e outros meios de produção. Abre-se, portanto, um período de transição capitalista".[5]

Com a crise desse tipo de economia, em fins dos anos de 1920, o período de transição ingressa em nova fase. O período de 1930 a 1961 marcou o momento final do processo de constituição do capitalismo no Brasil, na medida em que a industrialização desencadeada a partir da Crise de 1929 culminou com a plena formação das bases técnicas indispensáveis à autodeterminação da acumulação capitalista.[6]

As características da dinâmica da industrialização, entre 1930 e 1961, implicam a delimitação de duas fases específicas. Na primeira, entre 1933 e 1955, "há *industrialização* porque a dinâmica da acumulação passa a se assentar na expansão industrial, ou melhor, porque existe um *movimento endógeno de acumulação* em que se reproduzem, conjuntamente, a força de trabalho e parte crescente do capital constante industriais; mas, a industrialização encontra-se *restringida* porque as bases técnicas e financeiras da acumulação são insuficientes para que se implantem, *num golpe*, o núcleo fundamental da indústria de bens de produção, que permitiria à capacidade produtiva crescer adiante da demanda, autodeterminando o processo de desenvolvimento industrial".[7] Na segunda, entre 1956 e 1961, o surgimento de um bloco de investimentos altamente complementares e concentrados no tempo promove uma *alteração radical* na estrutura do sistema produtivo, ao mesmo tempo em que a capacidade produtiva amplia-se muito além dos horizontes determinados pela demanda preexistente:

> Há, portanto, *um novo padrão de acumulação*, que demarca uma nova fase, e as características da expansão delineiam um *processo de industrialização pesada*, porque este tipo de desenvolvimento implicou um crescimento acelerado da capacidade produtiva do setor de bens de produção e do setor de bens duráveis de consumo antes de qualquer expansão previsível de seus mercados.[8]

Sob essas formas históricas — a economia exportadora capitalista, a industrialização restringida e a industrialização pesada —, sob dinâmicas de acumulação e crises particulares, a transição capitalista no Brasil envolveu um processo de profundas transformações sociais. Na verdade, a industrialização é tão-somente o aspecto econômico de um processo mais amplo da formação e consolidação da dominação e do poder burgueses, ou seja, do processo de revolução burguesa.

Com a riqueza e complexidade que a caracteriza, a análise de Florestan Fernandes apreendeu, sob o conceito de revolução burguesa, esse conjunto e a peculiaridade das transformações que permearam o processo de constituição do capitalismo no Brasil nas diferentes fases da transição. Retomemos suas palavras:

> Na acepção em que tomamos o conceito, a revolução burguesa denota um conjunto de transformações econômicas, tecnológicas, sociais, psicoculturais e políticas que só se realizam quando o desenvolvimento capitalista atinge o clímax de sua evolução industrial.[9]

Distanciando-se de uma concepção que reduz a noção de revolução burguesa a um momento político determinado, de "assalto" ou controle direto do Estado, Florestan Fernandes insiste antes no fato de que esse é um processo de construção simultânea das estruturas sociais e políticas da dominação e do poder burguês. Nesse movimento, constituem-se concomitantemente as bases materiais sobre as quais repousa o poder da burguesia, assim como as estruturas políticas — o Estado — pelas quais a dominação e o poder burguês se expressarão e se exercitarão como um poder unificado, como "interesses especificamente de classe (que) podem ser universalizados, impostos por mediação do Estado a toda comunidade nacional e tratados como se fossem os 'interesses da Nação como um todo".[10]

Nas condições particulares do Brasil, dimensionadas recorrentemente pela conjugação orgânica de desenvolvimento desigual interno e dominação imperialista externa, processou-se uma "revolução nacional", no mesmo movimento que culminou, a partir do final dos anos de 1950 — sob o impacto da irrupção do capitalismo monopolista —, com a versão final do "Estado capitalista moderno": a forma típica, autocrática e sincrética do Estado capitalista nacional brasileiro.[11]

Florestan Fernandes é incisivo. A revolução burguesa não foi democrática; no seu processo não foram revolucionariamente destruídas formas sociais e políticas pretéritas — houve modernização, incorporação, sobreposição de formas. O Estado, no movimento da sua constituição, expressará as particularidades desta revolução que dissociou e afastou os conteúdos e as alternativas democráticas e que avançou, ao mesmo tempo, como contra-revolução. Mas, mesmo assim, sob formas particulares, fez-se uma revolução burguesa, isto é, o seu movimento histórico foi o de uma transformação capitalista e de constituição das estruturas sociais e políticas correspondentes ao poder e à dominação burgueses: "Sob o capitalismo dependente, a revolução burguesa é difícil, mas igualmente necessária, para possibilitar o desenvolvimento capitalista e a consolidação da dominação burguesa".[12]

Por certo, uma revolução burguesa específica, historicamente determinada; inegavelmente um processo particular de constituição do capitalismo, mas, sem dúvida, uma revolução burguesa que envolveu e encaminhou, de modo singular, as grandes questões sempre presentes em processos de "transformação" capitalista da economia e da sociedade.

Como expressar, de um modo condensado, a natureza das transformações sociais que ocorrem no desenrolar de uma revolução burguesa? Fórmulas sintéticas quase sempre são simplificadoras e empobrecedoras dos conteúdos que pretendem abranger. Os nossos propósitos, entretanto, obrigam-nos a tal risco. É possível afirmar, como o faz o prof. Cardoso de Mello, que a natureza das questões e relações sociais presentes na revolução burguesa podem ser apreendidas sob três ângulos. Em primeiro lugar, ela envolve uma relação com o *passado*: a questão agrária. Trata-se, com base na estrutura fundiária existente e na sua transformação, da questão da mercantilização da agricultura, possibilitando a produção de alimentos e matérias-primas demandadas pela acumulação industrial-urbana, e viabilizando um fluxo migratório supridor das necessidades de mão-de-obra do aparelho industrial em expansão.

Mas as transformações em curso no processo de revolução burguesa envolvem distintas relações com o seu próprio *presente*. Aqui, podemos determinar as questões relativas aos conflitos intra-burgueses, isto é, as relações entre as distintas frações da burguesia no processo que culmina com a dominação do capital industrial e financeiro. É também neste contexto que adquirem sentido as relações entre uma burguesia em constituição e diferenciação e as outras burguesias já constituídas no sistema capitalista internacional. Em outras palavras, são relações sociais e de poder que emergem no momento crucial da transformação capitalista, referenciadas à questão da industrialização propriamente dita e à "questão nacional", vale dizer, às formas de articulação com o capital estrangeiro.

O processo de revolução burguesa envolve também uma relação com o seu próprio *futuro*, expressa na questão proletária e nos diferentes conteúdos das relações emergentes entre os setores dominantes e as classes subalternas. Sob este título, poderíamos incluir a questão urbana, a questão social e, a questão da cidadania e das formas democráticas ou autocráticas de consolidação do poder burguês.

Finalmente, nessa tríplice conotação temporal, a revolução burguesa envolve a questão do Estado, isto é, o movimento de construção das estruturas nacionais, centralizadas, unificadoras e centralizadoras que, sobre uma dada estrutura de classes, articularão e expressarão o poder burguês como poder unificado, manifesto como o "interesse de toda a Nação".

Obviamente, os conteúdos dessas questões são distintos, se levarmos em conta os diferentes padrões de constituição do capitalismo[13] ou se as apreendermos na concreção de cada caso particular. Além disso, num mesmo processo de transformação capitalista "reatualizam-se" constantemente essas questões, desdobrando seus conteúdos. Vale ainda a pena assinalar, numa perspectiva comparada, que são também distintos os *tempos* em que essas questões emergem e se impõem. Distribuídas ao longo de séculos, nos casos de desenvolvimento capitalista originário, talvez seja uma das características mais assinaladas pela literatura a forma quase que simultânea e condensada com que se impuseram na fase de transição de um processo *tardio* como o brasileiro. Principalmente a partir do momento em que se desencadeia a industrialização, as rápidas transformações atualizam e repõem em outros níveis essas questões.

No seu conteúdo mais geral, o que são essas questões senão relações sociais e suas transformações? No campo ou nas cidades, com características de conflitos ou contradições, de dominação e subordinação, esse conjunto de questões envolve as relações sociais básicas emergentes, em consolidação ou mesmo em destruição. Expressam, enfim, a "revolução social" que se opera no processo de constituição do capitalismo. Por isso mesmo, constituem momentos de lutas sociais, uma vez que implicam o destino das classes envolvidas.

A articulação desse conjunto de questões, as formas de hierarquizá-las, assim como o modo de "resolvê-las", não se fazem segundo modelos únicos, conforme soluções impostas inexoravelmente por alguma determinação objetiva. Não apenas comportam, cada uma, formas distintas de encaminhamento, como a sua articulação orgânica, isto é, o conjunto de "soluções" que podem receber, conformam alternativas diversas no processo de constituição do capitalismo.

Nesse sentido e considerando globalmente seus conteúdos, o conjunto dessas questões e as *alternativas* que envolvem constituem *vias de desenvolvimento* do capitalismo. Trata-se então de identificar, nas condições históricas particulares, os *interesses sociais estratégicos* que podem sustentar, a partir de si próprios, as alternativas globais para o conjunto das questões que a constituição do capitalismo coloca e, mais ainda, que logram definir, no campo das alianças e relações de poder, uma forma político-econômica de desenvolver essas alternativas de organização da sociedade.

Mais adiante, retomaremos a caracterização das vias de desenvolvimento capitalista no Brasil, na fase da industrialização, através de uma reflexão sobre seus *fundamentos* sociais assim como sobre seus contornos teóricos e históricos.

Agora, em face da problemática maior que enunciamos até aqui, é possível dar um primeiro passo a fim de localizar mais especificamente os objetivos a que nos propomos neste trabalho.

Pretendemos examinar, no período de 1930 a 1960, alguns aspectos da formação das estruturas capitalistas do Estado, buscando apreender as relações entre este movimento e as alternativas político-econômicas de consolidação de uma economia fundada no trabalho assalariado e na acumulação industrial.

Na verdade, trata-se de analisar o papel do Estado no processo de industrialização, apreendido no movimento simultâneo de diferenciação das classes sociais, das relações inter e intraclasses e da própria formação das estruturas do Estado. Trata-se, portanto, de captar num momento dado e à base da estrutura de classe e de poder em transformação, a *forma* que assume o *Estado de transição*, vale dizer, o Estado nacional capitalista *em formação*.[14]

Os vínculos mais abstratos entre Estado e industrialização foram explicitados e reequacionados a partir da crítica à concepção cepalina do processo de substituição de importações e das etapas de "desenvolvimento para fora" e "para dentro". Os trabalhos que indicamos permitiram reiterar o que as análises sociológicas e políticas já haviam assinalado — que a industrialização não se fez sob o comando de um empresariado inovador, capaz de cumprir as tarefas impostas ao desenvolvimento do capitalismo em condições como as nossas. Contudo, também demonstraram que o processo de industrialização brasileiro esteve longe de se desenvolver a partir do desdobramento "natural" de uma estrutura industrial, que se teria diferenciado gradativamente sob os impactos dinâmicos de sucessivos estrangulamentos externos. Já na etapa de *industrialização restringida* o crescimento econômico requereu não somente uma forte coordenação estatal, mas também uma ação do Estado inclusive como empresário, capaz de estender e levar até os seus limites os estreitos horizontes do setor privado. Muito mais dramáticas foram as exigências impostas ao Estado pela *industrialização pesada*. A fase de industrialização restringida implicou um avanço significativo no desenvolvimento das forças produtivas e da divisão social do trabalho, avanço que certamente foi precondição para a industrialização pesada. No entanto, entre uma fase e outra, houve uma profunda descontinuidade, que colocou exigências dramáticas à ação estatal:

> A ação do Estado foi decisiva, em primeiro lugar, porque se mostrou capaz de investir maciçamente em infra-estrutura e nas indústrias de base sob sua responsabilidade (...). Coube-lhe, ademais, uma tarefa essencial: estabelecer as *bases da associação* com a grande empresa oligopólica estrangeira, definindo, claramente, um esquema de acumulação e concedendo-lhe generosos favores.[15]

A reconstituição da dinâmica econômica permite reconsiderar, em quadros mais amplos, aqueles aspectos que a literatura econômica e política brasileira há muito tem destacado: a importância, o caráter fundamental, necessário, e o profundo grau de atuação do Estado na constituição do capitalismo e da sociedade burguesa no Brasil. De uma à outra fase da industrialização, com autonomia, força e capacidade de iniciativa, o Estado brasileiro planejou, regulou e interveio nos mercados, e tornou-se ele próprio produtor e empresário; através de seus gastos e investimentos, coordenou o ritmo e os rumos da economia e, por meio de seus aparelhos e instrumentos, controlou e imiscuiu-se até o âmago da acumulação capitalista. Do ponto de vista social e político, regulou as relações sociais, absorveu no interior de suas estruturas os interesses sociais e se transformou numa arena de conflitos, todos eles "politizados", mediados e arbitrados pelos seus agentes. Debilitou as instituições representativas e solapou as formas autônomas de aglutinação e expressão de interesses e conflitos. Manifestou-se como Executivo forte, como aparelho burocrático-administrativo moderno e complexo, e passou a operar com um corpo cada vez maior e mais sofisticado de funcionários, os novos burocratas, metamorfoseados, nessas circunstâncias, em aparente "tecnocracia". Não há necessidade de repisar aqui o que inúmeros estudos já mostraram, apontando os múltiplos aspectos de um Leviatã aparentemente incontrolável em sua expansão e poder.

Entretanto, a reconstituição das fases e da dinâmica da acumulação durante a industrialização não se resume a afirmar a importância e imprescindibilidade da atuação do Estado no processo de transição. Colocando o problema nos termos do processo de constituição do capitalismo e da revolução burguesa, os trabalhos recentes de reinterpretação, já citados, suscitam interrogações sobre a base social e de poder sobre as quais foi possível ao Estado, tanto na etapa de industrialização restringida quanto no momento crucial do salto em direção à industrialização pesada, adquirir capacidade e desenvoltura para levar a cabo o conjunto de decisões e articulações internas e externas que tais processos implicaram, nas sucessivas rupturas com os padrões vigentes de acumulação. Em outros termos, aqueles estudos reabrem a sempre presente questão de saber em que bases sociais pôde o Estado — as suas burocracias e as elites dirigentes — expressar e implementar um projeto de transformação capitalista que ia além dos horizontes estreitos dos vários setores dominantes e, em particular, da burguesia industrial.

O papel do Estado no processo de industrialização e das transformações sociais em curso, a partir da Revolução de 1930, mereceu desde há muito a atenção dos cientistas sociais e políticos. A natureza social do Estado que emergiu com a crise e a Revolução, os fundamentos de classe do poder e as condições políticas da particular autonomia de que parecia dotado constituíram as questões que se tratou de compreender através do conceito de *Estado de compromisso*.[16] Inegavelmente, coube aos autores que o definiram o mérito de ao mesmo tempo captar as particularidades de um momento da transformação capitalista no Brasil, que avançava em moldes bastante distintos do modelo democrático-burguês de revolução, e de abrir espaço à temática específica do Estado. Explico melhor.

Penso que a noção de "Estado de compromisso" propõe ao mesmo tempo vários níveis de questões. São conhecidos os termos analíticos pelos quais se indica, para o período que se inicia em 1930, a presença de um Estado de tipo particular, dotado de especial autonomia, fundada na incapacidade hegemônica, estruturalmente condicionada, dos múltiplos setores oligárquicos e urbano-industriais dominantes. A crise de hegemonia, nos termos desta análise, funda um tipo peculiar de Estado.

Por outro lado, a análise sobre o "Estado de compromisso" definiu também o espaço teórico para avançar a tematização específica do Estado, não apenas nas suas relações com um conteúdo determinado de poder — as suas relações com as classes —, mas também como um "aparelho especial" (o conjunto das suas instituições e organismos) dotado de capacidade própria e de uma lógica específica.

Nesse sentido, a noção de "Estado de compromisso" vai além do terreno em que se colocavam de início as divergências com análises anteriores. Os autores que a utilizaram não apenas travaram uma discussão sobre a natureza das contradições sociais e o caráter da Revolução de 1930, mas também propuseram uma análise do Estado brasileiro que continha os princípios da sua própria periodização: 1930 marca o início do processo de formação do Estado, nacional, moderno como "um órgão (político) que tende a afastar-se dos interesses imediatos e a sobrepor-se ao conjunto da sociedade como soberano".[17]

Um Estado específico, distinto da tradição ocidental "clássica": produto de uma prolongada crise agrária, da dependência dos setores médios urbanos e da pressão popular, o "Estado de compromisso" expressa a ausência de hegemonia de qualquer um dos grupos dominantes e exerce o papel de árbitro entre estes interesses, respondendo por uma solução de compromisso e equilíbrio. A fonte de sua legitimidade são as massas populares urbanas e ela se estabelece por mecanismos especificamente políticos de manipulação e auto-esforço que configuram, ao final, uma *democracia de massas* cujo traço distintivo, em última instância, é o Estado mostrar-se de forma direta, sem mediações, a todos os cidadãos e de, numa dinâmica própria, absorver e concentrar em si as possibilidades de mudanças estruturais.

A análise do "Estado de compromisso" indicou os elementos fundamentais para um avanço na compreensão da etapa de desenvolvimento do país a partir de 1930: a particularização da questão do Estado, a sua peculiar autonomia diante dos interesses dominantes, incapazes de assumir a direção política do processo de transformações sociais, dadas as condições econômicas e a crise do Estado oligárquico; o momento específico do processo de formação do próprio Estado, como instituição e fonte do poder político, nas suas formas peculiares de ampliação da cidadania; o movimento de generalização das políticas, legitimadas como políticas de massas e justificadas como de "interesse nacional". Proposta de interpretação que se afasta não apenas dos antigos procedimentos de transposição de "modelos" de revolução burguesa e desenvolvimento capitalista concebidos *a priori*, mas também de análises mais recentes, que identificam uma forte coalizão conservadora de interesses na base social do Estado, reproduzindo outros modelos, o da transição do tipo "modernização conservadora", ou o da "via prussiana" de desenvolvimento capitalista.

Explico melhor. Entendo que a análise do Estado de compromisso indicou, na crise de hegemonia, os fundamentos da autonomia do Estado, mas não deixou de insistir também na sua substância social, nos conteúdos sociopolíticos que haveriam de dinamizá-lo: os setores dominantes e também as massas urbanas, que, ao serem erigidas em fonte de legitimidade, introduziram sua marca particular ao processo de transformação e às políticas de industrialização. A política do Estado não feriu nem se afastou totalmente dos múltiplos interesses oligárquicos e agroexportadores; contemplou interesses imediatos dos setores médios urbanos e da burguesia industrial e, excluindo o campesinato, incorporou progressivamente os setores populares urbanos:

> Essa política sustentou no plano econômico a defesa do nível de emprego e, por conseguinte, do mercado interno e da indústria nacional, por meio de fortes investimentos estatais na infra-estrutura assim como pela ampliação dos controles governamentais.[18]

Ao sobrepor-se com autonomia neste conjunto heterogêneo de interesses, nem por isso o Estado se constituiu desvinculado desses, flutuando em um hipotético vácuo social. Ao contrário, foi sobre essa base que se enraizou o seu sentido da política industrializante que teve de compatibilizar o conjunto heterogêneo dos interesses dominantes e também oferecer oportunidades de inserção econômico-social aos grupos populares numericamente importantes.

Essa análise, entretanto, esbarra em dificuldades, quando se examinam mais de perto as relações entre a ação industrializante do Estado e o conjunto heterogêneo de interesses sociais. Como a noção de compromisso supõe implicitamente um certo "equilíbrio" ou "empate social" entre setores agrários e urbano-industriais ou, por outro lado, tende a ser utilizada nas análises concretas como sinônimo de aliança política, introduz dilemas para a compreensão de um período marcado principalmente pela instabilidade de coalizões políticas. Período cujas características mais estruturais apontam exatamente para uma acentuada heterogeneidade de interesses, em processo de grande diferenciação e *desequilíbrio crescente* (introduzido pela industrialização, pela rápida diferenciação dos setores capitalistas e das massas assalariadas, pelo avanço da mercantilização da agricultura etc.).

A meu ver, a noção de Estado de compromisso não permite a compreensão da especificidade da organização e expressão *política* dos interesses, na ausência de sólidas vinculações sociais nacionalmente estruturadas e na impossibilidade da conformação de alianças estáveis, dirigidas politicamente por qualquer fração burguesa, isto é, naquelas condições de ausência de hegemonia que o próprio conceito quis demarcar. O que permanece como problema é exatamente a identificação das diferentes "modalidades de compromisso" entre forças sociais não estáticas e em transformação, e em face das questões da industrialização, elas mesmas em processo contínuo de "reatualização".

Até onde outras análises supriram, mais recentemente, tais lacunas?

Ao recolocar, sob os conceitos de "modernização conservadora" ou "via prussiana" de desenvolvimento, as particularidades das relações entre o Estado e a industrialização, os autores que avançaram essas interpretações tenderam ou a subestimar o papel do Estado, afirmando implicitamente um certo automatismo do curso da transformação econômica, ou a dissociar a ação industrializante estatal da própria coalizão conservadora que definiria o conteúdo político do Estado.[19] Nos seus termos mais gerais, supuseram um caminho único de avanço do capitalismo, sob a forte e permanente direção política de elites de corte autoritário,[20] ou superestimaram a autonomia dos técnicos e burocratas na definição e implementação do desenvolvimento econômico.

No que diz respeito à questão da industrialização propriamente dita e às iniciativas estatais referentes à instalação das indústrias de base, Luciano Martins explicita de forma mais nítida o papel dos segmentos burocráticos, dotados de autonomia e poder decisório, "para planejar o desenvolvimento capitalista com base em critérios "universalistas". É a razão pela qual os tecnocratas aparecem mais como os *promotores* do desenvolvimento: a tarefa de *produtores* do desenvolvimento pertence aos empresários despolitizados e que mal podem ver além dos muros de suas fábricas".[21]

Enfatizando os aspectos limitados e autoritários de um processo de transformação capitalista que se fez na ausência de uma burguesia "conquistadora" e à base de uma coalizão elitista de formato oligárquico, a rica e sugestiva análise de Luciano Martins corre o risco de transformar a moderna burocracia econômica, que emergiu no pós-30, em ator isolado, senão único, do processo de industrialização. No limite, tal abordagem conduz a uma dissociação entre as ordens política e a econômica.[22]

Ainda que diferentes, as análises feitas sob os conceitos de Estado de compromisso, modernização conservadora ou via prussiana partem da mesma premissa: a ausência de uma revolução burguesa clássica. Entretanto, acabam por repor os mesmos problemas e questões que pretenderam elucidar quando, corretamente, criticaram e quiseram se distanciar do uso de fórmulas esquemáticas e modelos preconcebidos para a análise da transformação econômica e política brasileira. É como se a questão teórica mais geral se recolocasse, recorrentemente, sem solução: na especificidade do caso brasileiro, como entender os vínculos entre industrialização e Estado? Como qualificar a peculiar autonomia do Estado, na ausência de hegemonia de setores dominantes, evitando porém o recurso de conceber uma elite de caráter demiúrgico que teria encaminhado a industrialização por um ato de vontade e sem raízes estruturais de classe? Qual é, enfim, a especificidade da revolução burguesa nas condições do desenvolvimento do capitalismo tardio?

Ninguém deixa de reconhecer a dificuldade para apreender as relações entre Estado e industrialização no desdobramento de um processo multifacetado, cheio de idas e vindas, marchas e contra-marchas, como o nosso no período 1930-1960. É inegável, entretanto, que a transformação no pós-30 não foi unilinear e unívoca, e dificilmente será apreendida por uma caracterização *geral* da estrutura de poder — o "compromisso", a coligação conservadora, o populismo —, ou apenas no simples nível do jogo político entre forças heterogêneas.

Isto posto, não estaríamos diante da necessidade de abordar esta fase de constituição do capitalismo por meio de instrumentos conceituais que se distanciem tanto dos atributos de uma teoria geral quanto de uma reconstrução de caráter historiográfico formas que, calcadas nos aspectos socioeconômicos e políticos de um processo tomado tal qual efetivamente ocorreu, são incapazes de reconstruir as tendências, os embates de força e poder que, enfim, desembocaram nos resultados conhecidos? A natureza do período exige, a nosso ver, que se evite tanto a concepção de uma monótona e imutável estrutura de poder (concebida como uma *dada* relação entre classes e frações de classes) quanto a visão casuística que tende a suprimir as determinações de ordem mais estrutural, reduzindo as explicações a articulações conjunturais de interesses.

As análises de Cardoso de Mello sobre as fases percorridas pela industrialização brasileira a partir da crise da economia exportadora capitalista, bem como o estudo de Florestan Fernandes, abriram a possibilidade de se considerar o período de 1930 a 1960 *na simultaneidade e especificidade dos processos de constituição das bases materiais do capitalismo, da formação e expressão de suas classes fundamentais e da construção do Estado capitalista e burguês no Brasil.* É a partir daí que é possível a natureza das relações entre o político e o econômico, entre o Estado e a sociedade, de modo a poder identificar, na sua concretude histórica, as expressões da autonomia e da capacidade dirigente do Estado.

Consideramos que somente nessa perspectiva *histórica* é possível afirmar e identificar com rigor a *direção política* do processo de transformação capitalista no Brasil. O que está em pauta são as tendências alternativas diante da industrialização e as forças sociais sobre as quais se definiram no Estado distintos projetos de transformação social e de *hierarquização de interesses econômicos e políticos.* Ou seja, os distintos conteúdos com que se pretendeu equacionar e resolver as grandes questões da revolução burguesa: a questão agrária, a questão das relações das frações burguesas entre si e com as burguesias internacionais já constituídas, a "questão social" e, finalmente, a questão da construção e do funcionamento das próprias estruturas estatais.

A título de hipótese, empreendemos a seguir uma reflexão acerca das alternativas de industrialização e do processo de constituição, no Estado, da direção política sobre o desdobramento da transição capitalista. Nessa reflexão sumária, procuraremos tão-somente explicitar as idéias gerais e os passos que supomos ser necessários observar para a recuperação histórica da questão da direção política e da autonomia do Estado na fase da industrialização.

II

O primeiro passo para compreender a questão da direção política que definiu, em última análise, os contornos definitivos assumidos pela industrialização capitalista no Brasil consiste em determinar *abstratamente* as alternativas de desenvolvimento que se abriram a partir da crise de 1929.

Para apreender as *vias* de desenvolvimento do capitalismo brasileiro, na sua fase final de constituição, é preciso partir da configuração estrutural de interesses presente no momento em que se desencadeia a industrialização. O desenvolvimento mercantil-exportador forjou uma determinada divisão social do trabalho que se articulava em torno de três setores sociais que poderíamos chamar de histórico-fundamentais: a burguesia mercantil-exportadora, a burguesia industrial e o proletariado. Esses setores sociais, classes ou frações de classe definem-se como fundamentais, porque são *historicamente capazes de ordenar, a partir de seus interesses estratégicos objetivos, o conjunto da sociedade*. Em outros termos, é pela capacidade de generalização, de transformação de seus próprios interesses econômicos, sociais e políticos em interesses de amplos setores da sociedade, convertendo-se em base do Estado, que a burguesia mercantil-exportadora, a burguesia industrial e o proletariado definem-se como "portadores de futuro", ante às questões concretas da nova fase de constituição do capitalismo que se abriu em 1930.

É óbvio que objeções de ordem empírica poderiam ser opostas a essa argumentação. Naturalmente, nem desconhecemos que a crise de 1929-1930 abalou os alicerces da burguesia mercantil-exportadora, nem ignoramos a fraqueza congênita, econômica e política, da burguesia industrial, nem, muito menos, olvidamos a fragilidade de um proletariado recente, fragmentado e disperso. No entanto, convém insistir na necessidade de construir categorias que permitam *estruturar o campo da luta de classes*, pois só então poderemos apreender o significado daquelas características "empíricas": fragilidade, formação recente, dispersão etc. só adquirem plena inteligibilidade na problemática da construção da direção política. Contudo, a compreensão do conjunto de problemas que a construção da direção política coloca exige, previamente, a definição objetiva dos interesses fundamentais em face das questões colocadas, também objetivamente, para e pelo desenvolvimento capitalista.

Retomemos, ainda que sumariamente, as características da estrutura social forjada na estrutura cafeeira. Mas por que partir da economia cafeeira? Na verdade, foi este complexo exportador o único que logrou estabelecer um sistema de reprodução ampliada e, portanto, capaz de definir um dinamismo e uma diferenciação interna, inexistentes nos outros complexos regionais (o açucareiro, o cacaueiro, o da borracha etc.).[23] Portanto, é a partir dela que se devem considerar as alternativas estruturais de desenvolvimento pós-30. Isto não significa um desconhecimento do papel das outras oligarquias regionais no movimento político concreto, mas um reconhecimento da sua impossibilidade de constituir uma *base de interesses* e, assim, uma alternativa de desenvolvimento com base na estrutura social existente. Como demonstrou João Manuel Cardoso de Mello,[24] o capital cafeeiro abrigou distintas formas: era capital produtivo, comercial e bancário; era capital empregado no campo (produção e beneficiamento do café) e na cidade (atividades comerciais, de importação, serviços financeiros e de transportes). Essa diferenciação do capital cafeeiro correspondia a um conjunto de relações de dominação econômica entre os distintos setores mencionados, consubstanciando uma trama social que comportava, simultaneamente, nexos de solidariedade e de oposição. O núcleo produtivo organizou-se com base no trabalho assalariado, conformado por uma estrutura competitiva de milhares de empresas, em geral submetidas à pressão financeira crônica e prisioneiras de estruturas oligopsônicas nacionais e estrangeiras, de comercialização e financiamento. O segmento comercial e financeiro — casas exportadoras e bancos — eram capazes de ditar as condições de financiamento (juros e prazos) e de determinar os preços ao produtor com o manejo dos estoques. Portanto, era principalmente na dimensão comercial e financeira que se fundava o *grande capital cafeeiro*. Ao contrário, o *pequeno e médio capital cafeeiro* não transcendiam a órbita competitiva da produção. Assim, o capital cafeeiro, como realidade complexa, revelava-se predominantemente mercantil-financeiro e subsidiariamente agrário. O desenvolvimento do capital cafeeiro aprofundou uma determinada divisão social do trabalho e estabeleceu uma dinâmica determinada de reprodução:

> (...) a produção cafeeira é, simultaneamente, demanda por terras, meios de produção e força de trabalho, pelo lado da acumulação e, pelo lado de gasto corrente, demanda por alimentos, bens de consumo assalariado e bens de consumo capitalista. A acumulação de meios de produção e o consumo capitalista se financiam com a capacidade para importar gerada pelo próprio complexo exportador cafeeiro. Somente a demanda de alimentos e bens manufaturados de consumo assalariado, uma vez constituídos a agricultura mercantil de alimentos e o setor industrial, são atendidos por produção interna, com o que se internaliza a reprodução da força de trabalho.[25]

A reprodução ampliada do complexo cafeeiro estabeleceu, assim, uma determinada articulação com o capital industrial: de um lado, era suporte indispensável à reprodução da força de trabalho no campo e na cidade e, de outro, alternativa para a aplicação de lucros. Por sua vez, o capital industrial dependia do capital mercantil-exportador tanto para repor e ampliar seu capital constante, através das divisas geradas, quanto para sua própria realização, pois era incapaz de gerar os seus próprios mercados.

No bojo do complexo cafeeiro, diferenciou-se um setor de agricultura mercantil de alimentos, contraditoriamente subordinado — quase nos mesmos termos do setor industrial — às condições da acumulação mercantil-exportadora. Este setor heterogêneo respondia à reprodução das forças de trabalho urbana e rural e à demanda de matérias-primas da indústria, abrigava tanto grandes quanto pequenas e médias propriedades, e estava submetido a um circuito comercial oligopsônico.

Os movimentos das formas de capital presentes na economia mercantil-exportadora mostravam uma dupla natureza: o capital mercantil-exportador, o capital industrial, o capital agrário-mercantil (produção de alimentos) e o capital bancário diferenciaram-se em seus circuitos próprios. Por outro lado, não consolidaram órbitas plenamente autônomas de reprodução, uma vez que a dominância do capital mercantil mantinha todas as formas — inclusive a bancária — estruturalmente nucleadas em torno da produção agroexportadora.

A diferenciação crescente da economia cafeeira impulsionou a divisão do trabalho, na sua dimensão urbana, com o crescimento das atividades comerciais atacadistas, varejistas, bancárias, burocrático-administrativas de construção civil, serviços de utilidade pública etc.[26] Neste processo, as classes médias urbanas diferenciaram-se em dois segmentos: uma *classe média tradicional* baseada na propriedade ou na obtenção de honorários ou rendas relativamente elevadas, conservadora, objetiva e subjetivamente atrelada aos destinos, do café; e as *baixas camadas médias*, formadas pelo contingente de pequenos varejistas, assalariados do comércio, bancos, escritórios, funcionalismo público e trabalhadores por conta própria, como bem distinguiu Décio Saes.[27] Este último conjunto de assalariados urbanos não-proletários e trabalhadores por conta própria (que não formam uma pequena burguesia, nem uma plebe urbana de marginais) conformava um perfil particular de interesses. Nas grandes cidades, em conjunto com o proletariado industrial e a plebe, conformavam uma "massa urbana", cujas condições particulares de existência tendiam a compor um campo difuso de interesses em torno dos problemas urbanos, enquanto os consumidores defrontavam-se, conflitantemente, com o comércio ou a indústria; ou os citadinos demandavam por políticas de melhoria de emprego, habitação, transportes, educação, saneamento, abastecimento etc.[28]

Sintetizemos tudo isso. A economia mercantil-exportadora, ao ter desenvolvido uma determinada divisão social do trabalho, constituiu uma estrutura social peculiar, dominada pela burguesia mercantil-cafeeira, por sua vez, nucleada pelas frações comercial e financeira. No nível da produção cafeeira estruturou-se um numeroso conjunto de empresários e um amplo colonato rural, responsável também pela produção mercantil de alimentos. O crescimento da indústria deu origem a uma burguesia industrial e ao proletariado urbano. As demais atividades de suporte da economia exportadora, como o comércio, transportes, bancos etc., por sua vez, permitiram o aparecimento de uma pequena burguesia e de um estamento de classe média de altas rendas e, de outro lado, de um setor de assalariados urbanos não diretamente proletários. Estes últimos, ao lado do proletariado industrial e da plebe, formavam uma massa cujas condições de vida, nas grandes cidades, começavam a tomar contornos de uma questão urbana. Tratava-se, portanto, de uma estrutura social já diferenciada e *heterogênea*, tanto no nível das classes dominantes quanto das classes e frações subalternas. Essa estrutura heterogênea fundamentava-se em um certo grau de avanço das forças produtivas que, apesar de limitado pela subordinação ao capital mercantil, desenvolveu uma potencialidade virtual de reordenação do padrão da acumulação capitalista. Com efeito, a crise da economia cafeeira, que atingiu seu clímax com a depressão dos anos de 1930,[29] representou a possibilidade de ruptura da sua forma de inserção no âmbito da economia mundial capitalista, atrelada que estava aos tempos e contratempos da demanda proveniente dos mercados dos países centrais. Mas, o estabelecimento da dominância do capital industrial, como novo eixo da acumulação capitalista, não se deu como um desenlace, deduzido abstratamente a partir das condições estruturais já descritas.

Na verdade, a severidade do colapso que atingiu frontalmente a economia mercantil-exportadora *abriu diferentes alternativas de desenvolvimento capitalista*. Independentemente das considerações sobre a maior ou menor viabilidade histórica de uma ou outra dessas alternativas, nenhuma delas estava, automaticamente determinada *a priori* como solução para o futuro.[30] No contexto da crise, qualquer das alternativas implicaria, para sua materialização, uma nova política no interior do Estado e, simultaneamente, uma transformação do próprio Estado. O problema da *direção política do Estado e seu sentido* torna-se aqui crucial. E remete uma vez mais à questão da natureza dos setores sociais, forjados na estrutura heterogênea da economia exportadora, capazes de projetar, a partir de seus interesses objetivos, alternativas distintas em relação ao futuro.

Entendemos, pois, que a caracterização dos interesses objetivos das classes e de suas frações deve ser precedida de uma reflexão sobre quais desses interesses desfrutam de uma potencialidade de generalização, para se transformarem em interesses amplos da sociedade nos campos econômico, social e político. Com base na análise da estrutura social gestada pela economia exportadora, determinamos os três setores fundamentais, a burguesia mercantil-exportadora, a burguesia industrial e o proletariado, os únicos capazes de construir seus interesses como *base* do Estado, projetando um "perfil" ou uma alternativa de industrialização. Com isto queremos dizer que cada um desses setores fundamentais constituía uma *base de interesses* capaz de ordenar, de uma determinada maneira, as questões do desenvolvimento do capitalismo. Eram esses interesses que, na sua expressão e diante das questões do desenvolvimento, poderiam articular em torno de si outros setores sociais, diferenciando-se ao longo do tempo como vetores tendencialmente dominantes. É nesse sentido que nos propomos pensar as *vias de desenvolvimento*, que devem ser entendidas como possibilidades estruturais, como formas de equacionar de modo distinto as questões da revolução burguesa. Essas vias alternativas constituem, assim, tendências-limite que podem ser apreendidas teoricamente. Assim, se estas alternativas estruturais configuram potencialmente as tendências-limite de direção do Estado, determinam — de forma simultânea — o *espaço substantivo da política*. E é a definição deste espaço substantivo que nos permite compreender o *movimento político concreto*, em torno da revolução burguesa, no processo de constituição da *forma* particular de Estado coetânea ao avanço da industrialização.

É necessário que entendamos precisamente o sentido teórico e histórico dessas *vias de desenvolvimento*. Não constituem um projeto fixado de antemão pelas forças políticas em luta, mas emergem e se caracterizam nos meandros do movimento histórico concreto. Isso quer dizer que, apesar de subjacentes, as alternativas estruturais não se expressam em estado puro, pois que resultam do enfrentamento das forças políticas pela conquista da direção do Estado, concretizadas em torno de projetos que aspiram, incessantemente, articular alianças e coalizões para a formação de blocos dirigentes. Outra qualificação que se impõe é que os interesses estratégicos que dão substância a uma determinada via devem ser entendidos como possibilidades *tendenciais*, isto é, possibilidades presentes no curso de uma etapa histórica, neste caso, a etapa da industrialização propriamente dita. Há que reconhecer, desde logo, que as vias alternativas são desequilibradas, assimétricas e mutantes. Os próprios interesses estratégicos vão mudando, adquirindo novos conteúdos ante à recorrente atualização das questões fundamentais que o movimento da História impõe. Sendo assim, as diferentes vias não podem ser de maneira alguma identificadas com projetos específicos de partidos, movimentos e outras forças políticas organizadas, nem tampouco podem ser entendidas estaticamente, a partir de sua configuração no início dos anos de 1930.

Passamos agora à caracterização das distintas alternativas ou vias, entendidas, como vimos, sob o ângulo da ordenação das questões fundamentais do processo da revolução burguesa. A análise aqui realizada sobre a dinâmica da economia mercantil-exportadora permite esclarecer por que os interesses do *capital cafeeiro* tinham condições de propor e sustentar uma via de desenvolvimento nas novas condições abertas em 1930.

A dominação do capital cafeeiro admitia perfeitamente e, até mesmo, necessitava da expansão paralela de um setor industrial de bens de consumo, especialmente para sustentar a reprodução da força de trabalho. É certo que a expansão do setor de bens de consumo tenderia a criar as condições para a diferenciação e constituição do setor de bens de produção. No entanto, isso requereria a interferência decisiva do Estado, funcionando como aglutinador de capitais, como investidor direto e de grande escala em infra-estrutura e no setor pesado, condições necessárias a um "salto" para uma estrutura industrial dinâmica autônoma. Mas isso representaria uma profunda ruptura das políticas econômicas e um óbvio reforço no papel do Estado, em benefício dos novos setores industriais. Ora, do ponto de vista do capital cafeeiro, este avanço industrial significaria uma subordinação de seus interesses objetivos ao espectro das prioridades regulatórias estabelecidas pelos aparelhos estatais. Ao contrário, um avanço limitado e mais moderado do setor de bens de consumo, e até mesmo de bens leves de produção, poderia ser perfeitamente sustentado pela capacidade de importar gerada pelo setor exportador dominante, dentro da vinculação clássica à divisão internacional do trabalho, de forma que ficasse assegurada a reprodução do capital constante industrial necessário à produção ampliada de bens de consumo. Este tipo de vinculação tradicional à economia mundial requereria, por sua lógica, uma política liberal (de câmbio e tarifas) que visasse o suprimento mais conveniente e competitivo dos bens manufaturados. Isto, de saída, implicaria uma fronteira de expansão muito mais estreita e desprotegida como horizonte disponível ao capital industrial nacional. Nem por isso, contudo, representaria uma saída estagnante para o crescimento industrial.

Do que se expôs até aqui, ficam evidentes as formas peculiares de equacionar, por essa via, as questões nacional e da industrialização. Quanto à problemática agrária, a expansão cafeeira se fazia e poderia assim seguir à base da manutenção e conservação da estrutura fundiária concentrada e excludente, e das relações de subordinação da força de trabalho, o que lhe permitia, no limite, articular o apoio das outras oligarquias regionais. Por outro lado, o ritmo de desenvolvimento pretendido implicaria que a pressão advinda da demanda de alimentos por parte do contingente assalariado urbano seria moderada, sem envolver pressões sobre a estrutura fundiária. Finalmente, sua expansão admitia ajustes na fronteira com a pequena e média propriedades.

Do ponto de vista das massas urbanas, essa alternativa projetava um padrão conflitante e desfavorável, pois o emprego tenderia a crescer devagar, certamente acompanhado da contenção relativa dos salários reais e de uma expansão modesta do gasto público na área social. Este último seria não apenas limitado mas preferencialmente dirigido ao atendimento das necessidades das classes médias abastadas.

No que tange ao Estado — a questão institucional —, a preferência óbvia, expressão do seu liberalismo, residiria na manutenção da descentralização das esferas governamentais, com centralização apenas moderada e controlada do Executivo Federal, suficiente para regular e lidar com as novas questões postas pela crise mundial. Em outros termos, *os interesses estratégicos do capital cafeeiro poderiam oferecer suporte a uma "via conservadora" de desenvolvimento,* que projetaria um perfil próprio no equacionamento das questões da industrialização e, portanto, uma certa conformação de interesses, no campo e na cidade, nucleados a partir dos interesses estratégicos da economia exportadora capitalista.

A lentidão e o caráter limitado dessa perspectiva não impediriam, entretanto, um certo patamar de desenvolvimento e uma base objetiva sobre a qual se pudessem articular outros setores sociais no próprio "dinamismo" da acumulação cafeeira. O limite último, se assim se pode dizer, seria o "salto" industrializante. Para este a economia capitalista cafeeira só projetava uma alternativa: a entrada maciça do capital estrangeiro, que a aliviaria de qualquer pressão e, ao mesmo tempo, responderia à alternativa de concentração de recursos nas mãos do Estado (refreando qualquer solução à *japonesa*, portanto).

Contrastemos esta alternativa com uma via fundada nos interesses estratégicos da *burguesia industrial.* À primeira vista, pareceria óbvio que o crescimento e diferenciação da estrutura industrial deveria avançar de modo extremamente rápido. Contudo, um avanço muito rápido colocaria, inevitavelmente, problemas sérios e ameaçadores a seus interesses, isso porque a industrialização, na etapa monopolista do capitalismo, implica estruturas de capital altamente concentradas (dos pontos de vista técnico e financeiro), especialmente nos setores básicos de bens de produção. Mas a burguesia industrial padecia de precário e atrasado estágio de concentração e centralização de sua estrutura empresarial, era frágil e incapaz de saltar os enormes desníveis que a separavam da condição avançada.

Nessa perspectiva, avançar aceleradamente significaria ceder terreno, de saída, ou ao capital estrangeiro ou à empresa pública — o que implicaria um futuro de incômoda subordinação não apenas nos novos setores, como também nos ramos tradicionais de bens de consumo corrente, onde era predominante. Assim, o avanço industrial deveria se dar com cautela e controle — tanto do Estado quanto da entrada do capital estrangeiro —, para que ficasse assegurada sua desejada hegemonia econômica, pelo menos em amplos setores de investimento em que as condições de monopolização da tecnologia e de magnitude das escalas de produção não lhes fossem proibitivas. Nesses casos, a associação ou a presença pura e simples da empresa estrangeira ou da estatal envolveria um certo nível de negociação. Em contraste com a alternativa anterior, porém, o crescimento da indústria seria obviamente mais rápido. Isto porque o capital industrial seria o novo eixo dominante da acumulação capitalista, o que requereria políticas econômicas de suporte por parte do Estado nas esferas do crédito preferencial e subsidiado, da proteção tarifária, da administração das disponibilidades cambiais, do gasto público de infra-estrutura etc.

Quanto à questão das relações com o capital estrangeiro, é necessário distinguir dois movimentos que imprimiam formas diferenciadas de articulação da economia nacional com o mercado de capitais mundial ao longo do processo de industrialização. O primeiro dizia respeito ao fluxo de *capitais de empréstimo* destinado a suprir as consideráveis necessidades de financiamento correspondentes aos projetos de investimentos constitutivos da indústria de base. Esta modalidade de articulação era a que implicaria maiores possibilidades de equacionamento, sob controle nacional, dos aspectos da estrutura de capital e da tecnologia viabilizadoras do "salto" industrializante. Em outras palavras, nessa modalidade, a empresa privada nacional e a empresa pública encontrariam margem mais ampla de exercício de liderança quanto ao ritmo e direção da industrialização.

No entanto, a definição da modalidade seria feita num campo de negociação, cujas possibilidades seriam determinadas, inclusive, a partir do movimento estratégico dos interesses do capital estrangeiro no quadro da divisão internacional do trabalho. É neste sentido que devemos considerar um segundo movimento, o dos *investimentos diretos do capital estrangeiro*, assim como uma participação direta, internalizada, nas transformações estruturais do aparelho industrial. Era este movimento, sobreposto ao primeiro, que tornaria ainda mais complexa, para a burguesia industrial nacional, a própria decisão e o modo de fazer a composição de seus interesses, num projeto de aceleração industrial, com os do capital estrangeiro, e enfrentar, simultaneamente, a definição da margem de atuação do Estado.

Consideremos agora as relações da indústria com o campo. Antes de 1930, a economia exportadora cafeeira já havia diferenciado um setor mercantil, produtor de alimentos e matérias-primas. Por outro lado, a partir de 1930, os fluxos migratórios, originados nas áreas rurais mais atrasadas do país, abasteceram o mercado de trabalho urbano, garantindo oferta adequada de mão-de-obra para a indústria. Assim, de um ponto de vista econômico imediato, a estrutura fundiária não significaria um obstáculo à industrialização desde que a fronteira agrícola em expansão garantisse um abastecimento regular, nas quantidades necessárias e a preços compatíveis com a rentabilidade do capital industrial; enfim, se a modernização e expansão da agricultura mercantil de alimentos acompanhasse o ritmo da industrialização. No limite, essas demandas projetam a presença da propriedade capitalista moderna.

Entretanto, em seu projeto de industrialização, a burguesia industrial enfrentaria a oposição dos setores ligados ao café em várias dimensões da política econômica. Na ruptura de suas relações de dependência com o setor exportador, tenderiam a divergir quanto à política cambial, à política tarifária, bem como quanto às transferências de rendas para o setor industrial, por exemplo, as oriundas do confisco cambial sobre o café. Também quanto à política monetária, de gasto público e à política creditícia, os interesses da indústria teriam de se chocar com os do café.

No que diz respeito à questão social, essa via de desenvolvimento, em virtude da própria acumulação de capital decorrente do crescimento industrial e de seus conseqüentes efeitos sobre a arrecadação tributária, abria potencialmente novas possibilidades na implementação de políticas de cunho social. Por outro lado, nessa alternativa, seriam viabilizados aumentos dos níveis de emprego, das massas de salário, bem como possíveis aumentos das taxas de salários.

Evidentemente, as políticas sociais envolveriam certo nível de conflito com os requisitos que a própria industrialização imporia ao gasto público para a constituição do capital social básico e a construção da infra-estrutura econômica em geral. Ademais, se considerarmos as dificuldades para o procedimento da reforma tributária — decorrentes da fragilidade financeira das empresas nacionais —, bem como as limitadas bases financeiras do Estado, ficam claras as estreitas possibilidades no atendimento das demandas por políticas sociais das massas urbanas, especialmente tendo em vista o próprio ritmo moderado de industrialização aqui projetado.

Os interesses estratégicos da burguesia industrial poderiam fundar uma *"via moderada" de desenvolvimento capitalista*. Relativamente limitada no seu ritmo, o perfil de desenvolvimento capitalista que ela projetava abriria um espaço relativo para responder às questões gerais da industrialização. Mas não se confundia, entretanto, com aquele tipo de desenvolvimento que a burguesia cafeeira podia almejar e implementar objetivamente.

Finalmente, definiremos uma *via nacional-popular* de constituição do capitalismo nucleada em torno dos interesses da classe operária.

Não há dúvida de que a aceleração do desenvolvimento das forças produtivas iria ao encontro de alguns importantes interesses do proletariado: ampliação dos níveis de emprego urbano e rural; elevação potencial das taxas de salário real, propiciada pelo incremento da produtividade social do trabalho; em termos gerais, saltos qualitativos nas suas estruturas de renda e consumo. Imediatamente se projetava um perfil de política econômica com acelerado crescimento do gasto público e políticas orçamentárias e monetárias que não fossem em detrimento dos salários.

É a partir desta base que se podem inferir interesses do proletariado numa aceleração do processo de industrialização. Como levá-la a efeito, nesta via nacional-popular, cumprindo o requisito de velocidade, de "salto" na estrutura produtiva, e de distribuição equânime dos frutos do progresso econômico decorrente?

Parece evidente que se imporia uma atuação dominante do Estado no processo industrializante por meio de empresas públicas. Em primeiro lugar, porque a liderança das empresas públicas e o grau superior de coordenação dos planos assegurariam um fluxo ordenado e contínuo dos investimentos, o que possibilitaria saltos qualitativos na diversificação e integração do aparelho industrial. Em outras palavras, maior rapidez e racionalidade no processo de industrialização. Fundamentalmente, implicaria um nível mais avançado de socialização das forças produtivas.

Por outro lado, é claro que uma maior rapidez e maior racionalidade na distribuição dos recursos para os investimentos ampliariam as margens de atuação do Estado no atendimento das questões sociais. Nessas condições, também os aumentos dos níveis de emprego e das taxas de salários adquiririam exequibilidade. A expansão do aparelho de política social do

Estado, nesta via, se faria de forma menos contraditória com a política de industrialização, uma vez que no seu interior poderiam se entrelaçar os investimentos de base (infra-estrutura e meios de produção) com os destinados ao atendimento de uma estrutura de distribuição de renda e de consumo compatíveis com a elevação do nível geral de vida da população.

Quanto ao campo, considerando inicialmente as próprias massas trabalhadoras rurais, seus interesses apontavam em direção à liquidação da grande propriedade agrícola das áreas mais atrasadas, com seus mecanismos extra-econômicos de sujeição do trabalho. A expansão da fronteira agrícola responderia, nessa perspectiva de interesses, a características de livre acesso à terra e à multiplicação da pequena propriedade independente. Posta nestes termos, a reforma agrária implicaria outro desdobramento: a elevação dos níveis salariais nas cidades, devido à concorrência que a expansão democrática da fronteira poderia oferecer como alternativa ao emprego industrial.

Evidentemente, essa alternativa de desenvolvimento implicaria enfrentar problemáticas negociações com o capital estrangeiro numa fase de modificação das suas formas de inserção nas áreas atrasadas. Assim, a fragilidade das bases financeiras e técnicas nacionais, perante os requisitos de uma industrialização acelerada, impunha alguma modalidade de articulação internacional. Ou seja, esta via não se eximiria do enfrentamento dos densos problemas que o desenvolvimento tardio coloca para um processo de industrialização em bases nacionais na etapa do capitalismo monopolista.

III

Entendemos que essas vias de desenvolvimento constituem um *instrumento teórico-analítico* que auxilia a compreensão da natureza da luta política no período de industrialização. Na verdade, penso o campo dos embates políticos no período como sucessivos confrontos entre forças políticas que expressam, em graus e força distintas, tendências de direção política em curso na sociedade. Entramos assim num outro nível de análise, que se refere às possibilidades e ao movimento concreto da emergência das vias de desenvolvimento como alternativas históricas diante do processo de industrialização.

Qual era a configuração concreta dos setores sociais fundamentais, no momento da crise e no seu desdobramento? Não podemos, nesta Introdução, ir além de reiterar sumariamente alguns aspectos já conhecidos. No que se refere à burguesia cafeeira, basta indicar as múltiplas divisões e contradições internas, ou suas relações mais conflitantes que solidárias com os outros pólos exportadores e os setores oligárquicos a eles vinculados. Também a burguesia industrial expressava-se como um setor nacionalmente fragmentado, frágil sob muitos pontos de vista e mantendo ainda relações de contraditória dependência com o setor exportador. Já se assinalou o perfil de um proletariado urbano fracionado, com um comportamento político-ideológico de "massa" e não de classe, assim como o caráter heterogêneo dos setores médios urbanos, nas grandes cidades, mas também nas pequenas e conservadoras cidades rurais. Finalmente, parece ser possível afirmar — a crer na ainda insuficiente literatura historiográfica e sociológica sobre o assunto — a quase ausência de movimentos rurais de peso, pelo menos durante os anos de 1930 e 1940.

É nesse campo social heterogêneo e fracionado, e na sua transformação ao longo do período, que vão adquirindo expressão e contornos mais determinados os interesses fundamentais nas questões da industrialização. Esse movimento não constitui um mero reflexo da estrutura social em transformação, e se faz no campo das lutas políticas, envolvendo a própria unificação dos setores fundamentais e a manifestação politicamente transformada de seus interesses em alternativas visíveis de ordenar a sociedade e seu futuro, nos limites da constituição do capitalismo.

Em outras palavras, no período estudado, estavam em curso e conflito tendências diferentes de direção política, isto é, de articulação de blocos históricos distintos nas questões do *momento*. Isso significa que a constituição de um bloco não se faz em referência a "atributos" essenciais das classes fundamentais, mas sim em relação à generalização de seus interesses em face dos outros setores e diante de questões concretas cuja solução afeta seu futuro de classe. Não há nenhum automatismo de fundamento econômico na construção de um bloco histórico, e sua formação passa pela constituição de forças sociais e políticas transformadas em forças dirigentes, capazes de articular interesses estratégicos em um conjunto mais amplo de interesses sociais.

Exatamente porque esse é um processo de construção de direção, as forças políticas,[31] nesse curso, não expressam de forma orgânica o conjunto das questões que definem vias alternativas de avanço do capitalismo. Se o fizessem, se sob essa forma lograssem unificar os interesses de base e ampliar, sob essas "bandeiras", setores de apoio, poderíamos afirmar já terem alcançado caráter dirigente. Logram, no máximo, articular setores sociais em torno de questões pontuais.

Tomemos um exemplo: sob bandeiras nacionalistas, em alguns momentos, articularam-se setores diversos, desde segmentos da burguesia industrial até setores assalariados urbanos, incluindo, como se sabe, diferentes camadas médias e vários segmentos burocráticos. Assim também o "desenvolvimentismo" pôde mobilizar um campo amplo de interesses em torno da questão do ritmo da industrialização, do "50 anos em 5". Por outro lado, a pregação conservadora (na imprensa, pelas associações ou mesmo por partidos) contra a reforma agrária, em vários momentos, logrou somar um espectro amplo de forças, desde os interesses básicos da burguesia exportadora até os setores urbano-industriais. O que o período não mostra, no nível das forças políticas atuantes, é uma forma orgânica de articulação de interesses em torno do conjunto das questões maiores da industrialização. Nesse sentido, as "alianças" e articulações que se estabeleceram no período, à medida que aquelas questões "atualizaram-se", foram fugazes, instáveis, respondendo a um campo sempre heterogêneo de interesses fragilmente aliados em torno de objetivos específicos.

É importante insistir, entretanto, em um fato óbvio, nem sempre levado na devida consideração. As forças políticas eram heterogêneas, mas não eram socialmente indeterminadas, e isso num sentido muito preciso: o dos conteúdos com que atuavam na luta política, mais ou menos próximos dos setores sociais estratégicos. Na verdade, o seu campo de atuação política fixava-se no campo social heterogêneo conformado entre os pólos "conservadores" e moderados, ou entre setores "moderados" e "nacional-populares". E, ainda assim, no movimento de transformação em curso, poderiam aproximar-se mais ou menos dos pólos fundamentais, em torno de questões políticas específicas.

É com esse caráter fragmentado, heterogêneo, expressando na sua ação interesses sociais justapostos e em contínua transformação, diante de questões distintas, que essas forças atuam na luta política e conformam relações de força particulares. Não penso somente nos partidos. Tenho em vista a multiplicidade de forças atuantes, fora e dentro do Estado. E, em relação às últimas, os diversos segmentos burocráticos, em particular, a Presidência.

São as condições concretas da luta política que definirão as instáveis "correlações de força" entre forças políticas dotadas dessa peculiar heterogeneidade que tratamos de compreender. Correlações de força entre interesses fragmentados, heterogêneos, mas compondo, em cada momento, um espaço politicamente determinado. A maior ou menor força relativa dos setores populares, através das múltiplas forças que pretenderam atuar em nome dos seus interesses, ou o peso relativo das forças conservadoras ou moderadas — essas relações se compunham e recompunham diferentemente, definindo um campo político estruturado e marcando as diferentes conjunturas.

É nesse campo instável de relações que se funda, a meu ver, a *autonomia do Estado*. Esta não era nem plena nem absoluta: enraizava-se numa multiplicidade de forças políticas heterogêneas, *mas que tinham um sentido social e expressavam relações de poder definidas na luta política*. Assim, se a heterogeneidade e a incapacidade hegemônica das classes sociais fundaram a autonomia do Estado, as correlações instáveis de força definidas no campo da luta política demarcavam não apenas os *limites* em que se exerceria essa ação autônoma como o *sentido* que ela haveria de ter.

É preciso distinguir o modo como se expressa, em cada fase do processo de constituição do capitalismo, a autonomia particular de que goza o Estado em condições de ausência de direção política. De um lado, sua ação vai adquirindo expressões autônomas através da armação do seu próprio organismo burocrático-administrativo e o funcionamento das instituições. A autonomia do Estado, neste sentido, adquiriu expressão material na medida em que cresceu, por meio de seus órgãos, sua capacidade regulatória e intervencionista. Por outro lado, o mecanismo político de reprodução da autonomia do Estado manifesta-se exatamente na sua capacidade de atendimento — através de suas políticas — de interesses múltiplos, heterogêneos, ao "reequilibrar", dentro de suas estruturas, interesses sociais tendencialmente desequilibrados. Nas suas funções de árbitro, de regulador de relações, o Estado eleva-se acima dos interesses imediatos e reafirma sua relativa independência, legitimando seu poder ao dar caráter geral e universal a suas políticas.

Entretanto, essa autonomia era limitada, em duplo sentido. Em primeiro lugar, porque a constituição material do Estado reproduzia objetivamente as formas prevalecentes de dominação. Em segundo lugar, porque a ação estatal estava longe de ser um mero somatório de atendimento a setores particulares. Era dotada de *sentido*, e isto, na fase que estamos examinando, dizia respeito aos interesses presentes e às questões da revolução burguesa em curso. O *sentido* da ação estatal dizia respeito a uma forma determinada de hierarquizar interesses sociais, ao definir e articular de um certo modo as várias questões — até mesmo por omissão —, por meio dos seus planos e políticas. E, ainda uma vez, o grau de liberdade de que dispunha o Estado para fazê-lo se referia às mutantes "correlações de forças" que se constituíram na política, assim como aos limites que essas lhe impunham. Ora, aqui não se trata de buscar nas estruturas do Estado e nas suas burocracias os impulsos primeiros que explicariam o sentido da política do Estado. *E o núcleo político dirigente e, em particular, o presidente que, em última instância, imprimem sentido (social e político) à ação estatal.*

A Presidência era ela própria, nesse sentido, uma força política e o espaço da sua atuação "independente" era politicamente determinado pelo campo de forças políticas que lhe davam sustentação. Campo heterogêneo e instável, vale repetir, mas que determinava tanto a amplitude da ação "independente" do Estado, condensada na Presidência, quanto seus limites, isto é, os marcos até onde podiam ser equacionadas e encaminhadas as questões, tais como a do conteúdo e ritmo da industrialização, as articulações com o capital estrangeiro, a questão social (nos seus múltiplos aspectos), a questão agrária etc. Pelas políticas estatais, essas questões — explicitadas ou não — eram redefinidas (diante dos conteúdos particulares que os setores estratégicos lhes conferiam), articuladas e hierarquizadas.

Da forma como concebemos e enunciamos o problema, *a articulação orgânica das questões da revolução burguesa constitui a definição de uma via de desenvolvimento do capitalismo.* Composta no Estado, sob a modalidade que sugerimos, é agora obviamente *distinta das vias estruturais abstratamente definidas. Expressa, nos seus conteúdos sociais e políticos, relações de classe, formas de articulação entre os interesses, encaminhamento dos conflitos, etc. Nesse sentido, o Estado é dirigente. Vale dizer, coloca no limite, além dos horizontes dos interesses dominantes, um projeto de transformação capitalista da economia e da sociedade.*

Em relação à industrialização propriamente dita, o plano econômico do governo (plano mais geral de articulação das questões do avanço capitalista) expressa a *unidade da política econômica*, politicamente determinada e estabelecida pela Presidência. A esse nível — restrito à questão da industrialização — poderíamos, com alguma liberdade teórica, afirmar que o Estado manifesta sua *direção econômica.*

Penso ser necessário dar mais um passo à frente. A autonomia estatal, o caráter dirigente assumido pelo Estado, repetimos, se exerce num espaço político determinado que, ao mesmo tempo, constitui os fundamentos da sua autonomia, os seus limites e a base sobre a qual a ação dirigente do Estado impregna-se de *sentido.* No entanto, ao se exercer como direção, a ação estatal altera as correlações de força. Altera-as quando, ampliando-se como aparelho de regulação e intervenção, atua na atividade econômica e encaminha soluções às questões econômicas e sociais da industrialização, impulsionando o processo de transformação capitalista, corroendo assim as bases materiais em que se apóiam os interesses mercantis e reforçando as bases de diferenciação e poder da burguesia industrial e do proletariado. O próprio desdobramento histórico das tendências de direção em curso também é, entre as muitas condições sociais e políticas próprias, afetado pela ação dirigente do Estado.

Por outro lado, à medida que o Estado se expandia como um certo aparelho e ampliava sua capacidade de regulação e intervenção sobre áreas cada vez mais abrangentes da vida social e econômica, as suas políticas adquiriam graus de progressiva interpenetração e complementaridade. A política social e econômica do Estado, nas questões da industrialização, isto é, nas alternativas de desenvolvimento do capitalismo, envolvia um complexo de instrumentos quase indissociáveis, atuando sobre as diferentes áreas de conflitos e articulações de interesses. Ora, visto como um todo o processo de industrialização, uma das condições para a atualização e mesmo concretização das tendências de direção seria o controle do Estado, uma vez que só nele se completava a capacidade de articulação dos distintos interesses e do estabelecimento de alianças políticas sobre bases estáveis. Nesse sentido, *a construção da direção política devia ser disputada nas estruturas centralizadas nacionais e intervencionistas do Estado.*

IV

O comando do Estado sobre o avanço do capitalismo se faz sob modalidades de intervenção e regulação econômica e por meio de uma máquina burocrático-administrativa centralizada e em expansão, abrangendo aspectos cada vez mais amplos da atividade econômica. A questão está então em apreender o caráter específico dessa relação entre o Estado e a economia, num momento que é simultaneamente o da industrialização e o da aquisição, por parte do Estado brasileiro, de estruturas materiais tipicamente capitalistas. Esse processo, como dissemos, estruturava-se sobre um campo peculiar de luta de classes e era aí que se enraizava a ação de "direção econômica" do Estado, isto é, o projeto de desenvolvimento econômico transfigurado num plano unificador da política econômica e social. Por isso, na Primeira Parte deste trabalho, fixaremos nossa análise no núcleo em que se cruzavam e se articulavam o aparelho econômico estatal em formação e os planos de industrialização. Este "ponto de articulação" parece-nos estratégico. De um lado, porque permite visualizar a base social e política que determinava, ao mesmo tempo, as possibilidades e os limites sobre os quais o *Estado* avançava a conformação de suas estruturas e erigia sua ação de comando econômico. De outro, porque também permite apreender, traduzidas nas políticas do *governo*, uma certa articulação de interesses e os diversos sentidos que, a partir dela, se pretendeu imprimir, em conjunturas diferentes, ao desenvolvimento econômico e social.

No plano das relações entre o Estado e a industrialização, é fundamental, para os nossos propósitos, explicitar ainda alguns problemas e questões envolvidos na afirmação do papel dirigente do Estado. Particularmente, interessa-nos refletir, ainda que rapidamente, sobre a natureza do aparelho estatal e sobre o papel da burocracia econômica na elaboração e consecução das políticas de desenvolvimento levadas a cabo no período que nos ocupa.

A edificação do aparelho econômico-estatal, a multiplicação dos órgãos de controle, a regulação e intervenção do Estado, que se desdobrou no período, constitui uma forma peculiar de incorporação dos interesses de classe na estrutura material do Estado. As características mais gerais destas relações entre estruturas econômicas do Estado e desenvolvimento do capitalismo devem ser melhor explicitadas.

Abstratamente poderíamos, seguindo Poulantzas, afirmar que se opera, neste processo, um modo particular de *tradução*, na materialidade do Estado, das características da divisão social do trabalho.[32]

Do ponto de vista do aparelho econômico de intervenção e regulação, entendemos que sua montagem teve o significado mais geral de corporificar, nas estruturas do Estado, a materialidade de segmentos significativos das relações sociais capitalistas. Expliquemos melhor esta idéia.

Os órgãos econômicos de competência especializada constituem-se mediante o *reconhecimento* e a *confirmação* de áreas ou setores da atividade econômica — a indústria ou a agricultura, os bancos ou o comércio, as atividades financeiras etc. É neste sentido que podemos afirmar um processo de objetivação da divisão social do trabalho nas estruturas materiais do Estado. Este foi também o modo pelo qual os distintos "setores" da economia — e as relações sociais que os constituíam — tornaram-se alvos legítimos da atuação estatal.

Trata-se, então, de uma forma de incorporação e integração objetiva dos *interesses econômicos* na máquina econômica do Estado, que passam, assim, por um processo de abstração e generalização. Os interesses deste ou daquele industrial, deste ou daquele agricultor — das empresas capitalistas — ganham expressão no aparelho econômico e se *generalizam* por meio de órgãos de intervenção como autarquias ou institutos de regulação, empresas ou comissões executivas — os órgãos da máquina burocrático-administrativa "moderna" que atuam discriminadamente sobre a "indústria" ou a "agricultura", ramos de produção ou até mesmo produtos específicos. Na gama do organismo estatal processa-se uma forma particular de constituição do "interesse geral" distinta dos mecanismos político-representativos do Estado liberal.[33]

Não basta, entretanto, reconhecer este modo de inscrição dos interesses econômicos na ossatura material do Estado. É preciso também insistir no fato de que suas *relações* também adquirem forma institucionalizada de expressão. Os conflitos e as contradições entre os interesses econômicos imediatos também estiveram presentes, de modo objetivo, na máquina estatal.

Exemplifiquemos: da criação do Ministério do Trabalho à fixação do salário mínimo, podemos dizer que não apenas se confirma a divisão entre o trabalho e o capital, como também se reafirma e se reproduz — de forma institucionalizada — a expressão primeira da contradição capitalista. Portanto, a objetivação dos interesses na estrutura material do Estado não suprime os conflitos e contradições que os envolvem, e esta observação vale, obviamente, para os conflitos intercapitalistas. Vejamos.

A criação de órgãos de regulação do crédito ou a institucionalização das sociedades por ações e do mercado de capitais, ou, finalmente, a criação de um banco estatal de investimentos, definiram relações determinadas entre o capital agrário, o industrial, o comercial, o financeiro e, certamente, conformaram um mecanismo de transferência de lucros e ganhos de capital entre esses setores. Esta é uma forma de equacionamento objetivo dos conflitos intercapitalistas que "passam", portanto, por dentro da estrutura estatal e tornam-se presentes na própria natureza dos órgãos de regulação. Pietro Barcelona, examinando sob esta ótica as diferenças substanciais entre o moderno aparelho burocrático estatal e o tradicional aparato político-administrativo do Estado de tipo liberal, sintetizou a questão indicando a transformação do "Estado do capital" em "Estado capitalista". Vale dizer, chamou a atenção para a natureza de classe que se inscreve no próprio organismo burocrático-administrativo que, nesse sentido, longe está de ser um neutro e "externo" aparelho de "regulação" e intermediação de interesses.[34]

Até agora não nos referimos nem às formas corporativistas de organização e expressão dos interesses, nem à atuação de grupos de pressão de qualquer natureza; tampouco estamos no plano da "mediação" dos conflitos através da ação das burocracias; finalmente, ainda não estamos levando em consideração o sentido e o conteúdo social das políticas que foram gestadas nos órgãos do aparelho de intervenção econômica. As observações que estamos fazendo sobre a natureza do organismo estatal ainda são *prévias* à consideração do confronto das diferentes forças sociais, de suas formas de articulação e expressão nas estruturas do Estado, ou da ação "arbitral" da burocracia.

No nível estrutural em que ainda estão sendo feitas essas observações — o modo pelo qual os interesses e relações econômicas passam a estar objetivamente presentes nos órgãos estatais, determinando o conteúdo social do aparelho —, creio ser possível afirmar, por aquelas características que, com a edificação do aparelho econômico de intervenção e regulação, opera-se um processo de *estatização das relações econômicas de classe*. Não se trata, por certo, de um movimento de "absorção" dessas relações nem da supressão das determinações reais onde nasce e se desenvolve o nível real da acumulação capitalista e da luta econômica de classes. Estamos assinalando que esta perpassa também as estruturas do Estado e, mais ainda, que estas estruturas — seus órgãos e instrumentos — constituem formas cristalizadas de relações e conflitos sociais.

Múltiplas são as conseqüências desse processo. Em primeiro lugar, cumpre assinalar o fato conhecido e óbvio de que os órgãos e instrumentos de intervenção econômica tornam-se — pela natureza que aqui foi indicada — arena e alvo de confronto e lutas entre os setores sociais diversos, que objetivam o prevalecimento de seus interesses próprios nos órgãos e políticas a que estão afetos. Já se chamou a atenção sobre as tendências à corporativização que se manifestam juntamente com a estruturação dos aparelhos burocráticos de intervenção econômica. As formas de concentração da economia e da intervenção do Estado associam-se a modos cartelizados de articulação dos interesses junto das estruturas decisórias do Estado.[35]

Além das formas particulares de corporativismo, e de suas diferenças específicas conforme se trate de processos de constituição do capitalismo ou de sociedades capitalistas avançadas, e mesmo segundo distintos regimes políticos,[36] vale assinalar as outras formas que recobrem também a luta econômica na definição das políticas estatais: a mobilização de representação parlamentar, os grupos de pressão, os *lobbies*, a mobilização da opinião pública e, até mesmo, o empenho de personalidades individuais que ocupam posições estratégicas nas áreas governamentais.

Por outro lado — e esse é um fato que talvez não tenha merecido a devida atenção —, as *políticas* gestadas pelos órgãos do aparelho econômico trazem em si formas determinadas de soluções dos conflitos. Voltemos ao que foi afirmado antes. Os modernos órgãos de regulação e intervenção econômica expressam objetivamente certas relações entre setores sociais diversos. O conteúdo social das diferentes políticas econômicas é definido nos vários níveis da luta econômica e política, sem dúvida, e não está nem prévia nem estruturalmente determinado. O que está determinado é que, constituídos na área econômica do Estado o órgão e a instituição com competência especializada para a elaboração de uma determinada política, esta constará desde então da agenda do Estado e poderá, no limite, constituir-se um objeto de não-decisão, expressão também dos conflitos de interesse e da forma de "resolvê-los".

Desse modo, a outra face da estatização da luta econômica de classes é a sua *politização*. Retomemos seus termos, já nas condições da industrialização. Os conflitos econômicos entre as classes e frações de classe não se resolvem plenamente no âmbito em que nascem, mas também no Estado e com políticas específicas. As lutas entre o capital e o trabalho não se dirimem simplesmente no interior da empresa e na esfera do mercado, mas passam obrigatoriamente pelo Estado. Na etapa da industrialização brasileira essas lutas se imbricaram em diversos níveis, desde a fixação do salário mínimo à atuação dos sindicatos atrelados ao Estado, às leis de greve, à atuação da Justiça do Trabalho etc. Por outro lado, as relações entre o capital bancário, o mercantil-exportador, o industrial e o agrícola não se estabeleceram simplesmente por meio da concorrência intercapitalista, mas estiveram também condicionadas pela fixação das políticas tributária, bancária, de gasto público, cambial, tarifária etc.

Entretanto, a politização da luta econômica de classes foi muito além. Esta forma particular de regulação estatal dos conflitos econômicos já na fase de industrialização acentuou, desde logo, a interdependência das políticas geradas nos vários ramos do aparelho econômico. Como grande parte das relações econômicas era regulada, qualquer medida numa área (de salários, câmbio etc.) refletia imediatamente sobre as outras. Ora, isto significava um confronto "indireto" permanente de cada interesse com os demais, que ia além da luta em cada aparelho em torno de "sua" política específica. Esse processo *generaliza* os conflitos, pois os remete a outra instância de manifestação, a do conjunto de interesses inscritos no corpo econômico do Estado. Logo, os vários conflitos que atravessam os diversos aparelhos econômicos somente podem ser resolvidos na medida em que se estabeleça uma unidade na política econômica e social. Com isto estamos querendo dizer que é indispensável que os interesses e conflitos particulares sejam filtrados a partir dos "interesses do Estado". Os *interesses econômicos do Estado*, bem entendido, são constituídos pelo conjunto dos conflitos particulares transformados politicamente, isto é, sujeitos a uma hierarquização imprimida pela direção política do Estado. Esse é, exatamente, o espaço do exercício da autonomia do Estado e uma das expressões do seu papel dirigente, isto é, a definição de um projeto econômico e social para a sociedade e, portanto, a conformação da *unidade* da política econômica e social.

Obviamente, a unidade da política econômica e social — a *natureza* do projeto que se propugnará para a sociedade — não se confunde com a questão da centralização das decisões, ou seja, com coordenação no sentido burocrático-administrativo da palavra. Os vários órgãos do aparelho econômico distinguem-se pelo seu grau de especialização, âmbito de atuação e competência. E mais, pela natureza dos instrumentos de política econômica e social que manejam, eles têm maior ou menor poder de gerar decisões mais ou menos cruciais. Naturalmente, a interpenetração profunda das várias políticas introduz uma *tendência* permanente ao reforço da centralização do comando. Vem daí também a necessidade recorrente de elaborar planos que sintetizem a visão de conjunto que se quer imprimir. No entanto, a simples coordenação administrativa não pode suprimir "burocraticamente" os conflitos dentro de cada órgão, muito menos os que freqüentemente opõem um órgão a outro, pois cada um deles traz em si interesses distintos, de força relativa diferenciada. No *plano administrativo*, portanto, o aparelho econômico do Estado está longe de ser monolítico e coeso.[37]

Com isso, estamos querendo afirmar a incapacidade dos técnicos e burocratas para estabelecer, a partir de si e no âmbito do aparelho econômico, a unidade da política econômica e social e, portanto, de exercer um papel dirigente, de verdadeiros promotores do desenvolvimento econômico, nesta etapa da industrialização. É inegável que nessa fase os setores tecnoburocráticos da área econômica estatal ocuparam uma posição estratégica na formulação de políticas e nos processos decisórios. Vejamos, em primeiro lugar, as raízes mais profundas dessa questão.[38]

Durante a fase de constituição das bases do capitalismo, a regulação estatal tende a se reproduzir e mesmo acentuar, uma vez que a simples ação dos mecanismos econômicos é incapaz de fixar, no movimento de acumulação do capital social, quer a taxa de salários, quer as quotas de apropriação do lucro global entre os vários capitais particulares. Essa ausência de auto-regulação da economia expressa, em última análise, a incapacidade de autodeterminação do capital industrial, e a impossibilidade do capital exportador de recompor todos os fundamentos da acumulação sobre os quais construíra seu predomínio. É, pois, sobre uma base de interesses econômicos fragmentada, sem hierarquização, isto é, sem predomínio objetivamente estabelecido (neste sentido heterogênea, característica da industrialização tardia), que se exerce a estatização e a politização das relações econômicas de classe.

A regulação estatal, com esses conteúdos de estatização e politização, coloca a burocracia no centro dos conflitos que atravessam os órgãos estatais de decisão econômica — o que, sem dúvida, agudiza a dimensão política das resoluções "técnicas". Arbitrando e negociando" interesses em confrontos localizados, os técnicos atuam politicamente como força entre as distintas forças que buscam aqui e ali fazer valer seus pontos de vista.

A força do técnico advém, de um lado, da incapacidade dos interesses econômicos se imporem antes e previamente no nível das forças reguladoras de mercado. Trazidos para dentro do Estado, esta incapacidade se renova: os distintos interesses se defrontam em cada uma das arenas, e as alianças que se estabelecem em cada órgão são efêmeras, pois foram construídas em torno de projetos ou medidas isoladas. Este é o espaço da atuação mais "independente" e politizada da burocracia. Dada a interpenetração das políticas e seu grau de complexidade, o conhecimento especializado e, principalmente, o domínio pelo técnico sobre o conteúdo das decisões e de suas repercussões capacitam-no a operar como pivô nos sistemas de forças e nas alianças entre grupos de interesses e nas articulações interburocráticas em torno de alvos comuns.

Não se trata, portanto, de compreender a ação da burocracia como uma espécie de intermediação neutra de interesses, que negociariam entre si seus conflitos por meio de um setor tecnicamente capacitado. Esta visão instrumentalista obscurece o fato de que, em razão das características da etapa que estamos considerando, a existência dos vários órgãos econômicos e a ação da burocracia eram indispensáveis para a plena constituição dos interesses econômico-corporativos, isto é, para a superação tanto da heterogeneidade e fragmentação objetiva que os caracterizavam, quanto da forma localizada e particularizada pela qual se inseriam no aparelho, reproduzindo-se a fragmentação.

Sem dúvida, essas eram as bases de poder e autonomia específicas de que dispunha o pessoal técnico do Estado; não, entretanto, para a conformação da unidade da política econômica e do projeto de avanço do capitalismo industrial. Essa unidade, que expressaria o caráter de direção econômica do Estado, era *politicamente determinada* pelo campo das forças políticas que sustentavam a Presidência — o vértice do Executivo.

A Presidência, cuja ação "autônoma" e dirigente se funda num equilíbrio político instável, é que estabelece a unidade da política econômica — o plano de desenvolvimento ou, em outros termos, uma dada articulação de interesses objetivos em torno das questões colocadas pela industrialização. É certo que essa atuação unificadora e dirigente passa pela ação das burocracias, divididas elas próprias em relação às alternativas possíveis para o avanço do capitalismo industrial. A "unificação" da própria burocracia — a superação mínima de sua fragmentação política e o seu alinhamento em torno das diretrizes do plano — é também um aspecto da ação unificadora da Presidência, como também o é a própria "mobilização" da capacidade de iniciativa e eficiência dos setores técnicos do Estado. Esses aspectos admitiam formas e graus variados e, se estavam obviamente relacionados com aspectos conjunturais ou até mesmo características de personalidade (do presidente), estavam também, em um nível mais profundo, associados à natureza do projeto econômico e aos desafios postos à ação dos técnicos e burocratas.

É nessa perspectiva que entendemos a construção das estruturas centralizadas do Estado, o seu movimento mais ou menos rápido e suas características mais ou menos "modernas". O ritmo, o sentido e o formato do aparelho estatal centralizado foram definidos na luta política e expressaram distintas correlações de poder entre forças sociais conflitantes. Ou seja, é necessário, desde logo, afastar a concepção de um processo de centralização e unificação que, uma vez desencadeado, teria se desdobrado a partir de impulsos automáticos decorrentes de "requerimento" da acumulação capitalista, ou com mera expressão de interesses de segmentos da burocracia, identificada com o próprio movimento de "construção" do Estado nacional, ou simplesmente interessada na manutenção e expansão dos seus interesses e privilégios.

O aparelho estatal constituiu uma forma de estruturação organizacional dos interesses sociais e seu processo de edificação também definiu-se como um campo particular de luta, no qual as forças sociais fundamentais trataram de impor, a seu modo, soluções à "questão institucional", uma vez que esta era, também, parte constitutiva dos seus interesses estratégicos. Por isso mesmo, se a forma e o ritmo da construção da ossatura estatal expressaram, a cada momento, uma certa correlação de forças, ao mesmo tempo evoluíram e tomaram corpo dentro de limites impostos pelo campo das forças políticas.

A estruturação do Estado, entre 1930 e 1960, não pode ser entendida como um processo linear e contínuo de expansão e centralização. Constituiu antes um movimento desigual, descontínuo, e se fez sob uma *forma* particular, exprimindo a ação histórica concreta dos setores sociais em conflito, nos distintos e sucessivos "equilíbrios de poder" entre forças políticas heterogêneas. Os limites desse processo se enraízam e se movem em quadros sociais e políticos precisos. Vistos seja pelo lado dos conflitos intraburocráticos, seja pelas formas prevalecentes de controle social sobre o Estado — os distintos tipos de corporativização de interesses, os vários mecanismos de privatização e feudalização do Estado —, esses limites expressavam, em última instância, a natureza e a "disposição" das forças sociais em pugna, e a sua transformação nas distintas configurações que estabeleceram ao longo das décadas de 1930 a 1960.

As observações teóricas que fizemos constituem diretrizes que observaremos neste trabalho. Na fase final de constituição do capitalismo no Brasil e diante da natureza das forças políticas presentes e atuantes em face dos *rumos* da industrialização, buscaremos rastrear as *metamorfoses* do Estado, quando avança em direção a perfis mais completos de Estado capitalista.

Na Primeira Parte, reconstituímos a estruturação do aparelho econômico estatal centralizado e os planos alternativos concebidos para o avanço da industrialização, isto é, os diferentes rumos que se pretendeu imprimir na última fase do processo de constituição do capitalismo no Brasil. Tratamos aí de apreender, sob a ótica da relação entre o Estado e a economia, a *forma particular* que assumiu o Estado entre a crise de 1929-1930 e a outra, que se prenuncia com as rupturas implícitas no movimento em direção à industrialização pesada.

Na Segunda Parte, estudamos os problemas de controle social e político suscitado por aquela forma do Estado, tanto os relacionados com a institucionalização do planejamento econômico quanto os que emergiam no âmbito das relações entre o Legislativo e o Executivo, ou seja, na esfera do controle público sobre a máquina centralizada burocrático-administrativa, sobre a ação intervencionista, regulatória e industrializante do Estado. Para analisar essas questões, elegemos uma conjuntura particular, aquela da Constituinte de 1946, momento privilegiado pela nitidez com que se revelam os interesses sociais na determinação da forma do Estado e dos rumos da industrialização.

Notas

1. Cf. Maria da Conceição Tavares, "Acumulação de capital e industrialização no Brasil", tese de livre-docência, FEA-UFRJ, 1975, *mimeo*.
2. João Manuel Cardoso de Mello, *Capitalismo tardio*. São Paulo, Brasiliense, 1982.
3. Florestan Fernandes, *A Revolução burguesa no Brasil*. Rio de Janeiro, Zahar, 1975.
4. J. M. C. Mello, *op. cit.*, p.90 e segs.
5. *Idem*, p.96.
6. A constituição de forças produtivas especificamente capitalistas, pensadas na dinâmica capitalista de acumulação e vinculadas, portanto, à constituição do departamento de bens de produção é explicitada por Cardoso de Mello: "Deste ponto de vista, pensamos em constituição de forças produtivas capitalistas em termos de criação das bases materiais do capitalismo. Quer dizer, em termos da constituição de um departamento de bens de produção capaz de permitir a autodeterminação do capital, vale dizer, de libertar a acumulação de quaisquer barreiras decorrentes da fragilidade da estrutura técnica do capital". Cf. J. M. C. Mello. *op. cit.*, p.97.
7. J. M. C. Mello, *op. cit.*, p.110.
8. *Idem*, p.117.
9. F. Fernandes, *op. cit.*, p.203.
10. *Idem*, p.301.
11. *Idem*, p.348 e segs.
12. *Idem*, p.214.
13. Retendo a articulação entre o desenvolvimento do capitalismo em geral (nas suas etapas de formação competitiva e monopolista) e os processos particulares de constituição do capitalismo, um *padrão de industrialização* indica a natureza complexamente determinada desses processos, em última instância, pelo desenvolvimento do capitalismo mundial, em primeira instância, pelo ponto de partida interno. Nesse sentido, seria lícito pensar uma *industrialização originária*, as *industrializações atrasadas* (que se realizam no momento da etapa concorrencial e têm um passado feudal) e as *industrializações tardias* (de passado colonial e de economias exportadoras nacionais, realizadas na etapa monopolista do capitalismo internacional). Esses padrões, que estão na base do conceito de capitalismo tardio, desenvolvido por Cardoso de Mello, foram teoricamente estudados por Carlos Alonso Barbosa de Oliveira, "Considerações sobre a formação do capitalismo", tese de mestrado, IFCH-Unicamp, 1977, *mimeo*.
14. Não há uma *teoria* do Estado que retenha a particularidade da relação entre o político e o econômico numa fase que é a de *constituição* do capitalismo e do próprio Estado. A discussão realizada por Poulantzas sobre a natureza dos Estados absolutistas e a definição do *Estado de transição* como um *tipo* particular de Estado constitui, talvez, no campo do marxismo, a única tentativa de elaborar teoricamente um conceito que capte em *processo* aquela particularidade e a *diferença* em relação a Estados capitalistas já constituídos, nas suas formas liberal, intervencionista ou a "correspondente" ao capitalismo monopolista. Para este autor, o Estado de transição se distingue por uma defasagem entre suas estruturas e funções e uma particular autonomia, que lhe permite operar além dos limites fixados pelo modo de produção, produzindo relações não-dadas de produção — capitalistas —, transformando e fixando os limites de um novo modo de produção. Cf. Nicos Poulantzas, *Pouvoir politique et classes sociales*. Paris, Mas-

pero, 1968. Neste trabalho utilizamos estas sugestões, mas pensamos particularmente em um tipo de Estado que se enraíza numa estrutura social heterogênea, em desequilíbrio tendencial. Um tipo de Estado, portanto, que se erige sobre um conjunto de forças sociais em transformação, não articuladas objetivamente (porque ainda ausente um movimento autônomo e integrador da acumulação capitalista). Finalmente, um tipo de Estado que, sob *formas* determinadas, vai adquirindo, ao longo do processo de transição, as estruturas centralizadas, unificadas e unificadoras do Estado nacional capitalista. Os estudos, sugestões e análises concretas sobre a emergência e formação dos Estados modernos, nas referências gerais sobre *Nation Building* e *State-Building*, são valiosos para apreender tanto os processos concretos de construção dos instrumentos centralizados do poder quanto as diferenças entre os vários casos. Essa literatura é extensa. Aqui vale a pena indicar os trabalhos de Reinhard Bendix, *Estado nacional y ciudadania*. Buenos Aires, Amorrortu, 1974; Barrington Moore, *Les origines sociales de la dictature et de la démocratie*. Paris, Maspero, 1969; Charles Tilly (org.), *The formation of national states in western Europe*. Princeton, Princeton University Press, 1975; Otto Hintze, *História de las formas políticas*. Madri, *Revista de Ocidente*, 1968.

15. Cf. J. M. C. de Mello, *op. cit.*, p.118.

16. Veja particularmente: Francisco Weffort, "O populismo na política brasileira", in Celso Furtado *et al, Brasil, Tempos modernos,* Rio de Janeiro, Paz e Terra, 1968. F. Weffort, "Estado e massas no Brasil", *Revista Civilização Brasileira,* n. 7, Rio de Janeiro, Civilização Brasileira. F. Weffort, "Classes populares e política Contribuição ao estudo do populismo)", tese de doutoramento, FFLMC-USP, 1968, *mimeo.* Fernando Henrique Cardoso e Enzo Faletto, *Dependência e desenvolvimento na América Latina* (Ensaio de interpretação sociológica), Rio de Janeiro, Zahar, 1970. Boris Fausto, *A Revolução de 1930* (Historiografia e história), São Paulo, Brasiliense, 1972, 2. ed.

17. F. Weffort, "Estado e massas no Brasil", Civilização Brasileira n.7, maio de 1966, Rio de Janeiro. p.142.

18. Cf. F. H. Cardoso e E. Faletto, *op. cit.*, p.67.

19. O trabalho mais conhecido, que analisa o processo econômico e político de transição do país à sua "modernidade" social e econômica sob o conceito (de inspiração mooreana) de "revolução pelo alto" e "modernização conservadora", é o de Luciano Martins, "Pouvoir politique et developpement économique: structure de pouvoir et système de décisions au Brésil", tese de doutorado, Paris, 1973, *mimeo.* Partindo de origens teóricas diversas, Otávio Guilherme Velho apreende a especificidade do tipo de desenvolvimento capitalista no Brasil por meio do conceito de *capitalismo autoritário*, no qual não ocorre uma revolução burguesa, e se funda na repressão da força de trabalho, para diferenciá-lo do tipo burguês de desenvolvimento. Cf. Otávio Guilherme Velho, *Capitalismo autoritário e campesinato.* São Paulo-Rio de Janeiro, Difel, 1976. Luiz Werneck Vianna, indicando o movimento de transformação da grande propriedade agrária em propriedade capitalista, e a apropriação do Estado, no pós-30, pelo setor agrário não-exportador, indica o caminho prussiano ou a "revolução pelo alto", seguida no processo de modernização econômica do país. Cf. Luiz Jorge Werneck Vianna, *Liberalismo e sindicato no Brasil,* Rio de Janeiro, Paz e Terra, 1976.

20. Obviamente, não estamos pondo em dúvida a tese central de todas essas análises, ou seja, a de que não houve no Brasil uma transformação democrática da grande propriedade rural e um caminho "à americana". O que estamos sugerindo é, de um lado, a dificuldade de apreender sob um conceito geral um processo complexo de transforma-

ções. No que diz respeito à própria questão agrária, a natureza concreta das transformações, na fase de industrialização, não é explicitada pelos autores. O. G. Velho, na obra que citamos, sugere um quadro bastante complexo de relações entre grande, média e pequena propriedade, que ele tenta compreender com base na "fronteira em movimento", durante a fase de transição. Por outro lado, buscamos tão-somente chamar a atenção para o fato de que assinalar as características econômicas ou políticas de um movimento tal como ocorreu não suprime a necessidade de se apreender a natureza dos conflitos que se desenvolveram durante o curso mesmo do movimento de industrialização e em relação às questões que esse movimento suscitava. Finalmente, supomos que a determinação de uma via particular de desenvolvimento do capitalismo envolve mais que a questão agrária e se refere também ao campo das relações de força e das alianças políticas.

21. L. Martins, *op. cit.*, p.143-4.

22. Em artigo recente, a propósito do significado da Revolução de 30, Luciano Martins sugere que a relativa dissociação entre a ordem econômica e a ordem política talvez seja uma das características das transformações sociais dos países de capitalismo tardio e dependente. Cf. L. Martins, "A Revolução de 30 e seu significado político". Comunicação apresentada ao seminário sobre a Revolução de 1930, Rio de Janeiro, CPDOC, FGV, out. 1980, *mimeo*.

23. Wilson Cano estuda esse problema e mostra as diferenças fundamentais entre os vários pólos exportadores destacando não apenas o caráter avançado da divisão social do trabalho, na economia cafeeira, como o fato de que, por esta característica, somente aquela economia conformou-se efetivamente como um "complexo", que desdobrava e integrava diferentes formas do capital e repousava numa dinâmica de reprodução ampliada. Cf. Wilson Cano, *As raízes da concentração industrial em São Paulo*. São Paulo, Difel, 1979.

24. Cf. J. M. C. Mello, *op. cit.*, p.103 e segs.

25. *Idem*, p.105.

26. São muitos os trabalhos que tratam da diferenciação e características da atividade urbana. Cf. C. Furtado, *Formação econômica no Brasil*, Rio de Janeiro, Fundo de Cultura, 1969, 3. ed.; Wilson Cano, *op. cit.*, p.53 e segs.; B. Fausto, *Trabalho urbano e conflito social*, São Paulo, Difel, 1979.

27. Décio Saes, "O civilismo das camadas médias urbanas na Primeira República brasileira, 1889-1930", *Cadernos do IFCH*, n.1, Unicamp, 1973; idem "Classe moyènne et système politique au Brésil", tese de doutorado, École Pratique des Hautes Études, 1974, *mimeo*.

28. Ver, a este respeito, as excelentes sugestões que faz Fernando Henrique Cardoso sobre a particularidade da formação das cidades na América Latina. F. H. Cardoso, *Autoritarismo e democratização*. Rio de Janeiro, Paz e Terra, 1975, cap. IV.

29. Para a análise das condições estruturais da crise da economia cafeeira, o impacto da Depressão e as políticas de recuperação do imediato pós-30, veja Liana Maria Lafayette Aureliano, *No limiar da industrialização*, São Paulo, Brasiliense, 1981.

30. No estudo que fizemos sobre a questão do Estado e a industrialização na Argentina, tratamos de mostrar exatamente o como uma economia exportadora tão desenvolvida e integrada avança seu processo de industrialização de modo muito mais lento no pós-30. E, por isso, além de muitas outras razões, revela também a força dos setores exportadores e suas condições de recompor, após a crise, seu papel hegemônico ou, pelo menos, impor seus interesses ante às novas condições nos anos de 1930,

marcando os termos do futuro daquele capitalismo. Cf. Sônia Miriam Draibe, "Classes, Estado e industrialização na Argentina", tese de mestrado, Flacso/Elas, 1975, *mimeo*.

31. Penso as forças políticas como os distintos "quadros" que atuam em aparelhos político-ideológicos: partidos, associações, sindicatos, Igreja, imprensa, burocracias etc. Obviamente, a inspiração é de Gramsci e aponta aqui para o exato sentido de compreender um processo de *constituição* de "intelectuais orgânicos", em condição de rigorosa ausência de hegemonia. Nesse sentido, distingo forças políticas de forças dirigentes.

32. Para Poulantzas, a divisão social do trabalho, condição do Estado moderno, inscreve-se na materialidade do aparelho "especializado", o Estado. Tomando como *exemplo* a divisão entre o trabalho manual e o trabalho intelectual, este autor afirma: "O Estado encarna no conjunto dos seus aparelhos (...) o trabalho intelectual enquanto separado do trabalho manual (...). Este Estado, separado das relações de produção, situa-se precisamente do lado do trabalho intelectual cindido do trabalho manual: ele é o corolário e o produto dessa divisão, detendo um papel próprio na sua constituição e na sua reprodução. Esta se traduz na materialidade mesma do Estado". Cf. N. Poulantzas, *L'État, le pouvoir, le socialisme*, Paris, PUF, 1978, p.61.

33. Para esta discussão, veja N. Poulantzas, *op. cit*., p.249 e segs.

34. Pietro Barcelona. *Stato e Mercato*, Bári, De Donato, 1976, cap. I e II, *passim*.

35. Shonfield chama a atenção para certos graus de corporativismo na organização política das sociedades capitalistas avançadas e nas práticas de planejamento. Interessantes são as considerações de Schmitter sobre as formas de "corporativismo societal" e de Estado e o impacto de sua incidência simultânea nas sociedades em desenvolvimento. Cf. Andrew Shonfield, *Modern capitalism*. Londres, Oxford University Press, 1965; veja, também, Philippe Schmitter, "Still the century of corporatism?", in *The Review of Politics* (36, 1), 1974, p.85-131.

36. Guilhermo O'Donnell distingue claramente formas de corporativismo assim como seu impacto e funcionamento diversos em fases particulares do desenvolvimento econômico e tipos específicos de Estado. Penetrante é a sua análise do caráter bifronte do corporativismo: o avanço do Estado sobre organizações da sociedade civil e a privatização das estruturas do Estado. Cf. Guilhermo O'Donnell, *Acerca del corporativismo y la question del Estado*, Buenos Aires, Documentos Cedes/GE, Clacso, 1975.

37. Observações teóricas sobre a natureza fragmentada da ação da burocracia podem ser encontradas no trabalho já citado de Poulantzas. No caso brasileiro, para o período de 1930-60, veja Eli Diniz, *Empresário, Estado e capitalismo no Brasil*, Rio de Janeiro, Paz e Terra, 1978; E. Diniz, "O Estado Novo". Rio de Janeiro, Iuperj, s/d, *mimeo*. Sérgio Abranches apreende com muita felicidade a natureza das divisões e segmentos mais recentes dos múltiplos núcleos burocráticos e técnicos do Estado brasileiro. Inspiro-me também no título de sua tese para a denominação das partes deste trabalho. Cf. Sérgio Abranches, "The divided Leviathan (State and economic policy formation in authoritarian Brazil")", tese de doutorado, Cornell University, 1978, *mimeo*.

38. O papel dos técnicos como promotores do desenvolvimento é afirmado por L. Martins, *op. cit*. Para Nathaniel Leff, cumprem também um papel fundamental e sua fonte de poder enraíza-se em elementos da cultura política brasileira, tais como o "mito das soluções técnicas", o *status* que lhes é conferido pelo grau de educação, na reputação de objetividade e honestidade, e também no monopólio do conhecimento técnico exigido pelas complexas questões econômicas. Cf. Nathaniel Leff, *Política econômica e desenvolvimento no Brasil: 1947-1964*. São Paulo, Perspectiva, 1975, p.132 e segs.

Primeira Parte

AS FACES
DO LEVIATÃ

Introdução

Pretendemos, nesta Primeira Parte, examinar o movimento simultâneo de construção do aparelho econômico estatal centralizado e os diferentes planos econômicos, entre a Revolução de 1930 e o final dos anos de 1950. No Capítulo 1, examinaremos esse movimento na fase 1930-1945, quando um certo padrão de relação entre o Estado e a economia deixa transparecer seus contornos e natureza.

No Capítulo 2, observaremos essas características durante o governo Dutra, buscando reter, ao mesmo tempo, os traços permanentes daquele padrão e as suas descontinuidades de ritmo e o modo de funcionamento.

Finalmente, no Capítulo 3, trataremos de indicar a inflexão que se introduz na forma de Estado, durante o segundo governo de Vargas, e os limites em que esbarrou — aspectos que se tornam bastante visíveis quando, sob o Plano de Metas, define-se e concretiza-se uma alternativa de avanço da economia em direção à industrialização pesada. Nas Considerações Finais desta parte, examinaremos a fase final da industrialização sob a perspectiva das estruturas do Estado e das novas relações com a economia.

A construção dos aparelhos estatais no processo de formação do Estado capitalista — permeada pelos movimentos de centralização, burocratização e racionalização — está referida a uma determinada estrutura de classe e a sua transformação ao longo do processo de constituição do capitalismo. O organismo material do Estado (órgãos, códigos etc.) traduz, a seu modo, essas características e os conteúdos pelos quais vão adquirindo atualidade as questões da revolução burguesa. Uma vez que o objetivo desta parte diz respeito tão-somente ao aparelho econômico centralizado, verifiquemos, ainda que em traços gerais, o movimento de conformação dos aparelhos repressivo e social do Estado, das estruturas materiais que oferecem suporte ao poder como expressão do "interesse geral", como poder unificado, genérico.

A Revolução de 30 inaugurou a etapa decisiva do processo de constituição do Estado brasileiro. A quebra das "autonomias" estaduais que amparavam os "pólos oligárquicos" resultou numa crescente centralização do poder: concentraram-se progressivamente no Executivo Federal os comandos sobre as políticas econômica e social, bem como a disposição sobre os meios repressivos e executivos. O Estado seguirá federativo na sua forma, mas os núcleos de poder local e regional serão subordinados cada vez mais ao centro onde se gestam as decisões cruciais. Esse movimento de centralização e concentração do poder, sob os múltiplos aspectos em que se expressou, conduzirá o Estado brasileiro a uma forma mais avançada de Estado Nacional, capitalista e burguês.

Esta é ainda uma etapa de construção das bases do Estado Nacional, enquanto poder centralizado, unificado, que a si subordina soberanamente as forças centrífugas, por meio de codificações, leis, aparelhos administrativos e coercitivo-repressivos. É esse o sentido em que avançará o longo processo de formação do Estado no Brasil, no período inaugurado em 1930. Apoiando-se em novos códigos e legislação, e estruturando seus aparelhos centrais, os conteúdos da soberania serão redefinidos e atualizados, assim como se processará a extensão e ampliação da autoridade pública sobre os recursos estratégicos, sobre as instituições de conformação ideológica da nacionalidade, no controle da informação, no reforço das bases fiscais e centralização dos recursos, na estruturação mais densa do Poder Judiciário e das organizações Policial-Militares.

Através desse movimento, o Estado se organizará como um aparelho corporificador da materialidade das relações capitalistas em desenvolvimento, tais como elas se apresentavam na sociedade brasileira. Nas suas formas contraditórias, as relações entre o capital e o trabalho assumiram expressão material, como dominação e conflito, no organismo estatal — em que os interesses objetivos e conflitantes dos setores sociais dominantes também adquiriram feição corporificada e institucionalizada. A constituição do moderno aparelho econômico, do aparelho social e dos órgãos coercitivos e repressivos do Estado *confirmam* a natureza das relações básicas da sociedade, que passaram a constituir a própria *substância* da materialidade do organismo estatal. Neste exato sentido — o da presença objetiva dos interesses sociais e de seus conflitos e contradições no arcabouço material-institucional do Estado —, podemos dizer que se processou uma *estatização das relações sociais*, reafirmando, num grau superior, o caráter de classe do Estado. A corporativização dos interesses e a privatização do Estado constituíram a outra face desse processo.

Sob esse aspecto duplo e simultâneo, portanto, é que se pode apreender a nova etapa de formação do Estado brasileiro que se abre com a Revolução de 1930.

De um lado, o reordenamento institucional — que poderíamos sintetizar sob o título geral de *centralização* — fez avançar a construção do arcabouço jurídico-político estatal, com o sentido fundamental de estabelecer novos suportes organizacionais e normativos para a expressão do poder do Estado como poder unificado, genérico e abstrato. A instituição do voto universal e secreto, a unificação dos códigos judiciários, a elaboração da legislação sobre as "riquezas", a saúde ou a educação — a ordenação jurídica se faz sob a forma universalista e genérica, emanada de um centro político e fundada numa definição abstrata da "nação" e da igualdade dos cidadãos. O "interesse geral" ganha maior concretude no formalismo e na abstração da lei, expressão de um Estado que atua soberanamente no âmbito de toda a nação, em nome de suas "razões", que identifica com as de todo o povo e apresenta como gerais e nacionais. A obra iniciada nos tempos do Império, que avançara a seu modo e sob as injunções do regime federalista no Estado oligárquico, ganha novas dimensões.[1]

De outro lado, a centralização política do pós-30 processa-se com a *edificação de um aparelho burocrático-administrativo de intervenção, regulação e controle, que organiza em bases novas o "interesse geral" e a dominação social.* Corporificando na sua própria ossatura burocrático-administrativa a diversificação e a desigualdade social, a ação estatal se faz de modo finalístico, particularizado, como atividade concreta e material,[2] dirigida aos interesses concretos e nus, na sua capacidade econômico-corporativa. Sob essa forma, a referência abstrato-jurídica da soberania — o povo constituído como corpo político da nação — adquire um novo modo de expressão na estrutura organizacional do Estado. Amplia-se o grau de *generalidade* da ação, que afeta todos os interesses por meio de sua máquina burocrática de regulação e controle, mas os contempla assumindo-os na sua natureza concreta, particular e desigual. Tomando-os como partes constitutivas do "interesse geral", transforma-os em objetos de políticas e regulações específicas, para metamorfoseá-los depois na sua política, "a política do Estado", apresentada como geral e nacional.

A ação do Estado, assim, ganha duplamente foros de universalidade, generalidade e "autonomia": por um lado, no seu ordenamento jurídico-político e na ampliação de suas funções técnico-legislativas; por outro, na estatização das relações sociais com a estruturação organizacional dos interesses no seu próprio aparelho.

O novo Estado que emergiu em 1930 não resultou, portanto, de mera centralização de dispositivos organizacionais e institucionais preexistentes. Fez-se, sem dúvida, sob fortes impulsos de burocratização e racionalização, consubstanciados na modernização de aparelhos controlados nos cumes do Executivo Federal. Entretanto, não se reduziu simplesmente à "desapropriação" dos instrumentos locais e regionais de poder estruturados sob o Estado oligárquico. A centralização trouxe consigo elementos novos, que alteraram a qualidade e a natureza do conjunto de instrumentos políticos ou de regulação e controle anteriormente vigentes. Velhos órgãos ganharam nova envergadura, estruturaram-se gradativamente as carreiras, assim como os procedimentos sujeitaram-se crescentemente à lógica racional-legal. Ao mesmo tempo, erigiu-se um novo aparelho de regulação e intervenção econômica; estruturou-se no Estado uma área social na qual passaram a ser gestadas políticas públicas de caráter nacional; finalmente, os organismos coercitivos e repressivos estatais adquiriram substância qualitativamente nova.

Centralização e tendência à supressão de formas duais e fragmentadas do poder, estatização das relações sociais, burocratização e modernização dos aparelhos estatais, inserção profunda do Estado na atividade econômica — nunca será demais insistir na concomitância das questões a que teria de responder neste período o Estado capitalista em formação. A complexidade desse processo, indicada aqui pela condensação, no tempo, de um conjunto de problemas de natureza diversa, mostra a especificidade do movimento de construção do Estado brasileiro.

À diferença de outros casos e padrões de formação dos Estados capitalistas — nos quais as questões de centralização, unificação, delimitação da soberania sobre o território, ou aquelas intimamente vinculadas ao processo de urbanização e industrialização (em particular, a questão social) distribuíram-se e foram solucionadas em tempos bastante longos —,[3] o Estado brasileiro no pós-30 enfrenta ainda e ao mesmo tempo desde problemas de definição de soberania e de construção do poder unificado, até formas de enquadramento político-institucional do proletariado emergente, numa fase que é também a da constituição do "capitalismo industrial".[4] Assim, a ossatura material-institucional do Estado, contendo no seu modo próprio de armação o conjunto dessas questões, expressará, por suas estruturas e seu funcionamento, as peculiaridades da nossa revolução burguesa.

Essas observações poderão ficar mais claras se reconstituirmos alguns dos traços do movimento de estruturação dos aparelhos centralizados do Estado — o *aparelho coercitivo-repressivo*, o *aparelho social* e o *aparelho econômico* — no período que se estende da Revolução de 30 até o desencadear da industrialização pesada, no final da década de 1950.

No âmbito do aparelho *coercitivo-repressivo estatal*, examinemos algumas questões que se colocaram à organização do sistema judiciário e das Forças Armadas.

Os Estados modernos, na sua constituição como poderes centralizados, enfrentaram de maneiras distintas o problema da constituição de um sistema judiciário integrado, seja edificando um aparato nacionalmente articulado da magistratura, seja elaborando códigos únicos e nacionais, sobre os quais se amparou um poder judiciário unificado e autônomo.[5]

O Estado brasileiro, no pós-30, ainda estava às voltas com o problema da unificação da Justiça, que, contrariamente à opinião de muitos publicistas e ideólogos da época, nem se reduzia às questões anteriormente colocadas pelos regimes unitário ou federativo, nem se limitava ao problema da federalização da Justiça.[6]

A tese da federalização completa da Justiça, defendida por Rui Barbosa já na Primeira República e vista por muitos, no período que nos ocupa, como possibilidade de construção de um poder judiciário nacional,[7] não foi efetivada nas três Constituições da época. Mesmo a Justiça Federal de 1ª Instância foi abolida pela Carta de 1937, e o Estatuto de 1946 confirmou essa disposição: a Justiça Comum permaneceu na alçada estadual.

Nem por isso deixou de haver modificações importantes, que apontam no sentido da *unificação da Justiça*, entendida como universalização das normas e dos procedimentos fundamentais e reforço da estrutura federal. Os procedimentos da Justiça Comum foram objeto de regulação federal, modificando-se a sistemática da Constituição de 1891, pela qual cada Estado tinha seu Código de Processo. A Constituição de 1934 atribuiu à União a competência privativa de legislar sobre o direito processual (art. 5º, XIX, a) — determinação que se concretizou no Estado Novo com a promulgação do Código de Processo Civil (Decreto-lei n. 1.608 de 18/9/1939) e do Código de Processo Penal (Decreto-lei n. 3.689 de 3/10/1941).

A Carta de 1934 (assim como as de 1937 e de 1946) também fixou os princípios da vitaliciedade, inamovibilidade e irredutibilidade de vencimentos, além da obrigatoriedade do concurso público para o ingresso à magistratura.[8]

Seria ingênuo supor que tais princípios garantiram automaticamente a independência do Poder Judiciário; não obstante apontam para a fortalecimento de um dos poderes do Estado e no de sua maior autonomia.

Do ângulo da problemática aqui discutida, ganha maior importância a criação da Justiça Eleitoral e da Justiça do Trabalho como órgãos do Poder Judiciário Federal. Assim, tanto no terreno dos direitos básicos da cidadania política, como na forma de regulamentação da cidadania social, ampliaram-se as atribuições do Poder Judiciário, e sua estrutura se diferenciou com o surgimento de foros especiais distintos da Justiça Comum.

A criação da Justiça do Trabalho, consolidada na Carta de 1946, e a da Justiça Eleitoral, já constante na Constituição de 1934, indicam a simultaneidade com que se colocaram as questões da estruturação unificada do Poder Judiciário, da ampliação da cidadania política e dos direitos sociais — concomitância imposta pela natureza das pressões advindas de uma estrutura social bastante diversificada e em rápido processo de transformação.

Se o aparelho judiciário alcançou, com as novas medidas, um grau maior de unificação e homogeneização nacionais, bem como de suas normas e procedimentos, inscreveu também na sua própria estruturação material a natureza dos conflitos que permeavam a sociedade brasileira. Aí foram reguladas as relações entre o capital e o trabalho, enquanto se confirmaram objetivamente, na estruturação da Justiça Eleitoral, as pressões de setores médios e populares pela ampliação da cidadania política.

A identificação do processo de unificação e modernização de um aparelho específico com o movimento global de construção das estruturas centralizadas do Estado talvez apareça com nitidez no caso do *aparelho repressivo* e, em particular, das Forças Armadas.[9] Sabe-se que, a partir de 1930, o Exército consolidou seu papel de monopolizador do uso legítimo da violência; seu êxito em subordinar as polícias militares estaduais ao Estado-Maior do Exército representou um dos aspectos básicos da própria consolidação do poder central.[10]

Por outro lado, o Exército ampliou seus efetivos, reorganizou-se internamente e levou avante um ambicioso programa de reequipamento.[11] De certa forma, realizou-se a plataforma profissionalizante dos "jovens turcos", agrupados em torno da revista *Defesa Nacional* (surgida em 1913) e dos discípulos da missão militar francesa vinda logo após a Primeira Guerra Mundial.[12] Após a Revolução de 30, a instituição castrense atingiu níveis sempre mais altos de complexidade interna, de interdependência das unidades, de enrijecimento da hierarquia e de consolidação do papel norteador do Estado-Maior.[13]

Para uma das figuras centrais dessas transformações, o general Góes Monteiro, o reordenamento era passo indispensável para "se fazer a política *do* Exército e não a política *no* Exército. (...) A política do Exército é a preparação para a guerra, e esta preparação interessa e envolve todas as manifestações e atividades da vida nacional (...) ".[14] A identificação progressiva entre o projeto do Exército como instituição e o "projeto nacional" será a base da idéia "do Exército coexistindo com a estrutura do Estado".[15] A afirmação da nação e fortalecimento do Estado e da instituição militar constituíram, no plano ideológico, uma identidade que se exacerbaria no Estado Novo. Esse parece ser o ângulo que melhor permite captar a vinculação entre os militares e o projeto de industrialização, concebido como base material da defesa militar, da autonomia nacional e da força do Estado.

Em síntese, o Exército simultaneamente conseguiu unificar-se e unificar os aparelhos coercitivos; reestruturou-se, reequipou-se e identificou-se com o próprio Estado Nacional, ao adotar como projeto da instituição o processo de centralização político-administrativa e de desenvolvimento industrial em curso.

Como assinala José Murilo de Carvalho, "por trás da retórica da identificação Exército-Estado e da visão de ambos como expressão orgânica da nação, estava a realidade de um projeto que se caracterizava pela nacionalização da política, pelo industrialismo e pela ideologia de nova ordem não liberal mas inequivocamente burguesa".[16] Isso, evidentemente, não excluiu a existência de divergências quanto aos rumos do desenvolvimento industrial, aos limites de sua própria intervenção, à amplitude do espaço democrático e à natureza do regime político, as quais desembocaram na existência permanente, dentro da burocracia militar, de facções que exprimiram *a seu modo* o confronto social e político.[17]

Os múltiplos e simultâneos aspectos com que se defrontaria a nova etapa de formação do Estado brasileiro, durante o período que vai de 1930 ao final da década de 1950, revelaram-se também no movimento de estruturação *do aparelho social da Estado.*

O simples fato de que o Estado, numa fase em que ainda avançava a sua complementação enquanto Estado Nacional, abrisse também suas estruturas para a edificação de uma área "social", de suporte de políticas de caráter nacional, é revelador das peculiaridades do processo de formação do Estado brasileiro. Restringindo-nos tão-somente a algumas questões relacionadas ao sistema educacional, à saúde pública e à previdência, reconstruiremos os traços gerais do movimento da construção do aparelho social.

Os autores que se debruçaram sobre as características mais permanentes dos processos de construção dos Estados destacam sempre o movimento de progressiva extensão do poder estatal sobre o sistema educacional, seja para definir os parâmetros político-ideológicos sob os quais se processara a "socialização" dos cidadãos, seja para responder às demandas e pressões pela extensão da cidadania, seja para arcar com as tarefas de reprodução ideológica e formação técnico-profissional da força de trabalho.[18]

Esses três aspectos, que em outros padrões de formação dos Estados capitalistas desdobraram-se ao longo de um tempo contado em séculos ou, pelo menos, em muitos lustros, estiveram simultaneamente presentes no movimento de estruturação do sistema nacional de ensino brasileiro a partir de 1930. Desde a criação do Ministério da Educação e Saúde, no ano da revolução, até a aprovação da Lei de Diretrizes e Bases da Educação Nacional, em 1961, estruturou-se uma área do aparelho social do Estado que conferiu apoio material para a elaboração da política governamental da educação. Ao mesmo tempo, equacionou-se e amoldou-se uma resposta de caráter "capitalista" às pressões pela ampliação da cidadania e, paralelamente, foram delimitados os contornos de uma área de investimento privado.

Estava colocada, em 1930, uma *questão nacional* da educação tanto em termos da unificação do sistema educacional e do fortalecimento da União, quanto dos seus conteúdos sociais, expressos nas várias plataformas de "educação pública e gratuita"[19] — em resposta a reclamos que ganhavam força desde os anos de 1920.[20]

Nessa *questão educacional* estavam presentes vários aspectos. Havia uma crítica ao dualismo imperante na Primeira República, fruto de uma divisão de competências entre a União e os Estados imposta pelo "extremado" federalismo vigente.[21] Dessa dualidade decorria outra, como assinala Nagle, traduzida na contraposição entre "escolas de elite" (secundária e superior) e "escolas do povo" (primário e técnico-profissional).[22] E, para além dos limites impostos pelo federalismo, configurava-se uma situação mais geral: a natureza tradicional, dispersa e subordinada do aparelho administrativo ligado à educação, no governo federal e mesmo na administração estadual.[23]

Entre 1930 e 1945, desencadeou-se um intenso movimento de armação, no Executivo Federal, de um aparelho nacional de ensino e de elaboração de códigos e "leis orgânicas", visando a estabelecer diretrizes e estrutura organizativa para os diversos ramos e níveis da educação no país.

Do ponto de vista do processo de centralização e integração de um sistema nacional de ensino, vale lembrar seus momentos mais importantes. À criação do Ministério da Educação e Saúde Pública, em 1930, seguiram-se o Conselho Nacional de Educação e o Conselho Consultivo do Ensino Comercial, ambos estruturados no âmbito do ministério e tendo por atribuição fixar diretrizes gerais para o ensinos primário, secundário, superior e técnico-profissional.[24] Essas diretrizes foram sucedidas, durante o Estado Novo e no decorrer de 1946, pelas Leis Orgânicas do Ensino — reformas e planos de caráter parcial, que afetaram cada um dos ramos e níveis, sem contudo, estabelecer, a sua articulação conforme um critério nacional de continuidade e divisão do trabalho educativo.[25]

A meta da criação de um "código de diretrizes da educação nacional" (conforme expressão da época), foi perseguida em toda a década de 1930 e no Estado Novo. Esteve mesmo prevista na Carta de 1934, quando se definiu a competência da União para fixar o plano nacional de educação — compreensivo de todos os graus e ramos —, coordenar e fiscalizar sua execução em todo o país. Mas até aí não lograram chegar os impulsos centralistas vigentes.

A Constituição de 1946 reafirmava a competência da União para fixar as bases e diretrizes da educação nacional, e em 1948 iniciou-se a longa tramitação do *Projeto de Diretrizes e Bases*, que provocou acirradas discussões, um movimento político de envergadura, e foi transformado em lei somente em 1961.[26]

Um novo passo só seria dado em 1953, quando Educação e Cultura se desvincularam de Saúde, constituindo um ministério específico.

Com a aprovação das Diretrizes e Bases e a criação do Conselho Federal de Educação, completou-se a centralização dos dispositivos básicos de controle estatal sobre a educação: conformara-se um aparelho educacional centralizado e o Executivo Federal armara-se dos instrumentos legais e de um plano geral de educação. O sistema nacional de ensino adquiriu um formato integrado, e baseando-se nos *dispositivos centrais* asseguravam-se as margens das quais se efetivariam a descentralização administrativa, as prerrogativas do regime federativo e a relação entre a escola pública e a escola privada.

Não basta, entretanto, rastrear esse movimento tão-somente nos seus aspectos de centralização, unificação e controle. A constituição do aparelho educacional integrado, no Brasil, envolveu, pelas próprias características da etapa que estamos analisando, outros conteúdos que já estavam prenunciados desde os anos de 1920, sob os títulos mais gerais das demandas pela educação popular, pública e gratuita.

O encaminhamento da "educação popular", no pós-30, espelharia a diversidade e a transformação da estrutura de classes no processo de industrialização. Às demandas populares pela extensão da cidadania, a estruturação material e legal do aparelho de educação respondeu com a reafirmação da universalidade, gratuidade e obrigatoriedade do ensino primário e, ao mesmo tempo, com a organização de uma rede paralela voltada para a educação das "classes menos favorecidas"; assim, a "cidadania incompleta" dos setores assalariados configurava-se na própria estratificação dual do aparelho escolar, em sistemas que articulavam diferencialmente os níveis primário-secundário e superior assim como o primário-pré-vocacional e o profissional.[27]

Nos primeiros anos da década de 1930, a partir da criação do Conselho Consultivo do Ensino Comercial, foram estruturadas no Ministério da Educação a Inspetoria do Ensino Profissional e Técnico e a Divisão do Ensino Industrial. A reforma do ensino comercial, em 1931, deu início ao processo de articulação da rede técnico-profissional de ensino, que culminaria, entre 1942 e 1946, com as Leis Orgânicas do Ensino Industrial e Comercial (1942 e 1943, respectivamente) e com a instituição do sistema Senai-Senac, de associação escola-empresa, para educação e treinamento dos trabalhadores urbanos.[28]

Se esse aspecto da organização do aparelho de ensino já traz, na sua própria estruturação, a marca mais geral do caráter de classe da economia e da sociedade brasileira na fase de constituição do "capitalismo industrial", também a delimitação das relações entre a escola pública e a escola privada revelam conteúdos peculiares. As polarizações liberdade de ensino-monopólio estatal sobre a educação, repetidamente presente no Ocidente europeu nas disputas por competência entre o Estado e a Igreja, enredaram-se, aqui, numa outra questão: ainda que embrionariamente, tratava-se da delimitação de uma área específica de valorização do capital. Além das tensões entre o Estado e setores sociais que competiam pela "formação das individualidades", debatia-se também o direito do capital privado a um espaço de inversão na empresa educacional.

Vejamos agora os aspectos mais gerais da organização do *aparelho de saúde* e *previdência social*. Rompendo com o caráter até então débil, fragmentado e pontual de intervenção estatal na área de saúde, no período iniciado em 1930 emergiu uma política nacional em saúde pública, cristalizada em um segmento do aparelho social centralizado do Estado.

A elaboração de programas de saúde pública esteve intimamente relacionada com os processos de migração, urbanização e industrialização (e, portanto, ao movimento geral de criação de um mercado nacional de trabalho) e expressou a centralização institucional iniciada com a criação, em 1930, do Ministério da Educação e Saúde. Ao mesmo tempo que o Departamento Nacional de Saúde, órgão máximo de ministério para a área, subordinava a si os departamentos estaduais, uniformizando também suas estruturas internas de funcionamento,[29] foram sendo criadas, na área federal, novas entidades de atuação no combate às endemias e na esfera dos serviços sanitários. Em 1941, a reorganização do Departamento incorporou todos os serviços existentes na administração federal, institucionalizou as campanhas sanitárias e assumiu o controle da formação de técnicos em saúde pública.[30] Do estrito ponto de vista da armação material desse aparelho, novo passo foi dado em 1953. com a criação do Ministério da Saúde, atuando agora independentemente da área educacional. Em 1956, com a criação do Departamento Nacional de Endemias Rurais, visando a atuar principalmente em termos de saneamento, a estruturação dos organismos de saúde pública parece ter atingido seu ponto máximo no período 1930-1961.

Cumpre destacar a organização do Serviço Especial de Saúde Pública (Sesp), em convênio com a Fundação Rockefeller, em 1942. Sua área geográfica de atuação e suas atribuições foram ampliadas durante a década de 1950,[31] e manteve-se pelo mesmo sistema de financiamento até a sua incorporação ao Ministério da Saúde, em 1960.

A estruturação do aparato centralizado de saúde não foi acompanhado de reforço financeiro significativo, nem contou com um plano que organizasse e coordenasse as atividades estatais nessa área. A política pública em saúde de abrangência nacional foi, até o final do período que estamos considerando, apenas um conjunto de programas nacionais pouco articulados entre si.[32]

Por um lado, isso se explica pela própria etapa de desenvolvimento econômico, que implicava restrição ao direcionamento da intervenção estatal no campo social — principalmente as que se vinculavam à estreiteza e rigidez de sua base tributária. Por outro lado, as próprias características do setor de saúde pública, no conjunto da política social, reforçavam seu caráter subordinado: o grau de intervenção estatal responderia diretamente à capacidade de reivindicação e pressão da população a que se destinava o seu funcionamento. Em suma, dependeria de condições políticas favoráveis que incorporassem, no interior da arena de decisões desta ação governamental, grupos organicamente representativos das camadas subalternas situadas fora do setor industrial urbano.[33]

Esses dois fatores, conjugados, parecem responder por que, em conjunturas de relativa liberdade de reivindicação e de movimentação política, ganhou predominância uma outra questão da política social: a de previdência e assistência social. Os autores que a analisaram afirmam o caráter restrito do atendimento previdenciário vigente até a Revolução, que, sob a forma de Caixas de Aposentadorias e Pensões, atingia poucas categorias de trabalhadores e era organizado por intermédio de acordos de seguro entre empregados e empregadores, no âmbito da empresa individual.[34] A intensificação dos movimentos sociais, na década de 1920, destacou uma problemática que só seria respondida após o reordenamento do poder e pelas estruturas centralizadas do Estado.[35]

A par das várias medidas de legislação trabalhista e sindical, a forma de intervenção estatal na previdência se alteraria grandemente com a criação, em 1933, do Instituto de Aposentadoria e Pensões dos Marítimos. Na seqüência da criação dos IAPS,[36] montou-se sob o controle do governo federal uma imensa máquina de serviços pela qual se pretendiam estender os benefícios previdenciários ao conjunto dos assalariados urbanos.[37] Organizados como autarquias e articulados aos sindicatos, os institutos estruturaram os serviços previdenciários e assistenciais segundo as categorias profissionais (e não por empresa), e definiram um sistema tripartite de contribuições — de empregados, empregadores e da União. Com pequenas diferenças, a natureza dos benefícios era a mesma para todo o território nacional.[38]

A história dos IAPS foi marcada, no período, por tentativas de unificação do sistema previdenciário e por fortes resistências e obstáculos de natureza política que a centralização colocava. Em 1945, decretou-se a Lei Orgânica dos Serviços Sociais do Brasil, que criava também o Instituto dos Serviços Sociais do Brasil (ISSB), visando a unificar todos os serviços de previdência e assistência social; esse órgão fora concebido como organismo público, e de sua composição, participariam setores da burocracia estatal e os próprios segurados.[39] O decreto foi revogado em 1946 e, em 1947, no Congresso, fez-se outra tentativa para dar caráter orgânico à estrutura previdenciária; o projeto tramitou por 13 anos, e a Lei Orgânica da Previdência acabou aprovada em 1960.[40]

A unificação do sistema previdenciário esteve vinculada a várias questões. Procurava-se uma solução que ampliasse o volume de benefícios e serviços prestados e que os uniformizasse em relação às diferenças na legislação reguladora do acesso da população previdenciária. Estavam também em jogo a possibilidade de utilização mais efetiva dos fundos da previdência, nos projetos de industrialização pesada, e a procura de novas formas de rentabilidade para os fundos acumulados nos IAPs, em virtude do agravamento progressivo de sua situação financeira. Além disso, a unificação poderia reforçar um instrumento significativo de controle e mobilização política das classes assalariadas urbanas. Logicamente, pela natureza das questões envolvidas — que contrariavam articulações políticas extintas —, a unificação dos institutos provocou resistências e divergências no âmbito das burocracias dirigentes, dos partidos políticos e no próprio seio do Ministério do Trabalho.[41]

A deterioração da estrutura previdenciária, ao final da década de 1950, não foi, segundo alguns autores, solucionada pela Lei Orgânica da Previdência Social, uma vez que esta não significou uma racionalização administrativa e financeira de vulto, em benefício do próprio sistema.[42] José Carlos Braga indica, em todo o período, limites estruturais que afetavam o funcionamento do sistema previdenciário: a prioridade então concedida aos projetos de industrialização; a fragilidade financeira do Estado e das empresas, incapazes de sustentar um sistema que atendesse à demanda crescente de serviços assistenciais e previdenciários; e, finalmente, o fraco poder de barganha do proletariado em formação.[43]

A remodelação e unificação dos aparelhos de política previdenciária só se faria no período pós-64, quando já estavam derrotados os setores nacional-populares: os poderes tributário e financeiro do Estado, para fazer frente a esta política, estava logrado (tanto pelas reformas internas à Previdência, quanto pela ampliação da própria base econômica, plenamente sustentada na acumulação industrial), porém, a representação dos interesses das classes subalternas no aparelho estatal encontrava-se fortemente reprimida, impossibilitada de participar do processo de definição de políticas do seu interesse.[44]

A construção de uma área social no aparelho de Estado, na fase de constituição do capitalismo industrial e do próprio Estado, no Brasil, merece algumas considerações gerais.

De um lado, as questões sociais foram objeto de *políticas de caráter nacional*, isto é, constituíram políticas gerais emanadas de um Estado centralizado, que tomou como genéricos, nas suas próprias instituições os interesses de segmentos da estrutura social. Nesse processo, não apenas se estabeleceu uma referência concreta às diferenciações entre os assalariados, derivadas de sua inserção no processo e produção e valorização capitalistas, como também se reafirmou o elemento básico contido nas relações de assalariamento. Nesse sentido, isto é, do *ponto de vista da constituição de um Estado capitalista*, a montagem dos aparelhos sociais expressa um grau maior de amadurecimento de suas estruturas. Estabelece-se uma modalidade de inserção subordinada e controlada dos interesses subalternos no âmbito do Estado, constituindo e reforçando as estruturas capitalistas de dominação.

Mas se esse é um aspecto da constituição das estruturas burguesas, não há que desprezar a sua outra face — a de que não apenas se respondeu às pressões oriundas da luta social, como também se inscreveu a presença dos interesses e demandas dos setores subalternos nas agências estatais, isto é, na própria armação material do Estado. O *sentido* das políticas sociais dependeria de correlações de forças e condições de luta política determinadas; seriam mais ou menos favoráveis às camadas subalternas segundo sua força relativa nas diferentes conjunturas políticas; mas estaria assegurado, desde então, seu *reconhecimento*.

É preciso ainda ressaltar aspectos mais específicos envolvidos na montagem do aparelho social, na etapa de industrialização.

A forma peculiar de articulação entre a área social do Estado e o processo de acumulação capitalista, *stricto sensu*, foi expressa neste momento no debate sobre as alternativas de manejo financeiro dos fundos previdenciários, tendo em vista os grandes projetos de indústrias de base, numa articulação objetiva entre desenvolvimento econômico e social. Não se pode desconhecer também o fato de que, se as políticas sociais cumpriam um papel na reprodução da força de trabalho,[45] elas o faziam num momento de constituição da própria força de trabalho industrial, o que inegavelmente tendia a reforçar a importância da intervenção e regulação estatal.

Vale apontar ainda que, no momento de constituição da área social, abriu-se simultaneamente um espaço para que a forma de prestação de serviços fosse realizada com caráter tendencialmente empresarial, seja pelo fato mais geral da imposição progressiva de formas capitalistas de reabilidade da produção de serviços — na órbita estatal ou privada —, seja pelas circunstâncias já apontadas de limitações estruturais de intervenção do Estado nesse campo.

Sufrágio universal, independência do Judiciário, ampliação das oportunidades educacionais, medidas de saúde pública, extensão e generalização dos benefícios e serviços previdenciários — não será ocioso repetir a simultaneidade com que tais demandas são postas perante o Estado e por ele equacionadas. Sob o prisma da definição dos conteúdos da cidadania, poderíamos, com Marshall, resumir toda a problemática afirmando a concomitância com que haveriam de ser constituídos os elementos civis, políticos e sociais do cidadão, e as formas específicas de regulação desses direitos no Brasil, ao ingressar o país na sua fase de industrialização.[46]

Do ponto de vista em que nos colocamos, preferimos enfatizar o fato de que, no que tange à questão social, o Estado brasileiro só poderia completar seu processo de formação de Estado Nacional, centralizado, unificado e unificador (gestando, portanto, políticas nacionais), ao estruturar-se também como aparelho social de envergadura. Respondendo minimamente às injunções de "modernidade", complexidade e diversidade da estrutura social — e, pois, às características da luta de classe em curso — como Estado capitalista, inscreve no seu próprio aparelho as contradições de classe, enquanto edifica um conjunto de organismos que se abrem *simultaneamente* como área de jurisdição pública, campo de regulação das relações sociais e espaço de valorização do capital, na forma que já foi sugerida.

A natureza particular que a estruturação do Estado assume na fase de industrialização revela-se talvez com maior nitidez na organização do *aparelho econômico centralizado*.

A crise do Estado oligárquico, ao estabelecer condições para a centralização política, criou também as bases para uma profunda intervenção e regulação econômica estatal, no espaço político constituído pelos interesses sociais e seus conflitos. Nesse campo de forças, constituiu-se aceleradamente um moderno e sofisticado aparelho econômico centralizado, a partir do qual o Estado passou a atuar sobre os pontos-chave da vida econômica e social, elaborando políticas de caráter nacional e dotadas de um grau bastante elevado de interpenetração e complementaridade.

O novo aparelho econômico centralizado oferecerá, pelos seus órgãos máximos, suporte para a regulação estatal sobre o câmbio, a moeda, o crédito, os juros e os salários; no seu interior, foram criados organismos de planificação setorial e embriões de coordenação geral. E, finalmente, ele se diferenciará no mais alto grau com a constituição das empresas públicas.

Também o aparato econômico constitui, junto das Forças Armadas, o *locus* onde mais intensamente atua a nova e moderna burocracia — os técnicos, corporificados no engenheiro e no profissional militar e, mais adiante, no economista e no administrador.

No que tange ao aparelho econômico estatal, o processo de estruturação do Estado envolveu muito mais que a mera centralização no Executivo Federal de dispositivos fundamentais de política econômica e uma atuação de caráter abrangente e nacional: a constituição de uma nova armadura e o estabelecimento de uma presença inédita do Estado na economia caracterizarão o novo período. *A natureza particular dessa nova forma de Estado* constitui o objetivo da nossa análise nos capítulos que seguem; antes de empreendê-las, porém, avancemos um pouco mais na apreensão do movimento geral de formação do Estado entre 1930 e 1961.

Sob vários aspectos, a literatura já assinalou os ritmos desiguais, os avanços e recuos, os impasses e a estagnação no movimento de formação das estruturas centralizadas do Estado. Pareceria, mesmo, ser característica ímpar do caso brasileiro, a predominância de mecanismos de "acomodação", muito mais que de "transformação", no processo de edificação da máquina administrativa e dos instrumentos político-institucionais estatais.[47]

Assim, a centralização política — um fato — não foi completa nem suficiente para absorver as expressões regionais de poder.[48] O sistema judiciário não se unificou plenamente, embora houvesse alguns passos neste sentido.[49] A ampliação das bases fiscais do Estado foi relativamente lenta, no período em pauta, e os recursos de que dispunha a União tiveram crescimento inferior ao da renda nacional.[50] O sistema nacional de ensino arrastou-se, sem um plano unificador, até o início dos anos de 1960. Não se organizou um plano nacional de saúde, e o organismo previdenciário não logrou unificação nem definiu a contento as bases de sua expansão futura. O aparelho e a intervenção econômica do Estado não foram coordenados por um órgão central de planejamento.[51]

Mais ainda, do ponto de vista de sua abrangência e eficiência, a modernização e a racionalização administrativas foram parciais, e os bolsões da nova burocracia conviveram com o velho funcionalismo, inerte e imerso nas múltiplas redes de lealdades e pressões de tipo tradicional-clientelístico, encastelado nos ramos cartoriais do Estado.[52]

A montagem do aparelho social em educação e saúde não correspondeu a níveis razoáveis de atendimento das demandas dos setores assalariados urbanos e muito menos às necessidades das massas rurais, praticamente abandonadas à própria sorte. O sistema previdenciário não estendeu seus serviços para além dos trabalhadores urbanos sindicalizados e "com carteira", deixando à margem amplas categorias de trabalhadores da cidade e do campo. Considerados esses ramos do aparelho social — saúde, educação, previdência e assistência social —, estabelecia-se, mais que uma *cidadania regulada*,[53] uma cidadania incompleta, restrita e discriminatória.

Não basta, entretanto, reconhecer que o processo de formação do Estado brasileiro foi, nessa etapa, desigual — segundo os diferentes ramos do aparelho, ou em relação ao ritmo assumido pela tendência à unificação, centralização e fortalecimento do poder estatal — e, mais ainda, restrito ante os requerimentos sociais e econômicos presentes. O processo de construção do aparelho do Estado (o ritmo, o sentido e o formato, assim como o seu funcionamento) enraíza-se na luta social e desenvolve-se segundo correlações distintas de poder entre forças sociais heterogêneas e conflitantes. A reconstituição do movimento de construção do aparelho econômico estatal, no pós-30, e sua relação com os planos alternativos de desenvolvimento econômico iluminarão essa questão.

Outro seria este trabalho se nos dispuséssemos a examinar globalmente o processo de construção do Estado Nacional capitalista na fase de industrialização. Nesta parte, fixaremos nossa atenção no *aparelho econômico*, *nos planos* e na *natureza* da ação econômica do Estado, desde 1930 até o momento em que, com o Plano de Metas, transformaram-se as bases da acumulação capitalista e o país entrou na etapa de industrialização pesada. O objetivo não será o de examinar a política econômica e o movimento real da economia,[54] tampouco a reconstituição das forças políticas e as diferentes configurações de poder no período. Nosso estudo se dirige, antes, à identificação da *forma* Estado que emerge com a Revolução de 1930 e anuncia seus elementos de crise ao final da década de 1950.

Notas

1. A análise do Estado imperial, do ponto de vista da formação das suas elites, foi feita por José Murilo de Carvalho, "Elite and State-building in imperial Brazil". Tese de doutoramento, Stanford, 1975, *mimeo*. O impacto das instituições burguesas republicanas sobre o coronelismo foi estudado numa perspectiva muito interessante por D. Saes, "Coronelismo e Estado burguês: elementos para uma reinterpretação". São Paulo, 1979, *mimeo*.

2. Para essas características da ação burocrática, veja P. Barcelona, *op. cit.*

3. Veja os estudos comparados sobre os Estados europeus em C. Tilly (org.), *op. cit.* Veja também Alexander Gerschenkron, *El atraso en su perspectiva histórica*. Barcelona, Anel, 1968.

4. Não desconhecemos que, a *rigor*, o conceito de capitalismo já envolve a acumulação industrial. Aqui usamos a expressão "capitalismo industrial" para demarcar a diferença com a primeira etapa de desenvolvimento capitalista, de natureza mercantil-exportadora.

5. A conexão fundamental entre *unidade jurídica* e *unidade estatal* é um dos temas centrais da obra de Max Weber, e é recorrente nas análises da formação do Estado moderno. Para uma excelente síntese, veja Hermann Heller, *Teoria do Estado*. São Paulo, Mestre Jou, 1968, p.167 e segs.

6. A Constituição de 1981 entregou aos Estados as questões de organização judiciária, embora reservasse à Justiça Federal algumas atribuições específicas e desse ao Supremo Tribunal Federal o papel de órgão de cúpula do sistema. Foi levantada com freqüência, desde então, a tese da federalização completa da Justiça, considerada como fórmula ideal para reforçar o Poder Judiciário e protegê-lo das injunções localistas. Em contrapartida, argumentou-se que tal medida seria incompatível com o próprio regime federativo. Sobre o tema, veja: José Duarte, *A Constituição Brasileira de 1946*. Rio de Janeiro, Departamento de Imprensa Nacional, 1947, v. II, p.249-83; José Frederico Marques, "A federalização da Justiça", *Revista Forense*, n. 167, 1956, p.500-11; Paulo Figueiredo, "A federalização da Justiça", *Revista de Informação Legislativa*, n. 7, 1965, p.77-94. As considerações sobre os processos de unificação da Justiça, no Brasil, estão apoiadas na pesquisa que Eduardo Kugelmas vem desenvolvendo sobre a natureza do federalismo no Brasil.

7. Foi esta a posição de Nestor Duarte durante os debates da Constituição de 1946. Cf. J. Duarte, *op. cit.*, p.280.

8. Veja arts. 64 a 72, 104 e 105 da Constituição de 1934; art. 91, 92 e 103 da Carta de 1937; e os arts. 95 a 97 e 124 da Constituição de 1946.

9. A história das organizações policiais ainda está por ser feita; um importante esforço pioneiro é o de Heloísa Fernandes, *Política e segurança*. São Paulo, Alfa-Ômega, 1974.

10. Veja, sobre o tema, J. M. Carvalho, "Forças Armadas e políticas, 1930-1945". Rio de Janeiro, CPDOC, 1980, p.50, *mimeo*; e Lourival Coutinho, *O general Góes depõe*. Rio de Janeiro, Coelho Branco, 1955, p.260-82.

11. Veja J. M. Carvalho, *op. cit.*, p.45.

12. Sobre a situação do Exército na Primeira República, veja Edmundo Campos Coelho, *Em busca da identidade: o Exército e a política na sociedade brasileira*. Rio de Janeiro, Forense Universitária, 1976, cap. III.

13. Veja E. C. Coelho, *op. cit.*, cap. IV.

14. Citado por E. C. Coelho, *op. cit.*, p.103.

15. A formulação é de Azevedo Amaral, citado por J. M. Carvalho, *op. cit.*, p.1.

16. Cf. J. M. Carvalho, *op. cit.*, p.55.

17. Sobre os confrontos entre facções militares, veja Thomas Skidmore, *Brasil: de Getúlio a Castello*. Rio de Janeiro, Paz e Terra, 1969; e Alfred Stepan, *Os militares na política*. Rio de Janeiro, Artenova, 1975.

18. Cf. Stein Rokkan, "Dimension of State formation and nation building", in C. Tilly, *op. cit.*, p.562-600; Reinhard Bendix, *op. cit.*; Eric Hobsbawm, *A era das revoluções*. Rio de Janeiro, Paz e Terra, 1974. É extensa a literatura que analisa a educação do ponto de vista da reprodução ideológica e formação da força de trabalho.

19. Manifestações da década de 1920 e movimentos importantes no início dos anos de 1930 — como foi aquele expresso no "Manifesto dos Pioneiros da Educação Nova", de 1932 — solicitavam ação mais objetiva por parte do Estado. Para tanto, a ação educativa deveria ser exercida por uma estrutura única, não fragmentada. Nessa

plataforma de unificação encontravam-se e desentendiam-se tanto os que, como Fernando de Azevedo, haviam se manifestado por um plano de reconstrução educacional que deveria ser descentralizador e não uniformizador, quanto setores tenentistas que apregoavam" a unificação de toda a atividade governamental em tudo que disser respeito ao ensino e à saúde pública, estabelecendo a centralização doutrinária, sem prejuízo da descentralização administrativa". Para os termos do manifesto, cf. Otaíza Romanelli, *História da educação no Brasil, 1930-1973*. Petrópolis, Vozes, 1978, p.142 e segs. A citação referente ao programa de setores tenentistas está in Edgard Carone, *O tenentismo*. São Paulo, Difel, 1975, p.405.

20. Apoiamo-nos, para essas observações, no excelente trabalho de Jorge Nagle, "A educação na Primeira República", in Boris Fausto (org.), *História geral da civilização brasileira*, v. III, n. 9 (O Brasil Republicano), São Paulo, Difel, 1977, p.262 e segs. Utilizamo-nos, também, de informações primárias, gentilmente colocadas à nossa disposição, e que foram pesquisadas por Mary Lou Paris para sua tese de mestrado, "Idéias sobre educação no fim do Império: o jornal *A Província de São Paulo*, de 1875 a 1889". Tese de mestrado, Universidade de São Paulo, 1979, *mimeo*.

21. Pela Carta de 1891, cabia à União a fixação dos padrões da escolas secundária e superior, e aos Estados a competência privativa para cuidar do ensino primário e técnico-profissional.

22. Cf. J. Nagle, *op. cit.*, p.263.

23. Para a descrição dos órgãos e serviços federais e estaduais ligados à educação, veja J. Nagle, *op. cit.*, p.267.

24. Para os decretos de criação desses órgãos e suas atribuições, cf. O. Romanelli, op. cit.; Luís Antônio Cunha, *Política educacional no Brasil: a Profissionalização em questão*, Rio de Janeiro, Eldorado, 1977; 2ª ed.; Sérgio Micelli, "O Conselho Nacional de Educação: esboço de análise de um aparelho de Estado", trabalho apresentado no seminário sobre a Revolução de 30. CPDOC, Rio de Janeiro, 1980, *mimeo*.

25. Cf. L. A. Cunha, *op. cit.*, p.58 e segs.; O. Romanelli, *op. cit.*, p.153-69.

26. Para a reconstituição de todo o processo e dos distintos temas que estiveram envolvidos na discussão do projeto de Diretrizes e Bases, cf. Anísio Teixeira, *Educação no Brasil*. Rio de Janeiro, Nacional/MEC, 1976, 2ª ed., p.160-228; João Eduardo Rodrigues Villalobos, *Diretrizes e bases da educação — Ensino e liberdade*, São Paulo, Pioneira/USP, 1969.

27. Segundo o art. 129 da Constituição de 1937, "o ensino pré-vocacional e profissional destinado às classes menos favorecidas é, em matéria de educação, o primeiro dever do Estado".

28. O Senai foi criado em 1942 e o Senac, em janeiro de 1946. Para esta análise, apoiamo-nos nas informações e interpretações de L. A. Cunha, que enfatiza o caráter dual do sistema integrado de educação criado ao longo da primeira época de Vargas. Cf. L. A. Cunha, "A política educacional e a formação da força de trabalho industrial na era de Vargas". Comunicação apresentada ao seminário sobre a Revolução de 30, CPDOC-FGV, Rio de Janeiro, 1980, *mimeo*.

29. Cf. José Carlos de Souza Braga, "A questão da saúde no Brasil: um estudo das políticas sociais em saúde pública e medicina previdenciária no desenvolvimento capitalista", tese de mestrado, Unicamp, 1978, *mimeo*, p.18.

30. Cf. J. C. S. Braga, *op. cit.*, p.20.
31. *Idem, ibid*, p.23.
32. Cf. J. C. S. Braga, *op. cit.*, p.25-32 e Pedro Luiz Barros Silva, "Reflexões sobre a política de saúde e previdência social no processo de constituição do Estado brasileiro", 1981, p.65-67, *mimeo*. Apoiamo-nos amplamente neste último trabalho e em inestimáveis sugestões que nos deu o autor.
33. Cf. P. L. B. Silva, *op. cit.*, p.*65*.
34. Cf. J. C. S. Braga, *op. cit.*, p.10-2; Maria Cecília Donnângelo, *Medicina e sociedade*. São Paulo, Pioneira, 1975, p.7-14; Wanderley Guilherme dos Santos, *Cidadania e justiça*, Rio de Janeiro, Campus, 1979, p.29-31; Hesio Cordeiro e colaboradores, "Relatório preliminar da pesquisa sobre empresas médicas". Rio de Janeiro, UERJ/IMS, 1980, p.77, *mimeo*; Sérgio Arouca *et all*, "O complexo previdenciário de assistência médica". Peses, Peppe, Rio de Janeiro, 1978, p.76-77, *mimeo*; James Malloy, *The politics of social security in Brazil*. Pittsburg, University of Pittsburg Press, 1979, p.48-50; Amélia Cohn, "Previdência social e populismo", tese de doutorado, FFLCH/USP, 1980, p.5-8, *mimeo*.
35. Cf. P. L. B. Silva, *op. cit.*, p.30-1.
36. Cf. P. L. B. Silva, *op. cit.*, p.37-49; W. G. Santos, *op. cit.*, p.31-3; S. Arouca *et all, op. cit.*, p.125-52.
37. Idem, ibid.
38. Cf. S. Arouca *et all, op. cit.*, p.125 e segs.
39. Cf. H. Cordeiro *et all, op. cit.*, p.89 e A. Cohn, *op. cit.*, p.12-5. Segundo Rômulo de Almeida, o ISSB constituiu uma tentativa de unificação dos IAPS para ampliar" o plano de seguros sociais e provendo um vasto esquema de aplicações de suas reservas (...) em serviços sociais, em habitação e em inversões (...) destinadas à elevação do padrão de consumo essencial (...)". Cf. R. Almeida, *op. cit.*, p.82-3.
40. Cf. A. Cohn, *op. cit.*, p.308-420.
41. Amélia Cohn reconstitui com clareza o debate no nível dos órgãos representativos das classes assalariadas, dos quadros técnicos e dos organismos previdenciários e no interior do Legislativo. A. Cohn, *op. cit.*, caps. II, III e IV.
42. Cabe destacar que, do ponto de vista da eficácia política, a LOPS não teve o efeito de reforço de instrumento de controle e/ou centralização, pois, quando aprovada, o conflito político extravasava em muito os limites institucionalizados pela lei. Cf. A. Cohn, *op. cit.*, p.104.
43. J. C. S. Braga, *op. cit.*, p.43-4.
44. Cf. P. L. B. Silva, *op. cit.*, p.86-7. Recentemente Regis de Castro Andrade fez uma inteligente análise do caráter normalizador da política social após 1964, apontando a sua importância na estratégia de legitimação do governo autoritário. Cf. R. C. Andrade, "A política social e normalização institucional". São Paulo, Cedec, 1980, *mimeo*.
45. Entendemos que um dos resultados da intervenção estatal, por meio das políticas sociais, é o de propiciar melhores condições de reprodução da força de trabalho no seu sentido mais geral — na medida em que, com essas políticas, são proporcionados, ainda que de maneira desigual, bens e serviços consumidos pela população trabalhadora. Essa forma de indicar as condições da reprodução da força de trabalho em determinado momento histórico como *um dos determinantes* do perfil da política social afasta-se de algumas teses correntes sobre o tema, que enfatizam esse aspecto como o

mais importante e definidor da natureza da intervenção estatal, crucial mesmo para o desenvolvimento capitalista.

46. T. H. Marshall, *Política social*. São Paulo, Zahar, 1967; idem, *Cidadania, classe social e status*. São Paulo, Zahar, 1967, *passim*.

47. Cf. Philippe C. Schmitter, *Interest conflict and political change in Brazil*. Califórnia, Stanford University Press, Stanford, 1971.

48. Cf. Gláucio Ari Soares, *Sociedade e política no Brasil*. São Paulo, Difel, 1973; Simon Schwartzman, *São Paulo e o Estado Nacional*. São Paulo, Difel, 1975.

49. A Justiça Federal de 1ª Instância foi reinstituída em 1967.

50. Sobre o tema, veja Fabrício de Oliveira e Helga Weiterschan, "Aspectos históricos do federalismo fiscal no Brasil". Fundação João Pinheiro, *Análise e Conjuntura*, v.9, nº 10, out. 1979, p.745-55.

51. O tema será discutido em detalhe mais adiante.

52. A expressão "Estado cartorial" e a análise mais conhecida sobre o tema são de Hélio Jaguaribe, *Desenvolvimento econômico e desenvolvimento político*. Rio de Janeiro, Fundo de Cultura, 1962.

53. Expressão cunhada por W. G. Santos, *op. cit.*, p.75.

54. Veja a propósito: Werner Baer, *A industrialização e desenvolvimento econômico no Brasil*. Rio de Janeiro, FGV, 1975; W. Baer, *Siderurgia e desenvolvimento brasileiro*. Rio de Janeiro, Zahar, 1970; Arthur Candal, "A industrialização brasileira, diagnóstico e perspectivas", in Flávio Rabelo Versiani e José Roberto Mendonça de Barros (orgs.), *Formação econômica do Brasil*. São Paulo, Saraiva, 1977; Antônio Barros Castro, *sete ensaios sobre a economia brasileira*. Rio de Janeiro, Forense, 1969-71 (2 vol.); C. Furtado, *Formação econômica do Brasil*. Rio de Janeiro, Fundo de Cultura, 1961; J. M. C. Mello, *op. cit.*; Carlos Manuel Pelaez, *História da industrialização brasileira*. Rio de Janeiro, Anpec, 1972; Ignácio Rangel, *A inflação brasileira*. Rio de Janeiro, Tempo Brasileiro, 1963; L. M. L. Aureliano, *op. cit.*; Maria da Conceição Tavares, *Da substituição de importações ao capitalismo financeiro*. Rio de Janeiro, Zahar, 1972; M. C. Tavares, *op. cit.*; Annibal Villanova Villela e Wilson Suzigan, *Política do governo e crescimento da economia brasileira (1889-1945)*. Rio de Janeiro, Ipea, 1973; Carlos Francisco Lassa, "Quinze anos de política econômica". Campinas, *Cadernos do IFCH*, Unicamp, 1975.

1
1930-1945:
Rumo à industrialização e à nova forma do Estado Brasileiro

O rápido movimento de constituição do aparelho econômico do Estado, de forma centralizada e nacionalmente articulada, entre 1930 e 1945, obedece a um padrão cujas características nem sempre têm sido enfatizadas pela extensa literatura existente.[1] Nessa etapa crucial de constituição do "capitalismo industrial" e do Estado capitalista no Brasil, condensam-se, *simultaneamente*, num curto período histórico, as múltiplas faces de um processo de organização das estruturas de um Estado-nação e de um Estado capitalista cuja forma incorpora, crescentemente, aparelhos regulatórios e peculiaridades intervencionistas que estabelecem um suporte ativo ao avanço da acumulação industrial.

Ao rastrear o movimento de transformação da máquina estatal nesse período, trataremos de enfatizar, portanto, aqueles aspectos, com o objetivo de captar, na sua simultaneidade, o processo de conformação das estruturas materiais do Estado — órgãos, códigos e peças legislativas — que deram suporte objetivo à *elaboração de políticas econômicas de caráter nacional*, que conduziram a graus elevados a *estatização da luta econômica de classe* e que, finalmente, abriram espaço a uma *forma particular de intervencionismo econômico*, intimamente articulado ao projeto de industrialização que orientou a ação do governo.

A crise de 1930 criou as condições, nos planos econômico e político, para a emergência de aparelhos regulatórios específicos de sustentação dos setores agroexportadores, assim como de outros setores econômicos também afetados pela *débacle* econômica de 1929; mas, a par desses aparelhos organizados nas estruturas centrais do Estado, e das *políticas nacionais* que passaram a gestar, foram criadas *novas* entidades, na esfera da administração direta ou indireta, associadas aos *projetos de avanço da acumulação capitalista industrial*.

Na materialidade da sua ossatura, o Estado brasileiro avança seu processo de constituição de Estado Nacional e capitalista. Mas o faz sob essa forma específica, inscrevendo nos seus aparelhos os diferentes interesses sociais que, assim, sofrem um processo de generalização e abstração, metamorfoseando-se, agora, em "interesses nacionais" e constituindo-se na substância das políticas do Estado. Desse modo, o caráter capitalista desse Estado em formação é impresso na sua própria estrutura, na medida em que a nova máquina burocrático-administrativa que emerge a partir de 1930 condensa e exprime, nos seus aspectos propriamente materiais, as relações e contradições básicas da sociedade.

Este duplo aspecto — a conformação de um aparelho econômico centralizado que estabelece suporte efetivo a políticas econômicas de caráter nacional, e a natureza capitalista que a estrutura material do Estado vai adquirindo — define o movimento de estruturação organizacional do Estado de 1930 a 1945.

Exatamente porque nossa tentativa é a de captar a nova forma de Estado que emerge em 1930 — definida, no plano das relações entre o aparelho econômico e o processo de industrialização, como uma presença específica do Estado na economia —, optamos por considerar o período como um todo, sem nos determos nos subperíodos e no movimento histórico-político mais concreto. Por outro lado, esse movimento conjunto de formação das estruturas econômicas centralizadas do Estado e do processo de constituição do capitalismo industrial está profundamente enraizado nas forças sociais dessa etapa de profundas transformações da sociedade e da economia brasileiras; por isso, a nova natureza do Estado só apresentará suas características mais profundas ao final do período 1930-45 — quando os aspectos mais dramáticos da crise política que se desdobra até 1937 serão superados e quando se consolidarão, sob o regime autoritário estadonovista, os novos instrumentos e organismos de elaboração de políticas econômicas de caráter nacional e de gestão capitalista da economia.[2]

A OSSATURA MATERIAL E A EMERGÊNCIA DA NOVA FORMA DE ESTADO

A acelerada montagem entre 1930 e 1945 do aparelho econômico estatal centralizado obedeceu, na prática, ao princípio de centralização dos comandos e de descentralização funcional ou administrativa.[3]

É certo, como tantos assinalaram, que a racionalidade administrativa foi limitada, e o aparelho esteve marcado por superposição de competências, dissensões intraburocráticas permanentes e distintas, além de orientações técnicas e políticas desencontradas.[4]

De outro lado, a modernização administrativa também preocupou os novos governantes, que trataram de dotar o aparelho de organismos apropriados para aperfeiçoar a racionalização burocrática interna. Em 1936, criou-se o Conselho Federal do Serviço Público Civil, sucedido em 1938 pelo *Departamento Administrativo do Serviço Público* — Dasp.[5]

Caberia ao Dasp a responsabilidade de definir, racionalizar e controlar a carreira do funcionalismo público e a organização da estrutura administrativa. Com êxito relativo, é verdade, definiu normas e regras de admissão e recrutamento pelo sistema de mérito e por concursos públicos, competitivos e obrigatórios; estruturou a carreira do funcionalismo e procedeu, também, a certa racionalização operativa, padronizando material e centralizando as compras da administração federal. Segundo vários autores, porém, no que diz respeito àqueles objetivos, sua ação acabou por ser limitada, incapaz de impedir o favoritismo político, a patronagem e o clientelismo.[6]

Cabia-lhe também, regimentalmente, a responsabilidade pela elaboração e controle orçamentário; no Estado Novo, efetivou o orçamento do *tipo executivo*, isto é, concebido como plano de administração elaborado pelo governo, por meio de um *staff* técnico de assessoria direta à Presidência.[7]

Com atribuições correspondentes e subordinados à administração central do Dasp, foram criados os Departamentos Estaduais do Serviço Público — os "daspinhos" — que, juntamente com os interventores e o Ministério da Justiça, constituíam a expressão local do poder centralizado no Executivo Federal.[8]

A extraordinária concentração de atribuições no Dasp conferiu-lhe, num regime autoritário, um grau exorbitante de poder. Além de suas funções normativas e executivas, cumpriu funções legislativas. No plano federal, assessorava o presidente da República na revisão da legislação; no nível estadual, levava a extremos essa função, com autoridade para suspender ou rejeitar atos ou decretos de responsabilidade dos interventores.[9] Seja por sua atividade racionalizadora do serviço público, com a introdução de critérios "técnicos", seja pela abusiva concentração de poder que o regime lhe conferia, o Dasp feriu interesses e despertou iras que se manifestaram de forma contundente após a queda de Vargas, em 1945.

Não seria, entretanto, com a ação de um organismo como o Dasp, que se introduziria uma nova racionalidade no processo de expansão e centralização do Estado no período, mas por meio da própria natureza dos novos órgãos criados. No que diz respeito ao aparelho econômico, a característica mais importante residiu no fato de que ele foi progressivamente dotado de instrumentos adequados para gerar políticas com alto grau de generalidade, expressas como "políticas do Estado" e "para toda a nação".

Examinemos, pois, rapidamente, os principais órgãos de política econômica que emergiram no maquinismo estatal entre 1930 e 1945.[10]

Em primeiro lugar, deve-se destacar a estruturação de órgãos responsáveis pela *instauração de políticas gerais, compreendendo regulação e controle das áreas cambial e de comércio exterior, monetário-creditícia e de seguros.*

Com respeito à esfera monetário-creditícia e cambial, o impacto da crise de 1930 já havia obrigado à centralização das operações cambiais, ao controle mais estrito do câmbio e, também, ao significativo alargamento das operações creditícias governamentais. Esse último ponto não envolveu apenas as operações de suporte ao café e a outros setores agroexportadores, mas também o firme e continuado crescimento do crédito corrente à indústria de transformação.

Nesse processo, é importante ressaltar o papel fundamental do Banco do Brasil, seja como núcleo central do sistema creditício comercial, seja como "caixa" do Tesouro e mecanismo operativo direto das transações, dispêndios e receitas de todo o aparelho governamental.[11] As significativas transformações e as funções incorporadas ou desenvolvidas pelo Banco do Brasil a partir de 1930 requeriam um estudo mais aprofundado, pois toda a fase de expansão industrial e crescimento agrícola, após 1933, contou com seu suporte decisivo. Na fase do Estado Novo, com o desdobramento das funções que já vinham sendo desenvolvidas dentro da estrutura do banco, solidificou-se a aparelhagem de regulação na área monetário-creditícia e cambial, que se estruturou com maior grau de diferenciação, sem dúvida, com a criação da *Superintendência da Moeda e do Crédito* Sumoc, em 1945.

A Sumoc absorveu parte das funções das Carteiras de Câmbio e Redesconto do Banco do Brasil e da sua Caixa de Mobilização e Fiscalização Bancária. Entre outras funções, cabia-lhe requerer emissões de papel-moeda para o Tesouro; controlar e receber com exclusividade depósitos dos bancos, pelo Banco do Brasil; delimitar taxas de juros dos bancos; fixar as taxas de redesconto e juros de empréstimos aos bancos comerciais; autorizar a compra e venda de ouro e cambiais; orientar a política cambial etc.[12] A criação da Sumoc permitiria, assim, um avanço mais ordenado da regulação monetário-creditícia, pois suas funções foram diferenciadas e destacadas de dentro do Banco do Brasil e estruturadas numa instância mais elevada de poder, sob o controle do ministro da Fazenda. Entretanto, toda a materialidade operativa da Sumoc (depósitos compulsórios dos bancos comerciais, redesconto, política de juros e intervenção cambial) continuava a efetuar-se *no e pelo* Banco do Brasil, que não perdeu, assim, seu caráter centralizador e polivalente.

Com a criação da *Carteira de Exportação e Importação* do Banco do Brasil — a Cexim, em 1941, o controle sobre o comércio exterior, sob injunções da guerra, haveria de efetuar-se de forma mais centralizada. A Cexim objetivava amparar e estimular as exportações, e também assegurar condições mais favoráveis para o controle das importações. Seu poder regulatório específico era, porém, relativamente limitado, uma vez que quase se restringia a conceder incentivos, mediante adiantamentos e crédito aos produtores interessados na exportação.[13] Apesar de administrar o controle dos dispêndios em divisas com certa autonomia, a Cexim deveria obedecer a um orçamento cambial fixado pela Sumoc, visando a compatibilizar o saldo ativo das operações cambiais com os outros objetivos de política monetário-creditícia.[14]

A instituição — já em 1937, da Carteira de Crédito Agrícola e Industrial do Banco do Brasil, seguida do Banco de Crédito da Borracha, em 1942, e das Comissões de Financiamento da Produção (1943) e de Investimento (1944) — alargou ainda mais o espaço ocupado pelo crédito estatal, avançando na consolidação de uma política creditícia pública de alcance nacional, que atingiria seu patamar mais elevado com o decreto de nacionalização dos bancos de depósito em abril de 1941.[15]

A regulação e o controle das operações de seguros privados passaram a se efetivar sob as diretrizes do Departamento Nacional de Seguros Privados e Capitalização, criado no Ministério do Trabalho, Indústria e Comércio, em 1934. Posteriormente, sob novos moldes, foi instituído o Instituto de Resseguros do Brasil, cuja estrutura se definiu por decreto em 7 de março de 1940.[16]

A par dos organismos e instituições centralizadoras, capazes de implantar políticas de âmbito nacional, estruturaram-se órgãos destinados a elaborar e implementar *políticas de regulação e fomento de ramos de produção e comercialização*, principalmente de certos produtos agroindustriais.

No início dos anos de 1930, como resposta à crise geral dos setores de exportação, além de encampar definitivamente a política cafeeira por meio do Departamento Nacional do Café (1933), o governo federal criou o Instituto Nacional do Açúcar e do Álcool (1933) para "ordenar" o setor açucareiro e evitar que a expansão da dinâmica agricultura paulista, em busca de alternativas para o café, ameaçasse vitalmente a velha oligarquia nordestina.[17] Posteriormente, outros institutos específicos — de expressão estadual ou regional — foram sendo criados, tais como o Instituto Nacional do Mate (1938), o Instituto Nacional do Pinho (1941), o Instituto Nacional do Sal (1941) e o Instituto do Cacau da Bahia (1931).

Na área dos recursos naturais, estruturou-se primeiro o Departamento Nacional da Produção Mineral — DNPM (1934) e, depois, vários conselhos, como o Conselho Nacional do Petróleo (1938), Conselho de Águas e Energia Elétrica (1939), Conselho Nacional de Minas e Metalurgia (1940), todos eles encarregados de conceber, originar e articular políticas setoriais para os seus respectivos campos.

Quanto à área industrial, foram criadas comissões para responder a problemas correntes e oferecer diretrizes de política para o avanço setorial. No Estado Novo, quando as intenções industrializantes atingiam maior nível de articulação, foram criadas as seguintes comissões: Comissão Executiva do Plano Siderúrgico Nacional (1940), Comissão Executiva Têxtil (1942), Comissão Nacional de Combustíveis e Lubrificantes (1941), Comissão Nacional de Ferrovias (1941), Comissão Vale do Rio Doce (1942), Comissão da Indústria de Material Elétrico (1944) etc.

O que importa destacar neste ponto é que, envolvendo ou não formas de representação privada ou corporativa de interesses, e independentemente de sua natureza mais ou menos autônoma (autarquias *versus* organismos da administração direta), esse conjunto de entidades inscreve e corporifica, *dentro* da estrutura estatal, a própria regulação da acumulação capitalista, nos seus respectivos setores de atuação. É claro que o grau e profundidade dessas regulações era específico e distinto em cada caso — variando desde um nível apenas geral e superficial, até os casos em que todo o financiamento da produção e regulação do mercado ficou praticamente estatizado. De qualquer forma, o que nos interessa ressaltar é que esses organismos, ao estabelecer as políticas setoriais levando em conta o conjunto do respectivo setor em termos nacionais, objetivavam e abstraíam os interesses concretos envolvidos, de tal forma que as relações intercapitalistas respectivas tinham expressão apenas dentro e por meio daquele aparato estatal. É no interior desses aparelhos que se defrontarão os móveis particularistas — sejam os de caráter regional, sejam os típicos interesses proprietários, no seu afã de privatizar ou orientar, segundo seus desígnios, as políticas estatais.

A esta constelação de organismos executivos e diretivos, de políticas gerais ou setoriais, sobrepuseram-se ainda vários órgãos, de *caráter consulti-*

vo, normativo ou deliberativo, responsáveis por políticas referentes a grandes áreas da atividade econômica ou a esferas mais abrangentes da ação estatal. Eram comissões ou conselhos de caráter inter ou supraministerial, dos quais alguns se constituíram em fóruns de especial importância no debate econômico, ou mesmo lograram aglutinar, ainda que temporariamente, instrumentos de controle velhos e novos, ainda dispersos pela máquina estatal.

O *Conselho Federal do Comércio Exterior* (CFCE), criado em 1934, visava à coordenação das medidas de fomento da economia — sobretudo a ampliação das exportações. Reformulado em 1937, teve suas incumbências ampliadas e passou a ser o órgão consultivo geral da Presidência da República para todas as questões econômicas, ganhando, durante a guerra, algumas funções executivas.[18] Era presidido pelo primeiro mandatário da República e, de seu conselho, participavam representantes de ministérios distintos, do Banco do Brasil e das entidades de classe da agricultura, da indústria e do comércio.[19]

O exercício da supervisão das condições financeiras do país, iniciado em 1931, culminou em 1937 com a criação do *Conselho Técnico de Economia e Finanças* (CTEF), subordinado ao Ministério da Fazenda. O primeiro passo, dado em 1931 com a constituição da Comissão de Estudos Financeiros e Econômicos dos Estados e Municípios, limitava-se ainda a levantamentos estatísticos básicos sobre as dívidas e empréstimos das três esferas da administração. A possibilidade de controle que a simples ampliação da informação já propiciava à burocracia federal acentuou-se com a legislação que impôs o aval obrigatório da União para os empréstimos dos Estados e municípios. A reorganização do Ministério da Fazenda, em 1934, institucionalizou os cometimentos daquela comissão, agora sob responsabilidade do Departamento de Estatística Econômica e Financeira. Finalmente, em 1937, foi criado o CTEF, com competência ampliada para estudos sobre o sistema monetário, organização bancária, política cambial, transferência de valores para o exterior, dívida pública.[20] Na sua estruturação interna, o CTEF, presidido pelo ministro da Fazenda, contava com um secretário técnico e mais oito membros de livre nomeação pelo presidente da República.[21]

A tentativa de estruturar um órgão geral, destinado a coordenar o conjunto das atividades econômicas, orientando tanto a ação estatal quanto a privada e regulando as relações de trabalho, não esteve ausente desse movimento de organização hierarquicamente centralizada da máquina econômica do Estado. A Carta de 1937 previa a constituição de um *Conselho da Economia Nacional*, destinado a ser o órgão corporativo máximo, voltado para funções gerais de coordenação e regulação. Tal entidade, a que se conferiam amplos poderes, além de suas funções de organizador corporativista por excelência, opinaria sobre todos os projetos de interesse econômico. Deveria elaborar estudos e inquéritos com o objetivo de incrementar, coordenar e aperfeiçoar a produção nacional, podendo finalmente legislar, mediante plebiscito, sobre as matérias de sua competência.[22]

O Conselho da Economia Nacional, porém, nunca foi instalado. Mas não se esgotou com ele a tentativa de constituir, no aparelho econômico, um órgão-vértice de ação centralizadora e abrangente: as condições de guerra impuseram, em 1942, a criação da Coordenação da Mobilização Econômica; em 1944, foram constituídos o Conselho Nacional de Política Industrial e Comercial e a Comissão de Planejamento Econômico. Em face da sua importância e vinculação com as questões gerais do planejamento e da industrialização, esses órgãos serão analisados posteriormente.

Com a criação do Ministério do Trabalho, Indústria e Comércio, em 1931, e a organização de seus departamentos técnicos, como o Departamento Nacional do Trabalho, em 1932, além da instituição do Conselho de Imigração e Colonização, em 1938, estabeleceram-se as bases institucionais para a regulação das relações de trabalho. O seu significado mais geral é a *"estatização" da luta econômica de classes*, desde aí inevitavelmente mediada pela ação regulatória do Estado. A estruturação do sindicalismo de Estado aprofundará esse movimento.

O caráter tutelar da ação do Estado sobre o mercado de trabalho e as próprias relações trabalhistas manifesta-se claramente nos instrumentos legais da década de 1930, e completa-se antes de 1945, com a Consolidação das Leis do Trabalho. Esse conjunto de regulações abrange os aspectos trabalhistas,[23] a legislação previdenciária,[24] a legislação sindical[25] e a organização da Justiça do Trabalho.[26] Conformava-se um sistema de "organização" das relações de trabalho eminentemente corporativista, sob a égide do Estado.

Como já se afirmou, é incorreto "atribuir à intervenção governamental nas relações de trabalho, e particularmente à imposição de uma pauta corporativista de organização, tão-somente o papel de elemento *desorganizador* das classes subalternas, como se essas já estivessem previamente estruturadas no plano sindical e político".[27]

O Estado criou uma base jurídica institucional para o funcionamento e integração do mercado de trabalho, e também *organizou*, sob sua tutela, o próprio sistema de representação classista, levando a extremos econômicos e sociais a sua ação regulatória e intervencionista.

O padrão específico de formação do aparelho econômico nessa fase, marcado por aquele movimento simultâneo de constituição de estruturas nacionais e capitalistas a que nos referimos, não pode ser plenamente captado se nos limitamos à análise da conformação de sua ossatura material, embora ela tenha sido o suporte concreto para o avanço do Estado na sua expressão como Estado nacional e capitalista, conferindo-lhe bases para exprimir-se como um *poder unificado* sobre uma devida estrutura social e estabelecendo o âmbito econômico da nação.

A armação e o enquadramento legal das novas feições que o Estado brasileiro desenvolveu nessa fase revelam outros aspectos e especificidades a indicar os conteúdos históricos concretos que a definição formal de sua soberania deveria abranger e, ao mesmo tempo, os limites e obstáculos com que se defrontaria.

A elaboração dos códigos e as regulamentações dos serviços de utilidade pública afetos à vida econômica visavam, desde logo, a atualizar uma legislação ou de caráter incipiente, ou que já se tornara obsoleta em face da modernização do país. Em 1934, foram promulgados os importantes Código de Água e Código de Minas; entre 1931 e 1934, definiu-se a legislação básica de regulamentação dos Serviços de Radiocomunicações em Território Nacional. O Código Brasileiro do Ar é de 1938; o de Caça e Pesca e o de Florestas são de 1934. Foram elaborados, também, o Código da Propriedade Industrial, a Lei das Sociedades por Ações e o anteprojeto do Código de Obrigações.[28]

Pode-se dizer que a efetivação da autoridade pública central, sobre recursos considerados essenciais ou estratégicos, constituiu um dos mecanismos típicos de formação dos Estados Nacionais.[29] Nesse particular, o processo de formação do Estado brasileiro não parece ter constituído exceção: as embrionárias formulações legais anteriores a 1930 atingiram, após a Revolução, um grau consistente de codificação, explicitando a demarcação das competências, direitos etc.[30]

Contudo, há diferenças que devem ser assinaladas. Os processos originais de formação dos Estados nacionais e a elaboração dos primeiros códigos eram, de fato, um movimento de demarcação de soberania do Estado sobre "seu" território, diante de processos similares e simultâneos de formação de outros Estados, em geral num quadro de enfrentamento mútuo. Os códigos de florestas, no ocidente europeu, são exemplares: as florestas, como fonte básica de energia, constituíam recurso estratégico para a economia interna e a guerra; por isso, foram objeto de disputa entre os Estados em formação e motivo de regulamentação precoce.

Novos conteúdos preencheriam o processo de estabelecimento da soberania nacional no século XIX: já não se tratava apenas de codificar sobre recursos estratégicos ante a outros Estados nacionais mas, também, de definir as competências e responsabilidades do poder público no controle e funcionamento de serviços considerados básicos para as atividades nacionais, que poderiam ou não ser concedidos para exploração por particulares, desde que respeitadas condições mínimas de suficiência, custo e regularidade de sua oferta.

Entre 1930 e 1945, o movimento de constituição da nova forma do Estado no Brasil acumularia, àqueles aspectos, outros inéditos no processo europeu, determinados pelo momento em que se procedeu ao desenvolvimento do capitalismo no Brasil. Vale a pena examinar, sob essa ótica, a elaboração do Código de Minas, em 1934.

A questão dos limites territoriais relativos aos recursos naturais e outras fontes básicas de riqueza fora resolvida já no século XIX; em 1934, tratava-se de delimiar, em relação a recursos estratégicos passíveis de exploração industrial (e, portanto, intimamente vinculados ao desenvolvimento econômico e à defesa nacional), a competência dos poderes público e privado, equacionando a *questão nacional* nos seus termos contemporâneos, isto é, os da relação entre os capitais nacionais e estrangeiros.

O Código de Minas de 1934, em primeiro lugar, estabeleceu a distinção de propriedade do solo e das riquezas do subsolo, para efeito de exploração ou aproveitamento industrial. Propriedade da União, a exploração do subsolo passou a depender de autorização ou concessão a ser dada exclusivamente a brasileiros ou sociedades organizadas no Brasil. Além disso, o código pretendia a nacionalização progressiva das minas. A Carta de 1934 consagrou esses princípios. A de 1937 acentuou seus conteúdos nacionalizantes ao estabelecer a exigência de que as sociedades organizadas para a exploração das minas fossem constituídas por acionistas brasileiros.

Isso não definia apenas um quadro legal de legitimação do intervencionismo estatal; abria espaço para que ele avançasse para formas ainda mais profundas: a propriedade da União sobre recursos estratégicos passíveis de exploração industrial foi o ponto de partida para a presença do Estado-empresário nessas áreas fundamentais para o desenvolvimento econômico. Por outro lado, os conteúdos nacionalizantes da Carta de 1937 viriam a ser atenuados, como se sabe, na Constituição de 1946. De todo modo, nas suas *codificações* sobre os recursos, o Estado brasileiro não pôde deixar de considerar a questão do imperialismo, que dessa forma passava a estar presente na própria feição material e institucional do Estado.

O processo e concentração do poder nas estruturas do Estado não deixou também de se expressar na modernização e centralização dos instrumentos de *informação estatística* sobre as riquezas nacionais, a população e a estrutura das atividades econômicas.

A organização federal contava, até 1930, com a Diretoria Geral de Estatística, criada nos tempos do Império e responsável pelos recenseamentos de 1890, 1900 e 1920. Paralelamente, alguns ministérios mantinham seus serviços próprios de levantamento de informação, e os Estados, principalmente os mais desenvolvidos, dispunham de órgãos mais modernos de informação estatística. A partir de 1932, iniciou-se um movimento de renovação da estatística nacional, em termos de ampliação da informação e de modernização do órgão federal. Assim, foram criados o Conselho Brasileiro de Geografia, já com atribuições de coordenação dos serviços de estatísticos, em 1933, e o Instituto Nacional de Estatística,[31] em 1934. Finalmente, em 1938, o Instituto Nacional de Estatística foi transformado no *Instituto Brasileiro de Geografia e Estatística* (IBGE), autarquia que reunia o Conselho Nacional de Geografia e o Instituto Nacional de Estatística, centralizando na área federal a coordenação dos serviços de informação e estudos de natureza estatística, geográfica, geodésica e cartográfica, controlando os serviços estaduais e municipais por intermédio de convênios.

No que tange à extensão da "autoridade" e à centralização de dispositivos de controle sobre a "realidade nacional", a criação de um sistema nacional de estatística foi passo importante, conferindo maior consistência ao monopólio da informação por parte do Executivo Federal e, ao mesmo tempo, oferecendo subsídios à elaboração das políticas econômicas.

Não está nos nossos propósitos o exame da legislação econômica específica, principalmente aquela definida em conjunturas particulares. Entretanto, dois aspectos da legislação elaborada no período constituíram elementos cruciais do desenvolvimento da forma mais avançada do Estado, como também foram incorporadas permanentemente ao mecanismo regulatório estatal: a legislação do *salário mínimo*, decretada em 1940, e a política de fixação e sustentação de *preços mínimos*, iniciada quase ao final do Estado Novo.

Maria Hermínia Tavares de Almeida mostrou, com consistência, que o equacionamento da "questão social" pelo governo que se afirmou após a Revolução de 30 tem uma explicação eminentemente política e expressou formas de compromissos promovidos pelas autoridades governamentais entre interesses regionais de setores do empresariado e destes com os trabalhadores urbanos. Desse modo, afastou-se definitivamente da explicação economicista, que vê na fixação do salário mínimo o objetivo claro de implementar um novo modo de acumulação ou mesmo a potencialização da acumulação industrial.[32]

A fixação do salário mínimo, em meio ao conjunto da legislação sindical e trabalhista — nos aspectos mais estruturais que estamos analisando e que não colidem com as determinações políticas de sua gênese e consolidação — implicou o aprofundamento da estatização da luta econômica de classe, no sentido de que a regulação da contradição capital–trabalho deveria ser feita no Estado e se corporificar em instrumentos legal-institucionais.

Por outro lado, com a criação da Comissão de Financiamento da Produção, em 1943, no Ministério da Fazenda, iniciou-se o processo de fixação de preços mínimos para financiamento ou aquisição de gêneros agrícolas, estabelecendo-se um esquema mais permanente e geral que os utilizados emergencialmente nas "defesas" de produtos, ativados pelos institutos de regulação. Com o Serviço de Controle e Recebimento de Produtos Agrícolas e Matérias-primas, a ela subordinado, a CFP deveria atuar por meio de estoques reguladores, principalmente articulando produtores e agências oficiais ou privadas para financiamentos com garantia de preços mínimos. Seu papel na fomentação dos investimentos agrícolas foi considerável desde então, como observou Rômulo de Almeida.[33]

Ao final do período em análise, o organismo econômico do Estado e seus dispositivos legais atuavam sobre os mecanismos fundamentais da economia capitalista: os salários, o câmbio, os juros e o crédito. Estavam determinados, pois, por meio do aparelho econômico e das "políticas" do Estado, os condicionantes gerais da acumulação capitalista. Mas, como veremos, a constituição das áreas mais avançadas de regulação e intervenção estatal, estruturadas no interior do aparelho, indicavam também os limites desse intervencionismo e da centralização correspondente, e qualquer avanço requereria necessariamente profundas transformações na própria forma do Estado.

Não será inútil repetir, uma vez mais, que esse movimento de centralização e concentração do poder do Estado, de reforço do Executivo e ampliação de sua ação normativa e intervencionista, não foi autodeterminado e nem pode, a meu ver, ser explicado tão-somente pelo clima ideológico predominantemente autoritário que o envolveu. A ideologia "oficial" pretendeu conferir-lhe legitimidade como condição para restaurar e consolidar o poder nacional; nesse sentido, os quadros dirigentes do pós-30 teriam de si próprios a imagem típica de *state-makers* de um Estado, até então fragmentado nos seus poderes, presa ainda do domínio privatista e localista.[34]

A concretização desse padrão de poder está referida às crises do Estado oligárquico e ao novo campo de forças políticas que então se estruturou — isto é, enraíza-se no equilíbrio político instável entre forças com imagens e modelos díspares, contraditórios sobre o futuro e as formas de atingi-lo.

Entretanto, o perfil que a montagem do moderno aparelho econômico centralizado vai adquirindo nessa fase dificilmente pode ser reduzido a um jogo incerto entre forças distintas, como se resultasse de uma forma de atendimento múltiplo, por parte dos dirigentes políticos, a demandas e pressões dos setores sociais em pugna.

As correlações de forças que se estruturaram ao longo do período de 1930-45 constituíram, sem dúvida, a base social e política sobre a qual se estabeleceram, simultaneamente, as possibilidades da ação intervencionista e de seus limites, que se expressavam na própria materialidade do aparelho econômico e de seu âmbito de atuação. Entretanto, sobre essa base estrutural, se definiu e tomou forma uma direção econômica estatal que *sintetizou* os diferentes interesses sociais sobre os quais se erigia com autonomia, mas não se reduzia a eles, como se fosse um somatório de elementos, pressões e conflitos que o Estado haveria de contemplar.

É necessário enfatizar que a direção impressa pelo Estado à sua ação econômica contemplou, desde os anos de 1930, um projeto de desenvolvimento do capitalismo, de sua forma e ritmo, visando ao avanço da industrialização e num quadro geral de definição da autonomia nacional. O formato e a dinâmica do aparelho econômico do Estado expressarão aquele projeto, assim como revelarão os limites impostos à autonomia do Estado por sua "substância social".

O PROJETO DE INDUSTRIALIZAÇÃO PESADA E OS PLANOS ECONÔMICOS: QUESTÕES DE COORDENAÇÃO E PLANEJAMENTO

Restam, hoje, poucas dúvidas sobre o fato de que, entre 1930 e 1945, no mesmo período em que se desencadeava a primeira fase da industrialização brasileira — *industrialização restringida* —, amadurecia também um *projeto* de industrialização pesada. Naquele momento, a ação estatal foi decisiva tanto no movimento econômico real quanto na tentativa de definir o processo e tomar a iniciativa da instalação das indústrias de base no país.

Ante às teses mais tradicionais de que a aceleração industrial no pós-30 foi devida a resultados não esperados das políticas anticrise, já se demonstrou que a orientação da política econômica foi uma entre várias alternativas em jogo, e que o Estado, ao adotá-la, estabeleceu, de fato, uma política de desenvolvimento econômico que contemplava a industrialização entre seus objetivos prioritários.[35]

Os "incentivos" concedidos ao setor industrial foram inegavelmente decisivos para que a indústria confirmasse seu papel dinâmico e de líder, conformando um processo não só de crescimento industrial, mas de efetiva mudança da estrutura produtiva, com o setor leve de bens de produção assumindo o comando da acumulação capitalista no Brasil.[36] As políticas de proteção tarifária, rebaixando tarifas sobre bens e equipamentos industriais e protegendo os "similares" nacionais da competição externa; a distribuição das divisas monopolizadas pelo Estado segundo critérios de essencialidade que consideravam tanto as necessidades estatais quanto as relativas à importação de equipamentos e combustíveis; as novas políticas de crédito, adotadas sobretudo após a criação da Carteira de Crédito agrícola e Industrial (Creai); a abolição de impostos interestaduais; enfim, esse conjunto de medidas econômicas do Estado pesaram decisivamente na definição do novo padrão de acumulação que aí se forjou. Não se tratava de uma forma aleatória e imprevisível de decisão, os setores empresariais também fizeram valer seus interesses e objetivos nesse processo, como já se comprovou o bastante.[37]

Menos enfática tem sido a literatura sobre a definição dos termos de um *projeto de industrialização pesada* no período que se abre em 1930. A tese mais corrente na historiografia e nos estudos econômicos e políticos parece ser a de que a instalação das indústrias de base no Brasil foi um objetivo definido durante o *Estado Novo* e, nisso, foi decisiva a participação do Exército como instituição, por razões vinculadas a uma particular concepção de defesa nacional.

Trabalhos vêm afirmando, baseados em documentação empírica mais consistente, que várias foram as iniciativas da nova elite dirigente, desde o início dos anos 1930, visando a alterar as bases de inserção do país na divisão internacional do trabalho. Para tanto, seria imprescindível aprofundar o processo de industrialização. As marchas e contramarchas que envolveram o equacionamento da questão siderúrgica, assim como o problema da indústria pesada e do petróleo, antecederam muito o golpe de 1937.[38]

Assim, questões como infra-estrutura de energia e transporte, instalação de setores novos — como os da produção de equipamentos para as fábricas de cimento, vidro plano, alumínio, indústria química, material elétrico pesado etc. — foram adquirindo foros de *problemas* nacionais a serem enfrentados pelos novos dirigentes: os quadros políticos, técnicos e burocráticos e os militares. Stanley Hilton, com farta documentação, reconstituiu muitas dessas iniciativas e afirmou que, já por volta de 1938, havia entre Vargas e seus auxiliares, e em alguns órgãos técnicos, certo consenso sobre a imprescindibilidade das indústrias de base e a necessidade de orientar o comércio exterior de modo a "trocar produtos alimentícios por máquinas de fabricar máquinas".[39]

Nem tudo, segundo alguns autores, ou bem pouco, segundo outros, pode ser atribuído à ação e vontade da instituição militar. As fortes razões colocadas pela segurança interna, em 1932 e 1935, e posteriormente pela segurança externa, com o prenúncio da guerra, diziam respeito ao desaparelhamento do Exército Nacional: assim seus quadros dirigentes privilegiariam a importação de equipamentos militares e armamentos, além da produção interna de munições, pelo menos até 1937, segundo Hilton — embora alguns de seus integrantes, em geral de formação técnica, se empenhassem com obstinação e posições individuais, na implantação de alguns projetos industriais. Por sua vez, em estudo circunstanciado e especificamente voltado para a análise da atuação dos militares em relação à industrialização, Ítalo Tronca afirmou não haver, por parte do Exército, nenhum projeto de industrialização pesada até o início da Segunda Guerra. Interessados no rápido equipamento das Forças Armadas, os militares teriam logrado converter a seus propósitos os termos dos acordos bilaterais de comércio (em particular, o acordo com a Alemanha), e volumes crescentes de divisas seriam destinados ora à compra de equipamentos, ora à compra de bens industriais. Mesmo em relação ao caso clássico da siderurgia, esse autor afirmou ter sido sempre ambígua a prática do Exército como instituição, ainda que, inegavelmente, tenham sido decisivos os papéis do capitão Macedo Soares e do coronel Mendonça de Lima.[40]

Não concordamos, entretanto, com a conclusão que aí se insinua, ou seja, de que a prática institucional militar constituiu um obstáculo para o salto industrializante. Além dos imensos problemas de ordem técnica e financeira, foram de ordem política as resistências predominantes. Se havia no seio do governo forças que impulsionavam a aceleração do desenvolvimento industrial, havia também as que propugnavam, na prática, por um processo mais moderado, além daquelas que definitivamente a ele se opunham. Esta divisão perpassava todo o Estado, opondo ou aproximando seus quadros políticos, a "velha" e a "nova burocracia", e também os militares. A direção política que definia o governo à base do equilíbrio instável entre essas forças contemplou esses múltiplos conteúdos e esbarrou nos limites que elas próprias lhe impunham. Consideramos que foi assim que se imbricaram de fato os projetos industrializantes e de defesa nacional.[41]

Ao projetar, desde os anos de 1930, o avanço da industrialização, o governo enfrentava algumas das questões que um processo dessa natureza coloca: o reforço do aparelho estatal, as alternativas de financiamento e a questão do planejamento. Já vimos o perfil que o aparelho econômico foi assumindo no período. Também ocorreram nesses anos as primeiras tentativas de equacionar de forma coordenada o avanço econômico: ao mesmo tempo em que amadureceu a idéia de elaborar um "plano de conjunto"[42] para o qual seria imprescindível a constituição de um órgão técnico, central, determinados órgãos já elaboravam estudos preparatórios e planos setoriais. O Plano Geral de Viação é de 1934; os primeiros estudos visando a um plano de eletrificação tiveram início com a criação do Departamento Nacional de Águas e Energia Elétrica. As diferentes e simultâneas comissões criadas desde 1931 para dar solução à questão do aço foram apontando progressivamente para a necessidade da elaboração de um Plano Siderúrgico Nacional, que culminou com a criação da Comissão Executiva do Plano Siderúrgico, em 1940.

Entenda-se que a questão do planejamento não se reduzia à compatibilização formal das políticas econômicas setoriais: os controles e a intervenção em curso e a própria natureza dos gastos do Estado tinham, na prática, efeitos globais sobre a economia. Se há algum sentido em assinalar as "exigências" de planejamento colocadas pelo novo padrão de acumulação, elas devem ser referidas aos impactos dinâmicos que a ação econômica do Estado vinha provocando.

Por outro lado, deve-se também insistir no fato de que, *até o Estado Novo*, nem o projeto de industrialização pesada ganhou consistência, nem foi plenamente definida a forma de articulação entre os gastos estatais e o setor privado com relação aos novos projetos, tampouco se logrou uma ordenação mínima dos investimentos do Estado. Com relação ao projeto da indústria pesada, a dificuldade foi o equacionamento de um bloco integrado e complementar de investimentos em infra-estrutura e indústria de base.

A forma de estruturação do aparelho econômico e de planificação do desenvolvimento industrial baseada em órgãos setoriais e planos parciais foi, ao mesmo tempo, levada até seus extremos, *durante o Estado Novo*, e parcialmente superada, com a planificação dos gastos estatais e as tentativas de constituição de um órgão coordenador central. A questão, pois, é saber como nessa fase, dentro das limitações materiais do aparelho econômico, foi possível ao projeto de industrialização alcançar um patamar mais elevado de consistência e traduzir a direção da ação econômica estatal.

Por diversas razões, o projeto industrializante do Estado Novo era limitado; o Plano Especial de Obras Públicas e Aparelhamento da Defesa Nacional, de 1939, e o Plano de Obras e Equipamentos, de 1943, ilustram e refletem esses limites.

Foram do Departamento Administrativo do Serviço Público (Dasp) as primeiras iniciativas para concretizar a ação industrializante do Estado, sob a forma de planos globais dos investimentos estatais. Para fazer frente às atividades econômicas do Estado, de modo coerente e flexível, e ordenar as prioridades do gasto público, o Dasp elaborou, em 1939, o *Plano Especial de Obras Públicas e Aparelhamento da Defesa Nacional*. Ao preparar o orçamento daquele ano, propôs uma nova fórmula — a distinção entre o orçamento ordinário, para os gastos de custeio, e o orçamento especial, para os investimentos públicos. A vinculação entre a elaboração orçamentária e o planejamento econômico começou, assim, a ser concebida e justificada sob a tese de que "o orçamento é o plano traduzido em dinheiro".

Tratava-se de um plano qüinqüenal, criado pelo Decreto-lei nº 1.059, de 19 de janeiro de 1939,[43] em que se despenderam aproximadamente 10% da despesa orçamentária federal, em cinco anos. *O Plano Especial contemplava investimentos em infra-estrutura, indústrias de base e, principalmente, no reaparelhamento das Forças Armadas*. Dos gastos totais efetuados para a sua implementação, cerca de 45% foram destinados aos Ministérios da Guerra e Marinha, e outro tanto para investimentos em transporte, siderurgia, petróleo, Fábrica Nacional de Motores e geração de energia elétrica, nessa ordem de importância. A *base financeira* do Plano era constituída principalmente por taxas sobre operações cambiais, lucros sobre operações bancárias e vendas de Obrigações do Tesouro Nacional.[44]

O Plano seguramente refletia a intenção industrializante do Estado (no que dizia respeito ao fortalecimento e à independência econômica do país) e a defesa da soberania, manifesta na preocupação com o reforço das Forças Armadas. Essa vinculação entre defesa e industrialização seria acentuada pela conjuntura da Segunda Guerra Mundial, que evidenciou os problemas de defesa militar.[45]

Na análise dos técnicos do Dasp sobre o Plano Especial, considerou-se que a elaboração de um orçamento de emergência para financiar realizações vultosas e urgentes, "exigidas tanto pelo progresso como pela segurança do país", conferiria ampla flexibilidade aos gastos estatais e poderia ser incorporada como um instrumento definitivo à técnica orçamentária da União.

No momento em que os gastos estatais extrapolaram as chamadas despesas tradicionais, as "realizações vultosas" passaram a exigir uma formulação técnico-econômica adequada: impunham-se transformações institucionais e técnicas que garantissem uma ordenação mínima de prioridades e graus crescentes de coordenação perante as complexas operações envolvidas na instalação de setores industriais novos e na modernização militar. E um plano que se propusesse responder efetivamente a investimentos de vulto, complexos, que exigiam bases firmes de financiamento, agilidade, controle contínuo da execução, manejo da dívida e estímulo à produção, além de envolver questões de defesa e segurança, deveria ser "aperfeiçoado".

Ainda em 1939, baseando-se em considerações sobre o Plano Especial, Nélson Coutinho, técnico do Dasp, sugeria a criação de uma comissão com caráter executivo, diretamente vinculada à Presidência da República e responsável por todas as atividades necessárias à elaboração do Plano Econômico Geral. A ela deveriam ser subordinadas todas as autarquias, os institutos, conselhos, departamentos e mesmo firmas privadas, que seriam assim obrigadas a fornecer as informações indispensáveis à planificação.[46] Posteriormente, Arísio Vianna desenvolveu essa proposta, definindo a composição da comissão e a origem dos recursos que sustentariam as atividades de planejamento e controle.[47]

Os funcionários do Dasp insistiam em que a elaboração orçamentária não imporia conteúdo e direção de política econômica ao plano: "O orçamento é apenas um plano que reflete a política econômica, fiscal e administrativa, do governo. Não tem a virtude de determinar essa política. É um instrumento dela".[48] Essa política era determinada pelos quadros dirigentes do Estado Novo, e sua complexidade exigirá não apenas o plano, mas um órgão centralizado, tecnicamente especializado, responsável pela planificação governamental.

O *Plano de Obras e Equipamentos*, de 1943, permaneceu nos limites de uma racionalização orçamentária e carente de um órgão que respondesse pelo controle das prioridades estabelecidas e pelo cumprimento das metas. O plano foi elaborado pelo Dasp e pela Comissão de Orçamento do Ministério da Fazenda,[49] com duração prevista para cinco anos, restringindo-se à orientação dos investimentos públicos e não propondo nenhuma medida para canalizar os fluxos de investimentos privados. Na verdade, tanto na sua forma quanto no seu conteúdo, mantinha continuidade em relação ao Plano Especial de 1939, absorvendo, ampliando e aperfeiçoando a experiência do anterior.[50] Em seu curto período de existência, contemplou principalmente a formação do capital social básico e a instalação e ampliação das indústrias de base.

Tal como seu antecessor, não explicitava as obras a serem executadas nem os equipamentos a serem adquiridos, assim como não estabelecia um cronograma de atividades, constituindo-se de fato num "conjunto de intenções específicas sobre a criação de determinadas obras de infra-estrutura ou de certas empresas industriais".[51]

Do ponto de vista financeiro, sua receita era fundamentalmente constituída pelas mesmas fontes do Plano Especial: o orçamento global era de 5 bilhões de cruzeiros, distribuídos em cinco cotas, ou seja, obedecia mais a uma divisão matemática do que a uma previsão das necessidades de recursos por projetos e etapas.[52] Em relação ao ano de 1945, sua dotação manteve-se na ordem de 10% em relação à despesa orçamentária total da União.[53]

Com a mudança de regime, em 1945, o Plano de Obras e Equipamentos foi alterado nos seus fundamentos. No ano de 1946, seus gastos corresponderam aproximadamente a apenas 5% da despesa global da União.[54] A partir de 1946 foi definitivamente abandonado.[55]

O Plano Especial e o de Obras e Equipamentos permaneceram na estreiteza de uma proposta orçamentária que, embora relativamente flexível, não pôde efetivamente garantir as bases financeiras requeridas para a execução plena de suas metas, e muito menos conferir caráter coordenado à ação econômica do Estado. Se a duplicidade orçamentária constituiu, sem dúvida, uma inovação técnica na condução do gasto público, faltava-lhe, em primeiro lugar, um conjunto de instrumentos de ordem fiscal e financeira que garantisse efetivo suporte financeiro aos planos. Por exemplo, não foi efetivada uma reordenação no sistema tributário vinculando fundos, taxas e empréstimos provisórios ao financiamento desses programas, nem foram adotadas formas de manejo e expansão da dívida pública, ou consolidada uma participação mais efetiva da União nos ganhos do setor externo.[56] Também não integrava os investimentos na agricultura nem na área social.

Por outro lado, reduzidos a disciplinar as inversões públicas, os planos não suscitaram a criação de canais institucionais capazes de orientar os investimentos privados para os setores considerados prioritários. Esses limites deram margem ao surgimento de uma proposta mais abrangente no interior do próprio aparelho de Estado, refletindo, ao mesmo tempo, os requisitos reais para efetivar a ação planejadora estatal e o caráter autoritário do regime. Ao Estado caberia "estimular a produção nacional, intervir nela, dirigi-la, tornar-se empreendedor e comerciante, absorver iniciativas particulares, regular seus investimentos em função dos ciclos econômicos".[57]

Finalmente, como os planos se limitavam a estabelecer dotações orçamentárias a serem distribuídas por oito ministérios, além do Conselho Nacional do Petróleo e da Comissão Executiva do Plano Siderúrgico, faltavam-lhes instrumentos para o controle da utilização dos recursos.

Segundo os próprios técnicos do Dasp, essas limitações poderiam ser superadas com a criação de um órgão central de coordenação e controle, com o qual não contava ainda a administração federal. Até que ponto poderiam o *Conselho Federal do Comércio Exterior* (CFCE) ou o *Conselho Técnico de Economia e Finanças*, (CTEF) convocados intensamente para opinar, estudar, planejar e orientar decisões sobre as questões mais gerais da industrialização, cumprir aquela função?

As reformulações sofridas pelo CFCE em 1938 e 1939 visavam à ampliação formal de suas funções, reconhecendo-se assim sua evolução de fato. Vários autores chamam a atenção para o caráter embrionário de agência de planificação que teria adquirido o CFCE. Eli Diniz vê mesmo naquelas alterações a "tentativa de concretizar a idéia de um órgão central de coordenação econômica", pelo menos até que fosse instalado o Conselho da Economia Nacional, previsto pela Carta de 1937.[58]

Entre 1941 e 1944, o CFCE elaborou resoluções, estudos e planos setoriais de produção que extrapolavam as atividades do setor externo. Entre os mais importantes estavam os referentes à reforma da Carteira de Crédito Agrícola e Industrial do Banco do Brasil, um levantamento da extensão e posse das jazidas de cobre e criação da indústria de vidro plano, o Plano Nacional de Suprimento Público de Eletricidade, a instituição do cadastro de propriedade agrícola e estudos sobre a utilização de aparas de folhas-de-flandres. Esses projetos, estudos e levantamentos, sem dúvida importantes, não conformaram, em nenhum momento, um plano integrado de desenvolvimento econômico. O CFCE não tinha estruturação interna adequada para isso, nem detinha o controle de instrumentos de política econômica que lhe permitissem definir metas, incentivos, prioridades.[59]

Foi o CFCE, no período, o órgão mais influente na formulação da política econômica, mas sua natureza não lhe permitia avançar além da elaboração de estudos e planos parciais: não dispunha de garantias e formas de implementação dos projetos, pois não detinha o controle de áreas estratégicas da política econômica.

Por sua vez, também o Conselho Técnico de Economia e Finanças extrapolou suas funções formais e foi chamado a examinar, estudar e opinar sobre questões importantes do desenvolvimento econômico. Entre suas atividades, destacaram-se as relacionadas à grande siderurgia, o problema do carvão mineral, a indústria de refinação do petróleo, a aplicação das reservas das caixas de aposentadorias, a criação de usinas de produção de material ferroviário, o Plano Rodoviário Nacional, estudos preparatórios para a instalação da Hidrelétrica de São Francisco ou a estruturação de um futuro Banco Central.[60] Pelas mesmas razões apontadas em relação ao CFCE, não pôde o CTEF constituir-se em agência de coordenação da atividade econômica.

A necessidade de estudos e planejamento de longo alcance para o equacionamento do desenvolvimento econômico, em termos técnicos mais sólidos e refinados, fazia-se cada vez mais premente. O governo tentou vários canais alguns dos quais abertos pelo novo ambiente político internacional criado pela guerra.

A pedido de Vargas, e no bojo das negociações com os Estados Unidos, foi instalada em 1942 uma comissão técnica, conhecida como *Missão Cooke*, que entre seus objetivos estavam o planejamento dos esforços requeridos pela guerra e outros de longo prazo.[61]

Os estudos e projetos dessa Comissão visaram basicamente à internalização da produção de equipamentos e insumos considerados essenciais, à expansão e diversificação dos meios de transportes, à renovação tecnológica da indústria brasileira, à assistência técnica a profissionais e à mobilização mais eficiente de fontes internas de financiamento.

A Missão Cooke não chegou a detalhar projetos. Elaborou apenas um relatório sobre os principais problemas da economia brasileira, que foi mantido confidencial até 1948. É interessante observar que, refletindo possivelmente uma época e um clima internacional mais predispostos a contemplar a industrialização das economias periféricas, o Relatório Cooke talvez tenha sido o mais "industrializante" dos estudos elaborados por comissões mistas brasileiro-americanas no Brasil.[62]

A guerra criaria também, internamente, condições propícias para a instalação, em 1942, de um órgão mais geral: a *Comissão de Mobilização Econômica* (CME) que, nem pelos seus propósitos, nem pela sua ação efetiva, cumpriria as funções de planificação global e coordenação do desenvolvimento econômico.

Em janeiro daquele ano, no Rio de Janeiro, a Terceira Reunião de Consulta dos Ministros das Relações Exteriores recomendava, entre outras coisas, a mobilização econômica das Repúblicas americanas, que deveria abranger medidas de estímulo à produção, "estímulo às atividades extrativas, agropecuárias, industriais e comerciais, que se relacionem com o abastecimento, tanto de materiais estritamente militares, como de produtos essenciais ao consumo da população civil".[63]

Para enfrentar as condições impostas pelo conflito mundial, a CME foi concebida como um organismo dotado de visão de conjunto e unidade de ação, com autoridade supervisora sobre todas as atividades econômicas e capaz de orientar e impulsionar internamente a mineração, agricultura e manufatura; fomentar pesquisas e detectar deficiências da estrutura econômica; controlar, por meio da Cexim, a importação e a exportação; coordenar os transportes; planejar, dirigir e fiscalizar o racionamento de combustíveis e energia; intervir no mercado de trabalho decidindo sobre a alocação de mão-de-obra; fixar preços e quantidades de mercadorias e serviços etc.[64]

A CME estruturou-se de modo a subordinar a quase totalidade dos órgãos estatais ou paraestatais responsáveis pela regulação da produção e do comércio. Criou também órgãos específicos de controle da comercialização de bens de consumo e de matérias-primas e equipamentos.[65]

Sem dúvida, por meio da Comissão de Mobilização Econômica e em face da situação anômala criada pela guerra, procedeu-se a mais exorbitante concentração de poder em mãos do Estado, alargando-se muito o âmbito de sua ação intervencionista. Os órgãos de regulação existentes foram hierarquicamente ordenados, e praticamente todos os setores da atividade econômica — públicos e privados — passaram a estar sob a ação coordenadora direta do organismo burocrático. Tratando-se de um órgão destinado a organizar a "economia de guerra" no país, obviamente a prioridade fundamental que observou foi a de canalizar as energias produtivas em direção às necessidades de defesa e segurança. Por outro lado, a situação de escassez e restrição das importações impunha um esforço de racionalização da produção e distribuição. As atividades de controle de preços, tabelamento e racionamento foram um desiderato permanente da Comissão, em relação ao qual obteve êxito relativo, ainda que estas tenham sido as funções que a transformaram em alvo do descontentamento geral. Foram de maior importância, entretanto, suas atividades ligadas ao controle das importações, pelo Serviço de Licenciamento e Despachos de Produtos Importados, e à planificação do funcionamento do parque industrial pelo Setor de Produção Industrial. O Serviço de Controle das Importações obedecia à seguinte ordem de prioridades: fins militares, serviços de utilidade pública, indústrias, construções em geral, diversos; ao permitir o funcionamento dos ramos industriais dependentes da importação de insumos certamente respaldaram a ampliação do capital social básico e a implantação de algumas novas atividades industriais como vidros planos, material ferroviário etc.

O Setor de Produção Industrial, por seu lado, procedeu a amplos levantamentos de recursos e estudos sobre condições de produção e produtividade; com essas informações, regulou estoques, normalizou ritmos de produção e graus de utilização da capacidade instalada. Dessa forma, como assinala Rômulo de Almeida, realizou um esforço de planejamento setorial, ainda que lhe faltassem recursos financeiros para cumpri-lo plenamente.[66]

Ao fim da guerra, em 11 de maio de 1945, o coordenador Anápio Gomes encaminhou a Vargas um plano que contemplava a extinção da CME e de suas atribuições de emergência, e a transferência, para diferentes órgãos da administração, de inúmeras de suas atribuições de controle e organização — algumas delas pensadas como indispensáveis até a normalização plena da economia (por exemplo, o controle do abastecimento), outras como atividades que deveriam assumir caráter permanente (por exemplo, a transferência de certas atribuições do Setor de Produção Industrial para o Departamento de Indústria do Ministério do Trabalho, Indústria e Comércio).[67]

A Comissão foi extinta somente após a queda do Estado Novo, por decreto de José Linhares, de 8 de dezembro de 1945, sendo-lhe concedidos 60 dias, a partir de 1 de janeiro de 1946, para a liquidação definitiva do patrimônio e prestação de contas.[68]

Em princípios de 1944, iniciou seus trabalhos o *Conselho Nacional de Política Industrial e Comercial* (CNPIC), criado no final de 1943 por proposta do ministro do Trabalho, Marcondes Filho, em mais uma clara tentativa de instituir formalmente um sistema central de planejamento, que propiciasse o reforço do aparelho econômico e da base institucional para a planificação e intervenção econômica do Estado.

Órgão do Ministério do Trabalho, o CNPIC era composto de representantes dos vários ministérios, das associações da indústria e do comércio, de setores da burocracia econômica, de técnicos e especialistas em diferentes atividades,[69] e foi concebido com a finalidade de estabelecer os princípios norteadores do desenvolvimento industrial e comercial do Brasil no pós-guerra. O discurso do ministro Marcondes Filho por ocasião da instalação do Conselho, em março de 1944, assinalava os objetivos principais do órgão e enfatizava as transformações ocorridas na sociedade brasileira, que imporiam a necessidade do prosseguimento da política de industrialização:

Essa nova realidade está na indústria, compreendida em quantidade e qualidade, como só o mundo moderno a pode compreender. (...) O Conselho foi instituído para procurar a adaptação das condições presentes do país e um melhor rendimento das nossas forças econômicas e sociais. (...) Desdobram-se no decreto que o criou os objetivos que o legitimam: estudo, planejamento e indicação das providências necessárias à defesa das atividades existentes, bem como a formação de novas, especialmente para a produção de matérias-primas essenciais; as medidas concernentes à fundação de indústrias de base (...), facilidades de transportes (...), solução dos problemas de migração e imigração, de colonização e de reemprego; as providências que promovam o intercâmbio cada vez mais intenso entre as várias zonas econômicas do país, e incentivem as atividades industriais e comerciais (...).[70]

Assim, o novo órgão deveria enfrentar a questão do aparato institucional que sustentaria as atividades de planejamento econômico. Nisto residiu, talvez, sua importância maior, o "encaminhamento dado às idéias (...) de criação de um órgão central de coordenação da economia brasileira".[71]

Duas propostas de institucionalização da planificação econômica foram debatidas no Conselho: a de Roberto Simonsen, representante dos industriais, e a da Seção Técnica do Conselho, cuja elaboração é atribuída a Rômulo de Almeida. Segundo a sugestão de Simonsen, o próprio CNPIC se transformaria no órgão máximo de planejamento, diretamente subordinado à Presidência da República. A execução do plano seria de responsabilidade de uma Junta de Planificação Econômica formada por 11 comissões técnicas, composta de representantes das classes produtoras e por técnicos especializados em economia, demografia e assuntos sociais.[72] Segundo a proposta da Seção Técnica, o órgão central do plano seria um Conselho Nacional, presidido pelo presidente da República e composto de ministros, chefes do Estado-Maior e outras "personalidades"; como alternativas, sugeria que o órgão central se formasse pela fusão do CFCE e do CTEF, ou que se constituísse pelo próprio Conselho da Economia Nacional, como estava previsto na Carta de 1937.

O projeto final, encaminhado ao presidente da República, fundia as duas possibilidades, propondo que o órgão central de planejamento aliasse um Gabinete de Ministros, responsável pelo Plano de Organização Econômica, e uma Junta Central de Planificação, de caráter executivo, composta de representantes das classes produtoras, técnicos de diferentes ministérios e especialistas em assuntos demográficos e tecnológicos.[73] Esse projeto não foi aprovado; encaminhado para a apreciação da Comissão de

Planejamento Econômico (CPE), suscitou entre Roberto Simonsen e Eugênio Gudin um debate cujo cerne foi exatamente a questão da validade e conteúdo do planejamento econômico e de sua institucionalização.

Ainda durante o ano de 1944, criou-se a *Comissão de Planejamento Econômico* (CPE), para elaborar estudos gerais sobre a economia brasileira e, em especial, estudos de "interesse militar" — razão pela qual era órgão subordinado ao Conselho de Segurança Nacional e presidido pelo secretário geral daquele Conselho.[74] Estabelecida para conceber o planejamento econômico e a estrutura institucional que o executaria, teria como referência, ao que parece, a experiência da Coordenação de Mobilização Econômica. Segundo seu regimento, a planificação era, entretanto, definida em termos mais abrangentes e dinâmicos que os de caráter administrativo da Coordenação: "O planejamento econômico, além dos problemas referentes à agricultura, à indústria, ao comércio interior e exterior, abrangerá os transportes, a moeda, o crédito e a tributação, procurando estimular e amparar a iniciativa e o esforço da economia particular".[75]

É, sem dúvida, intrigante que se tenha criado a CPE em maio de 1944, no auge das discussões que se desenvolviam no CNPIC, e, mais ainda, que o relatório do Conselho fosse enviado à apreciação da Comissão de Planejamento Econômico. Esse fato tem gerado interpretações distintas: ou atribuem-no ao maquiavelismo de Vargas ou à sua intenção de chegar a um perfeito esquema de planificação da economia brasileira, ou ainda à intenção de "neutralizar" a projeção de Roberto Simonsen.[76] As três possibilidades, embora possam conter alguma verdade, deixam de lado o problema político central dos limites da autonomia deste Estado que, no episódio, revelou sua face frágil. É inegável que, desde meados dos anos de 1930 e principalmente durante o Estado Novo, inscreviam-se, na lógica de expansão do aparelho regulatório estatal e do projeto de industrialização pesada, os requerimentos de intervenção, planificação e aprofundamento dos controles econômicos; mas se a conjugação de forças políticas que sustentou um e outro período[77] — o que vai até 1937 e o que se estende até 1945 — abriu espaço à ação industrializante do Estado, também não deixou de conter fortíssimos elementos de resistência à industrialização, à "nacionalização" das políticas, à intervenção e ao planejamento.

As divisões internas da burocracia e dos quadros políticos do governo indicam-nos perfeitamente. Aos núcleos industrializantes, incrustados em conselhos, comissões ou departamentos técnicos, reforçados por elementos da cúpula ministerial (como, o ministro do Trabalho) ou pelo próprio presidente, opunham-se também elementos da cúpula política ou facções burocráticas diversas. Por exemplo, o ministro da Fazenda, Souza Costa, era um banqueiro adepto incondicional do liberalismo econômico, assim como o diretor da Carteira Cambial do Banco do Brasil, Souza Dantas, que identificava o "interesse nacional" ao dos exportadores.

Essas divergências, entretanto, não podem ser entendidas baseando-se em um esquema polar industrialistas *versus* antiindustrialistas, ou intervencionistas *versus* liberais, associando-se aos primeiros o empresariado industrial, a moderna burocracia e setores militares, e aos segundos os setores exportadores e a burocracia civil e militar conservadora. Na verdade, não houve um alinhamento claro em torno das questões colocadas pela industrialização. Mesmo no interior da "nova" burocracia, ou no seio dos militares empenhados no desenvolvimento econômico como condição da segurança e defesa nacionais, as divergências não deixavam de ser importantes em relação a problemas como o financiamento, o papel da empresa pública ou do capital estrangeiro etc.

Quanto à questão do planejamento econômico e às divergências, é exemplar o depoimento de Jesus Soares Pereira sobre o período de sua atuação no CFCE:

> (...) restrições políticas enormes beiravam o absurdo. Por mais de uma vez, por exemplo, recebi recomendações expressas de meus superiores administrativos para não usar a palavra "plano" porque tinha uma conotação socialista incompatível com o Estado Novo. Éramos compelidos a usar eufemismos como *programa plurianual*. *Plano*, jamais. *Plano qüinqüenal*, então, de forma alguma, nem mesmo *programação qüinqüenal*. O certo era *programação quadrienal*. Daí passava-se para sesquintenal.[78]

Já se indicou o mecanismo de dirimir esses embates por meio da ação mediadora e arbitral exercida pelos burocratas e dirigentes[79] que, dotada de grande autonomia, abria espaço para o estabelecimento da direção política do Estado, com sentido e conteúdos determinados, irredutíveis às forças e interesses em luta. Nessa estruturação de poder, a Presidência e, muito concretamente, o presidente assumem papel primordial na definição do "plano" político. No caso que nos interessa, conteúdos como a industrialização, o planejamento, a intervenção econômica profunda do Estado ou a empresa pública como alternativa de financiamento do projeto de instalação das indústrias de base ganharam definição e corpo no "programa político-econômico" definido pela Presidência durante o Estado Novo. É claro que o núcleo político do Estado, embora autoritário e dispondo de autonomia para a elaboração e exercício da sua direção, esbarrava intermitentemente nos limites intransponíveis estabelecidos pelo equilíbrio instável de suas forças de sustentação.

Uma das últimas medidas do governo ditatorial prova que os rumos traçados a partir da Presidência contemplavam, efetivamente, a intenção de criar um órgão geral de coordenação e planificação. Em fevereiro de 1945, tendo em vista as resistências explícitas que a questão de planificação despertava, e na seqüência das frustradas tentativas de contorná-las, buscou-se mudar o formato previsto pela Carta de 1937 para o Conselho da Economia Nacional, "limpando-o" de seus conteúdos corporativos e adaptando-o às condições políticas do processo de democratização em curso.

O Ato Adicional de 28 de fevereiro de 1945, alterando vários aspectos da Carta de 1937, incluía no seu art. 179 transformações nas atribuições do Conselho, suprimindo as que, naquela Constituição, lhe imprimiam mais decisivamente um caráter corporativo e corporativizante.[80] O mesmo Ato determinava que o Conselho da Economia Nacional seria constituído antes da instalação do parlamento — o que não implicou, na época, nenhuma providência formal em relação às atividades do CNPIC e da CPE, porém significou a decisão, por parte do governo, da constituição de um órgão geral de coordenação, de seu formato e dos poderes de que haveria de dispor. Mas o Conselho de Economia Nacional nunca foi instalado.

O projeto de industrialização pesada, que ganhara seus primeiros contornos na década de 1930, adquirira perfil mais nítido durante o Estado Novo. Agora um conjunto de investimentos em infra-estrutura e nas indústrias de base requeria muito mais que órgãos de planejamento e controle. De algum modo esse problema foi parcialmente contornado, como vimos, na medida em que tanto as prioridades de investimento foram definidas na prática, como a burocracia econômica, agilizando-se, elevou sua capacidade e eficiência e produziu resultados satisfatórios no equacionamento das questões e na formulação de planos a serem implementados.

Mais graves que a discriminação dos "projetos" ou o diagnóstico das "condições para o avanço" eram, de um lado, os problemas referentes à natureza dos controles a serem *ainda* exercidos pelo Estado e, de outro, a questão do financiamento. No primeiro caso, porém, o máximo a que se chegou nesse momento, desde a criação da Cexim até a Sumoc, foi o exercício de regulações mais acentuadas na área do comércio exterior, no controle do crédito e do fluxo de moeda. Quanto ao financiamento, examinaremos agora as tentativas de ampliação das bases fiscais do Estado e a forma predominante de mobilização e concentração de capitais necessárias ao "salto" industrializante.

As bases fiscais do Estado e as questões do financiamento da industrialização

O rápido processo de centralização das funções regulatórias do Estado não deixaria de impor e se traduzir num reforço de arrecadação fiscal da União, que não foi, entretanto, nem profundo, nem uniforme. Exatamente nesse período a arrecadação tributária passou a se apoiar nos impostos internos; mas, para que o governo central tivesse condições objetivas de reestruturar sua base fiscal, requeria-se um avanço decisivo da acumulação industrial e uma aceleração da urbanização.

A delimitação da competência das esferas federal, estadual e municipal foi constitucionalmente definida ao mesmo tempo que se estabeleceu um sistema de transferência entre as três órbitas administrativas. As Constituições de 1934, 1937 e 1946 decretaram ser atribuição dos Estados a arrecadação dos impostos sobre vendas e consignações; dos municípios, o imposto de Indústria e Profissões.

Ao ser criado, em 1940, o Imposto Único sobre Combustíveis, Lubrificantes Minerais e Energia Elétrica, definiu-se que sua transferência fosse na proporção de 40% aos Estados e 12% aos municípios. A esses últimos também caberiam 10% do Imposto Federal sobre a Renda, 30% do excesso de arrecadação estadual sobre sua receita total e a participação em 40% sobre qualquer novo tributo estadual.[81] Por outro lado, foram definitivamente abolidos pela Constituição de 1934 os impostos interestaduais e intermunicipais.

Mesmo elevando a participação da União no volume total da receita, sua situação financeira foi crescentemente agravada, pois se acentuavam os compromissos do Estado com programas sociais e econômicos.[82] As alterações de maior monta, expressando até certo ponto relações de natureza diversa entre a União e os Estados, se referiam à distinta composição das rendas federais. Os impostos de renda e consumo, assim como o do selo, passaram a constituir as fontes fundamentais de recursos fiscais da União. Isso a liberava, nesse aspecto, da extraordinária dependência que antes mantinha em relação aos tributos sobre transações externas (os impostos e taxas sobre importações). Em 1944, o imposto de renda constituiu a maior parcela das rendas tributárias; por sua vez, os impostos sobre importação, que em 1929 representavam 42% das rendas da União, em 1945 participaram em apenas 11,50%.[83]

As transformações da base tributária não foram suficientes, havendo dificuldades até mesmo para arcar com gastos "tradicionais" do Estado; eram contínuas as tentativas de fazer frente aos déficits fiscais com novos impostos, alterações de alíquotas ou projetos frustrados de levar a cabo uma reforma tributária profunda.

À medida que avançava a expansão do aparelho estatal — não apenas do ponto de vista econômico, como também do social e do repressivo, visto que se acentuavam as características intervencionistas e regulatórias — recolocava-se a necessidade do alargamento das bases fiscais do Estado. As tentativas de solucionar a questão durante o Estado Novo, já agravadas pelo esforço bélico, consubstanciaram-se em duas reformas do Imposto de Renda e na introdução, por decreto, do Imposto sobre Lucros Extraordinários.

Em 1942, pelo Decreto nº 4.178, estabeleceram-se novas alíquotas progressivas sobre faixas de rendimento, isentando de tributação as pessoas com rendimentos anuais de até 12 mil cruzeiros e definindo o imposto máximo de 18% para rendimentos superiores a 500 mil cruzeiros anuais; as pessoas jurídicas pagariam o imposto proporcional de 6% sobre lucros apurados, exceto as sociedades civis, que seriam taxadas a 3%.[84]

Em setembro de 1943, o Decreto-lei nº 5.844, sem alterar o mínimo de isenção fixado pelo anterior, modificou a tabela progressiva, criando duas classes finais de rendimento acima de 500 mil cruzeiros e instituindo os adicionais de 2% (sociedades civis) para as pessoas jurídicas.[85]

Essas alterações se mostrariam limitadas se pensássemos numa reforma profunda da estrutura tributária; não deixariam, entretanto, de produzir variações importantes nas rendas da União e de elevar drasticamente os tributos das pessoas físicas e jurídicas.[86]

Em janeiro de 1944, pelo Decreto-lei nº 6.224, instituiu-se o Imposto sobre Lucros Extraordinários, que consistia de 25% a 50% sobre o valor que excedesse em 100% ou mais a média dos lucros obtidos em dois anos, entre 1936 e 1940, à escolha do contribuinte. Sua arrecadação poderia ser feita sob a modalidade de pagamento direto ao Estado, ou com a compra de "Certificados de Equipamento" e "depósitos de garantia", por meio dos quais se permitia a aquisição de maquinaria industrial no exterior, se fosse satisfatória a balança comercial.[87]

A elevação *genérica* dos recursos fiscais da União poderia constituir alternativa satisfatória para enfrentar as questões orçamentárias ou para fazer frente aos gastos públicos de ordem tradicional; mas dificilmente traria garantias de canalização de recursos para os grandes projetos de infra-estrutura e indústria de base. Por sua vez, o Imposto sobre Lucros Extraordinários, no que se refere a um certo grau de transferência de recursos do setor externo para o setor industrial (para a compra de equipamentos), podia no máximo atender às exigências de acumulação do setor privado, não comprometido com os grandes projetos que se queria implementar. Os *fundos específicos* e *vinculados* constituiriam uma opção: uma forma de tributação que tentava, simultaneamente, responder à elevação da receita e aos novos gastos do Estado.

Durante o ano de 1940, vários desses fundos foram instituídos: a taxa adicional sobre as tarifas das estradas de ferro da União, para obras de reequipamento e melhoria; a taxa adicional para aproveitamento do carvão nacional; o Fundo Rodoviário dos Estados e Municípios (chamado Fundo Rodoviário Nacional, em dezembro de 1945), para a execução do Plano Rodoviário; o Imposto Único sobre Combustíveis, Lubrificantes Minerais e Energia Elétrica, para investimentos nos projetos de pesquisa e lavra do petróleo e de energia elétrica.

Muito mais graves, extrapolando mesmo a "questão fiscal", seriam os problemas colocados pelo projeto industrializante do Estado. Sustentar um rápido processo de expansão industrial e, ao mesmo tempo, encontrar soluções técnicas e financeiras para a implantação do setor de bens de produção, exigia muito mais que alterações nos sistemas tributário e bancário do país. As alternativas de *empréstimos externos* e *empresa pública* foram, na prática, as opções eleitas pelo governo, a par das transformações do sistema fiscal, para enfrentar o volume fantástico de capital requerido e as condições da tecnologia internacionalmente monopolizada.

Na ausência de um sistema de crédito adequado, passou-se a perseguir o objetivo da criação de um banco de investimentos, com medidas e propostas de variados teores.[88] Em 1934, foi permitida por decreto a implementação de bancos industriais no país — que esbarraria nos problemas do volume e das fontes do capital inicial, e em dúvidas quanto à sua natureza e à participação que caberia ao Estado.[89]

Com a criação da Carteira de Crédito Agrícola e Industrial do Banco do Brasil, em 1937, parte dos anseios do empresariado industrial seria atendida, ainda que, de início, o novo órgão não tivesse autorização para financiar a instalação de unidades novas, restringindo-se a empréstimos para a aquisição de matérias-primas ou para a melhoria do equipamento.[90] Na mesma época, Simonsen propôs uma alteração na lei de debêntures, de forma a permitir a criação de bancos industriais.[91]

Em 1938, o Ministério do Trabalho sugeriu a utilização de parte dos fundos dos institutos de previdência para empréstimos hipotecários e fomento da economia, com a criação do Instituto Nacional de Aplicação da Previdência (Inap). O parecer desfavorável do CTEF ao projeto considerou principalmente o fato de que tal entidade escaparia ao controle do Banco Central que se pretendia criar.[92] Também houve resistência do Banco do Brasil, cujos dirigentes argumentavam que a Creai já satisfazia às exigências da área de crédito industrial, aceitando, no máximo, a ampliação dos fundos daquela Carteira.[93] Um outro projeto, elaborado pelo Dasp e pelo Ministério do Trabalho em 1939, reforçava o anterior, agora propondo a centralização dos fundos previdenciários em um Instituto Central de Aplicação das Reservas da Previdência; ao que parece, visava-se sobretudo a aplicações assistenciais e de ordem social, sem discriminar montantes a serem canalizados para crédito industrial ou agrícola. Os pareceres e substitutivos aprovados no conselho técnico não chegaram a termo final.[94]

Em 1942, Vargas determinou ao Dasp o estudo do problema da criação de uma instituição financeira. A comissão que elaborou o projeto de um banco industrial[95] indicou a hipótese do estabelecimento de novos impostos para a formação do capital inicial da instituição, o que foi rejeitado pelo presidente.

Nesse mesmo ano, a Missão Cooke, ao examinar a questão do financiamento, formulou a idéia da alteração no mercado de capitais e da criação de um banco de investimentos responsável pelos empréstimos no longo prazo, pela intermediação na compra de equipamentos e pela assistência técnica e financeira às empresas. Os fundos originais seriam os provenientes das instituições previdenciárias, de ações subscritas pela União, Estados e instituições públicas, além das ações colocadas no mercado. Fontes adicionais poderiam ser obtidas pela venda limitada de ações no exterior, implicando alterar a lei que proibia aos bancos de depósitos a participação de acionistas estrangeiros.[96]

Essas várias alternativas amadureceram e, em 1943, apresentavam-se de forma extremamente polarizada. Um grupo empresarial propunha, no CFCE, um banco de investimento de caráter privado, o Crédito Financeiro Industrial S.A., destinado a financiar indústrias de base no país, com requerimentos de duas ordens: a alteração da lei das Sociedades Anônimas (S.A.) (permitindo emissão de debêntures, emissão de ações preferenciais sem direito a voto acima do limite correspondente a 50% do capital, bem como elevação do capital inicial mediante a emissão de ações em série sem reforma dos estatutos) e a garantia de mercado e preços remuneradores às novas indústrias.[97] Por sua vez, o Dasp, diante do projeto do empresariado, e devida à ausência de discriminação das indústrias preferenciais, de informação sobre a origem nacional ou estrangeira do capital inicial, de especificação sobre a natureza da gestão administrativa das empresas a serem financiadas, afirmava que "(...) *a solução preferida pelo governo para a constituição dos capitais e da direção das empresas que se destinem aos setores industriais básicos é a da empresa estatal ou de economia mista*".[98]

Entre o projeto empresarial e a posição do governo, a questão da criação de uma instituição financeira para implantação das indústrias de base mereceria o veto de Gastão Vidigal e Eugênio Gudin. O primeiro aceitaria a criação de um banco de investimentos, mas sem participação financeira do Estado e sem alteração na legislação das debêntures.[99] Ambos manifestaram clara resistência dos setores mercantis e financeiros à constituição de um banco de investimentos que sustentasse o processo de industrialização.

Em meio às discussões, a fórmula *empresa pública* já se concretizava, revelando mais uma vez a autonomia da ação estatal no período. Os setores do ferro e do aço, de energia elétrica, de química pesada e de produção de motores foram progressivamente equacionados de forma que a empresa pública ou de economia mista nucleasse os investimentos iniciais básicos. Assim, em 1941 foi criada a Companhia Siderúrgica Nacional; em 1942, a Companhia Vale do Rio Doce; em 1943, a Companhia Nacional de Álcalis e a Fábrica Nacional de Motores; em 1945, a Companhia Hidrelétrica de São Francisco.[100]

Seguramente, para enfrentar o formidável volume de recursos que esses investimentos impunham e, em particular, o montante de divisas necessário para cobrir as inevitáveis importações que exigiram, o Estado brasileiro estava bastante desaparelhado: em primeiro lugar, devido à estrutura tributária rígida que sustentava seus recursos fiscais; em segundo lugar, pela inexistência de um mercado de capitais que pudesse valorar adequadamente os títulos públicos; e, finalmente, para superar a rigidez da pauta de importação ou comprometer parcelas crescentes do escasso volume disponível de divisas. As negociações de *empréstimos externos*, a *reforma tributária* e o estabelecimento de *fundos específicos* vinculados aos projetos foram as soluções ensaiadas no período.

Muito já foi dito sobre o empréstimo obtido para a criação de Volta Redonda, que foi em razão primordialmente de condições favoráveis no campo internacional (no momento da articulação dos "aliados") habilmente usadas por Vargas. Não cabe aqui reconstruir as vicissitudes que precederam à definição da questão siderúrgica e às bases em que surgiu a

CSN,[101] mas é importante enfatizar alguns aspectos que a solução dada à questão deixou transparecer.

A alternativa escolhida — financiar parte dos investimentos estatais com empréstimo do Eximbank[102] — foi uma entre poucas opções possíveis. A partir do momento em que se estabeleceu a *natureza* do projeto, isto é, a instalação da *grande indústria de aço*, foram determinadas suas condições mínimas de viabilidade técnica e financeira, e também se delinearam as divisões no campo interno das forças políticas, as de sustentação e as de resistência e oposição.

A decisão de construir um complexo siderúrgico integrado, de construir Volta Redonda nos termos da tecnologia predominante nas economias capitalistas centrais — condição, afinal, do nascimento tardio da industrialização pesada[103] — impunha desde logo algum tipo de articulação entre o Estado e o capital estrangeiro, e um efetivo afastamento do capital privado nacional. Já se demonstrou como esse último pôde percorrer "um caminho fácil no leito das oportunidades de inversão que ele próprio, com o auxílio do Estado, ia criando, expandindo a indústria existente e promovendo a diferenciação limitada dos setores de bens de produção e de bens de consumo (...)",[104] mas era incapaz de enfrentar a tarefa de implantar as indústrias de base.[105]

A instalação do setor de bens de produção por parte do Estado era, entretanto, do ponto de vista da burguesia industrial, mais um problema do que uma ótima alternativa: dadas as altas taxas de lucro que as linhas de menor resistência lhe ofereciam, como poderia empenhar-se ou apoiar projetos que, em última instância, conduziriam à subida de preços de bens que importava e absorveriam divisas necessárias ao seu próprio movimento de acumulação? A literatura tem enfatizado as posições "industrializantes" que o empresariado industrial estaria progressivamente assumindo, antes e sobretudo no início da década de 1940. Indicativo disso seriam as propostas que foram ganhando corpo no 1º Congresso Brasileiro de Economia, em 1943; no Congresso Brasileiro da Indústria, em 1944; e principalmente no Congresso das Classes Produtoras de Teresópolis, em 1945. O empresariado foi gradativamente marcando posição ante às questões da industrialização, em particular a do financiamento, a do planejamento e aquela que dizia respeito à ação do Estado; mas suas limitações não deixaram de se manifestar na forma sempre indefinível de conceber a "ação supletiva" que haveria de assumir o Estado.

Por seu lado, a burguesia mercantil-exportadora só poderia levantar armas contra um processo de industrialização pesada que, no limite, varreria qualquer possibilidade de seu predomínio, ou que talvez fosse levado a cabo às suas custas, percorrendo um caminho à *japonesa*.[106] Se não tinha forças suficientes para inibir a ação estatal, tinha, sim, para evitar a segunda alternativa.

A resistência interna, no caso da grande siderurgia, tinha por *slogan* "Volta Redonda é grande demais". Em resposta, o coronel Macedo Soares defendeu a opção do governo:

> Perdemos muito tempo. Se quisermos andar depressa agora, teremos que evitar etapas desnecessárias. Não é indispensável começar como outros começaram, pois temos ao nosso dispor as experiências de seus empreendimentos. "Volta Redonda é grande demais" tornou-se o *slogan* preferido por aquela mentalidade nacional que, ao longo dos anos, veio impedindo de possuirmos uma grande usina siderúrgica. Volta Redonda não é grande nem cara demais, e não poderíamos, ao pretender criar uma indústria de real eficiência, começar do princípio. Nossos minutos valem horas e nossas horas valem dias.[107]

Exatamente porque se requeria a instalação da *grande indústria do aço*, todas as alternativas possíveis para a sua implantação envolviam o Estado. O que não estava nem prévia nem obrigatoriamente determinado nas "condições objetivas" eram como o Estado brasileiro cumpriria suas tarefas.

Foram consideradas três alternativas: a siderurgia poderia ser criada diretamente pelo Estado, com financiamento estrangeiro e recursos oriundos da exportação do minério de ferro; poderia resultar da associação do Estado com o capital privado nacional; poderia ser o produto da iniciativa privada nacional, associada ou não ao capital estrangeiro, *desde que sob o controle do Estado*.[108]

De fato, apenas a primeira das possibilidades tinha *bases reais*. A segunda suporia condições inexistentes do capital privado nacional,[109] implicando um brutal esforço de mobilização interna de recursos pelo Estado, e na inevitável penalização do setor exportador. A terceira pressupunha o monopólio efetivo do Estado sobre a siderurgia,[110] o que poderia parecer exeqüível à primeira vista e, desde logo, não aos detentores do capital privado.[111]

A conjuntura internacional, o desinteresse da grande empresa multinacional em investir na indústria pesada, a habilidade de Vargas em levar a cabo o "duplo jogo" entre o "Eixo" e os "Aliados" foram condições que, no máximo, explicam por que se obteve êxito no empréstimo junto do Eximbank para o financiamento da siderurgia e, mais ainda, por que não foi possível ir além, avançando o conjunto de projetos de instalação das indústrias de base. Mas a preferência pelo empréstimo, como modalidade de financiamento externo, era a alternativa única, desde que considerados em conjunto o desiderato de construir a *grande* indústria, de resguardar minimamente as condições de soberania nacional e a resistência política da burguesia exportadora.

Em resumo, do ponto de vista fiscal e financeiro, esse período assiste a substanciais transformações que, contudo, deixam frustrada a intenção de consolidar uma base para a ampliação das funções regulatórias do Estado, sem escassez de recursos. Como vimos, modificou-se notavelmente a *estrutura tributária*, mas os problemas dos déficits orçamentários permaneceram crônicos no período.

Por outro lado, a *questão do financiamento* do processo de acumulação de capital apresentou contornos menos nítidos. Os problemas de financiamento corrente foram equacionados sem grandes tropeços; já o financiamento para o investimento, especialmente para o desenvolvimento industrial, não encontrou solução do ponto de vista institucional. De fato, apesar das várias tentativas e da grande polêmica que o assunto desencadeou, não pôde ser criada uma entidade financeira desse tipo, pública ou privada. Assim o próprio Estado assumiu, informalmente, algumas dessas funções, ao canalizar recursos externos e realizar diretamente os investimentos — como ocorreu no caso da Companhia Siderúrgica Nacional que, afinal, foi o único a contar com investimentos significativos, entre todos os "grandes projetos".

Contamos agora com elementos suficientes para empreendermos uma análise de conjunto da natureza da relação que se estabelece entre o político e o econômico, nessa fase do processo brasileiro de industrialização.

A crise de 1930, ao romper definitivamente com as condições anteriores de equilíbrio político entre setores sociais hierárquica e regionalmente organizados, abriu espaço a um rápido processo de centralização e concentração de poder, com o enfeixamento, no Executivo Federal, dos dispositivos fundamentais de elaboração, implementação e controle da política econômica. Mas também criou condições para um adensamento do aparelho econômico estatal — isto é, o movimento de formação do moderno organismo econômico não se reduziu à mera "desapropriação", por parte da administração central, de órgãos e instrumentos antes à disposição dos Estados.

Nesse sentido, pode-se dizer que *novos*, efetivamente, foram os órgãos criados, *inéditos* foram os instrumentos institucionais de que passou a dispor o poder centralizado, *inovadores* foram as formas e tipos de regulação e controle que caracterizariam, agora, armação econômica estatal.

Temos insistido, até aqui, nos significados mais gerais desse processo. O período que se abre em 1930 constitui, inegavelmente, uma fase particular do movimento de formação do Estado brasileiro. A *armação material* do Estado se estrutura de modo a dar suporte, pelo seu formato e lógica, a políticas de caráter *nacional*, definidas como políticas de um Estado que se apresenta como poder unificado, genérico, que argumenta pelas suas "próprias razões" e estipula como seu interlocutor a *nação*.

À diferença do Estado oligárquico, cujos limitados conteúdos nacionais e unificadores repousavam predominantemente no âmbito das instituições políticas e expressavam-se fundamentalmente sob a forma político-parlamentar, a "novidade" introduzida em 1930 está em que aquelas características nacionais e unificadoras ganharão grau maior de efetividade desde que inscritas na materialidade do organismo estatal, na sua estrutura burocrático-administrativa.

Com quais categorias é possível apreender a natureza do Estado brasileiro nesse período? Até onde os conceitos de "Estado intervencionista" ou "Estado regulador" seriam suficientemente claros para dar conta das características que pretendemos ter indicado? Mais ainda: em que medida poderiam captar as particularidades do Estado brasileiro neste período, que o distinguem tanto do Estado oligárquico quanto do Estado pós-1964?

Não há consenso, no campo da teoria política, sobre conceitos como "intervencionismo" ou "regulação". Genericamente, têm sido utilizados para indicar todo e qualquer tipo ou grau de presença e atuação estatal na esfera econômica, sempre e quando (e esse parece ser o único limite) não se trata de um Estado liberal e de uma fase concorrencial do capitalismo. No caso brasileiro, segundo esse modo indiscriminado de utilização conceitual, seriam igualmente intervencionistas o Estado oligárquico — em virtude de sua atuação de regulação sobre o mercado de trabalho ou preços, por meio das práticas de "valorização" ou política de imigração — e o Estado brasileiro dos dias atuais.

Ora, a "presença" do Estado na economia, além de expressar momentos da divisão social do trabalho, da diversificação e complexidade da estrutura de classes, expressa também o movimento da luta social e política. Apreender, portanto, as *diferenças* pelas quais o Estado se faz presente na economia — aspecto da relação mais geral entre o Estado e a sociedade — constitui um passo necessário e fundamental para a compreensão da natureza e forma que assume a luta econômica e política de classes. Com isso, estamos chamando a atenção para a periodização do processo de formação do Estado capitalista no Brasil e insistindo, desde logo, sobre a *natureza* diversa das fases que atravessa.

O Estado que se estrutura desde os anos de 1930 e avança até meados da década de 1950, sob formas burocrático-administrativas centralizadas e, portanto, nacionais, procede a uma intervenção limitada na economia. A profundidade ou mesmo a abrangência dessa intervenção não devem obscurecer seus aspectos restritos, sob pena de que não nos apercebamos das transformações de *natureza* que se operam desde o final dos anos de 1950.

Ao término do Estado Novo, estavam sob a órbita estatal de atuação e relativo controle a moeda e o crédito, o comércio externo, a gestão da força de trabalho e os salários, além de uma estrutura tributária em transformação, o que conferia ao Estado a possibilidade de afetar todos os preços fundamentais da economia. Como proprietário e empresário, o Estado já havia avançado nas áreas de transportes, ferro e aço, álcalis, encaminhando-se para a produção de energia elétrica e caminhões.

Não podemos deixar de reconhecer que o organismo econômico estatal, durante a primeira fase da industrialização brasileira, adquiriu modernidade, refinamento e amplitude dos controles, que ganham sentido claro se os comparamos com as estruturas e funcionamento de outros Estados modernos, quando enfrentaram as suas condições de industrialização. Mesmo no caso das industrializações ocorridas no século XIX, isto é, quando o sistema capitalista já tinha nítida conformação internacional e avançava para suas formas imperialistas, as "tarefas" que couberam aos Estados nacionais mantinham ainda certo grau de simplicidade. No caso alemão, por exemplo, pouco mais lhe coube que, externamente, articular padrões de comércio e, internamente, definir uma nova e centralizada estrutura tributária e incentivar a formação do sistema financeiro.[112]

Entretanto, as características desse padrão de regulação eram limitadas diante das tarefas que o processo de industrialização brasileiro reservava ao seu próprio futuro: a "complementação" da industrialização, aqui, se faria com alto grau de descontinuidade em relação à estrutura industrial prévia, e significava (e de fato significou) um salto em direção a uma economia monopolizada, impondo um tipo de relação entre o Estado e a economia de natureza diversa daquele que estamos analisando.

Entre 1930 e 1945, e até a década seguinte, os controles e a regulação estatal se estabeleceram de modo fragmentado, pontual, compartimentado. Já assinalamos a forma predominante de regulação da produção e comercialização por produtos discretos, ou ramos muito específicos como o café, o algodão, a indústria têxtil ou a siderurgia. Por outro lado, definiram-se controles múltiplos sobre uma mesma área, sem a discriminação formal de atribuições ou hierarquização de competências. Assim, por exemplo, a Sumoc pôde responder pela elaboração da política e orçamento cambial, ou seja, pelo destino das divisas; mas a Cexim podia também, com certa autonomia, definir prioridades no comércio exterior e, portanto, a política de utilização de cambiais. A ausência de agências adequadas de financiamento, por um lado, e de um Banco Central, por outro, tornavam o controle não apenas parcial, mas efetivamente comprometiam a possibilidade de se estabelecer uma política nacional de moeda e crédito.

Com esses exemplos queremos assinalar que, se era extenso, abrangente e profundo o teor da intervenção e regulação estatal, elas se faziam de forma compartimentada e com instrumentos que afetavam *genericamente* os fluxos econômicos fundamentais.

A complementação da industrialização, nos termos possíveis para o capitalismo brasileiro, exigia muito mais que isso. Desde logo a implantação das indústrias de base impunha a necessidade, no plano externo, de articular formas de financiamento, isto é, de definir condições de negociação com o imperialismo e, em particular, com as empresas multinacionais. Internamente, obrigaria a uma articulação com o setor privado, por setores e por empresas, isto é, o manejo de um bloco integrado de incentivos para afetar discriminadamente a taxa de lucro. Dessa forma, a ação estatal envolveria um direcionamento do fluxo global de investimentos econômicos públicos e privados, trazendo inevitavelmente graus muito maiores de centralização e controle e formas distintas de vinculação com os setores empresariais; para tais formas e graus de intervenção, efetivados a partir do Plano de Metas, o aparelho econômico estatal não estava materialmente conformado.

É certo que a necessidade de compatibilização das políticas estatais e, pois, de avanço centralizador em direção ao planejamento e à coordenação, já se faziam sentir desde os primeiros momentos em que esse novo padrão de regulação se definira. Ou seja, a natureza e a intensidade da intervenção efetiva impunham de um ponto de vista formal e racional, tarefas de coordenação e planificação, de modo a garantir minimamente algum grau de univocidade de sentido à ação estatal.[113] A criação de órgãos centrais que dessem conta da coordenação de planejamento não se efetivou nem mesmo quando, durante o Estado Novo, se ensaiou um projeto integrado de industrialização pesada, que transformava aquela necessidade em exigência dramática.

Naquele momento, é verdade, o maquinismo econômico estatal e as formas possíveis de intervenção e controle foram estendidos até seus limites; rompê-los exigiria um outro pacto político. Alguns mecanismos foram acionados, para a contornar as resistências em que esbarrava a ação estatal e que eram, em última instância, as que lhe impunham, a seu modo e nas condições do regime autoritário, as forças sociais e políticas que se organizavam no Estado. Conselhos e órgãos técnicos foram convocados a estudar, debater e planejar sobre temas e assuntos que estavam acima e além de suas competências legais. Funcionando como canais de acesso do setor privado e fóruns de debates e enfrentamentos entre interesses sociais diversos e vários grupos burocráticos, esses órgãos, entretanto, debateram e opinaram sobre temas de uma agenda proposta pela direção política do Estado e que enfatizava, no fundamental, as questões vinculadas ao avanço da industrialização. A agilização simultânea dos grandes órgãos sobre temas comuns constituiu, sem dúvida, uma forma de estabelecer uma trama mais complexa e com algum grau de eficiência em um aparelho econômico carente de um órgão planificador geral.

Outro mecanismo posto em funcionamento foi o da participação simultânea, nos diferentes conselhos e comissões, de funcionários que ocupavam posição de chefia em áreas estratégicas para o estabelecimento de prioridades e controles. Além da representação por ministérios, estabeleceu-se a representação por órgãos técnico-administrativos decisivos, como o Banco do Brasil ou suas distintas carteiras, os departamentos técnicos dos vários ministérios e, no final, os diretores de empresas estatais. Isso reforçou a rede que se constituía no interior do aparelho, dando maior consistência aos processos decisórios.

Já nos referimos, também, ao estabelecimento de fundos vinculados como forma de superar a estreiteza das bases fiscais e financeiras do Estado, perante os projetos econômicos que pretendia implementar. Essa forma era satisfatória pois lograva canalizar minimamente recursos tributários, mas reforçava o *caráter parcial dos planos* e impedia qualquer redistribuição de recursos segundo uma pauta de prioridades geral ou flexível.

É preciso ainda lembrar outra característica dessa forma de intervenção do Estado, referente à articulação dos setores privados no aparelho econômico estatal. O modelo corporativista vinculava os setores empresariais aos órgãos econômicos por representação estabelecida por meio de suas entidades gerais de classe, as federações e confederações. Os lídimos representantes empresariais assim puderam, como bem mostrou Eli Diniz, defender com eficiência seus interesses na definição de políticas econômicas gerais, muitas vezes logrando revertê-las em benefício de seus pontos de vista particulares. Esse tipo de articulação não implicava, porém, o comprometimento das empresas privadas com projetos econômicos governamentais, tendo consistência somente quando vinculava setores privados às políticas específicas de fomento e regulação da produção existente.[114]

Resta assinalar o papel-chave cumprido pela pessoa do presidente. Já se afirmou, na literatura, tanto o fortalecimento de seu poder pessoal, na estrutura política do pós-30, quanto o fato de que o regime autoritário expressava os extremos daquele processo de personificação do poder.[115] Aqui, estamos tão-somente ressaltando o fato de que, diante da multiplicidade de formas e instrumentos de intervenção e regulação, das divisões e dissensões intraburocráticas e, mais ainda, na ausência de órgãos e mecanismos técnicos de coordenação e planificação, reforçou-se o poder presidencial na medida em que ele se tornou a memória e a garantia da execução do projeto mais global que, afinal, nascia na Presidência e no núcleo político mais ativo do Executivo. Vale dizer, a Presidência constituía o vértice real de convergência das decisões.[116]

Ao longo do seu processo de formação, o Estado capitalista, no Brasil, no pós-30 e até meados dos anos de 1950, moveu-se conforme um determinado padrão de regulação e controle cujas características acabamos de assinalar. O acentuado grau de centralização, condensação de poder e reforço do aparelho econômico central, que teve início com a crise de 1930, não deve obscurecer para o analista a sua outra face, seu caráter ainda limitado e restrito. O intento de levar a cabo a industrialização pesada, no Estado Novo, deixou transparecer que, independentemente do regime, o salto industrializante, no Brasil, impunha controles e formas de intervenção do Estado em graus até então desconhecidos. Isso colocava, desde cedo e de forma dramática, a questão de sua institucionalização democrática, que dificilmente poderia ser equacionada por meio de estreitas fórmulas liberais ou neoliberais de democracia política.

Por outro lado, a forma intervencionista que assume o Estado brasileiro nesta etapa chama a atenção para a especificidade do processo de formação do Estado capitalista no Brasil. Nenhum outro, previamente à aquisição de suas estruturas mais permanentes, deixou de apresentar algum grau de controle ou regulação. Mesmo com as restrições que cabe fazer à visão liberal da concepção ideológica de uma ordem pública separada da privada e limitada às funções de guardiã geral e externa das condições de funcionamento da economia,[117] é preciso reconhecer que o "Estado liberal" foi um produto histórico que só adquiriu vigência quando as bases do capitalismo estavam plenamente criadas e sob a forma concorrencial, após a Revolução Industrial. No caso inglês, sempre citado como o exemplo mais claro, o Estado liberal só adquiriu plenitude após as reformas de 1848, em pleno século XIX, e foi precedido por um tipo de Estado que não deixou de fazer funcionar mecanismos (extra-econômicos) de regulação de mercados, do comércio externo, da força de trabalho e dos salários. Esta é uma característica dos Estados e das estruturas de transição nas fases de constituição do capitalismo.

Pois bem, o caso brasileiro mostra sua peculiaridade no fato de que aqui o "Estado de transição" avança seu processo de transformação em Estado capitalista e burguês sob formas estruturais e instituições capitalistas e burguesas "avançadas". Estrutura-se e reestrutura-se de acordo com instituições e formas de atuação típicas de Estados capitalistas já constituídos e, mais ainda, contemporâneas, isto é, as prevalecentes na ordem e ideologia capitalista internacional. É certo que essas formas ou instituições não conferem ao Estado brasileiro, *ipso facto*, natureza capitalista, no sentido de que já teria automaticamente alcançado a plenitude do seu processo de formação. Mas é também certo que a "atualização" e a contemporaneidade das estruturas e instituições estatais indicam o caminho peculiar que esse Estado teve de cumprir, caminho indubitavelmente referido à "modernidade" da estrutura econômica e de classes que também marcam a história do capitalismo no Brasil. Isso nos obriga a abandonar qualquer tipo de explicação que abdique da compreensão da historicidade própria do processo de constituição do capitalismo e do Estado burguês no Brasil, ou que tente encontrar em alguma sorte de mimetismo as razões das suas feituras particulares.

A forma de Estado no Brasil, cujas características de regulação e controle sobre a economia estavam praticamente definidas ao término do Estado Novo, foi atenuada e neutralizada, nos seus traços mais dramáticos, durante o período governamental de Dutra. Entretanto, não perdeu aí a sua integridade mínima. Outra vez será posto à prova, indicando as possibilidades e forma de sua superação, quando, no segundo período governamental de Vargas, se retomou também o projeto de industrialização acelerada.

As características desse intervencionismo de dupla face, profundo e abrangente, de um lado, e limitado, de outro, derivam de razões da mesma natureza daquelas que também restringiam as possibilidades de avanço rápido do processo de industrialização. E eram, sem dúvida, de ordem política, tanto externas quanto internas. A forte presença, na conjugação de forças políticas, das forças que combatiam a industrialização acelerada, a autonomização nacional e, em decorrência, a centralização e o intervencionismo econômico do Estado, revela-se na própria feição e no âmbito de atuação do aparelho econômico, deixando assim impressa, na forma estatal, a marca dos seus interesses — que, afinal, não poderiam ser reduzidos aos da burguesia exportadora. Esses eram clara e notoriamente contrários à industrialização e ao intervencionismo, enquanto o intervencionismo moderado foi também uma bandeira efetiva da burguesia industrial, temerosa de ter interrompido seu caminho mais longo, por um Estado sobre o qual não tinha pleno controle. Finalmente, eram frágeis e heterogêneas as forças que impulsionavam simultaneamente pela rapidez da industrialização, pela autonomia nacional e pelo progresso social, numa equação que se concretizasse pela trilha democrática. A assimetria entre elas fica clara ao longo do período que vai de 1930 ao final dos anos de 1950. Ainda assim, como foram essas as forças em embate, a forma estatal não pôde ultrapassar certos limites e mostrou, no seu próprio perfil, a natureza social do Estado.

A marca das lutas sociais no perfil do Estado se evidencia quando acompanhamos também o seu modo de funcionamento. Para esse desiderato, o governo Dutra é exemplar: compõe-se um novo equilíbrio político, no qual as forças industrializantes, nacionalistas e, no limite, "estatizantes", foram neutralizadas.

Notas

1. É extensa a literatura que trata do assunto. Veja principalmente: Alberto Venâncio Filho, *A intervenção do Estado no domínio econômico*. Rio de Janeiro, FGV, 1968; R. Daland, op. cit.; Rômulo de Almeida, "A experiência brasileira de planejamento, orientação e controle da economia", in: *Estudos Econômicos*. Departamento Econômico da Confederação Nacional da Indústria, v. 2, jun. 1950; Nelson Mello e Souza, "O planejamento econômico no Brasil: considerações críticas", *Revista de Administração Pública*. Rio de Janeiro, Ebap, 1968; Betty Mindlin Lafer, *Planejamento no Brasil*. São Paulo, Perspectiva, 1975, 3ª ed.; Iuperj, *Expansão do Estado e intermediação de interesses no Brasil*. Rio de Janeiro, Iuperj, 1978; Almir B. de Andrade, *Contribuição à história administrativa do Brasil na República até o ano de 1945*. Rio de Janeiro, José Olympio, 1950, 2 vol.; Octávio Ianni, *Estado e planejamento econômico no Brasil (1930-1970)*, Rio de Janeiro, Civilização Brasileira, 1971; Mário Wagner V. da Cunha, *O sistema administrativo brasileiro 1930-1950*. Rio de Janeiro, Centro Brasileiro de Pesquisas Educacionais, MEC, 1963.

2. Sobre as transformações políticas da década de 1930, veja: B. Fausto, *A Revolução de 1930* (História e Historiografia), *op. cit.*; idem, "Pequenos ensaios de história da República: 1889-1945", *Cadernos Cebrap*, nº 10, São Paulo, Cebrap, 1972; idem, "Expansão do café e política cafeeira", in: *História geral da civilização brasileira, op. cit.*, t. III, v.1, p.197-248; Edgard Carone, *O Estado Novo (1937-1945)*. Rio de Janeiro-São Paulo,

Difel, 1977; Maria do Carmo Campello de Souza, *Estado e partidos políticos no Brasil (1930-1964)*. São Paulo, Alfa-Ômega, 1976; Maria Hermínia Tavares de Almeida, "Estado e classes trabalhadoras (1930-1945)", tese de doutorado, FFLCH-USP, 1978, mimeo. É interessante verificar também os estudos sobre aspectos da centralização política a partir da análise dos Estados da Federação. Para isso, veja: Robert M. Levine, *The Vargas Regime: the critical years: 1934-1938*. Nova York, Columbia University Press, 1970; idem, *Pernambuco and the Brazilian Federation, 1889-1937*. Califórnia, Stanford University Press, 1978; Joseph Love, "Autonomia e interdependência: São Paulo e a federação brasileira, 1889-1937", in: *História geral da civilização brasileira, op. cit.*, t. 1, v.3, p.53-76; idem, *O regionalismo gaúcho*. São Paulo, Perspectiva, 1975; John Wirth, *Minas Gerais and the Brazilian Federation (1889-1937)*. Califórnia, Stanford University Press, 1977.

3. Esse princípio de descentralização administrativa como norteador da reorganização da estrutura estatal no período é afirmado por Moacyr Briggs, diretor da Divisão de Organização e Coordenação do Dasp: "A descentralização administrativa, fora de dúvida, foi a única solução que os estadistas modernos (...) encontraram para atender (...) o tríplice problema: *administrativo* (...) *político* (...) e *econômico* (...). No panorama atual da administração pública brasileira, destacam-se (...) as entidades paraestatais (...): *econômica* (produção, crédito, seguro etc.); *industriais* (execução dos serviços públicos de natureza industrial); *previdência social* (institutos e caixas de aposentadoria e pensões); *corporativas* (Ordem dos Advogados etc.)". Cf. Moacyr Briggs, "O Serviço Público Federal no decênio Getúlio Vargas", *Revista do Serviço Público*, abr. 1941, p.219.

4. A melhor referência para o diagnóstico e análise da irracionalidade presente na estrutura administrativa, manifesta na superposição de órgãos e funções, conflitos de competência, disparidades de regimes jurídicos e institucionais e, finalmente, o "congestionamento da Presidência", consta da exposição de motivos que acompanhou o anteprojeto de reforma administrativa enviado por Vargas ao Congresso em 1952. Cf. Arízio Vianna, *Dasp — Uma instituição a serviço do Brasil*. Rio de Janeiro, Presidência da República, Dasp, 1953. Anexo nº 4, in: Coleção "Estudos Especiais", v.1.

5. Para a análise do Dasp, veja Gilbert B. Siegel, "The vicissitudes of governmental reform in Brazil: a study of the Dasp", tese de doutoramento, University of Pittsburg, Pittsburg, 1964; e Lawrence S. Graham, *Civil service reform in Brazil*. Austin, University of Texas Press, 1968. O trabalho clássico sobre a estrutura administrativa e seu movimento de expansão e modernização é o de M. W. V. da Cunha, *op. cit.*

6. Cf. M. W. V. Cunha, op. cit., p.92 e segs.; L. S. Graham, *op. cit.*, cap. VIII, p.125-7; G. B. Siegel, *op. cit.*, p.90-137.

7. Pela Constituição de 1937, o parlamento teria "competência limitada apenas à votação, em prazos fatais, dos créditos globais propostos". Cf. M. Briggs, *op. cit.*, p.223.

8. Para a análise das relações entre os "Dasps", o interventor e a administração central, veja L. S. Graham, *op. cit.*, p.27-9. Esse autor chama a atenção para o fato de que, com tal arranjo hierárquico, os Estados da Federação transformaram-se em pouco mais que unidades administrativas. M. C. C. Souza reconstitui os mecanismos de centralização e funcionamento da estrutura política montada durante o Estado Novo, assinalando o papel que cumpriu o Dasp, verdadeiro "cinto de transmissão entre o Executivo Federal e a política dos Estados". Cf. M. C. C. Souza, *op. cit.*, p.83 e segs.

9. Cf. L. S. Graham, *op. cit.*, p.27-8.

10. Não estamos, aqui, considerando o formato administrativo ou os regimes jurídicos que distinguiram tais órgãos ou definiram suas competências legais. Como se verá, objetivamos tão-somente destacar os órgãos que, pelas funções efetivas que exerceram, estiveram vinculados à elaboração e/ou implementação de políticas de desenvolvimento econômico.

11. Em outras palavras, o Banco do Brasil passa a operar, na prática, como um Banco Central, um banco de fomento e agente fiscal; a fusão dessas funções num mesmo organismo torna-se, desde então, um problema para os de divisão conservadora que almejavam implantar no Brasil o esquema clássico de política econômica por meio de entidades separadas.

12. Compunham o Conselho da Sumoc o ministro da Fazenda, o presidente do Banco do Brasil, diretores das carteiras de câmbio e redesconto do Banco do Brasil e o diretor da Caixa de Mobilização Bancária. Subordinada ao Ministério da Fazenda, além de exercer o controle do mercado monetário, a Sumoc deveria preparar a organização de um futuro Banco Central. Cf. A. Venâncio Filho, *op. cit.*, p.243-44.

13. Cf. A. Venâncio Filho, *op. cit.*, p.275-6.

14. Cf. R. Almeida, *op. cit.*, p.80-2.

15. O decreto é de 9/4/1941 e previa a data de 1/06/1946 para seu pleno cumprimento que, entretanto, não se deu. Cf. Edgard Carone, *A Terceira República (1937-1945)*. São Paulo, Difel, 1976, p.190-1.

16. Outro órgão, o Instituto de Serviços Sociais do Brasil (ISSB), foi instituído por decreto em 1945, como vimos, mas não foi instalado.

17. Para a análise do planejamento e de políticas para o açúcar e, em particular, as referências ao IAA, veja o excelente estudo de Tamás Szmrecsányi, *O planejamento na agricultura canavieira do Brasil (1930-1975)*. São Paulo, Hucitec-Unicamp, 1979.

18. O. Ianni, *op. cit.*, p.23.

19. Cf. E. Carone, *op. cit.*, p.181-84; R. Almeida, *op. cit.*, p.75-6.

20. Para as atividades do CTCE, veja: *CTCE — Dez anos de atividades do Conselho*. Rio de Janeiro, Departamento de Imprensa Nacional, 1948; veja também: Medeiros Lima, *Petróleo, energia elétrica e siderurgia — A luta pela emancipação* (um depoimento de Jesus Soares Pereira sobre a política de Vargas). Rio de Janeiro, Paz e Terra, 1975. A reconstituição de algumas discussões do CTCE está também em Eli Diniz, *Empresário, Estado e capitalismo no Brasil: 1930-1945*. Rio de Janeiro, Paz e Terra, 1978.

21. Cf. Celso Lafer, "The planning process and the political system in Brazil: a study of Kubitschek's target plan (1956-1961)", tese de doutorado, Cornell University, 1970, p.77 e segs.: R. Almeida, *op. cit.*, p.79-80; E. Diniz, *op. cit.*, p.141 e segs.

22. Cf. Constituição de 10 de novembro de 1937, arts. 57 a 63: veja E. Carone, *op. cit.*, p.147-8.

23. As principais medidas concernentes à legislação trabalhista, formuladas entre 1931 e 1934, foram as seguintes: lei dos dois terços; regulamentação da jornada de trabalho; regulamentação do trabalho feminino; reforma do código de menores; nova lei de férias; criação das Convenções Coletivas do Trabalho; criação das Inspetorias Regionais do Ministério do Trabalho, Indústria e Comércio (MTIC), em 1932; criação da carteira profissional (1932). Sobre isto, cf. Angela Maria de Castro Gomes, *Empresariado e legislação social na década de trinta*. Rio de Janeiro, FGV, 1980, p.17-20. Veja, ainda, Antô-

nio Carlos Bernardo, "Legislação e sindicalismo (uma contribuição à análise da industrialização brasileira — 1930-1945)", tese de doutorado, Faculdade de Filosofia, Ciências e Letras de Assis, 1973, mimeo; M. H. T. Almeida, op. cit.

24. As medidas de legislação previdenciária mais importantes foram a regulamentação da lei sobre riscos por acidentes de trabalho, prestação de assistência médica, indenizações decorrentes de acidentes de trabalho (1935), a criação dos IAPS etc.

25. A legislação sindical, pelo Decreto nº 19.770, de 19 de março de 1931, regulamentou a sindicalização das classes com um "modelo de organização associativa, fundado no sindicato único, tutelado pelo Estado"; Decreto nº 24.694, de 12 de julho de 1934, que reformulou a lei de 1931, pois "(...) rompia com o princípio da unidade sindical e ampliava o espaço de autonomia dos sindicatos, embora conservando a exigência do reconhecimento junto ao Ministério do Trabalho"; e Decreto-lei nº 1.402, de 5 de julho de 1939, que reinstituiu a unidade sindical e o sistema de tutela do Estado sobre os sindicatos. Cf. A. M. C. Gomes, op. cit., p. 23 e segs.; e A. C. Bernardo, op. cit.

26. A Justiça do Trabalho foi progressivamente instituída com a criação de Comissões Mistas de Conciliação, em 1932; criação de Juntas de Conciliação e Julgamento; e Decreto-lei nº 1.237, de 1 de maio de 1939, com a implantação definitiva da Justiça do Trabalho. Cf. A. M. C. Gomes, op. cit., p.27-8.

27. Cf. M. H. T. Almeida, op. cit., p.164.

28. Cf. A. Venâncio Filho, op. cit., p.32-33; A. B. Andrade, op. cit., v. 1, p.215-6.

29. Veja principalmente os estudos comparativos de Perry Anderson, *The lineages of absolutist State*. Londres, NLB, 1974; cf. C. Tilly (org.), op. cit.

30. "Inicia-se um amplo esforço de elaboração legislativa, com a criação das Comissões Legislativas. E, em dois setores principais, o Governo Provisório vai estabelecer regime inteiramente novo, prenunciadores do direito público econômico nascente, o regime das águas e energia elétrica, e o regime das minas. Em ambos os casos, os novos códigos, regulando a matéria, afastam-se claramente das simples disposições privatistas, para dar ao Estado poderes os mais amplos, transformando as relações contratuais de direito privado em relações de direito público, nas quais se tinha como objetivo principal o interesse público." Cf. A. Venâncio Filho, op. cit., p.30-31.

31. Cf. IBGE, *Curso sobre Organização e Funcionamento do IBGE*. Rio de Janeiro, IBGE, 1978, p.4 e segs.

32. *As Comissões de Salário Mínimo* são instituídas pela lei nº 185, de 1936, e o salário mínimo é estabelecido pelo Decreto-lei nº 2.162, de 1 de maio de 1940; cf. M. H. T. Almeida, op. cit., p.240 e segs. Para a crítica da tese que entende a instituição do salário mínimo com o objetivo de potencializar a acumulação capitalista, veja também Maria da Conceição Tavares, "Acumulação de capital e industrialização no Brasil", op. cit.; Paulo Renato de Souza, "A determinação dos salários e do emprego em economias atrasadas", tese de doutorado, Unicamp, 1980, cap. III e IV.

33. Cf. R. Almeida, op. cit., p.79.

34. Sobre os conteúdos autoritários da "ideologia de Estado" nos anos de 1930, afirma Bolívar Lamounier: "Por isso mesmo, uma hipótese digna de exame é a de que a formação ideológica estudada, e que manifestamente se refere ao processo de *State-Building* — fortalecimento do poder central, diferenciação da 'função pública', extensão de uma jurisdição uniforme às atividades exercidas no território — corresponde a

um momento particularmente consciente de identificação sociológica dos intelectuais com o *centro político*". Cf. Bolívar Lamounier, "Formação de um pensamento político autoritário na Primeira República", in *História geral da civilização brasileira (o Brasil republicano), op. cit.*, t. III, v.2, p.374.

35. L. H. L. Aureliano, *op. cit.*
36. Idem, ibidem; e J. M. C. Mello, *op. cit.*
37. Cf. E. Diniz, *op. cit.* e L. M. L. Aureliano, *op. cit.*
38. O melhor estudo sobre o assunto é, sem dúvida, o de L. Martins, *op. cit.*
39. Stanley Hilton, "Vargas e o desenvolvimento econômico brasileiro, 1930-1945: uma reavaliação de uma posição sobre a industrialização e planejamento", in: S. Hilton, *O Brasil e a crise internacional (1930-1945)*. Rio de Janeiro, Civilização Brasileira, 1977, p.91-124.
40. Ítalo Tronca, "Agentes da industrialização na República: a prática política dos militares", tese de doutorado, Departamento de História da USP, 1975, *mimeo*.
41. Cf. L. Martins, *op. cit.*, p.275 e segs.
42. S. Hilton, *op. cit.*, p.98.
43. Cf. Cepa, *A reforma administrativa brasileira*, v. III." A reforma administrativa de 1963". Departamento de Imprensa Nacional, Rio de Janeiro, 1964.
44. Fontes: Ministério da Fazenda, *Relatório do ministro Souza Costa*, exercício de 1943. Rio de Janeiro, Imprensa Nacional, p.45-56; e A. V. Villela e W. Suzigan, *op. cit.*
45. Cf. M. H. T. Almeida, *op. cit.*, p.110 e segs.; N. Mello e Souza, *op. cit.*; R. Almeida, *op. cit.*, p.69.
46. Citado por A. Vianna, *Orçamento brasileiro*. Rio de Janeiro, Dasp, Imprensa Nacional, 1943, p.118 e segs.
47. *Idem, ibidem*, p.119-22.
48. *Idem, ibidem*, p.117.
49. O presidente da Comissão do Orçamento era o próprio diretor do Dasp, dr. Luís Simões Lopes.
50. Cf. Cepa, *A reforma administrativa brasileira*, v.III, *op. cit.*; N. Mello e Souza, *op. cit.*, p.66.
51. N. Mello e Souza, *op. cit.*, p.67.
52. *Idem, ibidem*, p.67.
53. Ministério da Fazenda, *Relatório do Ministro da Fazenda*, exercício de 1946. Rio de Janeiro, Imprensa Nacional, Rio, 1948, p.84. São insuficientes os dados sobre os gastos efetivamente realizados dentro do Plano de Obras e Equipamentos.
54. *Idem, ibidem*, p.77-85. Neste relatório, não são discriminados os gastos feitos sob a rubrica do plano, limitando-se a indicar a distribuição global por ministérios. Cf. p.19.
55. Cf. R. Almeida, *op. cit.*, p.69; e N. Mello e Souza, *op. cit.*, p.68.
56. A. Vianna propõe a ampliação da receita do plano com a vinculação de taxas provisórias — como taxa adicional de 10% sobre direitos de importação; taxa adicional de 10% sobre as tarifas das estradas de ferro da União; taxas do Plano de Aproveitamento do Carvão Nacional, instituídas em 1940 — e recursos do Fundo Rodoviário, também criado em 1940. Cf. A. Vianna, *op. cit.*, p.121-2.
57. Cf. A. Vianna, *op. cit.*, p.107.
58. Cf. O. Ianni, *op. cit.*, p.28; e E. Diniz, "O Estado Novo", *op. cit.*

59. Cf. J. Viana Monteiro e L. R. Azevedo Cunha, "Alguns aspectos da evolução do planejamento econômico no Brasil, 1934-1963". *Pesquisa e planejamento econômico*, Ipea, p.3-24. Pedro Malan et al., *Política econômica externa e industrialização no Brasil (1939-52)*. Rio de Janeiro, Ipea-Inpes, 1977, p.353 e segs.

60. Cf. Valentin Bouças, discurso publicado no *Jornal do Comércio*, em 25/3/1954, no qual historia as atividades do CTEF no período a que nos referimos.

61. As informações sobre a Missão Cooke encontram-se principalmente nas seguintes obras: Fundação Getúlio Vargas, *A Missão Cooke no Brasil*. Rio de Janeiro, Centro de Estudos Brasileiros, 1948; Márcia M. D'Ávila, "A Comissão Mista Brasil-Estados Unidos", tese de mestrado, Universidade de Brasília, 1980; L. Martins, *op. cit.*, cap. III; T. Skidmore, *op. cit.*, p.68 e segs.; Celina A. P. Moreira Franco, "A criação do Banco Nacional de Desenvolvimento Econômico", Rio de Janeiro, CPDOC, *mimeo*, s/d.

62. C. A. P. M. Franco, *op. cit.*, p.7 e segs.

63. Ata final do Diário da Terceira Reunião de Consulta do Ministério das Relações Exteriores, 1942, p.4-6. Citado por Mansa Saens Leme, *A ideologia dos industriais brasileiros, 1919-1945*. Petrópolis, Vozes, 1978, p. 66-7.

64. Cf. Anápio Gomes (org.), *A economia de guerra no Brasil. O que fez a Coordenação de Mobilização Econômica*. Comissão de Mobilização Econômica, Rio de Janeiro, s/d, v.1, p.16 e segs. Já em 1939, o Conselho Federal do Comércio Exterior tinha proposto a formulação de um Plano de Ação para a Defesa da Economia e, para tanto foram criadas, no Ministério da Guerra, a Comissão de Controle e Abastecimento e, vinculada ao próprio conselho, a Comissão de Defesa da Economia Nacional. Ao surgir, a Comissão de Mobilização Econômica absorveu, por suas funções, essas duas comissões.

65. Por meio de seus órgãos, a comissão define preços, quantidades, quotas de distribuição segundo as prioridades já estabelecidas, etc. Para a estrutura interna da comissão e o conjunto dos órgãos e setores de atividades que passa a subordinar, veja A. Gomes (org.), *op. cit.*, v.I, p.20-4; veja também R. Almeida, *op. cit.*, p.76; M. H. T. Almeida, *op. cit.*, p.98, 121 e segs. Essa autora reconstitui a estrutura geral da comissão e indica os órgãos e setores postos sob seu controle.

66. O Setor de Produção Industrial da CME estava sediado em São Paulo e contava com técnicos oriundos da Escola Politécnica de São Paulo e do Instituto de Pesquisas Tecnológicas. Sobre as atividades do SPI, veja A. Gumes (org.), *op. cit.*, v. IV e V; e também R. Almeida, *op. cit.*, p.77.

67. A. Gomes (org.), *op. cit.*, v. VI, p.255-6.

68. *Idem*, p.239 e segs.

69. Sobre o CNPIC, veja E. Carone, *op. cit.*, p.357 e segs.; R. Almeida, *op. cit.*, p.76; J. V. Monteiro e L. R. A. Cunha, *op. cit.*, p.8 e segs.; E. Diniz, *op. cit.*, p.204 e segs.; Roberto Simonsen e Eugênio Gudin, *A controvérsia do planejamento na economia brasileira*. Série Pensamento Econômico Brasileiro, v. VIII, Rio de Janeiro, Ipea, 1977.

70. Cf. E. Carone, *op. cit.*, p.359 e segs.

71. J. V. Monteiro e L. R. A. Cunha, *op. cit.*, p.8.

72. Para Simonsen, a presença de elementos indicados pelas classes produtoras e liberais visava a "plasmar no plano elaborado a maior representação do pensamento do país, com o útil objetivo de despertar na opinião pública o espírito de cooperação

indispensável à sua execução". Cf. R. Simonsen, *O planejamento da economia brasileira*. Rio de Janeiro, Imprensa Nacional, 1945, p.16.

73. As distintas propostas debatidas no CNPIC são descritas por J. V. Monteiro e L. R. A. Cunha, *op. cit.*, p.12.

74. Cf. P. Malan *et al.*, *op. cit.*, p.367.

75. Artigo 1º, § 32 do Regimento da CPE, citado por J. V. Monteiro e L. R. A. Cunha, *op. cit.*, p.11.

76. Essa última é, aliás, a opinião de E. Gudin, conforme entrevista concedida a J. V. Monteiro e L. R. A. Cunha, *op. cit.*, p.11.

77. Maria Hermínia Tavares de Almeida fez excelente análise do período de crise 1930-1937 e do caráter das forças políticas durante o Estado Novo. Cf. M. H. T. Almeida, *op. cit.*

78. M. Lima, *op. cit.*, p.47-8. Grifos do autor. Sobre as opiniões divergentes entre militares a respeito, por exemplo, da empresa pública ou de economia mista na implantação das indústrias de base, consulte I. Tronca, *op. cit.*, p.75 e segs. Inegavelmente, a melhor informação sobre as opiniões e o enfrentamento de interesses dentro do aparelho estatal, e que afetavam os setores burocráticos, novos ou velhos, impondo um formato fragmentado e heterogêneo ao aparelho, está em E. Diniz, *op. cit.* A reconstituição que faz de debates no CFCE ou no CTEF sobre o protecionismo, ou sobre a institucionalização do crédito industrial, além de ser uma excelente demonstração de sua tese relativa à intensa participação do empresariado, contém valiosíssimas informações sobre as posições diferenciadas da própria burocracia, afastando, pois, a idéia de um monolitismo que, aliás, nunca foi apanágio do Estado moderno.

79. Eli Diniz faz boas sugestões sobre a natureza da atuação da burocracia ante os distintos interesses sociais em choque no período em questão. Cf. E. Diniz, *op. cit.*

80. Foram suprimidas as alíneas a) e h) do art. 61 da Carta de 1937, que atribuíram ao Conselho, respectivamente, as funções de promover a organização corporativa da economia nacional e propor ao governo a criação de corporações de categorias. Cf. E. Carone, *op. cit.*, p.115-48.

81. Cf. Fundação João Pinheiro, "Federalismo fiscal". Belo Horizonte, 1979, *mimeo*.

82. A participação da União na receita total evoluiu de 51,2%, em 1930, a 55,7% em 1945 e 56% em 1946. Cf. Fundação João Pinheiro, *op. cit.*, p.749.

83. *Idem, ibidem*, p.750.

84. Cf. LEX, *Legislação Federal*, v. VI, 1942, p.128-66.

85. Cf. LEX, *Legislação Federal*, 1943.

86. M. H. T. Almeida, *op. cit.*, p.125 e segs., apresenta uma tabela das variações anuais dos tributos da União entre 1937 e 1945. No referente ao imposto de renda, para um índice 100 em 1937, as variações são da ordem de 236, em 1941; 439 em 1942, 666 em 1943, 915 em 1944 e 1.060 em 1945.

87. Cf. E. Carone, *op. cit.*, p.191-6. Maria Hermínia Tavares de Almeida tece judiciosas considerações sobre o impacto desse imposto e a insatisfação dos setores privados, quando já se delineava a crise do Estado Novo. Cf. M. H. T. Almeida, *op. cit.*, p.127 e segs.

88. Cf. E. Diniz, *op. cit.*, p.134 e segs. Apoiamo-nos inteiramente em suas informações sobre a tentativa de criação de uma entidade de financiamento, durante os anos de 1930 e o Estado Novo.

89. *Idem, ibidem*, p.138.
90. *Idem, ibidem*, p.137.
91. *Idem, ibidem*, p.137-8.
92. Cf. E. Diniz, *op. cit.*, p.143.
93. *Idem, ibidem*, p.142-3.
94. "Ao que tudo indica, as divergências de enfoque quanto às formas possíveis de gestão e aplicação dos fundos previdenciários, bem como os impedimentos legais a que tais fundos tivessem destinação diversa da estabelecida pela legislação em vigor (assistência médica, empréstimos aos associados, financiamentos para a construção de casa própria, títulos da Dívida Pública), além do desconhecimento da situação real dos órgãos de previdência social existentes, freqüentemente definidas como instáveis e precárias, seriam os principais fatores determinantes do arquivamento temporário do projeto." Cf. E. Diniz, *op. cit.*, p.144.
95. Desta comissão participaram João Alberto, Luís Simões Lopes e dois representantes dos banqueiros, Gastão Vidigal e Gudesteu Pires. Cf. E. Diniz, *op. cit.*, p.140.
96. Cf. M. M. D'Ávila Viana, *op. cit.*, p. 10-11; FGV. *A Missão Cooke...*, *op. cit.*, p.16 e segs.
97. Cf. E. Diniz, *op. cit.*, p.145-6.
98. *Idem, ibidem*, p.146-7. Grifos nossos.
99. *Idem, ibidem*, p.146 e segas.
100. Esta última seria constituída por capital subscrito pelo governo federal, governos estaduais, autarquias e capitais privados. A construção da usina de Paulo Afonso fazia parte de seus empreendimentos iniciais. A Companhia Hidrelétrica de São Francisco, criada por Decreto de 3 de outubro de 1945, não foi, obviamente, instalada durante o Estado Novo.
101. É vasta a literatura sobre a siderurgia no Brasil. Do ponto de vista da reconstituição dos processos decisórios e das alternativas presentes quando da criação da CNS, o melhor estudo é, sem dúvida, o de Luciano Martins. Cf. L. Martins, *op. cit.*, cap. v, "La sidêrurgique et l'étatisme", p.194-337.
102. *Idem*, p.97.
103. J. M. C. de Mello, *op. cit.*, p.112.
104. Cf. L. M. L. Aureliano, *op. cit.*, p.96.
105. J. M. C. de Mello, *op. cit.*, p.112.
106. Cf. L. M. L. Aureliano, *op. cit.*, p.97.
107. Cf. Macedo Soares, na entrevista publicada na *Revista do Comércio*, da Confederação Nacional do Comércio, dezembro de 1945.
108. Cf. Getúlio Vargas, *A nova política do Brasil*, Rio de Janeiro, Livraria José Olympio, 1940, v.II, p.177-81. Essas possibilidades, seu surgimento sob forma de propostas, negociações com empresas estrangeiras e formato final das decisões encontram-se exaustivamente expostas in: L. Martins, *op. cit.*, *passim*.
109. Cf. L. Martins, *op. cit.*, cap.v, sobre o teor das propostas apresentadas por grupos empresariais.
110. Cf. L. Martins, *op. cit.*, p.271 e segs., para os conteúdos do que seriam os controles do Estado e as dificuldades encontradas nas negociações com as empresas alemãs, assim como com a United States Steel.

111. Na reunião do CFCE em que esta proposta foi discutida, muito pragmaticamente pergunta o representante do Ministério da Agricultura: "Qual é a companhia, nacional ou estrangeira, que aceitaria ser minoritária, e sob a direção de funcionários públicos?." Cf. L. Martins, *op. cit.*, p.272.

112. Para uma análise da industrialização na Alemanha, veja: W. O. Henderson, *The State and the Industrial Revolution in Prussia (1740-1870)*. Liverpool, 1959; idem, *The Industrial Revolution in Europe (Germany, France and Russia — 1815-1914)*. Chicago, Quadrangle Paperbacks, 1968; e Geoffrey Barraclough, *The origins of the modern Germany*. Oxford, Oxford University Press, 1949.

113. Como assinala Myrdal, a intervenção estatal precede e exige o planejamento, sendo que esta lógica (que foi a dos países ocidentais) inscreveu-se desde logo na ação intervencionista do Estado brasileiro do pós-30. Cf. Gunnar Myrdal, *Beyond the Walfare State*. Londres. Duckwth, 1960, p.47.

114. Articulação que se dava, por exemplo, tanto nos institutos e departamentos de regulação da produção agrária e extrativa, como o café, o algodão ou o sal, quanto na indústria de transformação, como a têxtil. Nesse último caso, a Comissão Executiva da Indústria Têxtil articulava no seu interior o empresariado do setor.

115. Cf. F. Weffort, "O populismo na política brasileira", in: C. Furtado (org.), *Brasil: tempos modernos, op. cit.*; T. Skidmore, *op. cit.*, p.52-54.

116. Nesse nível, estamos indicando uma característica estrutural do padrão intervencionista, que nem se limitou ao regime autoritário estadonovista, nem diz respeito às peculiaridades do presidencialismo no Brasil.

117. Cf. N. Poulantzas, *L'État, le pouvoir, le socialisme, op. cit.*

2

O governo Dutra: A direção conservadora e a neutralização da ação econômica estatal

Durante o período governamental de Dutra, enquanto se rebaixavam as pretensões de aceleração do processo de industrialização, atenuavam-se os impulsos para uma ação mais centralizada e coordenada do Estado na economia. Foi minimizada a capacidade de iniciativa da burocracia econômica, cuja atuação se fragmentou.

O organismo econômico e os instrumentos de intervenção estatal permaneceram praticamente os mesmos, mantendo-se no seu perfil o padrão intervencionista armado desde os anos de 1930; mas a sua dinâmica de funcionamento foi alterada. O que devemos examinar, desde logo, é até onde essas alterações podem ser atribuídas à mudança de regime e às condições da "redemocratização".

Parece haver certo consenso a respeito de que as novas condições institucionais, inauguradas em 1946, procederam apenas ao "enquadramento" democrático da estrutura técnico-administrativa estatal, não operando uma ruptura no movimento de concentração e centralização desencadeado com a Revolução de 30 e acentuado sob o regime autoritário estadonovista.[1] Até certo ponto, isso é uma verdade.

Sob o governo Dutra, não se procedeu, de fato, ao desarmamento da capacidade intervencionista e regulatória do Estado: o retorno aos termos mais liberais do pré-30 era uma impossibilidade histórica, por razões de diferentes níveis — em termos gerais, porque, em relação à Primeira República, eram muito distintos os interesses econômicos e políticos, tanto quanto seu modo de organização e expressão, que já operavam nas estruturas centralizadas do Estado Nacional. Cristalizados os interesses dominantes no aparelho do Estado, transformado num espaço privilegiado onde pretendiam fazer valer seus objetivos (devido à interpenetração do conjunto das políticas), uma descentralização radical só teria viabilidade se fosse absoluto o domínio das forças que por ela em princípio propugnariam — e esse não era o caso. Deve-se indicar também as condições de atuação defensiva das burocracias encasteladas nos múltiplos órgãos do aparelho econômico. Finalmente, o processo de industrialização impunha condições mínimas de permanência à ação econômica estatal; forças sociais identificadas com esse processo expressavam, dentro e fora do aparelho do Estado, essas "necessidades".

Não é menos verdadeiro, porém, que o período 1946-50 significou a paralisia da tendência centralizadora e a neutralização da ação intervencionista estatal no domínio econômico, principalmente no que se refere às tarefas mais cruciais do avanço da industrialização. A nova direção política, estabelecida sobre um novo equilíbrio de forças, não contemplou, nos seus termos mais precisos, o projeto de industrialização, isto é, a implantação das indústrias como um bloco complementar de investimentos no departamento de bens de produção e em infra-estrutura. Em certa medida, no que toca ao aparelho econômico, tal fato pode explicar que tenha sido afastada, como *objetivo* do governo, a questão do avanço e aprofundamento do processo de centralização — em particular a instituição de um órgão nuclear de coordenação e planificação da atividade econômica. Isso não quer dizer, naturalmente, que tivessem desaparecido os *problemas* de definição da natureza e perfil do aparelho econômico, do sentido e grau da ação intervencionista do Estado e das formas de coordenação e compatibilização de suas políticas.

Na parte final deste trabalho, daremos especial atenção exatamente às disputas, embates e lutas que se desenrolaram no período em torno desses temas. Aqui basta afirmar que, visto a *posteriori*, do entrechoque entre tendências diversas resultaram uma certa concepção da natureza e grau que se confeririam à ação intervencionista do Estado, um formato do aparelho e os limites dentro dos quais se conformariam a autonomia e o sentido da ação da burocracia econômica.

O sentido das alterações do aparelho econômico

De um ponto de vista meramente quantitativo, o aparelho econômico, longe de se atrofiar, sofreu certo movimento de expansão, com a criação de novas agências.

Entre março e abril de 1946, para levar adiante o combate à inflação, foram criadas a Comissão Central de Preços, no Ministério do Trabalho, Indústria e Comércio,[2] e a Comissão Nacional do Trigo, no Itamarati. No mesmo ano, foram constituídas a Fundação da Casa Popular (1/5/1946) e a Divisão da Economia Cafeeira,[3] órgão do Ministério da Fazenda que substituiria o Departamento Nacional do Café. Em 1947, criaram-se a Comissão Executiva de Defesa da Borracha[4] e a Comissão Consultiva de Intercâmbio Comercial com o Exterior. Em setembro de 1950 foi instalada a Comissão do Xisto Betuminoso e, em novembro, o Conselho Nacional de Economia previsto pela Constituição de 1946.[5] A Comissão do Vale do São Francisco e o projeto de criação da Superintendência do Plano de Valorização Econômica da Amazônia são iniciativas conhecidas desse período. Em janeiro de 1951, no último mês do governo, foi criado o Conselho Nacional de Pesquisas, cuja proposta era anterior a 1945 e que se destinava ao controle de recursos naturais considerados militarmente estratégicos, entre outras funções.

Entretanto, o novo regime extinguiu alguns órgãos; são do governo provisório de Linhares as primeiras medidas. Nos primeiros dias de dezembro de 1945, um decreto-lei revogava o artigo 179 do Ato Adicional de fevereiro de 1945, que previa a instalação do Conselho da Economia Nacional.[6] A seguir, foi decretada a extinção da Comissão de Mobilização Econômica e reorganizado o Dasp. Em março de 1946, extinguiu-se o Conselho Nacional de Política Industrial e Comercial; a Comissão de Planejamento Econômico, ao que parece, simplesmente deixou de funcionar, sem ter sido objeto de nenhuma deliberação.[7] Em março de 1946, foi decretada a extinção do Departamento Nacional do Café, determinando como prazo máximo para sua liquidação o final do mês de junho. Ainda durante aquele ano, foi derrogada a lei que criava o Instituto de Serviços Sociais do Brasil, quando os estudos preparatórios para sua organização haviam sido concluídos.[8] Em dezembro de 1949, com a criação do Conselho Nacional de Economia, extinguia-se o Conselho Federal do Comércio Exterior.

É opinião corrente que a desmobilização de vários órgãos do aparelho de Estado, após a queda de Vargas, teve como objetivo central suprimir aquelas instituições corporativas cuja natureza expressava de modo claro e direto o caráter ditatorial do antigo regime. A única e importantíssima exceção teria sido a manutenção da legislação trabalhista e da estrutura sindical corporativa, que correspondiam aos desígnios das classes dominantes de permanente controle do operariado.

Na análise da reestruturação do aparelho econômico ocorrida após 1945 é possível constatar uma particularidade: foram objetos de extinção ou neutralização exatamente os órgãos potencialmente capazes de cumprir funções centralizadoras de coordenação e planejamento. A supressão da Comissão de Mobilização Econômica, do Conselho Nacional de Política Industrial e Comercial e da Comissão de Planejamento Econômico, a reestruturação do Dasp e a imediata revogação do artigo que disciplinava a instalação do Conselho da Economia Nacional implicaram efetivo desarmamento do aparelho estatal, afetando particularmente o organismo administrativo naquilo que, no período anterior, consistira na tentativa maior de dotar o Estado de instrumentos de coordenação e planificação econômica.

Naturalmente, a extinção da Comissão de Mobilização Econômica respondia à realidade do final do período bélico e fora autogerida; mas o projeto de absorção de sua experiência em caráter permanente fora um dos objetivos da criação da Comissão de Planejamento Econômico. Vimos também que o CNPIC e a CPE foram estruturados visando a instituir um órgão de planejamento. Foram todos suprimidos.

A reestruturação do Dasp revela não apenas a intenção de ampliar as possibilidades do "empreguismo" político, como também incidiu sobre aquele que era a expressão maior da centralização e que detinha, ainda, a capacidade de implementar um caráter coordenado ao gasto estatal.

A prova cabal de que o sentido da ação desmobilizadora do aparelho estatal visava fundamentalmente a destituir o Estado dos instrumentos de uma intervenção coordenada e planejada na economia está na rapidez com que até mesmo um órgão inexistente, como o Conselho da Economia Nacional, despojado já de atributos corporativos, foi atingido. A Carta de 1937 que o previra foi mantida até a promulgação da nova Constituição, assim como todas as modificações nela introduzidas pelo Ato Adicional de fevereiro de 1945. A supressão do Conselho da Economia Nacional parece ter sido preocupação imediata dos vitoriosos de outubro de 1945, revelando ao mesmo tempo a minimização dos objetivos industrializantes e uma concepção do "reordenamento democrático" incompatível com a presença de órgãos centrais de coordenação econômica. O novo Conselho Nacional de Economia, criado pela Constituição de 1946 e regulamentado por lei em 1949, adotaria uma fórmula relativamente inadequada para cumprir funções gerais de planejamento e controle econômico.

Que os órgãos visados não o foram exclusivamente pela sua concepção corporativa, prova-o também a permanência do Conselho Federal do Comércio Exterior e do Conselho Técnico de Economia e Finanças, que abrigavam formas de representação privada similares à do CNPIC, e não sofreram reformulações importantes em suas atribuições ou em sua forma de estruturação e composição. Do ponto de vista legal, eram órgãos centrais encarregados da elaboração de estudos e pareceres sobre aspectos particulares da atividade econômica, sem qualquer conotação planejadora geral.

O Conselho Federal do Comércio Exterior, que desempenhara funções extremamente importantes entre 1934 e 1945, respaldando a elaboração de muitos projetos de lei pertinentes às grandes questões da política econômica nacional, manteve suas atribuições, a partir de 1946, mas teve a sua atividade reduzida:[9] até 1949, elaborou pareceres e estudos sobre o comércio exterior, casas populares, proteção à indústria nacional do vidro plano, indústria do cal, uma introdução ao Plano Nacional de Eletrificação (elaborado em 1943), refinarias de petróleo, indústria têxtil etc.,[10] atendendo exclusivamente a problemas colocados pelo desenvolvimento econômico já atingido e sob a perspectiva do comportamento do comércio exterior. No cômputo geral, seu desempenho foi restrito,[11] e a diminuição de suas atividades foi atribuída, por seu último diretor geral, à nova estrutura política, em virtude do funcionamento do Poder Legislativo.[12]

Também foi mantido o Conselho Técnico de Economia e Finanças, organizado na década de 1930 para tarefas de estudos e controles burocráticos concernentes ao endividamento e comércio externos, às questões tarifárias e bancárias, e às referentes à técnica de elaboração orçamentária da União, Estados e municípios. Paulatinamente, durante o período, adquiriu um caráter mais *especializado*: foi um dos únicos elos de vinculação com as administrações[13] locais e perdeu a amplitude que ganhara durante o Estado Novo. Entre 1938 e 1945, fora chamado a opinar sobre as questões candentes do desenvolvimento econômico, em particular sobre siderurgia e alternativas de financiamento do processo de industrialização, transformando-se em importante fórum de debate, canal de acesso dos interesses privados junto do Estado e, finalmente, espaço de uma burocracia ativa e eficiente.[14] Já entre 1946 e 1950, no âmbito de suas *atribuições legais*, conferiu ênfase maior aos estudos sobre tributação e técnica de orçamento e ao acompanhamento da posição da dívida externa, fornecendo subsídios à administração.[15] Os técnicos do Conselho não extrapolaram a sua área de especialização e, dessa forma, o órgão não estabeleceu vínculos de ação coordenada com outras áreas administrativas centrais; tampouco teve participação ativa nos mecanismos de elaboração da política econômico-financeira mais geral do governo.

A instalação do *Conselho Nacional de Economia* deu-se apenas no final do período governamental de Dutra. Fora previsto pela Carta Constitucional de 1946, porém a lei que haveria de regulamentá-lo foi aprovada somente em dezembro de 1949, após longo período de debate parlamentar e sem que o Executivo tivesse mostrado qualquer interesse na aceleração do processo.[16] O CNE não se constituiu como órgão de planejamento econômico. Seu regimento interno foi elaborado durante o ano de 1950, e suas atividades só se iniciaram efetivamente no ano seguinte, na gestão de Vargas.[17]

Não foram além as alterações do aparelho econômico estatal nesse período. Praticamente as áreas estratégicas da atividade econômica permaneceram sob controle e supervisão do Estado, segundo o padrão anteriormente definido. Mantiveram-se em funcionamento as empresas estatais criadas, assim como as autarquias e institutos de regulação da produção e consumo.

A crer nas notícias veiculadas pela imprensa, seriam maiores as intenções desmobilizadoras e descentralizadoras.[18] De fato, o primeiro período do governo seguiu uma *política econômica* de corte liberal, em relação ao comércio exterior, e ortodoxa em relação aos cortes do gasto público, ao crédito e ao congelamento dos salários. Entretanto, nas relações mais estruturais entre o Estado e a economia, não se procedeu a uma reversão liberal: tal pretensão esbarraria nos limites sociais e políticos das forças dominantes. Estavam presentes, entre elas, segmentos dos setores agromercantis dispostos a pressionar pelos princípios da economia liberal, em particular os banqueiros, mas também frações da burguesia agroexportadora para as quais um determinado grau de regulação econômica era imprescindível. Finalmente, aí se exprimiam setores industriais para os quais a intervenção e a regulação econômica do Estado e até mesmo o planejamento constituíam parte integrante de seu "projeto de futuro". Se na "base social" é possível identificar esses interesses, indubitavelmente, nos seus movimentos próprios, as forças sociais distintas (entre elas, segmentos das burocracias civis e militares, ou setores da imprensa e da opinião pública) afirmariam limites inferiores mínimos até onde seria possível rebaixar o grau de intervenção estatal.

Na última parte deste trabalho, essas indicações gerais serão retomadas a propósito do DNC, do Dasp e do CNE. Por ora, é suficiente deixar clara a permanência — nos seus termos mais gerais — do padrão intervencionista anteriormente definido. Nesse sentido, não podemos concordar com a tese de uma efetiva volta ao liberalismo econômico, durante o governo Dutra.[19]

A permanência dos mecanismos de regulação do crédito, dos juros, salários, institutos e autarquias de regulação e, finalmente, das empresas públicas, comprovam a presença decisiva do "setor público" nesse período.[20]

É verdade que houve transformações, seja no grau e forma de funcionamento da direção econômica do Estado, seja principalmente nos seus conteúdos referentes ao ritmo do desenvolvimento, ao papel da empresa pública ou às relações com o capital estrangeiro. Nesse sentido, neutralizou-se a tendência à maior centralização manifestada no final do Estado Novo, particularmente em relação à instituição de agências de coordenação e planejamento.

O Estado Novo também não resolvera, nos níveis formal e institucional, a questão da agência central de coordenação; apenas definira, na prática, um *modus operandi* que punha em circuito os distintos níveis dos processos decisórios, agilizando a máquina econômica estatal e conferindo critérios de prioridade às metas estabelecidas no projeto de industrialização e de autonomia nacional. O governo Dutra não levou a cabo a desestruturação radical do organismo econômico; mas por meio de mecanismos distintos, foi outra a forma utilizada para o seu funcionamento. Trataremos de reconstituí-la pelo exame da natureza do seu projeto econômico, consubstanciado no Plano Salte — esse nos parece oferecer a chave pela qual poderemos entender o nível de demandas e tarefas apresentadas à ação decisória dos segmentos técnico-burocráticos do aparelho econômico do Estado.

Planificação no governo Dutra: A "modernização" da estrutura produtiva e a fragmentação do plano

O período do governo de Eurico Dutra constitui, a nosso ver, um momento estratégico para o exame das relações entre o Estado e a industrialização — em particular, do conteúdo e da direção econômica estatal no processo de desenvolvimento capitalista brasileiro.

O equilíbrio político sobre o qual repousava parece constituir o "ponto ótimo" de um acerto, "por cima", entre setores dominantes urbano-industriais e agromercantis, com participação mínima das forças políticas mais próximas de um projeto nacional-popular de desenvolvimento econômico. Até mesmo no plano político-partidário, como assinala Weffort, o pacto de sustentação desse período pareceu ser "a única tentativa séria feita pelas elites políticas brasileiras de estabilizar o controle do poder por meio de uma aliança partidária que poderia, eventualmente, ter significado a superação da crise de hegemonia através de uma saída política e institucional de caráter conservador".[21]

É importante examinar o conteúdo da direção econômica para saber em que termos um "equilíbrio extremamente conservador" haveria de conceber o processo de desenvolvimento econômico. Para isso, a análise do Plano Salte pode ser bastante elucidativa.

Esse Plano tem sido insistentemente considerado como o primeiro grande esforço de racionalização e planejamento do desenvolvimento econômico no Brasil. Na verdade, constituiu a terceira tentativa de estabelecer, de forma coordenada e sistematizada, programas parciais de empreendimentos e obras públicas, tendo sido antecedido pelo Plano Especial de Obras Públicas e Reaparelhamento da Defesa Nacional (1939) e pelo Plano de Obras e Equipamentos (1943).

Presos a certo tipo de análise formalista, muitos autores tendem a se omitir em relação aos conteúdos econômicos dos planos de 1939 e 1943 ou a não considerar o conjunto de projetos de planos de industrialização elaborados na segunda gestão de Vargas; a partir de um juízo puramente técnico-formal, avaliam o Salte e o Plano de Metas como as primeiras tentativas de planejamento econômico no Brasil, porque foram concebidos segundo uma técnica de programação mais avançada.[22]

Inegavelmente, do ponto de vista da técnica de planejamento, da utilização da informação e dos instrumentos estatísticos, o Plano Salte — comparado aos dois que o precederam — constituiu um avanço. Elaborado em 1948 pelo Dasp, para um prazo de cinco anos, estabelecia em detalhe os projetos de investimento estatal nas áreas de saúde, alimentação, transporte e energia. Entretanto, também do ponto de vista de um juízo formal, não superava as limitações mais sérias do Plano Especial e do Plano de Obras e Equipamentos. De um lado, restringia-se no fundamental à coordenação de parte dos gastos públicos, sem imprimir diretrizes para o conjunto da economia. De outro lado, foi concebido ainda nas estreitas margens de uma racionalidade orçamentária: como os dois planos do Estado Novo, pretendia apenas ordenar os gastos de investimento público que necessariamente ultrapassassem os prazos anuais de previsão orçamentária, e não previa um fluxo financeiro ajustado às exigências de recursos dos projetos, visto que não definia cronogramas de execução.[23] Também foi elaborado sobre bases financeiras precárias e não teve apoio de nenhum órgão central de controle que garantisse a sua execução — os projetos seguiam sob o arbítrio dos diferentes ministérios.

Os limites do Plano Salte, porém, ultrapassam muito os de ordem formal. Suas restrições efetivas dizem respeito ao conteúdo do projeto de desenvolvimento econômico que expressava, pois não foi concebido visando a uma transformação de peso dos parâmetros industriais do país. É verdade que estabelecia metas de expansão e diversificação industrial; é verdade que identificava e buscava superar os entraves mais dramáticos que então se colocavam ao processo de desenvolvimento econômico — a precária infra-estrutura de energia e transporte. Mas não é menos verdade que, seguindo a tônica do governo Dutra, definia uma forma lenta e conservadora de desenvolvimento, suprimindo de seu horizonte as metas mais avançadas que marcaram o projeto econômico do Estado Novo e que emergiriam, transfiguradas, nos anos de 1950.

O Plano Salte foi elaborado pelos técnicos do Dasp, ao qual cabia, ainda uma vez, o papel de substituto de um mecanismo central de planificação e a iniciativa de conferir caráter coordenado aos investimentos estatais — embora sofresse restrições legais e fosse, na época, objeto de fortíssimas pressões por sua extinção. Em meio a uma estratégia de autopreservação institucional, os técnicos a ele vinculados iniciaram os estudos preparatórios do Plano em 1947,[24] utilizando trabalhos e projetos herdados do Estado Novo tais como o Plano Ferroviário Nacional, o Plano Nacional de Viação, o Rodoviário e o Plano Nacional de Eletrificação.[25] A dotação global do Plano Salte prevista para um período de cinco anos seria da ordem de 21 bilhões e 300 milhões de cruzeiros, equivalente a aproximadamente 3% da renda nacional estimada para todo o período. Segundo um dos técnicos elaboradores do plano, não se conhecia "exatamente o montante e a composição da renda nacional. As estimativas mais prudentes vão apenas até 100 bilhões e, as mais otimistas, até 150 bilhões de cruzeiros por ano, sendo a média entre esses dois algarismos considerada como a mais provável".[26] Desse total, 57% foram destinados aos transportes, 16% à energia, 14% à alimentação e 13% à saúde, como se indica no Anexo I deste capítulo.

A dramática situação em que se encontravam os sistemas de transporte nacionais, comprometendo os circuitos de movimentação de mercadorias e pessoas, impedindo ou restringindo o abastecimento das cidades e o escoamento ágil da produção de exportação, mereceu atenção especial dos responsáveis pela definição de prioridades do plano. Nesses termos genéricos, foi endossada por tantos quantos na época se ocuparam da avaliação dos seus projetos,[27] que compreendiam investimentos em ampliação, melhoramentos e encampação de estradas de ferro (cerca de 70% dos gastos no setor), construção, ampliação, asfaltamento de rodovias, construção e reaparelhamento de portos, melhoramento das condições de navegabilidade fluvial, construção do oleoduto Santos-São Paulo e do ramal até Jundiaí, aparelhamento da frota marítima e reestruturação do sistema aeroportuário.

Entretanto, o Plano Salte não enfrentou questões cruciais no que se refere a essa base de infra-estrutura — área clientelística por excelência: os projetos indicados terminaram por responder a imperativos de ordem política, mais que a um diagnóstico claro das prioridades econômicas e sociais. Do ponto de vista técnico-econômico, o plano se omitia no estabelecimento de uma ordem hierárquica de execução; pretendendo cobrir, na sua ação, todas as unidades da federação, os grandes eixos e os pequenos ramais, sugeria empreender simultaneamente a totalidade das obras, para o que, evidentemente, o volume de recursos era insuficiente. No que se refere ao *programa rodoviário*, além dessa ausência de prioridades, não previa a expansão induzida da produção industrial (cimento, ferro etc.) necessária para atender à demanda ampliada pelas obras rodoviárias.

Por outro lado, no que diz respeito ao *transporte ferroviário*, a meta de interligação dos sistemas regionais — questão das mais graves — não foi tecnicamente enfrentada, uma vez que o plano não contemplava a unificação das bitolas nem concentrava esforços nas linhas de interligação entre os eixos ferroviários.[28] Finalmente, a expansão e melhoria do sistema ferroviário não parece ter sido equacionada segundo a "balança energética nacional" que o Salte pretendia equilibrar,[29] isto é, o programa não envolveu uma opção efetiva pelo projeto de eletrificação das ferrovias nem calculou a concentração de recursos necessária para isso.

No setor de *energia*, previa investimentos no subsetor de eletricidade (51% do total de recursos para o setor) e petróleo (48%), reservando modesta quantia para estudos e pesquisas no subsetor de carvão. Na Mensagem Presidencial que acompanhou o projeto, havia a clara intenção de equilibrar a "balança energética nacional", com o aproveitamento mais intensivo das fontes nacionais de energia (carvão, energia elétrica, petróleo e gás natural, silvicultura etc.), para que no futuro se aliviasse o balanço de pagamentos. A opção pelo petróleo — no suposto quase consensual da sua existência abundante no país — e pelas fontes hidráulicas de energia manifesta-se, no Salte, na distribuição quase equilibrada de recursos para um e outro setor. Críticos da época, entretanto, já assinalavam que o projeto se omitia em relação à exploração dos sucedâneos nacionais para a gasolina (como o álcool) e à regionalização das fontes de energia, que evitaria o "vaivém do combustível" e os fretes custosos.[30] A experiência da utilização dos carburantes alternativos (álcool, carvão, madeira etc.) na guerra ainda se mantinha na memória e continha um alerta para a não-intensificação da dependência do país em relação à importação de petróleo, coque, carvão de pedra, briquetes etc.

O programa de energia, tal como aprovado pelo Congresso, reduziu ainda mais as possibilidades de autonomização do país. De um lado, as verbas ao petróleo foram reduzidas quase totalmente à aquisição de refinarias e petroleiros no exterior, em prejuízo dos montantes antes previstos para a pesquisa, lavra e exploração interna das jazidas.[31] De outro lado, suprimiu-se do plano a verba prevista para investimentos na indústria pesada de equipamentos elétricos — necessidade aventada pelos estudos da Comissão da Indústria do Material Elétrico, desde 1944, e, de fato, único item verdadeiramente industrializante do Salte.[32] Cabe aqui assinalar que a penetração do Estado no setor de energia elétrica — desde o Estado Novo até o Plano de Metas — foi marcada pela entrada exclusivamente no setor de geração de energia, reservando-se a distribuição aos concessionários privados. Neste particular, este setor era, no projeto primitivo do Salte, o único que envolvia investimentos privados por meio de incentivos e amparo estatal.[33]

O projeto de *alimentação* do Salte era, antes de tudo, uma programação de investimentos para crédito e melhoria das condições de cultivo da agricultura de alimentos, tanto as de consumo interno quanto as de exportação.[34] Do volume total de recursos para o setor, as maiores cifras eram destinadas à produção animal (25%), ao trigo (cerca de 15%), aos projetos de mecanização agrícola e à defesa sanitária vegetal (cerca de 9% para cada subsetor). Sem ordenar no tempo as medidas destinadas a incentivar a produção agrícola e compatibilizá-las com o programa de extensão da rede de transportes, o plano não encarou com a ênfase necessária o problema do abastecimento urbano, que assumia proporções graves, menos por escassez que pelo escoamento das safras agrícolas. Por outro lado, eminentemente modernizador da agricultura, dando especial atenção aos problemas de conservação do solo, à melhoria das sementes e aos cultivos experimentais, o Salte dedicou pouco dos seus recursos à exploração e produção de fertilizantes agrícolas. Por exemplo, discriminava verba apenas para estudos e auxílio à exploração das jazidas de apatita, sem qualquer referência a adubos químicos com condições internas de produção como amônia sintética e superfosfatos.[35]

Finalmente, para o setor *saúde*, indiretamente relacionado ao desenvolvimento econômico mas, sem dúvida, o mais integrado e harmônico dos programas, o Salte estabelecia verbas para campanhas contra a malária, tuberculose, verminoses, peste, lepra, febre amarela, tracoma, câncer, para a assistência médico-hospitalar e sanitária, higiene e segurança do trabalho, além de recursos para a construção de uma Escola Nacional de Saúde Pública e de institutos e laboratórios oficiais para a produção de medicamentos preventivos e curativos.

É amplamente reconhecida a estreita e precária base financeira do Plano Salte, mesmo se considerando a limitação de seus objetivos. Suas *fontes financeiras* eram dotações orçamentárias comuns, somadas àquelas determinadas pela Constituição, tanto federal quanto estaduais e municipais (indicadas no Anexo II deste capítulo). As dotações constitucionais referiam-se ao Fundo Rodoviário Nacional e às que se destinavam a obras contra as secas do Nordeste (3% das rendas da União), ao Plano de Valorização da Amazônia (3%) e ao aproveitamento do rio São Francisco (1%); previam-se Obrigações do Plano Salte (títulos públicos emitidos pelo Tesouro Nacional resgatáveis em dez anos a partir de 1954, com juros de 7% a.a. da ordem de 25% das despesas totais do plano) e, finalmente, empréstimos em divisas do Banco do Brasil.[36]

Apesar das várias vezes que insistiam na necessidade de recorrer a empréstimos externos,[37] tentava-se apoiar financeiramente o plano com recursos quase exclusivamente nacionais: o fluxo de capital internacional movia-se no âmbito das economias centrais, no esforço de recuperação do pós-guerra e de disputa pelos mercados daquelas economias, criando as dificuldades de obtenção de empréstimos assinaladas na Mensagem Presidencial que acompanhou o projeto enviado ao Congresso, assim como na análise feita por Richard Levinshon, que participou da sua elaboração. É claro que os investimentos previstos obrigariam a uma utilização intensa das divisas (já escassas), por implicar incrementos substantivos das importações; para enfrentar essa questão, equacionou-se o plano prevendo sua auto-suficiência do ponto de vista cambial, em virtude da redução do gasto em cambiais com alguns itens de peso na pauta de importações, tais como petróleo e trigo.[38]

A inviabilidade desse esquema de financiamento estava, em primeiro lugar, na própria estrutura de tributação vigente, sobre a qual se apoiava mais da metade dos recursos destinados ao plano. O instável equilíbrio alcançado no orçamento público, devido, basicamente, à política de contenção de gastos efetivada nos primeiros anos do governo Dutra,[39] tenderia a romper-se em razão da estrutura tributária rústica e inelástica e das resistências a uma reforma fiscal substantiva ou mesmo à tímida proposta encaminhada por Dutra em 1947.[40] Ainda no que diz respeito aos recursos de origem tributária que o Salte pretendeu incorporar, colocava-se o problema de vinculação a projetos de âmbito nacional de fundos constitucionalmente referidos a regiões ou Estados, o que obrigaria a um exercício de compatibilização nem sempre factível.[41]

A tentativa de estabelecer um esquema de financiamento parcialmente respaldado em títulos públicos, por sua vez, defrontava-se com a inexistência de um mercado institucionalizado de capitais; mais ainda, tais títulos deveriam ser estabelecidos a baixos níveis de rentabilidade, para se contornar o seu possível efeito inflacionário, o que tornava seu curso quase exclusivamente compulsório. Cabe, enfim, assinalar as dificuldades de ordem mais concreta, referentes ao fato de o Estado, por meio de títulos, disputar recursos com o setor privado, numa oferta já restrita.[42]

O Plano Salte não dispunha de instrumentos e mecanismos institucionais capazes de garantir a sua implementação. A lei previa a criação de um cargo de administrador geral (que seria um delegado de confiança da Presidência da República) e de seis assessorias, responsáveis pela coordenação dos diversos programas de trabalho, pelo estabelecimento de prioridades e pela forma em que deviam ser executados. A lei, entretanto, não delegou poderes de controle efetivos a esse reduzido *staff*, prevendo a execução de todas as iniciativas "por diferentes órgãos administrativos existentes nos ministérios".[43]

Assim, não se procedeu a nenhuma alteração administrativa capaz de conferir um mínimo de coordenação e controle ao seu processo de execução. Tratava-se de um esquema coordenador débil, incapaz de suportar um esforço de planificação, mesmo com seu caráter limitado. Mais uma vez, superpunham-se atribuições entre vários órgãos da administração direta e duplicidade legislativa, com atribuições simultâneas de responsabilidades ao Ministério da Fazenda e à administração geral do plano. É curioso constatar que nem foi reservada verba para manutenção e custeio de sua assessoria — situação que se tentaria contornar em 1951.[44]

Vistas, em suas linhas gerais, as metas, a estrutura financeira e a estrutura administrativa do Salte, cabe empreender uma avaliação de conjunto desse que constitui a chave da política econômico-financeira do governo Dutra. Certamente, essa avaliação teria que se desdobrar em dois níveis: aquele que diz respeito à concepção do plano e o que se refere à sua efetiva realização. Mas é sabido que o Salte não ultrapassou " uma realidade puramente retórica, sem nenhuma eficácia executiva, sendo talvez o mais espetacular desastre das tentativas de planificação no Brasil".[45]

Sobre o pouco que foi realizado, não existem dados desagregados e sistemáticos que permitam um balanço efetivo, o que fica claro no esforço dramático e frustrado que fez o último administrador geral para reunir informação confiável a respeito das operações entre 1949 e 1952, quando ele foi praticamente abandonado.[46]

Dessa forma, nossa avaliação está centrada nos aspectos fundamentais do projeto enquanto tal. É preciso — vale repetir — superar o equívoco corrente de considerar o Plano Salte como mais um elo de uma tendência ascendente e linear, que marcaria o Estado brasileiro em sua tentativa de planificar e coordenar o processo de industrialização do país, e que teria culminado com o Plano de Metas. Na verdade, a natureza do Plano Salte indica mais uma inflexão redutiva dos esforços industrializantes do Estado no período que vai de 1930 ao final dos anos de 1950. Isso porque seus objetivos não pretendiam ultrapassar o nível de atendimento das carências mais dramáticas da infra-estrutura econômica, em particular nos setores de energia e transporte. Seu projeto não previa diversificação e expansão dos investimentos (estatais ou privados) nas indústrias de base e — o que é mais grave — não considerava sequer a expansão das empresas estatais já instaladas, como a Cia. Siderúrgica Nacional, a Cia. Nacional de Álcalis, a Fábrica Nacional de Motores etc.[47] Como assinala Rômulo de Almeida: "A indústria (...) não foi considerada senão na medida em que servia à agricultura, como o processamento de produtos agrícolas e o de fertilizantes. Não se considerou devidamente a expansão indispensável da indústria básica (sobretudo cimento, metalurgia e química básica para fertilizantes) nem a nova procura, criada pelo Plano Salte, para produtos industriais, suscetíveis de fornecimento nacional ou inevitavelmente importados".[48] Tratava-se de um programa de modernização da agricultura, de ruptura dos mais graves pontos de estrangulamentos da economia, de instalação de um sistema moderno de abastecimento e de atendimento à calamitosa situação da saúde pública. É inegável que enfrentou questões importantes do momento. Mas se manteve muito aquém das exigências do desenvolvimento industrial alcançado pela economia brasileira, e que impunha, enfaticamente, a internalização da produção de insumos e bens de capital. Também de forma alguma constituiu um instrumento eficaz de política social, pois a sua atuação na área de saúde foi fragmentada e reduzida.

O Salte retrata de maneira exemplar as forças sociais e a articulação política dominantes no período. Tal como elas, o plano não era antiindustrializante; não elegia a agricultura como o caminho privilegiado para o futuro. Entretanto, também como elas, não tinha a industrialização como meta central e requerimento urgente da nação. Resumiu e expressou as diretrizes econômicas do governo Dutra: continha as prioridades e a forma de conceber o desenvolvimento econômico do país, que projetava extrema lentidão.

Em torno dele estabeleceu-se certo consenso entre as forças sociais dominantes, e foi o instrumento do acordo parlamentar UDN-PSD. Feito, porém, sob o fogo cruzado de forças distintas, sintetizou a seu modo os diferentes projetos e demandas dos setores dominantes; ao contemplá-los, deixou à margem alas mais "radicais" do setor mercantil-exportador e da burguesia industrial, provocando, de todos os lados, acerbas críticas e descontentamentos.

Setores liberais conservadores e, particularmente, segmentos da burguesia exportadora cafeeira investiram contra a prática do planejamento e os próprios conteúdos do plano, considerado "dirigista" e contrário aos anseios da lavoura. Os fazendeiros do café de São Paulo articularam uma reação, e o governador convocou um Congresso Rural, em fevereiro de 1948, para examinar o plano do governo.[49]

Eugênio Gudin, em célebre artigo — "Salte no abismo" — expressaria de forma clara a intenção de todos os setores alinhados no conservantismo liberal: "Em vez da Pastoral da Presidência da República, há dias publicada, recomendando parcimônia nos ministérios, teria sido, *data venia*, muito mais eficaz *(agere non loqui)*, o arquivamento do Plano Salte e uma Mensagem ao Congresso Nacional pedindo cortes na despesa pública, a exemplo do que fez o ministro José Maria Whitaker em maio de 1931".[50] Também a Confederação Nacional da Indústria expressou sua oposição à ausência de diretrizes eficazes: "entende o Conselho Econômico que o Plano Salte não deve nem pode ser posto em execução, a menos que sofra transformações radicais".[51]

Parte da imprensa que, claramente, se alinhava em prol de uma industrialização mais rápida fez suas acusações:

> Este pobre governo que aí está, desenvolve-se normalmente pela incapacidade de realizar qualquer coisa de fecundo para o país. Limitou-se a inaugurar aquilo que estava feito, como obra sua (...) veja-se o famoso Plano Salte. A literatura oficial não encontra ânimo de louvá-lo, talvez com receio de chamar em demasia a atenção pública para o mostrengo.[52]

O Salte parece, então, ter contentado poucos: possivelmente, setores parlamentares, pela possibilidade de manipulação das dotações para transporte, em suas manobras clientelísticas, e os liberais de todo tipo, por sua concepção e pelo fato de que não seria executado a partir de um órgão centralizado e com poderes. Afonso Arinos indicaria as razões dessa aceitação: "Sobretudo levando-se em conta que o Plano Salte nada tem, propriamente, de antiliberal, pois seu objetivo principal é permitir que o governo lance mão de grandes recursos públicos a fim de estimular a iniciativa particular".[53]

Um outro "projeto" de desenvolvimento econômico para o país, sob forma de sugestões, foi realizado enquanto o Plano Salte tramitava pelo Congresso. Desta feita, coube a uma comissão mista de técnicos brasileiros e norte-americanos, conhecida como "Missão Abbink".

A *Comissão Técnica Mista Brasileiro-Americana de Estudos Econômicos* foi constituída em 1948, tendo por chefe da delegação americana John Abbink, e da seção brasileira, Otávio G. de Bulhões. Tinha por objetivo o estudo dos elementos estruturais e conjunturais vistos como obstáculos ao desenvolvimento do país e, como inspiração maior, o desejo de elaborar para a América Latina um plano do teor do Plano Marshall.[54]

Os obstáculos ao desenvolvimento identificados pela missão foram: a inexistência de um mercado nacional unificado; a dependência do setor externo; a elevada taxa de crescimento populacional; a carência energética; o sistema de transporte deficiente; a baixa produtividade geral da economia; os desequilíbrios setoriais e regionais; as dificuldades para combater os surtos inflacionários; a inexistência de um mercado organizado de capitais e a fragilidade e desarticulação do sistema financeiro.

Na definição de uma estratégia para o desenvolvimento econômico, a Missão Abbink partiu do suposto de que a economia brasileira se encontrava em situação de pleno emprego; as suas propostas se concentraram em medidas financeiras e fiscais de nítida feição ortodoxa — a adoção de uma firme política de contenção de crédito, com exceção da agricultura, de contenção salarial e de corte nos gastos públicos.[55]

Para o financiamento do seu programa, considerava a alternativa da atração de um fluxo adicional de capital externo, mas entendia que "os empreendimentos devem ser levados a efeito precipuamente, pela iniciativa particular, admitindo, porém, como indispensável, uma intensa atuação do governo para coordenar os investimentos".[56] O financiamento deveria ser basicamente interno e não inflacionário, em virtude da recomendação expressa de evitar as emissões de moeda e de limitar os lucros especulativos. Haveria, então, que reorientar a política de investimentos dos bancos particulares e das caixas econômicas, promover uma alteração no mercado de capitais e introduzir modificações no fluxo da "poupança" interna.[57]

Como as despesas públicas deveriam ser absolutamente limitadas pela receita, a comissão propôs um aumento na carga tributária e maior eficiência na arrecadação. A reforma fiscal sugerida praticamente se limitava à

> abolição da atual retenção na fonte do imposto de 15% sobre os dividendos de ações ao portador, exigindo-se que as pessoas que recebem tais dividendos os declarem, para fins de imposto de renda, exatamente da mesma forma por que são atualmente declarados os dividendos relativos às ações nominativas. Esta sugestão foi feita também pelo Dasp (...).[58]

Imprescindível, no quadro dessas propostas, era a reorganização do sistema bancário: o relatório propôs a criação de um Banco Central, com as funções de neutralizar as oscilações monetárias, manter o equilíbrio das contas internacionais e supervisionar e aprimorar o funcionamento da rede bancária. Sugeriu a criação de um Banco Rural, de um Banco de Crédito Industrial (semi-estatal) e dos bancos Hipotecário, de Investimento e de Exportação e Importação.[59]

O trabalho da Missão Abbink resumiu-se a análises e propostas gerais; as poucas referências concretas a projetos partiram das metas do Plano Salte, com pequenas alterações. É importante destacar que, com esse relatório, acendeu-se a polêmica em torno da adoção de políticas monetárias ortodoxas, que polarizou os "monetaristas", de um lado, e "estruturalistas", de outro.[60]

Os termos ortodoxos da proposta Abbink foram considerados um repto por setores empenhados na industrialização do país; a Conferência das Classes Produtoras de Araxá, em julho de 1949, conhecida como o Conclap II, expressou a reação daqueles setores:

> O "incidente" Abbink, como alguns denominam a tese equivocada dos norte-americanos, terá a recíproca nacionalista em Araxá, onde se pretende, inclusive, demonstrar, com a pulsação de nossa vitalidade de povo empreendedor e progressista, que já evoluímos francamente para o estágio da industrialização.[61]

Agrupando mais de mil delegados, o Conclap apresentou um leque de sugestões de política econômica que cobria praticamente todas as áreas de produção, circulação, regime fiscal, crédito etc. Entre suas recomendações, destacam-se a insistência na participação das classes produtoras na direção das autarquias e órgãos econômicos do Estado; a participação do Estado na economia de forma preferencialmente indireta e, quando necessário, em favor de empresas de capital misto, com participação equitativa dos capitais privados. Defendia-se a criação das indústrias de base e produtoras de matérias-primas essenciais, visando a um desenvolvimento industrial mais rápido, com prioridades a serem dadas à produção siderúrgica e à fabricação de maquinário nacional. Finalmente, sugeria ao governo o estabelecimento de uma política clara de atração do capital privado estrangeiro e da fixação de tratados de investimentos com outros países, por meio de empréstimos de governo a governo.[62]

Diante dos termos do Plano Salte ou das sugestões da Missão Abbink, setores empresariais marcavam a sua posição: um projeto de desenvolvimento econômico que ultrapassasse o nível de mera modernização da infra-estrutura; que integrasse a criação de indústrias de base e "máquinas nacionais"; que estabelecesse os limites dentro dos quais o Estado participaria na economia — indireta, preferencialmente, e quando necessário, de forma paritária com capitais privados; e que articulasse a associação com capitais estrangeiros privados e públicos.

O Plano Salte não expressou, de forma integrada, essas demandas e sugestões. Limitado a uma seção dos gastos públicos, foi a proposta econômica do governo, mas não abrangeu outros projetos econômicos do Executivo, nem incluiu diretrizes e opções globais para as questões de financiamento dos investimentos globais. Por isso, não poderíamos deixar de fazer referência a outros projetos governamentais.

Além dos aspectos de modernização da agricultura contemplados no Salte, o governo Dutra encaminhou ao Legislativo um projeto de lei agrária, visando a "organizar juridicamente as relações econômico-sociais no campo, de forma a facilitar o acesso à terra, mediante uma política de aproveitamento do solo".[63]

Elaborado por um consultor jurídico do IBGE, Afrânio de Carvalho, por determinação do ministro da Agricultura, o projeto pretendia encontrar uma solução global da "exploração do homem pelo homem", com medidas conducentes "as melhores condições de vida e trabalho", e maior mobilidade do trabalhador em relação à propriedade da terra. Na sua justificativa, indica o minifúndio e o latifúndio como as razões da exploração antieconômica do solo.

As medidas propostas referiam-se à comercialização dos produtos agrícolas, buscando melhorar suas condições com garantia de preços mínimos e armazenagem da produção. Revia a legislação sobre cooperativismo e assistência financeira e creditícia aos pequenos proprietários e empresários rurais, tanto para habitação quanto para compra de equipamento. Previa a instalação de colônias-escola e a descentralização dos serviços especializados do Ministério da Agricultura. Sugeria a valorização da propriedade rural privada, por meio de obras públicas em infra-estrutura, e indicava a complementação do cadastro rural, para que a sua inscrição pudesse servir como garantia à abertura de crédito.[64]

Enviado ao Congresso em 1948, esse projeto do Executivo não foi aprovado e despertou uma reação intensa das associações de classe da burguesia agrária. Na Sociedade Rural, um dos porta-vozes apresentou suas opiniões à classe:

> Submetendo o exercício do domínio rural à fiscalização e alvedrio dos "senhores" ministros, diretores, chefes de seção (...), o que se pretende é transferir, paulatinamente, e despoticamente, para essa nova grei e seus amigos, essa mesma propriedade rural que ela não comprou, não herdou e muito menos formou, com o suor de seu trabalho e o compromisso de seus haveres, colevitizando à maneira kautskiana, revolucionária e marxista, o sistema da economia rural brasileira.[65]

Na Conferência de Araxá, as classes produtoras reiteraram a urgência da promulgação de um Código Rural, para a regulação específica do trabalho na agricultura e, em relação à reforma agrária, "tendo em vista a atualidade e magnitude do assunto", propuseram, entre suas recomendações, a promoção de uma conferência nacional das classes rurais, para que debatessem o assunto.[66]

Não aprovado, o projeto de reforma agrária não se consubstanciou em medida de política econômica do governo, do mesmo modo como não parecia, de início, integrar o plano econômico mais geral. Disso falaremos depois.

É preciso, antes, indicar outros aspectos: os referentes às questões de financiamento do desenvolvimento econômico e as soluções que foram encaminhadas no período.

Governo Dutra: Questões de Tributação e Financiamento

A expansão das bases fiscais do Estado por meio de uma reforma do imposto de renda, de tentativas de alterar os esquemas de financiamento externo e de um projeto de reforma bancária constituíram, no governo

Dutra, as medidas mais significativas para enfrentar os déficits orçamentários e reestruturar o sistema bancário e creditício do país.

Com o objetivo de alcançar equilíbrio orçamentário diante das dificuldades econômicas e financeiras com que vinha se defrontando o erário público, o Executivo tomou a iniciativa de elevar as taxas tributárias com o imposto de renda. As justificativas apresentadas em 1947 iam no sentido de que a renda da União encontrava-se onerada de tributos numa proporção de 40%, e que o Tesouro necessitava de quantia equivalente a 1 bilhão de cruzeiros; com a reformulação da legislação do imposto de renda, pretendia-se aumentar seus recursos sem sacrificar por demais a iniciativa privada.

Essa modificação foi concretizada com a Lei nº 154, de 25/11/1947, promulgada pelo Congresso.[67] No substancial, a reforma consistiu na elevação de taxas proporcionais de algumas espécies de rendimento: aumentou-se a tributação real sobre as rendas de títulos ao portador, ou a residentes no exterior, e elevou-se o imposto complementar para as altas rendas. Ao mesmo tempo, revogava-se a Lei de 1944, que instituíra o Imposto sobre Lucros Extraordinários.[68]

A nova tabela de classes de rendimentos e taxações mantinha em Cr$ 24.000,00 o rendimento mínimo não tributável[69] e criava mais seis classes finais — as três últimas, com taxas de 35%, 40% e 50% (esta para os rendimentos superiores a Cr$ 300.000,00). Para as pessoas jurídicas, comerciais ou civis, estipulava taxas sobre os lucros apurados nas seguintes proporções: até Cr$ 100.000,00 — 10%; entre Cr$ 100.000,00 e 500.000,00 — 12%; acima de Cr$ 500.000,00 — 15%.[70]

Não houve uma reforma fiscal profunda, de racionalização e atualização do sistema tributário brasileiro, como propugnavam distintos setores sociais. Otávio Bulhões, na época diretor da Divisão de Imposto de Renda e responsável pela elaboração da proposta do governo, considerava o imposto de renda como a "mola mestra de uma sadia política tributária", constituindo — e devendo constituir — uma das principais fontes da receita orçamentária.[71]

Já insistimos nas limitações do sistema tributário e na impossibilidade de ajustar os investimentos estatais — por mais reduzidos que fossem — aos recursos fiscais disponíveis ou mesmo alargados por reformas parciais. E, no governo Dutra, o financiamento de obras de infra-estrutura, modernização da agricultura e expansão das empresas públicas não deixaria de colocar problemas e exigir soluções.

Uma delas pode ser visualizada nos termos maiores do projeto de reforma bancária enviado pelo Executivo ao Congresso em novembro de

1946: conhecido como projeto "Correia e Castro" (nome do então ministro da Fazenda), preconizava a criação de um Banco Central dotado das funções clássicas de regulação da moeda e do crédito. O Banco do Brasil passaria a ser modelo dos bancos comerciais, e suas carteiras seriam ampliadas e transformadas em bancos especializados. Assim se criariam o Banco Hipotecário do Brasil, o Banco Rural do Brasil, o Banco Industrial do Brasil, o Banco de Investimentos do Brasil e o Banco de Exportação e Importação do Brasil.

Como se vê, a proposta da reforma acolhia o princípio da especialização funcional, e cada subsistema de crédito seria encabeçado por um banco público: por exemplo, o Banco Hipotecário do Brasil comandaria o crédito à construção civil, residenciária e de infra-estrutura, valendo-se da emissão de letras hipotecárias; o Banco Industrial financiaria as operações de curto e médio prazos da indústria; e o Banco de Investimentos teria por objetivo auxiliar a constituição de novas indústrias e fortalecer o capital de indústrias existentes, por meio de *underwriting* e emissão de certificados de depósito bancário.

Tanto o projeto do governo quanto os substitutivos insistiam no caráter "atrofiado" do sistema bancário existente — limitado ao *desconto* de letras e duplicatas — e encareciam a urgência da criação de instrumentos financeiros que apoiassem outras formas de crédito. Desse ponto de vista, a concepção da reforma era avançada. Seu fracasso poderia ser atribuído à oposição ao pretendido comando dos bancos estatais nos vários subsetores de crédito, como se depreende das exposições de motivos e justificativas dos substitutivos; e correspondia ao clima predominante do período Dutra, dilacerado entre forças díspares: algumas, mais liberais, outras, neoliberais.[72]

A idéia da criação de um Banco Central e a necessidade de ordenação do sistema bancário brasileiro vinham de muito tempo. Em campanha, Dutra se comprometera a acelerar a instalação do Banco Central. O projeto Correia e Castro, entretanto, ia muito além e, se havia um certo consenso entre forças sociais e políticas sobre a necessidade de disciplinar o sistema bancário, não havia nenhuma concordância, por exemplo, a respeito de sua estrutura, número de estabelecimentos e, principalmente, sobre a participação estatal no sistema. Pelo quadro que se criou, o projeto não saiu das Comissões do Congresso. A imprensa denunciou a paralisia do Executivo que, ante às divergências, não mobilizou forças parlamentares, como havia feito em episódios anteriores, para a aprovação do projeto.[73]

Finalmente, atentemos a outro aspecto do financiamento dos investimentos estatais, visualizando perspectivas das empresas públicas.

Já vimos, no capítulo anterior, que a empresa pública consistiu numa alternativa de financiamento perante o conjunto de obstáculos que se colocavam à instituição de um sistema nacional de financiamento e, de outro lado, a preferência por empréstimos externos e não por capitais privados estrangeiros.

Deve-se reconhecer, pelo que já foi demonstrado, que as prioridades econômicas do governo, previstas no Plano Salte, contemplavam tão-somente investimentos em capital social básico, especialmente em transportes e energia. No que se refere a essa última, os investimentos nas refinarias de petróleo e em navios petroleiros resultaram de uma manobra política clara de segmentos técnicos, talvez articulados com militares do Conselho Nacional do Petróleo, responsável pela gestão empresarial nesse setor até então — o que só viria confirmar que o futuro da industrialização dos derivados não estava de antemão assegurado nas prioridades governamentais. Por outro lado, como se sabe, a questão do petróleo tornou-se a grande polêmica do período, conformando um movimento político-ideológico de envergadura nacional, quando se abriu a discussão sobre a natureza e condições em que se avançaria na industrialização desse produto básico. Essa questão, exaustivamente analisada na literatura, contém um elemento que seria interessante destacar para os nossos propósitos. É certo que houve, por parte do Executivo, a iniciativa de criar comissões e, depois, elaborar e enviar ao Congresso o Estatuto do Petróleo, respondendo a forças (dentro e fora do núcleo político dirigente) que pressionavam pela mais rápida solução do problema. Ao enviar o diploma, entretanto, o Executivo optou por omitir-se ante às alternativas em jogo, em particular à questão da participação do capital privado, nacional e estrangeiro, nos negócios do petróleo.[74] Mais uma vez expressa-se a paralisia que o governo manifestara diante das forças conflitantes. É certo que havia nuanças e matizes, e precisamos indicá-los pelo menos em relação ao funcionamento das empresas públicas em atividade.

Em 1948, reconheceu-se a situação calamitosa em que se encontrava a *Cia. Vale do Rio Doce*, com o esgotamento dos seus recursos financeiros e a conseqüente paralisação de suas obras.[75] As providências do governo, subscrevendo novas ações e dando garantias a um empréstimo junto do Eximbank, priorizavam, nas obras de expansão, as relacionadas com o tráfego nas estradas de ferro e de rodagem e com as obras de alvenaria. Em 1949, respondeu positivamente ao plano de expansão elaborado pela Companhia, principalmente no referente à importação de equipamentos, prevendo-se para o ano de 1951 o término do seu programa de obras.[76]

Uma empresa de estrutura mais fraca como a *Cia. Nacional de Álcalis*, enfrentando sérios problemas de ordem tecnológica, mereceu tratamento mais restrito: sua reorganização financeira baseou-se em compressão de despesas e abertura do capital social. Durante esse governo, a Álcalis não ultrapassou a fase de estudos e pesquisas para a instalação de uma fábrica em Cabo Frio.[77]

Deve-se ressaltar, enfim, o teor de iniciativas governamentais em relação à *Fábrica Nacional de Motores*. Sempre no reconhecimento da importância dessa planta para "suprir as necessidades do país em máquinas e equipamentos para a mecanização da lavoura, renovação e desenvolvimento do nosso parque industrial e melhoria do atual sistema de transportes, principalmente rodoviário",[78] duas medidas foram tomadas. Pelo Decreto n. 8.699, de 16/01/1946, visando a liberá-la de "entraves burocráticos", foi transformada em Sociedade Anônima, embora o governo não perdesse seu controle, mantendo a maioria das ações.[79] A outra medida foi a de estabelecer contratos com firmas italianas, em 1949 e 1950, para a aquisição de licença de fabricação e obtenção de assistência técnica, afastando assim "a hipótese de projetar motor e veículo de características próprias, o que acarretaria problemas técnicos de alta envergadura".[80] Foi feito um primeiro contato com a firma Isotta-Fraschini que faliu, e posteriormente com a Alfa-Romeo, a fim de abrir a linha de produção do caminhão. Os parcos recursos com que contou a FNM, no período, não apenas atrasaram o programa do caminhão como deixaram ociosos os equipamentos com que já contava.

É preciso insistir, ainda, que a *Cia. Siderúrgica Nacional*, de um lado, e a *Hidrelétrica de São Francisco*, de outro, inauguradas durante esse período, contaram aparentemente com recursos suficientes: a primeira, para levar adiante a sua fase inicial de expansão; a segunda, para o início das obras de Paulo Afonso.

As empresas públicas não constituíram um núcleo estratégico nos planos econômicos governamentais. É verdade que não foram desmobilizadas e privatizadas; mas também é certo que a política governamental não ultrapassou o nível mínimo de seus requerimentos.

A associação com capitais privados estrangeiros, indicada no caso da FNM, poderia estar respondendo a problemas específicos de tecnologia monopolizada na área automobilística. Não é de se desprezar, entretanto, o fato de que, em 1947, a Comissão de Investimentos foi instada a elaborar um estudo para a atração de capitais estrangeiros nos novos investimentos. Dessa Comissão, na época, participaram Eugênio Gudin e Juarez Távora.[81]

É possível retomar, neste momento, a avaliação esboçada anteriormente sobre a paralisia ou a neutralização do aparelho e da burocracia econômica estatal durante o governo Dutra. Como vimos, não se pode afirmar ter havido uma efetiva reversão liberal nas relações entre o Estado e a economia, a partir da queda do Estado Novo e da reordenação democrática de 1946. As alterações que descrevemos levam-nos, antes, a constatar que se mantiveram em funcionamento os mecanismos fundamentais de regulação e intervenção estatal, sejam aqueles definidores das relações entre o capital e o trabalho (a regulação dos salários, a estrutura sindical etc.), sejam os de controle da moeda e do crédito ou do comércio exterior, os de regulação da produção e consumo ou, finalmente, as formas mais expressivas do intervencionismo econômico: as empresas estatais. Mais ainda, encaminhou-se, no período, um plano que, por limitado que fosse, estabelecia um patamar mínimo de coordenação das atividades econômicas do Estado. Nesse sentido, pode-se dizer que o discurso liberal que parecia estar sendo enunciado por núcleos da direção política não tomou forma nem feição na materialidade e dinâmica do aparelho econômico estatal. Carlos Lessa, atento a essa questão, cunhou de "sebastianista" o primeiro período presidencial de Dutra (1946-1947), apontando para a defasagem entre os elementos nostálgicos do discurso e a continuidade da prática intervencionista do Estado.[82] A reintrodução da licença prévia para importação, em 1947, pela Cacex indicaria até mesmo uma regulação econômica mais acentuada. Entretanto, não resta a menor dúvida de que no período dutrista manifestou-se uma redução da capacidade de ação dos núcleos mais importantes da burocracia econômica do Estado e, mais que isso, uma diminuição do ritmo de expansão e centralização do aparelho econômico.

Obviamente, se os termos de comparação estivessem apenas referidos ao período ditatorial do Estado Novo, isto é, às condições propícias a um alto grau de centralização que o autoritarismo do regime permitia, então teríamos de atribuir tal paralisia, ou perda relativa de capacidade e iniciativa burocráticas, ao funcionamento da nova estrutura política do Estado: a mudança de regime e o funcionamento das instituições representativas faziam da "opinião pública", de um lado, e do Legislativo e de suas comissões técnicas, do outro, mecanismos fundamentais do processo decisório global. Razão forte, sem dúvida, que, entretanto, dificilmente poderia dar conta das restrições a que aludimos. Em períodos constitucionais posteriores a 1950, órgãos econômicos da administração central — por exemplo, o próprio CTEF ou similares ao CFEC, como o Conselho Nacional de Economia — foram "ativados" e tiveram a sua capacidade e eficiência elevadas ao limite.

Em parte, é possível atribuir as razões da perda relativa de capacidade e eficiência administrativa dos segmentos burocráticos e a diminuição, neutralização ou "paralisia" do movimento centralizador do organismo econômico estatal à orientação mais "liberal" que as chefias dos órgãos estivessem imprimindo à ação dos seus técnicos e burocratas. Afinal, sempre houve divergências no seio da moderna burocracia econômica do Estado em face das diretrizes mais ou menos intervencionistas e regulatórias, mais ou menos industrializantes ou "estatizantes" com que se haveria de pautar a ação econômica estatal. Nesse caso, estaríamos supondo a predominância e a supremacia, no período, de especialistas, técnicos e burocratas de postura não liberal, mas pelo menos neoliberal, no que diz respeito à concepção das relações entre o Estado e a economia. Há evidências que apóiam essa afirmação, até certo ponto.

Entre 1946 e 1948, por exemplo, o Conselho Federal do Comércio Exterior foi dirigido pelo diplomata Aníbal de Sabóia Lima. Nomeado por Dutra, afirmou, no seu discurso de posse, conceitos que, dadas as polarizações ideológicas da época, soam como defesa intransigente do liberalismo econômico, ao criticar, por exemplo, o intervencionismo, o protecionismo exagerado, as "indústrias artificiais".[83] Parte da "redução" das atividades daquele órgão poderia ser atribuída à nova orientação que passou a receber.

A crescente proeminência de Otávio de Bulhões seria outro exemplo do peso adquirido na época por homens que, em relação às questões maiores do processo de industrialização (intervencionismo, planejamento, ritmo de avanço, articulação com o capital estrangeiro), tinham posições bem distantes daquelas prevalecentes no Estado Novo.[84] Por outro lado, como vimos, o ideólogo liberal Eugênio Gudin foi nomeado por Dutra para integrar, em 1947, a Comissão de Investimentos do Ministério da Fazenda, em que se trataria de estabelecer uma política de atração do capital estrangeiro. E o "desaparecimento", da máquina estatal, de um homem de notórias posições estatizantes, nacionalistas e intervencionistas, como Jesus Soares Pereira, poderia ser indício, ainda, da supremacia clara dos novos intelectuais funcionários de postura neoliberal.

Ora, essa "disposição" da burocracia estatal pode, no máximo, confirmar o caráter distinto da nova direção política que definia o governo e que, nas questões que nos interessam, implicaram conferir maiores poderes e capacidade de decisão a um pessoal mais identificado com as orientações "conservadoras" gerais, o que e óbvio.[85] Assim mesmo, é preciso ter alguma cautela, sob pena de atribuirmos um caráter monolítico e coeso aos quadros técnicos e dirigentes políticos, o que está, de fato, muito longe da verdade, particularmente nesse período.

Dificilmente se poderiam atribuir posições liberais ao general Anápio Gomes, antigo coordenador da Comissão de Mobilização Econômica, cuja extinção propusera em 1945, ao mesmo tempo em que sugeria a permanência de alguns órgãos e de suas atribuições de planificações. No governo Dutra, em 1946, foi presidente da Comissão Central de Preços, que carecia de poderes efetivos nas questões do controle de preços e do mercado de gêneros, segundo críticas que formulou ao deixar o cargo, mas, sob sua gestão, o Conselho Federal do Comércio Exterior, em sua última fase, teve atividade reduzidíssima.

Por sua vez, o Conselho Técnico de Economia e Finanças foi dirigido por Valentim Bouças, desde a sua criação e durante todo o período Dutra. Nessa nova fase, como dissemos, foi "enquadrado" às suas atribuições legais e, assim, de acordo com Rômulo de Almeida, "especializou-se", ou seja, deixou de ter qualquer papel nas discussões maiores da condução da política econômica.[86]

Portanto, uma análise do *staff* burocrático não permitiria prever o grau da ação regulatória e intervencionista do Estado, nem o ritmo do processo de industrialização, pois os técnicos e burocratas da área econômica estatal se dividiam e se desencontravam, como sempre.

As disputas do Ministério da Fazenda com o Dasp, pelo comando das decisões sobre orçamento e planos, e suas desavenças com o presidente do Banco do Brasil, no tocante à política de crédito e às prioridades a serem observadas pela Creai, são exemplos claros da segmentação de interesses na burocracia estatal.[87] A política cambial, por sua vez, polarizou, dentro e fora do aparelho econômico, posições díspares e conflitantes, opondo, de um lado, setores da Sumoc e do Banco do Brasil, que defendiam a manutenção da taxa cambial, e, de outro, o ministro da Fazenda, Correia e Castro, que endossava a campanha pela desvalorização do cruzeiro. A queda do ministro, em junho de 1949, e sua substituição pelo presidente do Banco do Brasil, foram a culminância de uma crise envolvendo, fundamentalmente, a gestão da política cafeeira, a administração dos estoques pelo DNC e o problema cambial.

Isso indica que a busca das razões da diminuição do ritmo e forma da ação intervencionista e industrializante do Estado, e a conseqüente desmobilização da burocracia e de técnicos alocados nos seus organismos econômicos, requer a observação de certa ordem e níveis de determinação.

Pode-se afirmar a "predominância", no aparelho econômico, de certos órgãos — a Sumoc, a Cexim, o Banco do Brasil — e a supremacia relativa que adquiriram técnicos e burocratas mais identificados com o teor da ação econômica governamental, isto é, procedeu-se efetivamente a uma seletividade, seja na convocação de quadros novos, seja no reforço de certos elementos ou grupos do quadro permanente. E instaurou-se um modo próprio de funcionamento e articulação entre órgãos distintos e circuitos decisórios a refletir, no mecanismo interno da aparelhagem estatal, o rebaixamento dos níveis de exigência que sobre ele fazia incidir o plano econômico geral.

Algumas evidências nos permitem reconstituir, com certa segurança, a mecânica instaurada no aparelho econômico centralizado do Estado, no período governamental de Dutra, expressando a neutralização e a paralisia a que aludimos.

A supressão de "grandes órgãos" — como a Comissão de Mobilização Econômica, o Conselho Nacional de Política Industrial e Comercial, a Comissão de Planejamento Econômico e o Conselho da Economia Nacional — pouco pode explicar: sua ação no plano de ordenamento e coordenação da política econômica geral fora reduzida e precária.

Mais significativa foi a desmobilização dos órgãos existentes por meio de um tipo de "reducionismo": o âmbito de atuação do CFCE ou do CTEF, por exemplo, ficou efetivamente restrito à sua competência legal, conduzindo-os a uma ação "especializada" e particularizada, enquanto, no Estado Novo, extrapolaram quase sempre suas funções.

Até certo ponto, isso pode ser posto na conta da restauração do Estado de direito. Mas a outra face do enquadramento legal dos grandes órgãos (em conjunto, substitutivos de um órgão mais geral de coordenação) consistiu numa fragmentação acentuada no funcionamento do aparelho estatal e, contrariamente à legalização e institucionalização da ação pública (ao inverso mesmo do que o senso comum indicaria), promoveu uma "autonomização" de segmentos burocráticos e dos "grupos" de interesse em que se envolviam. Daí o tom crítico com que cunhamos este mecanismo: o de "legalista". A atomização, a "autonomização" e a dessintonia foram sintomas claros de um processo de aprofundamento da privatização do Estado, ainda que encoberto pelo manto da legalidade, ou legitimado pela racionalidade e o saber tecnicamente especializado, invocados para justificar opções em processos decisórios de múltiplos circuitos, mas fechados e não integrados num circuito maior de decisão.

O caráter pontual da intervenção e regulação econômica do Estado acentuou-se, aumentando as distâncias entre as diferentes políticas — por exemplo, as do comércio exterior, as relativas à moeda e ao crédito ou as do gasto público. Os casos mais flagrantes podem ser indicados. O Plano Salte foi elaborado e aprovado num circuito que ia do Dasp à Presidência e quadros políticos do governo e as lideranças do PSD e da UDN, à revelia do ministro da Fazenda e de encontro à sua política recessiva. Por outro lado, ao estabelecer-se o regime de licença prévia, em 1947, e ao definir-se, na Cexim, um sistema de prioridades de importação, nenhum mecanismo foi acionado para contemplar também as prioridades de importação embutidas no Plano Salte, quando aprovado. Finalmente, em razão da disputa entre o Dasp e o Ministério da Fazenda pelo monopólio da elaboração orçamentária, o orçamento de 1949 não foi sancionado nem vetado pelo presidente, tendo sido a lei orçamentária promulgada pelo presidente do Senado; em 1950, o Executivo viu-se na contingência de ter elaborado *duas* propostas orçamentárias, cada uma oriunda de um dos órgãos em pugna.

Finalmente, há que indicar a natureza da ação e do papel do presidente nesse mecanismo. Em um Estado com as características intervencionistas descritas, destituído de um organismo mais geral de planificação e de mecanismos de efetivo controle democrático, o papel do presidente na armação e continuidade da política econômica, em sentido amplo, era crucial. Dutra foi, como todos, o ponto de partida e o desaguadouro dos fluxos de elaboração e seleção de políticas que consubstanciavam a política econômica oficial, mas sob uma forma peculiar, na qual assumiram predominância as não-decisões pontuais. Não "dirigiu" a trama burocrática e o conjunto dos processos decisórios, e ainda ampliou a possibilidade de que as disputas intraburocráticas, assim como as posições de mando conquistadas no aparelho, constituíssem, pelos seus efeitos, efetivo comando do Estado, mas sob forma pulverizada.

Exemplo claro disso é o caráter inédito, desintegrado, dos projetos de reforma bancária e de reforma agrária. Por seus conteúdos, e principalmente pela ausência de qualquer nexo com o plano global do governo, expressavam uma forma de atendimento pontual a demandas e pressões, além de carência absoluta de coordenação da máquina administrativa sob o *sentido* e a *direção* econômica do governo, enfeixado pelo presidente.

É certo que esse estilo de atuação presidencial — que dificilmente poderia ser confundido com uma forma democrática de condução do Estado — introduziu novas e profundas incoerências na montagem da política econômica. Mas não é menos certo que expressou a coerência profunda daquele projeto de desenvolvimento econômico que se definia num ritmo lento, limitava-se a estabelecer os pré-requisitos de modernização da infra-estrutura e não contemplava avançar muito além do campo de conflito das forças e interesses econômicos dominantes.

Não se entenda, por isso, uma afirmação de regressionismo ou mesmo de estagnação absoluta, com base nas características da direção econômica que o Estado exerce. Tanto os projetos e planos que indicamos, quanto a política econômica concreta do período (que não estava em nossos propósitos examinar) permitiram um avanço da diferenciação industrial e o amadurecimento de *pré-requisitos* infra-estruturais indispensáveis à industrialização pesada, voltada para o estabelecimento definitivo do capitalismo industrial no Brasil — esta sim ausente dos projetos do governo Dutra.

Não se apresentaram, entre 1946 e 1950, as tendências centralizantes que se intensificaram no final do Estado Novo. Sem um projeto de avanço decidido da industrialização, também não estavam na ordem das coisas exigências de controle e compatibilização das políticas em níveis superiores aos já presentes na ação econômica estatal. No melhor dos mundos da "coligação conservadora", com os setores populares afastados e sob férreo controle, a direção econômica do Estado se exerceria segundo um padrão bastante restrito e lento de desenvolvimento capitalista. Independentemente de considerações sobre o afastamento dos termos de nacionalismo econômico predominantes no período anterior, o que nos importa destacar é o caráter limitado desse projeto de futuro, estabelecido pela aliança conservadora, que também desvinculara do problema da industrialização a "questão social" e, portanto, elementos mobilizadores que faziam do desenvolvimento industrial um problema "urgente".

Notas

1. Cf. Alberto Venâncio Filho, *A intervenção do Estado no domínio econômico*. Rio de Janeiro, FGV, 1968, p.35 e segs. Uma boa discussão sobre o assunto está em M. do C. C. de Souza, op. cit., p.5 e segs.

2. Decreto nº 9.125, de 4/4/1946. Cf. Iuperj, documento de trabalho, "Expansão do Estado e intermediação de interesses no Brasil", v.1, Rio de Janeiro, 1979, p.84.

3. Decreto nº 9.874, de 6/9/1946.

4. Lei nº 86, de 8/9/1947. Cf. Iuperj, op. cit., p.49.

5. Cf. p.382 e segs. deste trabalho sobre as iniciativas e discussões que conduziram à criação do CNE. A Comissão Central de Preços (CCP), criada no Ministério do Trabalho, Indústria e Comércio (MTLC), era composta de representantes do comércio, indústria, agricultura e pecuária, por membros dos ministérios e autarquias reguladoras da produção, por representantes das Forças Armadas, da imprensa e dos consumidores. Para sua presidência foi nomeado o general Anápio Gomes.

6. Lei Constitucional nº 17, de 3/12/1945.
7. Cf. R. Almeida, "A experiência brasileira de planejamento, orientação e controle da economia", in: *Estudos Econômicos*. Departamento Econômico da Confederação Nacional da Indústria, v. 2, jun. de 1950, p.76.
8. Decreto nº 9.481, de 3/1/1946. Cf. R. Almeida, *op. cit.*, p.82.
9. Na sessão de instalação do Conselho para o exercício de 1946, sob a direção geral de Aníbal de Sabóia Lima, suas atribuições legais foram reafirmadas: "(...) promover o desenvolvimento das exportações em geral (...), promover o estudo e tomar a iniciativa do alargamento do consumo interno dos produtos nacionais; pronunciar-se sobre tratados internacionais de comércio (...), sobre operações cambiais, de crédito em geral (...), estudar as importações em suas relações com a produção e o consumo nacionais e o comércio exterior". Cf. Discurso do conselheiro Arthur Torres Filho, *Boletim do Conselho Federal do Comércio Exterior*. Rio de Janeiro, fevereiro de 1946, p.15.
10. Cf. Boletim do CFCE, Rio de Janeiro, de 1946 até 1950.
11. Cf. P. Malan *et al.*, *op. cit.*, p.354.
12. Cf. discurso de Anápio Gomes na sessão de encerramento das atividades do Conselho, em dezembro de 1949, in: *Boletim do CFCE*. Rio de Janeiro, ano XIII, nº 1, janeiro de 1950.
13. Cf. R. Almeida, *op. cit.*, p.80.
14. Cf. E. Diniz, *op. cit.*, p.142 e segs.
15. Cf. *Boletim do* CTEF, Rio de Janeiro, de 1946 a 1951.
16. O. Ianni atribui tal demora ao efetivo desinteresse dos governantes por um órgão elaborador de diretrizes mais gerais de política econômica. Cf. O. Ianni, *op. cit.*, p.83-4. Fazemos, na última parte deste trabalho, a reconstituição dos debates que envolveram a criação do CNE, desde a sua proposta na Constituinte, até a aprovação da lei que o instituiu, em 1949. De fato, não encontramos na documentação nenhum indício de empenho do Executivo quanto à definição do formato e atribuições que haveria de ter, ou quanto à aceleração da tramitação do processo, na Câmara ou no Senado, pelos parlamentares mais ligados ao governo.
17. Ao final de 1950, foi consultado pelo Executivo sobre estudos em curso a respeito do aproveitamento do carvão mineral.
18. Segundo o jornal *O Estado de S.Paulo*, de 4/8/1946, o secretário da Presidência da República, Gabriel Monteiro da Silva, teria declarado, em agosto de 1946, ser intenção do governo a extinção das autarquias, em particular o Departamento Nacional do Café e o Instituto do Açúcar e do Álcool. Em fevereiro de 1947, o jornal cobrou do presidente Dutra promessas feitas no ano anterior de reduzir o grau de intervenção do Estado na economia. A extinção do DNC teria sido a primeira medida. "Mas o malfadado IAA continua a dirigir um amplo setor da economia nacional." Por outro lado, segundo aquele periódico, o governo declarara que o monopólio estatal do petróleo, sob condução do CNP, desapareceria e não tratara ainda desse assunto. Teria também prometido privatizar a Companhia Siderúrgica Nacional, transferindo a acionistas particulares a parte governamental das ações, mas nenhuma medida prática fora ainda tomada. Cf. *O Estado de S.Paulo*, 7/02/1947.
19. "É inegável, pois, que o poder público voltava à condição de guardião das 'regras do jogo' econômico, segundo a doutrina liberal e as conveniências das empre-

sas privadas mais poderosas (...) Portanto, a ruptura política ocorrida nos anos 1945-46 permitiu que fosse adotada uma política econômica inspirada nas teses lideradas ou representadas pelo economista Eugênio Gudin." Cf. O. Ianni, *op. cit.*, p.84.

20. Isso também é contraditoriamente reconhecido por O. Ianni. Cf. O. Ianni, *op. cit.*, p.84.

21. Cf. F. Weffort, "Partidos, sindicatos e democracia: algumas questões para a história do período 1945-1964", São Paulo, s/d, *mimeo*, p.67. Parte revista desse texto e com o mesmo título encontra-se em *Revista de Cultura Contemporânea*, Cedec, São Paulo, nº 1 e 2. Não há uma análise política que tome o governo Dutra por objeto. Informações históricas podem ser encontradas em: E. Carone, *A Quarta República (1945-1964), Documentos*. São Paulo, Difel, 1980; T. F. Skidmore, *op. cit.*; Leôncio Basbaum, *História sincera da República*. São Paulo, Fulgor, 1968, 4 v. Além dos estudos específicos sobre a fase de redemocratização (1945-1946), citados ao final deste trabalho, há outros sobre aspectos particulares. O movimento sindical, no período, foi estudado por Ricardo Maranhão, *Sindicato e democratização (1945-1950)*. São Paulo, Brasiliense, 1979. Finalmente, encontramos, nas memórias de contemporâneos àquele período, sugestivas indicações. Veja: Milcíades Mourão, *Dutra: história de um governo*. Rio de Janeiro, 1955; Afonso Arinos de Melo Franco, *A alma do tempo: memórias*. Rio de Janeiro, José Olympio, 1961; idem, *A Escalada: memórias*. Rio de Janeiro, José Olympio, 1965; José Américo, *A palavra e o tempo: 1937-1945-1950*. Rio de Janeiro, José Olympio, 1965; José Clemenceau Caó Vinagre, *Dutra: o presidente e a restauração democrática*. São Paulo, Ipê, 1949; Osvaldo Trigueiro do Vale, *O general Dutra e a redemocratização de 45*. Rio de Janeiro, Civilização Brasileira, 1978.

22. Daland constitui um exemplo claro deste tipo de abordagem. Cf. R. Daland, *Estratégias e estilo do planejamento brasileiro*. Rio de Janeiro, Lidador, 1969.

23. Isso fica evidente na demonstração do orçamento do Plano Salte, que obedeceu a uma divisão quase matemática dos recursos globais pelos cinco anos de duração prevista, com exceção do ano de 1949, que incluía gastos já efetuados. Cf. Dasp, *O Plano Salte*. Rio de Janeiro, Presidência da República, Dasp, Departamento de Imprensa Nacional, 1950.

24. Foi aprovado pela Lei n. 1.102, de 18/5/1950, exatamente dois anos após ter sido enviado à apreciação do Congresso Nacional pela Mensagem Presidencial n. 196, de 10/5/1948. Foi regulamentado pelo Decreto n. 28.255, de 12/6/1950 e praticamente arquivado em 1952.

25. Cf. R. Almeida, *op. cit.*, p.74.

26. Cf. R. Levinshon, "O financiamento do Plano Salte", in: *Revista do Serviço Público*. Dasp, maio de 1949, p.20.

27. Cf. Confederação Nacional da Indústria, "Análise geral do Plano Salte", in: CNI, *Anais do Conselho Econômico*, Rio de Janeiro, 1948; Otávio Gouveia de Bulhões, *À margem de um relatório*. Rio de Janeiro, Ed. Financeiras S.A., 1950; artigos publicados nas revistas *O Economista, Diretrizes, O Observador Econômico e Financeiro, Revista do Serviço Público* etc.

28. Cf. O. G. Bulhões, *op. cit.*, p.213 e segs.

29. Conforme a exposição de motivos que o acompanhou.

30. Cf. CNI, "Análise geral do Plano Salte", *op. cit.*

31. É inegável a importância da decisão das compras de refinarias e petroleiros, em razão do peso dos derivados do petróleo, na pauta de importações. Na época da aprovação do Plano Salte, os recursos em divisas destinados àquelas compras haviam sido aprovados pelo Congresso, a partir de uma rápida manobra feita pelo diretor do Dasp, Mário Bittencourt Sampaio, em 1948. Já era clara a oposição aos termos do Estatuto do Petróleo que o governo encaminhara. Cf. R. Almeida, entrevista ao jornal *O Estado de S.Paulo*, 1/10/1978.

32. Idem, "A experiência brasileira de planejamento", *op. cit.*, p.68-74.
33. Cf. "Mensagem Presidencial", in: Dasp, *O Plano Salte, op. cit.*, p.23-4.
34. "O setor alimentação, da agricultura, mostra efetivamente em sua denominação a importância que se atribui ao problema de escassez de abastecimentos alimentares no Brasil. Ele se ocupa também de culturas de exportação, bem como de matérias-primas industriais." Cf. R. Almeida, *op. cit.*, p.68.
35. Cf. CNI, "Análise geral do Plano Salte", *op. cit.*, p.37.
36. Cf. R. Levinshon, "O financiamento do Plano Salte", *op. cit.*, p.22. A estrutura financeira do Plano Salte está descrita no Apêndice II deste trabalho.
37. A Confederação Nacional da Indústria foi bastante enfática a esse respeito, na "Análise geral do Plano Salte", in: *Anais do Conselho Econômico da CNI*, 1948.
38. Cf. R. Levinshon, *op. cit.*, p.21.
39. O orçamento da União, deficitário nos anos de 1945 e 1946, apresenta superávit modesto em 1947 e mais significativo em 1948, respondendo principalmente a uma redução da despesa pública da ordem de 14% em cruzeiros constantes de 1946. Voltará a apresentar déficit nos anos de 1949 e 1950. Cf. P. Malan *et al., op. cit.*, p.217, 222 e 223.
40. Em novembro de 1947, foi aprovada uma nova lei do Imposto de Renda que permitiu arrecadação superior à previsão orçamentária — modesta, entretanto, na medida em que, conforme a orientação seguida pelo governo, preferiu-se "refrear severamente os gastos em vez de lançar uma reforma tributária geral". Cf. *Mensagem Presidencial ao Congresso*, Imprensa Nacional, 1948, p.161. Veja, também, "Relatório do Banco do Brasil S.A.", apresentado à assembléia geral dos acionistas em abril de 1949 e referente ao exercício de 1948. Rio de Janeiro, *Jornal do Comércio*, Rodrigues e Cia., 1949, p.41 e segs.
41. Arthur Reis e Marcial Dias Pequeno, "Plano Salte, financiamento", in: CNI, "Análise geral do Plano Salte", *op. cit.*
42. Deve ser lembrado, a bem da verdade, que esses obstáculos à emissão de títulos da dívida pública, expressão da peculiar fragilidade do capitalismo brasileiro, manter-se-ão até as reformas financeiras realizadas na segunda metade dos anos de 1960. Cf. Maria da Conceição Tavares, *Da substituição de importações ao capitalismo financeiro, op. cit.*, p.219 e segs.
43. Cf. Dasp, "Mensagem n. 196", de 10 de maio de 1948, in: *O Plano Salte*. Rio de Janeiro, Departamento de Imprensa Nacional, 1950, p.29.
44. Segundo a Lei n. 1.504, de 12 de dezembro de 1951, destacam-se 2% da verba geral para os gastos com funcionários e administração. Cf. Presidência da República, "Relatório apresentado pelo administrador geral ao Exmo. Presidente da República sobre as operações do Plano Salte, de 1949 a 1951", in: *Plano Salte*. Rio de Janeiro, Departamento de Imprensa Nacional, 1953.

45. Cf. M. Mello e Souza, "O planejamento econômico no Brasil: considerações críticas", *op. cit.*, p.70.
46. Cf. Presidência da República, "Relatório do administrador geral", *op. cit.*, 1952. Entre as obras realizadas pelo Salte, merecem atenção especial as campanhas contra tuberculose, malária e febre amarela; o início da construção do oleoduto Santos-Jundiaí e das refinarias de Mataripe e Cubatão; o início da construção da Hidrelétrica de São Francisco e de barragens e açudes. De acordo com os relatórios do Banco do Brasil, referentes aos anos de 1949 e 1951, é inexpressiva a ampliação das linhas ferroviárias e do número de locomotivas e vagões, o que nos permite concluir que a concentração de esforços esteve voltada para reposição e melhoria do parque ferroviário. Cf. "Relatórios do Banco do Brasil S.A.", relativos aos exercícios de 1949, 1950 e 1951, Rio de Janeiro, *Jornal do Comércio*, 1950, 1951 e 1952.
47. O único item referente ao setor de bens de produção — a indústria de material elétrico pesado — foi suprimido pela lei que aprovou o Plano Salte.
48. Cf. R. Almeida, *op. cit.*, p.74.
49. Notícia publicada in: "Os lavradores do asfalto e o Plano Salte", *Revista Diretrizes*. Rio de Janeiro, n. 1.060, ano x, 9/3/1948.
50. Cf. E. Gudin, "Salte no abismo", *Correio da Manhã*, 19/3/1948.
51. Cf. CNI, *Anais do Conselho Econômico*, 1948, p.121.
52. Cf. editorial da *Revista Diretrizes*. Rio de Janeiro, n. 1.364, ano x, 2/6/1949.
53. Cf. A. A. Melo Franco, "Plano e democracia", in: *Estudos e Discursos*. São Paulo, Comercial, 1961, p.125. Veja, também, observações da CNI aplaudindo o fato de não se ter pretendido estabelecer um órgão centralizado para a execução do plano. Cf. CNI, *Anais do Conselho Econômico, op. cit.*
54. Era composta por cem técnicos de ambos os países e estruturou-se em comissões e subcomissões, cobrindo praticamente todas as áreas de atividade econômica. As principais informações estão em: O. G. Bulhões, *À margem de um relatório*, no texto das conclusões da Comissão Mista Brasileiro-Americana de Estudos Econômicos, *op. cit.*; C. A. P. M. Franco, *op. cit.*; M. M. D. Ávila Viana, *op. cit.*, p.15-9; P. Malan *et alii*, *op. cit.*, p.48 e segs.
55. Cf. O. G. Bulhões, *op. cit.*, p.35 e segs.; C. A. P. M. Franco, *op. cit.*, p.10 e segs.; P. Malan *et al.*, *op. cit.*, p.48 e segs.; T. Skidmore, *op. cit.*, p.100.
56. O. G. Bulhões, *op. cit., passim*.
57. via alterações nos pagamentos ao sistema previdenciário, às companhias de seguro e capitalização, nos lucros não distribuídos pelas empresas, nos depósitos das caixas econômicas e bancos comerciais e na renda utilizada na compra de títulos e imóveis por particulares. Cf. C. A. P. M. Franco, *op. cit.*, p.12; P. Malan *et al.*, *op. cit.*, p.51.
58. Cf. O. G. Bulhões, *op. cit., passim*.
59. *Idem, ibidem*, p.34 e segs.
60. Veja T. Skidmore, *op. cit.*; P. Malan *et al.*, *op. cit.*; João Paulo de A. Magalhães, *Controvérsia brasileira sobre o desenvolvimento econômico*. Rio de Janeiro, Ed. de Desenvolvimento e Conjuntura, 1961.
61. Cf. "Rumos à economia brasileira", editorial da revista *Diretrizes*, n. 1380, Rio de Janeiro, ano x, de 21/6/1949.
62. Cf. II Conferência Nacional das Classes Produtoras, in: *Recomendações*, Araxá,

1949. Veja, também, "A conferência de Araxá", in: *Observador Econômico e Financeiro*, n. 163, Rio de Janeiro, ano XIV, agosto de 1949, p.20-6.

63. Cf. "Reforma agrária — Projeto de lei", in: *Revista de Informação Legislativa*, DF, p.103.

64. *Idem*, p.103-5.

65. Francisco da Malta Cardoso, trabalho apresentado ao Instituto de Economia Rural da Sociedade Rural Brasileira, in: SRB — *Revista da Sociedade Rural Brasileira*, outubro de 1947. Vale lembrar que, nessa época, outro projeto de reforma agrária foi encaminhado ao Congresso por Nestor Duarte, da UDN.

66. Cf. II Conferência Nacional das Classes Produtoras, in: *Recomendações, op. cit.*, p.34-6.

67. Foi sancionada pelo presidente da República, pelo Decreto-lei n. 24.239, de 22/12/1947, para vigorar no exercício de 1948.

68. Cf. *Revista Fisco e Contribuinte*, novembro de 1947. A lei também determinava a tributação sobre o lucro em poder das firmas ou sociedades e as quantias excedentes a Cr$ 120.000,00 anuais, distribuídas individualmente, como gratificação.

69. Este mínimo havia sido elevado em 100% pelo Decreto-lei n. 8.430, de 24/12/1945.

70. Deve ser ressaltado que a proposta original, enviada ao Congresso, determinava, para os valores acima mencionados, os percentuais de 10%, 15% e 20%, respectivamente. A discussão da reforma na Câmara teve, como um dos principais opositores, o deputado Aliomar Baleeiro, da UDN; Horácio Lafer, defendendo o projeto do governo, propôs o substitutivo que rebaixava os percentuais sobre as pessoas jurídicas, e com farta documentação justificou a extinção da lei sobre lucros extraordinários. Cf. o jornal *O Estado de S.Paulo*, edição de 29/4/1947; *Jornal do Brasil*, edições de 16/5/1947, 3/6/1947, 3/7/1947, 16/7/1947, 23/7/1947, 7/8/1947 e 30/8/1947.

71. Cf. O. G. Bulhões, "O imposto de renda e a isenção de classes", in: *Revista do Serviço Público*. Dasp, agosto de 1949, p.27-34.

72. O projeto e seus substitutivos encontram-se in: Câmara dos Deputados, *Reforma do Sistema Bancário Nacional*, Projeto 104-A, de novembro de 1946, Proposta do Executivo. Rio de Janeiro, Departamento de Imprensa Nacional, 1950.

73. A *Revista do Comércio*, em março de 1948, indicava a férrea oposição liberal contra bancos semi-estatais, e afirma que, na Comissão de Indústria e Comércio da Câmara, o projeto Correia e Castro fora alterado exatamente a esse respeito. Veja CNC, "A reforma bancária", in: *Revista do Comércio*, mar. 1948, p.45-7. O "outro episódio" a que se refere o artigo é o da cassação dos mandatos dos parlamentares comunistas.

74. Cf. L. Martins, *op. cit.* G. Cohn, *Petróleo e nacionalismo*. São Paulo, Difel, 1969; Jesus Soares Pereira, *Getúlio Vargas — A política nacionalista do petróleo*. Rio de Janeiro, Tempo Brasileiro, 1964.

75. Cf. Eurico Gaspar Dutra, *Mensagem Presidencial ao Congresso, Sessão Legislativa de 1948*. Rio de Janeiro, Departamento de Imprensa Nacional, 1949, p.124-5.

76. Cf. E. G. Dutra, *Mensagem Presidencial ao Congresso, Sessão Legislativa de 1949*. Rio de Janeiro, Departamento de Imprensa Nacional, 1949, p.255.

77. E. G. Dutra, *Mensagem Presidencial, Sessão Legislativa de 1948, op. cit.*, p.125.

78. *Idem*, p.148.

79. Cf. revista *O Economista*, fevereiro de 1946, p.15; E. G. Dutra, *Mensagem Presidencial, Sessão Legislativa de 1948, op. cit.*, p.122.
80. Cf. E. G. Dutra, *Mensagem Presidencial, Sessão Legislativa de 1949, op. cit.*, p.249.
81. Cf. L. Martins, *op. cit.*, p.429.
82. Cf. Carlos Lessa, apostila mimeografada do curso de Economia Brasileira, mestrado em Economia, Unicamp, s/d. Nas interpretações clássicas, a política econômica e liberal foi vista como expressão de uma maior gravitação, no poder, dos grupos agroexportadores associados ao imperialismo. Essa é a interpretação de Nelson Werneck Sodré, *História da burguesia brasileira*. Rio de Janeiro, Civilização Brasileira, 1967, 2ª ed. Para Paulo Singer, "o governo Dutra constitui o reinado da burguesia industrial, o que se revela pela política operária e pela própria política cambial, com a fixação do dólar, em 1947, e a introdução de um efetivo confisco cambial". Cf. Paulo Singer, "A política das classes dominantes", in: O. Ianni *et al.*, *Política e revolução social no Brasil*. Rio de Janeiro, Civilização Brasileira, 1965.
83. A. Sabóia Lima, discurso de posse proferido na sessão de instalação do CFCE, em 27/2/1946, in: CFCE, *Boletim do Conselho*, fevereiro de 1946, p.13-9.
84. Bulhões era diretor da divisão do imposto de renda do Ministério da Fazenda. Foi nomeado, como vimos, chefe da seção brasileira da Missão Abbink. Na imprensa e nas revistas especializadas, ganhou espaço relativamente grande, muitas vezes como porta-voz do governo para justificar medidas de política econômica.
85. O afastamento e demissão de quadros técnicos e burocráticos de segundo ou terceiro escalão — comunistas, getulistas etc. — efetivamente ocorreu em 1946.
86. Curiosamente, entre 1953 e 1954, quando o CTEF recuperou grande parte de suas atividades, até mesmo com competências legalmente ampliadas, envolvendo-se nos mecanismos mais gerais de controles econômicos, dele fazia parte o professor Eugênio Gudin, considerado a expressão mais genuína do liberalismo econômico no Brasil. Cf. E. Gudin, "Conselho Técnico de Economia e Finanças", in: *Jornal do Comércio*, 25/3/1954.
87. A respeito da política de crédito industrial, veja P. Malan *et al.*, *op. cit.*, p.231.

Anexo I

O Plano Salte

Sinótico das despesas de execução por setores
(Total para o qüinqüênio 1950-1955)

SETOR SAÚDE	Cr$
1. Malária	203.120.100
2. Tuberculose	425.000.000
3. Verminoses	110.000.000
4. Doenças venéreas e bouba	120.000.000
5. Peste	3.600.000
6. Lepra	153.600.000
7. Febre Amarela	100.000.000
8. Tracoma	26.500.000
9. Câncer	39.000.000
10. Assistência psiquiátrica	200.000.000
11. Assistência médico-hospitalar	460.000.000
12. Engenharia sanitária	100.000.000
13. Assistência à maternidade e à infância	305.072.000
14. Assistência alimentar	115.000.000
15. Higiene e segurança do trabalho	60.000.000
16. Educação sanitária	40.000.000
17. Formação de pessoal	77.714.750
18. Escola de Saúde Pública	12.000.000
19. Reaparelhamento do DNS	49.449.560
20. Assistência médica	40.000.000
Total	**2.640.056.410**

SETOR ALIMENTAÇÃO	Cr$
1. Plantas têxteis	30.000.000
2. Arroz	60.000.000
3. Batata	37.000.000
4. Cacau	30.000.000
5. Café	50.000.000
6. Chá	5.000.000
7. Feijão	15.000.000
8. Fumo	30.000.000
9. Forragem	25.000.000
10. Mandioca	15.000.000
11. Milho	100.000.000
12. Mate	30.000.000
13. Horticultura e fruticultura	110.000.000
14. Trigo	426.000.000
15. Armazéns e silos	50.000.000
16. Vale do Paraíba	30.000.000
17. Produção animal	680.000.000
18. Imigração e colonização	150.000.000
19. Conservação do solo	165.000.000
20. Fertilizantes e corretivos	80.000.000
21. Defesa sanitária vegetal	250.000.000
22. Açúcar	13.000.000
23. Pesquisas	37.500.000
24. Óleos, ceras e resinas	40.000.000
25. Mecanização agrícola	250.000.000
26. Enxadas e instrumentos agrícolas	20.000.000
27. Serviço de meteorologia	4.900.000
Total	**2.733.400.000**

ANEXO I — O PLANO SALTE

SETOR TRANSPORTE	Cr$
1. Estradas de ferro (construção)	3.820.000.000
2. Estradas de ferro (melhoramentos)	2.544.000.000
3. Estradas de ferro (material e encampação)	1.137.000.000
4. Estradas de rodagem	1.263.000.000
5. Portos	660.600.000
6. Melhoria da navegabilidade de rios	275.400.000
7. Oleodutos	141.460.000
8. Aparelhamento da frota	567.660.000
9. Subsetor aeroviário	936.500.000
Total	**11.345.620.000**

SETOR ENERGIA	Cr$
Subsetor Eletricidade	1.650.000.000
Subsetor Petróleo	1.495.000.000
Subsetor Carvão	45.000.000
Total	**3.190.000.000**

Total geral	19.909.076.410
Fundo rotativo	800.000.000
	20.709.076.410
Reservas para diferenças de tipo, juros e outras despesas	590.923.590
	21.300.000.000
Dedução (gastos autorizados à conta do Salte no ano de 1949)	1.300.000.000
	20.000.000.000

(Fonte: **Dasp — O Plano Salte**. Presidência da República, Dasp, Departamento de Imprensa Nacional, Rio de Janeiro, 1950)

Anexo II

O Plano Salte

Recursos Financeiros

Recursos orçamentários	13.000.000.000
Empréstimos em divisas	2.000.000.000
Empréstimos em obrigações	5.000.000.000
Total	**20.000.000.000**
Total já autorizado em 1949	1.300.000.000
Total geral	**21.300.000.000**

Recursos do Plano Salte
(em milhões de cruzeiros)

Anos	Dotações orçamentárias		Operações de crédito		Total
	Comuns	Constitucionais	Obrigações do Plano Salte	Empréstimos do Banco do Brasil	
1950	1.900	—	1.000	500	3.400
1951	2.200	340	1.000	450	3.990
1952	2.400	310	1.000	400	4.110
1953	2.550	335	1.000	350	4.235
1954	2.600	365	1.000	300	4.265
Total do qüinqüênio	11.650	1.350	5.000	2.000	20.000
Total autorizado para 1949	1.300	—	—	—	1.300
Total geral	12.950	1.350	5.000	2.000	21.300

(Fonte: **Dasp — O Plano Salte**. Presidência da República, Dasp, Departamento de Imprensa Nacional, Rio de Janeiro, 1950)

3

O segundo governo de Vargas: Avanços e resistências

Com a volta de Vargas ao poder, em 1951, retorna também a aspiração à industrialização acelerada como condição para o progresso social e a autonomia nacional. Deve-se insistir, entretanto, que não houve mera retomada do projeto estadonovista: sobre base e dinâmica sociais bastante distintas, definiu-se no início dos anos de 1950 um projeto político e econômico de desenvolvimento do capitalismo no Brasil mais profundo e complexo, mais abrangente, ambicioso e integrado que o delineado ao final da década de 1930. Por isso mesmo, o processo de formação do aparelho econômico do Estado Brasileiro, nessa etapa, dificilmente seria inteligível se apreendido através de categorias que indicassem apenas a expansão do organismo estatal centralizado.

Do ponto de vista da ossatura econômica do Estado e da natureza de suas relações com as classes sociais no processo de industrialização, o período de 1951-1954 marcou uma importante inflexão nas tendências que se desenvolviam desde 1930. A aceleração do ritmo de expansão e centralização da máquina estatal, agora, apresentava descontinuidade acentuada em relação ao Estado Novo e estabelecia as bases da transformação estrutural do Estado, cuja visibilidade maior ocorreria no período Juscelino Kubitschek. Em outras palavras, do ponto de vista da forma do Estado e das relações sociais que expressava, o segundo governo Vargas teve muito mais a ver com o futuro do que com o passado que a continuidade da personagem poderia sugerir.

É possível identificar duas vertentes básicas de análise sobre o movimento de estruturação do aparelho econômico estatal a partir dos anos de

1930. De um lado, sugere-se um processo contínuo e linear de montagem da armação institucional do Estado que, progressivamente, foi criando órgãos e instrumentos de regulação e intervenção, culminando em formidável centralização de comandos ao final da década de 1950.[1] De outro, enfatizam-se características inéditas da estrutura técnico-administrativa do Estado e da ordenação de interesses nela imbricados, introduzidas com o Plano de Metas: órgãos e mecanismos de planejamento global e controles efetivos, extra-institucionais, além de grupos executivos e de trabalho como forma nova de articulação das burocracias do Estado e da das grandes empresas.[2]

Ainda que apreendendo aspectos evidentes do processo de estruturação e funcionamento da aparelhagem burocrático-econômica estatal, esses dois tipos de abordagem necessitam de alguns reparos. A visão linear, que privilegia os aspectos de continuidade — sem dúvida presentes em qualquer processo histórico de formação dos Estados capitalistas —, tende a deixar obscurecidos os novos mecanismos e instrumentos postos em ação na mecânica estatal, que sustentaram a "grande transformação" do final dos anos de 1950. Mas a outra visão, que assinala os aspectos inéditos e peculiares introduzidos durante a gestão JK, perde de vista o momento crucial da irrupção de forças materiais novas no seio do Estado e, portanto, deixa de apreender suas raízes econômicas e sociais mais profundas. Assim, a obsolescência de certo tipo de aparelho e da forma predominante de intervenção estatal, como também o surgimento ou reforço de órgãos e mecanismos novos ou antes subordinados — essa *inflexão na forma do Estado* — começam a se desenhar no último governo de Vargas e alcançam seu auge no período Juscelino Kubitschek.[3]

Entre 1951 e 1954, reforçou-se a armação material definidora da natureza e dos graus da interpenetração do Estado no processo de acumulação capitalista, e delineou-se o formato que assumiria a estruturação estatal no cumprimento das tarefas básicas da industrialização. Trataremos de reconstituir esse movimento de inflexão destacando os quatro elementos fundamentais de organização e agilização da nova estrutura: a rede de mecanismos de centralização efetiva dos comandos, a empresa pública como fator de dinamização do desenvolvimento, o banco de investimentos e o novo desenho de articulação do empresariado com o Estado. Para tanto, e devido à carência de estudos globais sobre o período, partiremos dos termos gerais da alternativa "varguista" de desenvolvimento do capitalismo brasileiro.

O PLANO GERAL DE DESENVOLVIMENTO ECONÔMICO E SOCIAL

Não havia, de um ponto de vista formal e sistemático, um plano de industrialização com diretrizes e metas consubstanciadas, discriminadas e quantificadas sob a forma orgânica de um planejamento econômico e social. O segundo governo de Vargas não forjou objetivamente um documento, um plano similar àqueles do Estado Novo ou ao Plano Salte. E, sem dúvida, é inegável que definiu e ordenou seu movimento segundo *um plano de desenvolvimento econômico e social* de grande envergadura, apoiado em um diagnóstico profundo da economia e da sociedade brasileiras. Aliás, é preciso ir além dessa constatação. Embora a industrialização tivesse se colocado como meta e processo desde 1930, somente no início dos anos de 1950 se traçou, pela primeira vez de forma abrangente e incisiva, uma alternativa global de desenvolvimento do capitalismo no Brasil, integrando seus aspectos mais substanciais num grau de harmonia e compatibilidade. Definiram-se, ao mesmo tempo, *um programa de desenvolvimento capitalista da agricultura, um bloco integrado de inversões visando à industrialização pesada, um projeto de desenvolvimento urbano e de vinculações orgânicas entre o campo e as cidades e, finalmente, uma concepção de "integração" das massas trabalhadoras urbanas no processo de desenvolvimento, através de políticas específicas de bem-estar social.*

Com isso, não pretendemos afirmar a ausência de projetos e de direção política nos períodos anteriores. Tanto nos primeiros anos da década de 1930 quanto no Estado Novo e no governo Dutra, definiram-se conjuntos específicos de respostas às questões mais gerais da revolução burguesa[4] no Brasil: as questões agrária, industrial, a urbana, a proletária e institucional. A "novidade" introduzida pelos dirigentes políticos que assumiram em 1951 foi a de que, *pela primeira vez, de modo explícito, integrado e compatibilizado*, essas questões foram equacionadas e pensadas como constitutivas de um todo orgânico, superando o modo fragmentado e parcial com que haviam sido tratadas até então. No plano formal ou no nível concreto das políticas específicas que traduziriam as diretrizes mais gerais, o caráter integrado que assinalamos impunha, desde logo, exigências mínimas de coordenação, planejamento, controle e interdependência entre as distintas decisões a serem observadas e respeitadas, sob pena de desfigurar-se o conjunto orgânico do plano.

A concepção varguista do desenvolvimento do capitalismo no Brasil assentava-se basicamente em cinco eixos. Em primeiro lugar, a industrialização concebida como um processo rápido, concentrado no tempo, a partir de um bloco de inversões públicas e privadas em infra-estrutura e indústrias de base, reservando à empresa estatal um papel estratégico e dinâmico. Em segundo lugar, a capitalização da agricultura apoiada na modernização da produção rural por meio de inversões estatais em melhorias técnicas, mecanização, créditos e financiamento às empresas agrícolas, e montagem de um sistema integrado de armazenamento e comercialização. Em terceiro lugar, a redistribuição de renda e a melhoria das condições básicas de vida das massas urbanas, privilegiando as questões de transporte e alimentação — essa última no que diz respeito aos fluxos de abastecimento das cidades e ao controle de preços dos gêneros alimentícios. Em quarto lugar, a organização de um sistema de financiamento apoiado, de um lado, na criação de um banco estatal central e de bancos regionais e, de outro, na ampliação e racionalização da arrecadação tributária, como forma de dinamizar e dirigir adequadamente o fluxo dos investimentos públicos e privados. Finalmente, uma forma de articulação da economia brasileira com o capitalismo internacional, indicando condições preferenciais para a entrada do capital externo, nas áreas prioritárias de investimento, e limites à remessa de lucros.

Os termos substanciais desse projeto foram apresentados por Vargas na abertura da sessão legislativa de 1951, em sua primeira mensagem ao Congresso Nacional, cunhada de *Mensagem Programática*.[5] Para a reconstituição do plano de desenvolvimento, nosso ponto de partida foi o texto citado e as outras Mensagens, uma vez que não existe um documento formal de planejamento. Dado o caráter de protocolo de intenções e o conteúdo retórico, comum às mensagens presidenciais, valorizamos entre os objetivos propostos, tão-somente aqueles que, de algum modo, se manifestaram em ações estatais, em projetos ou na organização do aparelho, mesmo quando frustrados nos seus objetivos últimos.

A Mensagem de 1951 delineava as bases da industrialização a partir de uma clara distinção entre os requerimentos de infra-estrutura e os de implantação das indústrias de base. Mais uma vez os investimentos em *infra-estrutura, energia e transporte* — velhos problemas aguçados pelo crescimento industrial, acrescidos agora dos de comunicações — constituíam as metas centrais. Apoiando-se em estudos e previsões elaborados desde o Estado Novo, ampliados e refinados agora por comissões técnicas, foram definidos, entre 1951 e 1954, objetivos ambiciosos, de fato só plenamente atingidos a partir da segunda metade dos anos de 1950.[6]

Na área de *energia*, consideraram-se imperativos do programa de governo o desenvolvimento da geração de *energia elétrica*, a ampliação e modernização da distribuição e a revisão das tarifas e contratos de concessão, quando era ainda elevado o consumo de energia de origem vegetal.[7] Avaliado um déficit da ordem de meio milhão de quilowatts e diante das demandas potenciais dos programas de industrialização, eletrificação das ferrovias e reorganização dos transportes, estabeleceu-se a meta da instalação de uma média anual de 200 mil quilowatts em todo o país. O princípio que posteriormente orientou o Plano Nacional de Eletrificação era explícito no texto presidencial:

> Para que a eletricidade seja um elemento de progresso e permita o desenvolvimento industrial, não é meramente necessário que seja barata, é indispensável, sobretudo, que seja abundante. *A oferta de energia deve preceder e estimular a demanda.* A falta de reserva de capacidade e as crises de eletricidade são processos de asfixia econômica de conseqüências funestas.[8]

O *Plano Nacional de Eletrificação* foi além. Enviado ao Congresso em 1954, visava, num prazo de dez anos, a elevação do potencial gerador de 2 para 4 milhões de quilowatts, a unificação das correntes, padronização das tensões de transmissão e equipamentos e, finalmente, a criação da indústria pesada de material elétrico no país. Na sua implementação, previa-se a organização de dois grupos de sistemas, o das áreas das grandes centrais elétricas, no Centro-Sul, e o das usinas isoladas não-interconectáveis.[9] Os objetivos genéricos da Mensagem, ampliados e concretizados no Plano, não foram aprovados durante a gestão de Vargas; resgatados em parte pelo Plano de Metas do governo Kubitschek, só foram implementados após 1964.

Quanto ao *petróleo*, as metas fundamentais eram as relacionadas com as atividades de pesquisa, industrialização e armazenagem dos refinados. A Mensagem assinalava o primado do problema do refino do petróleo importado, e o grande objetivo seria o de "transformar o país de importador de refinados em importador de óleo cru, garantindo o abastecimento através de frota própria de navios petroleiros, capazes de nos abastecerem no mercado mundial".[10] A duplicação da refinaria de Mataripe e a intensificação das obras de construção da refinaria de Cubatão constituiriam medidas iniciais destinadas a levar a cabo a *completa* substituição da importação dos refinados. A complementação da frota de petroleiros, por outro lado, visava, junto à primeira, aliviar a capacidade de compra no exterior e reduzir os riscos de escassez de combustíveis nas situações de emergência.

Sem dúvida, esses objetivos foram concebidos no longo prazo; em virtude do tempo e volume de recursos necessários à montagem das instalações e aquisição de equipamentos, a alternativa seria, obviamente, aquela que já vinha amadurecendo pelo debate político desde a apresentação do Estatuto do Petróleo por Dutra: o incremento da produção nacional do petróleo, reservando recursos às atividades de pesquisa e lavra até então sob responsabilidade do Conselho Nacional do Petróleo e, ao mesmo tempo, convocando os esforços públicos e privados para a solução do problema em bases reais e permanentes.

Em dezembro de 1951, o Executivo enviou ao Congresso o *Programa do Petróleo Nacional*, propondo também a criação da *Petrobras*. O programa, concebido para um prazo de cinco anos (1952-1956), partia da previsão de que, até 1955, o consumo de derivados no país passaria de 100 mil barris diários para 200 mil — demanda que não poderia ser atendida nem em 50%, se considerada a capacidade máxima futura das refinarias em construção. Por outro lado, a produção interna do óleo bruto correspondia a apenas 2,5% do consumo.

> Na realidade, portanto, o problema não comporta solução à base exclusiva da importação da matéria-prima em bruto, para ser refinada no país. (...) Somente a produção interna, em volumes compatíveis com o consumo, permitirá assegurar o desenvolvimento da economia nacional naquilo que dependa dos combustíveis líquidos (...). Cabe acentuar que o problema nacional do petróleo não se limita ao atendimento da demanda atual ou da prevista (...) até 1955: a produção do petróleo, dentro das possibilidades que tivermos, está entre aquelas produções básicas que, voltadas para as necessidades nacionais, marcarão o compasso do nosso desenvolvimento geral.[11]

Estimando investimentos da ordem de 8 bilhões de cruzeiros, o programa reservava 62% para inversões de pesquisa e produção, 25% para refino e o restante para equipamentos e transporte,[12] para elevar a capacidade de refino, em 1956, acima de 100 mil barris diários do consumo previsto (isto é, cerca de 300 mil barris diários). A intensificação das pesquisas e a industrialização do xisto betuminoso constituíram programa correlato ao do petróleo.

A outra fonte energética prioritária era o *carvão mineral*. Em razão da baixa qualidade do carvão nacional e da tendência prevalecente a substituí-lo pelo óleo diesel, as melhorias de extração, industrialização e transporte do carvão, assim como a proteção do produto nacional em relação ao estrangeiro, afiguravam-se como imperativos. Do ponto de vista econômico, as necessidades de consumo das ferrovias e da produção siderúrgica pareciam suficientemente grandes para justificar os empreendimentos governamentais e o estímulo à produção privada. Do ponto de vista da segurança nacional, justificavam-se por ser essa uma indústria essencial nos tempos de emergência e de escassez de combustíveis.

O *Plano do Carvão Nacional*, enviado à apreciação do Congresso em agosto de 1951, previa investimentos da ordem de 735 milhões de cruzeiros para a mecanização das minas, lavagem e beneficiamento do minério, aparelhamento de portos e ramais ferroviários, instalação de parques carvoeiros, compra de navios, criação de novas indústrias, incremento de pesquisa e assistência social. Previsto para um prazo de quatro anos, visava à duplicação da produção, elevando-a para 2.500 mil toneladas de carvão vendável, correspondente a 3.700 mil toneladas de carvão bruto. Dessa forma, previa-se uma redução dos prazos internos da ordem de 50%.[13] Esse plano, que envolvia sólidos interesses regionais e acentuadas disputas entre os três estados produtores (Rio Grande do Sul, Paraná e Santa Catarina), tramitou por dois anos no Congresso e foi aprovado em agosto de 1953, com várias alterações, as principais expressando interesses regionais exclusivistas, que iam de encontro a todos os pareceres de ordem técnica. O veto presidencial incidiu basicamente sobre dispositivos que vinculavam a áreas específicas a criação de uma usina siderúrgica, uma central termelétrica e instalação de novas carvoeiras.[14]

Os problemas acumulados na área de *transportes* constituiriam outra fonte predominante de preocupação governamental. A Mensagem de 1951 considera que "uma das mais críticas deficiências para o desenvolvimento da economia brasileira é a precariedade do sistema de transportes. As distâncias e as dificuldades da topografia estão longe de serem vencidas. O processo de integração do mercado interno se retarda. Defrontamos hoje dois problemas gigantescos: a extensão das linhas e sua eficiência transportadora (...)".[15]

As diretrizes para enfrentar tais questões foram apontadas: revisão do velho Plano Nacional de Viação, datado de 1934, e adoção de um novo, que previsse a expansão, integração e consolidação de todas as redes; programas de reaparelhamento dos portos, eletrificação acelerada das ferrovias, renovação dos equipamentos, revestimento das estradas de rodagem, melhoria das condições de navegabilidade dos rios e, finalmente, aperfeiçoamento do transporte aéreo nacional.[16]

Parte desse "plano global" passou à responsabilidade da Comissão Mista Brasil-Estados Unidos, a quem o governo instruiu que "desse absoluta prioridade aos estudos de reaparelhamento de nossas estradas de ferro".[17] Ao Congresso foi instado que atualizasse o Plano Nacional de Viação, "norteador da expansão e do melhoramento da rede de transportes do país — indispensável à correção das falhas de que se ressentem os sistemas ora em exploração".[18] Em dezembro de 1951, foi definido, por decreto, um plano quadrienal de reaparelhamento dos portos, orçado em 4 bilhões e 300 milhões de cruzeiros, cuja primeira etapa, de urgência, previa investimentos da ordem de 2 bilhões e 725 milhões de cruzeiros.[19]

A prioridade para as ferrovias — que se chocava com a tendência predominante da expansão rodoviária, sob o signo do automóvel — foi definida com base em uma diretriz clara:

> Esse fato está a impor-nos um critério de preferência, a saber: entre os dois meios de transporte, devemos escolher o que menos nos custe em divisas. (...) É meu dever advertir que, pelo menos por enquanto, o custo do transporte ferroviário é várias vezes mais leve, em termos de divisas, do que o rodoviário, porque aqui mesmo podemos fazer os trilhos e os vagões e logo estaremos construindo as locomotivas, e porque a estrada de ferro aceita a energia que poderemos produzir em quantidades ilimitadas, a exemplo da hidrelétrica ou, em certas regiões, da lenha ou do carvão nacionais.[20]

A partir de 1952, os projetos elaborados pelos técnicos da Comissão Mista orientaram as inversões do governo na área de transportes, pelo menos no que se refere a empreendimentos maiores.[21]

O setor de *comunicações* constituiria a terceira área de capital social básico a merecer a atenção governamental: "Sem serviços eficientes de comunicação — sejam os mantidos pelo Estado, sejam os concedidos — a vida econômico-social da nação não poderá desenvolver-se devidamente em nenhum dos seus setores". O desenvolvimento e modernização dos serviços de correios, telégrafos e telefonia haveriam de ser ampliados e modernizados, compondo uma rede nacional e eficiente de comunicações, mais compatível com as necessidades do desenvolvimento econômico.[22] Fator de unificação nacional e instrumento do progresso econômico e social, o conjunto dos serviços de comunicação passou a ser considerado um setor fundamental do investimento público e seria atendido convenientemente a partir de planos globais.

> Considera o governo o serviço telefônico, como de resto os demais serviços de comunicações, um dos setores de maior prioridade no programa geral

de investimentos do país, em que deverá ser prevista, inclusive, a ampliação da indústria nacional de equipamento para comunicações e transmissões.[23]

O caráter avançado da proposta varguista na área de infra-estrutura econômica não se esgotava, evidentemente, nos projetos de ampliação e modernização indicados. A esse respeito, pareceria correto assinalar antes o caráter de continuidade que observaram com planos e metas do seu primeiro período governamental, com os antecipados na gestão Dutra ou, enfim, os elaborados pelas comissões técnicas.[24] As rupturas mais significativas encontram-se no fato de que se propunha agora um programa de desenvolvimento de infra-estrutura superior à demanda existente — conferindo-lhe, portanto, um caráter extremamente dinâmico — e, o que é fundamental, um programa vinculado à instalação, no país, das indústrias "complementares", garantindo-lhe a continuidade de execução e expansão. Como veremos, *as possibilidades de resolver os chamados "pontos de estrangulamento" em energia e transporte foram concebidas como intimamente associadas à criação das indústrias de base*, como a produção de material e equipamento para a indústria do petróleo, material elétrico pesado, material e equipamento para comunicações, e a grande indústria do transporte, isto é, a produção nacional de locomotivas e equipamento ferroviário, a indústria automobilística, a indústria naval, etc.

Assim, a projeção de um bloco solidário de inversões no *setor de bens de produção* — condição para o crescimento continuado da produção nacional e superação da dependência em relação às importações — seria o traço característico e peculiar desse plano de desenvolvimento econômico anunciado em 1951. Para se expandir e generalizar a produção e o consumo, e para se reduzir o grau de dependência em relação ao exterior,

> a nação terá de fazer um esforço decisivo e criar as indústrias de base que a estrutura econômica comporte e para as quais a mobilização de recursos financeiros e humanos esteja ao seu alcance (...).[25] Como medida destinada a evitar maiores entraves à expansão das indústrias nacionais de bens de consumo, cumpre fomentar a criação das indústrias de base destinadas a garantir suprimentos regulares, em todos os setores em que tais empreendimentos se apresentem oportunos.[26]

Na Mensagem de 1951 eram indicados os principais setores a serem desenvolvidos e os ramos novos a serem instalados com decidida intervenção do Estado: ferro e aço; indústria química pesada, indústria de equipamento e material ferroviário; indústria elétrica pesada; equipamentos e material para serviços de comunicações; indústria automobilística e indústria de construção naval.

As metas para o *ferro* previam a duplicação da capacidade produtiva da *Cia. Vale do Rio Doce* como objetivo imediato, visando a atingir a cifra de 1,5 milhões de toneladas anuais; para uma segunda fase, previa-se a cifra de 3 milhões de toneladas, com investimentos adicionais da ordem de 700 milhões de cruzeiros.[27]

A ampliação da *produção siderúrgica* à base do coque e eletricidade supunha investimentos em Volta Redonda na proporção de um terço dos até então realizados, elevando em 50% a capacidade atingida pela empresa na sua primeira fase de implantação e adentrando, portanto, sua segunda fase prevista. "A consecução desse objetivo não é suficiente, porém, para a expansão e as necessidades do país. (...) Neste setor, portanto, como noutras atividades, a nação tem de empenhar-se num esforço de crescimento contínuo para elevar o padrão de vida que se mede, entre outros índices, pelo consumo individual do aço e dos combustíveis."[28] Em 1952, previu-se o "plano do milhão", isto é, a expansão da capacidade produtiva da CSN para 1 milhão de toneladas anuais de lingotes de aço, 922 mil toneladas de gusa e 740 mil toneladas de laminados por ano, orçando o investimento em US$ 30,6 e Cr$ 500 milhões.[29] Além das iniciativas da empresa estatal, previa-se o estímulo à produção privada de aços especiais, o aparelhamento da Acesita, já sob o controle do Banco do Brasil, e apoio a outras, incluindo a instalação da empresa Mannesmann, para a produção de aço sem costura.[30]

A *grande indústria química* era um setor novo a ser instalado. A produção de fertilizantes, a refinação do petróleo, a química leve em geral, etc., dificilmente poderiam se expandir na ausência de uma produção significativa de componentes básicos como o ácido sulfúrico, o enxofre e os álcalis (barrilha, soda cáustica e carbonato de sódio). A Mensagem de 1951 indica a urgência de se criarem condições para a produção nacional do enxofre e dos álcalis; o que implicava, antes de mais nada, incentivos à pesquisa tecnológica[31] para extração do enxofre nas jazidas de pirita e obtenção de sal em quantidades suficientes para os álcalis. A instalação em Cabo Frio *Cia. Nacional de Álcalis* — com capacidade de produção de 100 mil toneladas anuais de barrilha e soda cáustica, e investimentos da ordem de 200 milhões de cruzeiros, era o objetivo a ser atingido em 1956.[32] Uma comissão especial de industriais e técnicos foi incumbida de projetar a indústria do enxofre pelo aproveitamento da pinta de Sta. Catarina.[33]

A *grande indústria do transporte* — abrangendo a *automobilística*, a fabricação de locomotivas e equipamento *ferroviário*, a *construção naval* e, em escala mais modesta, a produção de material e equipamento para o *transporte aéreo* — fomentada pelo governo ou sob a sua promoção direta, consistiria em outro setor básico a ser criado, para garantir relativa autonomia do país e sustentar o projeto de desenvolvimento do grande sistema nacional de transportes.

> O desenvolvimento e manutenção de um grande sistema de transportes, como o Brasil exige, requer uma relativa autonomia quanto às fontes de energia e à produção de materiais e equipamentos para os transportes. (...) Cumpre-me aqui acentuar a necessidade de desenvolvermos a produção nacional de materiais de construção e instalação de vias de transporte, e de locomotivas, carros, automóveis, caminhões e navios (...).[34]

A reativação da Fábrica Nacional de Motores e o incentivo à fabricação de caminhões e tratores seriam o ponto de partida para as metas da produção automobilística. A intensificação do programa do caminhão pesado, isto é, o cumprimento das etapas sucessivas de nacionalização do material, o início do programa do trator e os incentivos à indústria privada nacional de autopeças, como política de fomento da indústria do automóvel, comporiam o quadro inicial de medidas visando à instalação rápida da indústria automobilística no Brasil.[35]

Estudos para o estabelecimento das bases da *indústria naval* foram iniciados em 1954, em comissão criada no BNDE.[36]

Aspirava-se também, em 1951, à criação de uma indústria aérea no país:

> Não devemos esquecer que uma das características principais da aviação é a velocidade, que atualmente traz implícita a idéia da jatopropulsão. Nesse setor, estamos atrasados em relação a essa nova era do avião. Para atingi-la, devemos promover o desenvolvimento do nosso parque industrial para suprir as necessidades de manutenção e reparação de nossa aviação atual e, ao mesmo tempo, iniciar planos para a futura produção de aviões a jato.[37]

Não se efetivaram os projetos e estudos anunciados em 1952, que objetivavam a elaboração de um Plano Aeroviário Nacional capaz de definir e coordenar as linhas mestras de atendimento às necessidades da futura instalação da indústria aeronáutica de base.[38]

A instalação da *indústria pesada de material elétrico* foi equacionada como condição de viabilidade do Plano Nacional de Eletrificação, último grande projeto do governo Vargas, assim enunciado em 1954:

> Dessa forma, a execução do Plano está condicionada, em grande parte, à criação, no país, de uma indústria pesada de material elétrico, capaz de suprir, pelo menos, 50% de material a empregar no decênio. Os estudos a que se procederam a respeito revelaram que esse empreendimento está dentro das possibilidades nacionais, quer quanto a recursos financeiros a aplicar, quer quanto a mercado para absorver a produção.[39]

Além dos projetos de infra-estrutura e indústria de base, deveria o setor industrial, como um todo, ser contemplado com uma efetiva *política industrial*, que estabelecesse condições institucionais e financeiras para garantir a expansão continuada do setor privado de bens de consumo e da indústria de bens de produção instalada. A Mensagem de 1951, ao indicar as dificuldades freqüentes de aquisição de matérias-primas e maquinaria estrangeira como um dos mais sérios entraves ao desenvolvimento industrial, preconizava que, a par da instalação no país, das indústrias de base, se requeria uma "sadia política de comércio exterior", com a finalidade de estabelecer níveis necessários e condizentes de proteção aduaneira e cambial para setores tais como o têxtil, metal-mecânico, farmacêutico, papel, borracha, cimento etc. Tal política deveria "ser seguida pelo menos enquanto não se achar devidamente consolidada a posição industrial em face das nações industrialmente desenvolvidas".[40]

Em maio de 1952, essas diretrizes foram apresentadas pela Comissão de Desenvolvimento Industrial [41] no *Plano Geral de Industrialização do País*. O documento indicava, de início, as condições básicas da expansão: maior produtividade na área energética, melhoramento e expansão dos meios de transportes e comunicações, intensificação dos fluxos de capitais, melhoramento do sistema de crédito, formação de técnicos e aperfeiçoamento dos métodos de trabalho.

As atividades industriais foram distribuídas em três grandes setores: as *indústrias de infra-estrutura*, as *indústrias de base* e as *indústrias de transformação* (pesadas — bens de produção; leves — bens de consumo), e havia *critérios de prioridade* segundo a contribuição de cada indústria para a integração e equilíbrio da estrutura econômica do país (conceito estrutural — *sic*); a existência de uma constelação adequada, atual ou potencial, de fatores de produção e de mercados (critério conjuntural — *sic*); e a possibilidade de poupar ou adquirir divisas com que financiar a industrialização posterior (conceito cambial — *sic*).[42]

Os *incentivos* do governo foram definidos em quatro grupos: as políticas de isenções de tarifas, impostos e proteção aduaneira, a cargo do Ministério da Fazenda e do Poder Legislativo; a política cambial, sob responsabilidade da Cexim, indicando as prioridades nas licenças de importação, reservas de mercado; sob responsabilidade da Carteira de Câmbio do Banco do Brasil, as definições de prioridades na concessão de cambiais para a importação de matérias-primas e equipamentos e as prioridades na remessa de lucros, juros e dividendos ao exterior, finalmente, a cargo da Carteira de Crédito Agrícola e Industrial do Banco do Brasil e outras instituições de crédito do governo, as medidas de assistência financeira.

Os microprojetos na área de energia e transporte foram elaborados pela Comissão Mista Brasil-Estados Unidos, e sua estrutura interna de financiamento foi instituída por lei pelo instrumento denominado *Programa de Reaparelhamento Econômico*.[43]

Contatos oficiosos entre autoridades brasileiras e americanas foram iniciados nos primeiros meses de 1950, para definir fontes externas de financiamento para os setores de infra-estrutura. A partir de entendimentos feitos por ocasião de uma conferência de embaixadores americanos em abril de 1950, o governo brasileiro propôs ao dos Estados Unidos, em outubro daquele ano, a criação da Comissão Mista Brasil-Estados Unidos de Desenvolvimento Econômico, oficialmente instalada em abril de 1951.[44]

Entre seus objetivos centrais estavam a elaboração de projetos visando à instalação de indústrias novas, "germinativas", e a superação dos famosos pontos de estrangulamento nos setores de energia e transportes.[45] No escalonamento das prioridades, e restringindo-se a programar principalmente o investimento público, a Comissão se propunha a elaborar projetos para a reabilitação de transportes e expansão de energia elétrica, em primeiro lugar, e a ativação de programas de treinamento e assistência técnica.[46]

O financiamento dos projetos contaria tanto com fontes externas, por meio de recursos fornecidos pelo Banco Internacional de Reconstrução e Desenvolvimento (Bird) e pelo Eximbank, quanto internas, com a criação de tributos especiais sobre a renda, ou sobre lucros não distribuídos das empresas ou, ainda, mediante a captação, por meio de depósitos compulsórios, de recursos das companhias de seguros e capitalização, institutos de aposentadorias e pensões, caixas econômicas, além de investimentos privados.[47]

A Comissão era formada por técnicos e funcionários públicos brasileiros, dirigidos por Ary F. Torres, e por técnicos norte-americanos contratados de uma empresa particular, dirigidos por Merwin L. Bohan. Entre 1951 e 1953, elaborou 41 projetos prioritários (mais um, considerado especial, sobre a Estrada de Ferro Vitória-Minas). Os investimentos totais foram estimados em 21,9 bilhões de cruzeiros, dos quais 60% para projetos de transportes, 33% para os de energia e pouco mais de 6% para os gastos relativos a indústria, maquinaria agrícola e armazenamento. É preciso assinalar que a Comissão elaborou apenas dois projetos de caráter industrial, referentes a financiamento à *Cia. Nacional de Álcalis* e à Metalúrgica Barbará.[48]

O *Programa de Reaparelhamento Econômico*, instituído pela Lei n.1.474, de novembro de 1951, e o *Banco Nacional de Desenvolvimento Econômico*, criado pela Lei n.1.628, de junho de 1952, constituiriam o suporte institucional para a estrutura interna de financiamento, tanto para a aplicação do montante em moeda estrangeira quanto para o levantamento de recursos para a contrapartida brasileira ao volume total previsto de 1 bilhão de dólares.

Assim, o Programa de Reaparelhamento Econômico previa, para a criação de recursos internos, a instituição, por cinco anos, de um adicional restituível sobre o imposto de renda, tanto de pessoas físicas quanto jurídicas, e a criação de uma taxa adicional restituível de 3% sobre as reservas e lucros em suspenso ou não distribuídos das empresas (ressalvados o fundo de reserva legal e as reservas técnicas das companhias de seguro e capitalização). Tais taxas vinculavam-se às obras de reaparelhamento de portos e ferrovias, de ampliação da capacidade de armazenagem, frigorificação e matadouros, elevação do potencial de energia elétrica, desenvolvimento da agricultura e das indústrias de base. A lei autorizava também ao Executivo a emissão de títulos da dívida pública, para a devolução progressiva do empréstimo compulsório, as "Obrigações do Reaparelhamento Econômico".

O BNDE foi constituído como agência estatal para a execução dos planos do programa, e como agente do Tesouro para as operações financeiras, até mesmo para oferecer a garantia aos créditos externos.

As metas da industrialização pesada constituíam as bases sobre as quais se assentariam as políticas sociais e o projeto de desenvolvimento para a agricultura.

O *desenvolvimento capitalista do campo*, apoiado enfaticamente no dinamismo dos médios e pequenos empresários rurais, constituía o horizonte dos objetivos varguistas para a agricultura. A ampliação da produção de bens primários para o consumo interno e o reforço do setor exportador seriam alcançados com medidas de capitalização e modernização impossíveis de levar a cabo sem investimentos simultâneos no setor industrial.

Acreditava-se que o desenvolvimento da agricultura nacional tivesse como obstáculos a falta de aplicação de técnicas modernas; a inexistência de um sistema de crédito adequado; o uso imoderado do solo, levando a dilapidação das terras até as zonas novas e de fronteira; a ausência de organizações associativas que mobilizassem as classes rurais.[49] A difusão de técnicas modernas, a mecanização da agricultura e, em conseqüência, o aumento generalizado da produtividade rural estariam na dependência da criação, no país, de uma indústria de máquinas e implementos agrícolas, incluindo a produção de tratores, fertilizantes e fungicidas — objetivos do projeto de desenvolvimento industrial. Quanto ao crédito, pretendia-se estabelecer uma estrutura de financiamento que atingisse especialmente os médios e pequenos agricultores, por meio de um banco cooperativo ou de outras instituições especializadas de crédito, com controles efetivos que garantissem a canalização dos recursos financeiros a áreas e setores considerados prioritários, em particular a agricultura de alimentos. A essas propostas, juntavam-se a de uma política de preços mínimos e a de um sistema de seguros rurais, até então inexistente, de modo a diminuir os riscos dos produtores. O apoio governamental, além da política de créditos e financiamento, se concentraria nos investimentos em transporte e armazenagem.

A democratização do acesso à terra foi concebida por dois tipos de propostas: ativação de planos de *colonização* das terras incultas e estabelecimento de uma política de *reforma agrária*.[50]

No que se refere ao setor exportador, em particular ao café, além de medidas gerais para aumentar sua produtividade, pretendia-se efetivamente a retomada da defesa dos preços e a regulação do comércio. O Estado promoveria a organização social dos trabalhadores e empresários rurais, estendendo a eles a legislação trabalhista e sindical e efetivando as associações patronais a todos os níveis, incluindo a até então inexistente Confederação Nacional da Agricultura.[51]

A política de *bem-estar social* delineou-se em termos ambiciosos e amplos, definida como a finalidade última dos planos de desenvolvimento econômico.

> A elevação dos níveis de vida, num país como o Brasil, depende, assim, muito menos da justa distribuição da riqueza e do produto nacional, do que

do desenvolvimento econômico. A grande verdade é que temos pouco que dividir. (...) O que preconizo é uma política ampla de bem-estar, apoiada no desenvolvimento orgânico dos alicerces da economia do país.[52] Às políticas de educação e saúde, de salários e emprego, deveriam somar-se medidas específicas que atingissem as massas no referente à habitação, alimentação e transportes, isto é, os problemas mais diretamente relacionados com as precárias condições de vida, conseqüência do "gigantismo urbano".[53]

Esses foram os termos do Plano Geral de Desenvolvimento Econômico e Social concebido no início dos anos de 1950. É preciso, agora, examinar as bases de financiamento em que se pretendia apoiá-lo.

Problemas de Financiamento

O "projeto" de industrialização pesada suscitava, naturalmente, problemas cruciais de financiamento externo e interno. O esforço de mobilização e concentração de capitais impunha o alargamento das bases fiscais e financeiras do Estado. E requeria uma solução à questão do financiamento externo, que condicionava e, ao mesmo tempo, dependia da definição do modo de articulação entre a empresa nacional privada, a pública e a estrangeira.

Vejamos, em primeiro lugar, como se imaginava enfrentar as dificuldades de *financiamento externo* e qual o papel reservado à empresa estrangeira:

> Em face da experiência do pós-guerra na finança mundial, devemos esperar mais da cooperação técnica e financeira de *caráter público*, até porque a maior aplicação de capitais privados pressupõe a existência de condições que só podem ser criadas mediante inversões públicas em setores básicos, tais como energia e transporte. (...) A entrada de capitais de fontes privadas estrangeiras não tem correspondido às nossas expectativas (...) Cabe ainda notar que os investimentos privados, visando em geral a lucros imediatos e a uma amortização rápida do principal, não se encaminham, *em regra*, para aqueles setores de atividade de que mais carecem os países em fase de desenvolvimento. As correntes de capitais privados, mesmo quando temporariamente promissoras, se ressentem da acentuada instabilidade e, em geral, ocorrem com mais abundância nas fases inflacionárias e refluem nas fases depressionárias, agravando, em ambos os casos, os desequilíbrios no balanço de pagamentos (...)[54]

Havia visivelmente uma preferência pelo financiamento externo público, a ser demandado nas instituições disponíveis: o Eximbank e o Bird. Para isso, contavam duas razões fundamentais: o financiamento externo público abria ao governo brasileiro a possibilidade de decidir sobre o uso dos fundos e era complemento em divisas indispensáveis ao investimento estatal na área de infra-estrutura.

Além da manifesta descrença no interesse da empresa estrangeira em investimentos nos setores prioritários, de longa maturação e rentabilidade relativamente baixa, constata-se intenção explícita de submetê-la aos interesses nacionais:

> (...) é intento do meu governo facilitar (!) o investimento de capitais privados estrangeiros, *sobretudo em associação com os nacionais, uma vez que não firam interesses políticos fundamentais do nosso país* (...)[55]

Em suma: na medida em que se privilegiava o empréstimo público em moeda, definia-se como complementar e sujeito a controle o papel adscrito à empresa estrangeira no desenvolvimento industrial.

Diante da notória fragilidade da empresa privada nacional em relação às gigantescas tarefas impostas pelo salto industrializante, não caberiam dúvidas sobre quem deveria suportar o encargo principal: a *empresa pública*. Entre as diretrizes avançadas na Mensagem de 1951 e os planos setoriais desenhados até 1954, explicitou-se e reforçou-se sua posição estratégica no conjunto das novas inversões.

O investimento público nas áreas de energia e transporte não constituía nenhuma novidade; ao contrário, a tendência, tanto nacional quanto internacional, seguia essa direção de longa data — o que foi constatado e assumido no delineamento do programa econômico do governo.

No que se refere, por exemplo, à *energia elétrica*, a Mensagem de 1951 parte desta constatação:

> É uma característica da época atual o desinteresse do capital privado para serviços de utilidade pública. Apesar de lucrativas, as grandes empresas não têm atraído novos capitais em proporção conveniente e vêm retardando seu ritmo de expansão para não ultrapassar as possibilidades de autofinanciamento ou de obtenção de créditos com o apoio dos governos (...). É indispensável, por isto, que o governo assuma uma posição ativa em face do problema da criação de novos recursos de energia elétrica (...), que assuma a responsabilidade de construir sistemas elétricos onde sua falta representa maiores deficiências.[56]

Do mesmo modo, o investimento estatal nos *transportes* era visto como condição essencial para o desenvolvimento de um sistema viário nacional que atendesse às necessidades do progresso econômico e social. Era tal o desinteresse progressivo dos capitais privados, "esquivos à aplicação nesse setor de atividades (...), que o governo se viu compelido a arcar com a responsabilidade da exploração, por sua conta, da quase totalidade das empresas de transportes marítimos e ferroviários existentes no país".[57]

Entretanto, a organização do investimento público sob a forma de grande empresa, que arcaria com os empreendimentos de vulto e pautaria seu ritmo e forma de expansão por critérios distintos dos tradicionalmente seguidos nos "serviços públicos", implicou um conjunto de decisões que, desde logo, afetou a divisão de áreas de inversões e o modo de articulação entre a empresa estatal, a empresa privada nacional e a estrangeira. *Pode-se dizer que o projeto de industrialização varguista conferiu à grande empresa estatal um papel nuclear, nas áreas novas de inversões, responsável por fortes impactos dinâmicos sobre a empresa privada nacional.* E na impossibilidade de que essa respondesse plenamente aos requisitos da expansão, a proposta era de que a empresa estatal se associasse à estrangeira, mas conservando seu poder de decisão e comando. A justificativa do empreendimento oficial no caso da Eletrobrás e a estrutura da empresa são exemplares desse "desenho".

No setor de *energia elétrica*, estabeleceu-se desde o início uma divisão de encargos entre as esferas da administração a responder pelo investimento público: empreendimentos estaduais — já em curso — na construção de usinas e sistemas de transmissão, com o apoio federal em assistência técnica e financiamento.

> Ao Governo Federal deve caber a iniciativa de grandes empreendimentos, de larga projeção nacional, como é o caso da Usina de Paulo Afonso (...), empreendimento que é (...) uma experiência nova de política administrativa (...).[58]

Por outro lado, redefiniram-se também as posições ocupadas pelos capitais privados, em particular o estrangeiro, nas atividades de geração, transmissão e distribuição de energia. Além de insistir na política de nacionalização progressiva, iniciada com o Código de Águas de 1934, superando o regime de concessão, insistiu-se também na prioridade de aproveitamento das fontes hidráulicas de energia. Significaria, de fato, a quase exclusividade do investimento público em geração e transmissão, e um processo de concentração por absorção das pequenas instalações térmicas, da parte das grandes centrais dos Estados ou da União.[59] Nessa época, a mais sólida das empresas estrangeiras, a Light, praticamente esgotara suas fontes geradoras de energia hidráulica e só poderia expandi-las se lhe fosse permitido ampliar áreas de concessão.[60]

Ao ganharem perfis definitivos, em 1954, nos projetos do Plano Nacional de Eletrificação e de criação das Centrais Elétricas Brasileiras S.A. (Eletrobrás), ampliaram-se e refinaram-se as justificativas apontadas nas diretrizes de 1951. A intervenção maciça do Estado no setor de energia era explicada na Memória Justificativa que acompanhava o plano:

> Essa circunstância prende-se claramente a duas características da indústria energética: 1) o monopólio, que tende a constituir-se espontaneamente, e cuja ausência é suficiente para sufocá-la; 2) o caráter peculiar da aplicação econômica, pelo peso excepcionalmente alto do capital fixo em comparação com o variável e pelo produto anual excepcionalmente pequeno e pelo prazo lento das aplicações (...). São essas condições que farão, segundo aquele texto, que a intervenção do poder público assuma características "progressivas". E isto porque, em países subdesenvolvidos, nos quais a alternativa a essas aplicações é e foi a do capital privado estrangeiro, mais barato que o nacional, o investimento público, seguindo sua própria lógica, representará (...) uma arma contra as flutuações cíclicas, operando como regulador da economia e assegurando ao capital privado uma taxa relativa mais estável de remuneração.[61]

A remuneração dos capitais estrangeiros investidos em eletricidade a taxas superiores permitidas pela legislação brasileira[62] provocaria gravíssimos problemas. No curto prazo, representaria um aumento da pressão sobre os escassos recursos em divisas e conseqüente instabilidade da taxa cambial. No longo prazo, implicaria pressões para baixo sobre o tipo de remuneração; os capitais investidos em energia dificilmente poderiam recorrer ao mercado de crédito, pois as taxas de juros dos empréstimos oscilavam entre 7,5% e 12% a.a. A possibilidade de resolver tais questões pela elevação das tarifas — proposta da Comissão Mista — incorreria em efeitos perversos sobre os mercados cambial e de crédito, de cujo comportamento dependia o nível de atividade econômica geral. Logo, inevitavelmente, a alternativa era mesmo a do investimento público — afinal, a economicamente mais dinâmica, em virtude do comportamento peculiar dos lucros obtidos nos investimentos oficiais, distinto dos privados. Na fase de implantação e expansão, os lucros obtidos se somavam aos recursos fiscais para serem reinvestidos na empresa pública; cessada a expansão, o Estado, ao contrário do empresário privado, "poderá prescindir do todo ou de parte de seus lucros, cujo montante irá se incorporar ao lucro do conjunto das aplicações privadas, melhorando a respectiva taxa de remuneração e, portanto, estimulando os investimentos privados para sustentar a conjuntura".[63]

A estatização, no setor, era "um imperativo dos fatos" e uma opção de amplo significado econômico, mas não sufocaria a iniciativa privada: o Plano Nacional de Eletrificação reservava, para o investimento público, as áreas de geração e transmissão de energia, enquanto a iniciativa privada seguiria encarregada das atividades de distribuição.[64]

Em razão da natureza e magnitude dos empreendimentos a que se propunha a União, durante o decênio seguinte, construindo grandes centrais e extensas redes de transmissão e operando-as eficientemente, o organismo estatal precisaria se aparelhar convenientemente. "A própria experiência brasileira demonstra, aliás, que o poder público, para atuar no campo industrial, deve usar os instrumentos de ação a isso aptos, por certo diferentes dos serviços oficiais comuns." A Eletrobrás, assim, constituiria, nos moldes da Petrobras, "o instrumento de ação prática de que carece o poder público para enfrentar eficazmente o problema de produção e transmissão de energia elétrica (...)"[65]

A nova empresa estatal operaria como uma *holding*, diretamente, senão por intermédio de subsidiárias ou de empresas com que se associasse na área de geração energética, e dinamizando os investimentos privados nas atividades de distribuição.

O dinamismo da iniciativa estatal não se confinaria às atividades do próprio setor. Os investimentos previstos no plano abririam uma frente nova de expansão — a da *indústria de material elétrico pesado*, que seria, prioritariamente, área de investimento do *capital privado nacional*. O texto do plano explicitava esta idéia: "Confia o governo que a iniciativa privada nacional, adequadamente assistida, se lance nesse empreendimento, em face da oportunidade que se lhe abre com a execução do Plano".[66] Ante à probabilidade de que a iniciativa privada nacional não acorresse — devido ao seu "desinteresse" — e considerando os imperativos de negociação de patentes com os grupos multinacionais, a própria empresa pública arcaria também com os empreendimentos de instalação da indústria de equipamentos e material elétrico. Assim, seria incentivado o capital nacional; "Não obstante, o Plano prevê recursos para a implantação da indústria, mesmo que sob a exclusiva responsabilidade da entidade estatal".[67] A Eletrobrás haveria de criar subsidiária com essa finalidade e/ou associar-se às empresas privadas. Nesse sentido, é particularmente elucidativo o depoimento de um dos responsáveis pelo plano:

> Sabíamos que a fabricação de vários tipos de material elétrico no Brasil teria que ser negociada com os detentores de patentes. E isto provavelmente levaria à criação de empresas em que a Eletrobrás participaria como associada a grupos internacionais poderosos. O essencial era que o país não se visse obrigado a importar a totalidade do material de que iria necessitar para o atendimento de um programa energético de vulto (...).[68]

O esquema de articulação é claro: a grande empresa pública nuclearia o investimento e "puxaria", por seus efeitos dinâmicos, o capital privado nacional. Ao mesmo tempo, previam-se seus limites e indicava-se a solução: na ausência do capital nacional e para enfrentar o problema da tecnologia monopolizada, a própria empresa estatal avançaria nos setores de fronteira, associando-se, se fosse o caso, com os capitais privados (inclusive o estrangeiro). Projeto tardio do governo Vargas, esse esquema — tecnicamente, dos mais refinados e consistentes — estava presente também nos outros projetos de vulto do período.

São amplamente conhecidos os eventos políticos que antecederam e envolveram o encaminhamento da questão do *petróleo* no Brasil, até a criação da Petrobras e a instituição do monopólio estatal. Destacaremos tão-somente alguns aspectos das articulações previstas entre a empresa e suas subsidiárias e as empresas de atividades econômicas correlatas.

A *Petrobras* foi também originalmente concebida como *holding*, atuando diretamente ou criando subsidiárias para as atividades de pesquisa, lavra, refinação, comércio e transporte do petróleo e derivados, incluindo o xisto betuminoso. O projeto de sua criação era explícito:

> Para impor flexibilidade de atuação, foram previstas entidades subsidiárias e a possível articulação com empresas privadas, de modo a impedir que a sociedade se torne demasiado compacta ou rígida, desenvolvendo-se antes com o caráter de uma estrutura de coordenação.[69]

As alternativas de articulação da indústria do petróleo em seu campo específico ou com outros setores da economia, como aços laminados, tubos, cimento etc. — áreas de inversão pública ou privada constituíram objeto manifesto de preocupação dos elaboradores do projeto. Equacionado o programa do petróleo além dos limites do mero atendimento à demanda atual, previa-se que a empresa produzisse efeitos dinamizadores e encadeados, estimulando e respondendo a necessidades de setores já instalados. Mas previam-se também estímulos a áreas novas de investimento, em particular a de equipamentos para a própria indústria, assim como a da indústria química e de sintéticos à base do petróleo e derivados.

> Cabe ainda não esquecer a polimorfa contribuição do petróleo e seus derivados para o desenvolvimento da indústria química e as novas perspectivas abertas pela produção de sintéticos, estreitamente vinculada à técnica da industrialização do óleo mineral.[70]

À empresa privada nacional se abririam, portanto, áreas novas de inversões a partir do investimento público. Na ausência do capital nacional privado, seriam as subsidiárias da empresa, associadas ou não, que ocupariam esses espaços. Assim, em janeiro de 1953, o Conselho Nacional do Petróleo criou a Comissão Especial de Indústrias Petroquímicas, encarregada de montar e dar início às operações da Fábrica de Fertilizantes Nitrogenados e de promover o estabelecimento de indústrias petroquímicas no país.[71]

O texto do Programa do Petróleo e de criação da Petrobras não era suficientemente explícito a respeito das posições do capital estatal, do privado nacional e do estrangeiro nas áreas "derivadas" de inversões. Tanto é assim que as alas "nacionalistas" do Congresso entenderam que, por meio das subsidiárias, haveria brechas para a entrada do capital estrangeiro, e com esse argumento foi vedada à Petrobras a possibilidade de expandir-se por aí.[72]

Considerou-se também a organização da grande empresa estatal na área de *transportes ferroviário e marítimo* como forma de otimizar o investimento público e de atrair o privado predominantemente alocado nos ramos rodoviário e da aviação. A criação da *Rede Ferroviária Nacional* e o projeto de organização do sistema nacional de navegação teriam esse duplo objetivo.

> Se essa reorganização não tiver o mérito de eliminar os déficits (...) tenderá, por um lado, a aliviá-los, pelo emprego de métodos mais econômicos de gestão e, sobretudo, permitirá a participação do capital privado nos empreendimentos, mesmo que ao Estado continue a caber a tarefa de cobrir, com suas ajudas, a diferença entre a solvência e a insolvência. Assim, o capital privado, que hoje, no que toca aos transportes, pesa todo do lado do automóvel e do avião, poderá igualmente interessar-se pelo trem e pelo navio, convertidos

em instrumentos remunerativos (...). Preocupação fundamental do governo é também a de assegurar o desenvolvimento das indústrias de equipamentos de transporte — inclusive de cimentos, trilhos e outros materiais de construção em vias, e de fontes de energia (...)[73]

Os impactos dos investimentos estatais sobre o setor privado foram previstos em particular para a indústria de material ferroviário e para a construção naval. "A indústria nacional de material ferroviário já está instalada e tende a consolidar-se com o suprimento regular dos sistemas a serem aparelhados. Resta efetuar esforço idêntico em relação à indústria de construção naval".[74]

É certo que nem se organizou um anunciado Plano Aeroviário Nacional, nem se idealizou a organização de uma empresa estatal que extrapolasse os órgãos técnicos vinculados ao Ministério da Aeronáutica, como eixo de uma futura indústria de material, equipamentos e aviões. Pôs-se em prática, entretanto, uma sorte de divisão de áreas entre o setor estatal (operando à base de encomendas), o capital estrangeiro (contatado para a produção, no país, de aviões para uso militar), e a iniciativa privada e pública nacional, encarregada da produção de sobressalentes e matérias-primas, sob estímulos governamentais. "Essa providência visa a fomentar a iniciativa nacional, no que se refere ao suprimento de nossa Força Aérea e de nossa Aviação Civil e atinge as encomendas experimentais de alumínio e aço, nas diversas formas, e numerosas peças substituídas nas revisões de motores".[75]

Na *siderurgia*, a *Cia. Siderúrgica Nacional* e a *Cia. Vale do Rio Doce* já haviam assentado as bases dos impulsos e do sentido da expansão dos investimentos privados, nacionais e estrangeiros, nas atividades correlatas e derivadas da produção do ferro e do aço. A Mensagem de 1951 enfatizava a questão: "A iniciativa particular no campo das realizações metalúrgicas sempre se mostrara tímida diante da falta de uma orientação definida da Administração Pública. Não se sentia, por isso, encorajada a novos empreendimentos, condenando-se assim o país à alternativa precária de importação de produtos básicos para a sua subsistência. Volta Redonda veio demonstrar que o governo estava decidido a amparar firmemente os bons empreendimentos. Assim, à medida que progrediram as necessidades brasileiras de matérias-primas, surgiram e se expandiram entre nós empreendimentos siderúrgicos em esplêndida sucessão e novas variedades de produtos elaborados".[76] O ramo de metal-mecânica, o de metais não-ferrosos e o de aços especiais constituiriam prioritariamente espaço dos investimentos privados nacionais, expandindo-se sob os efeitos da empresa estatal e das políticas de amparo e incentivos governamentais. Nos ramos de produção em que os capitais e a tecnologia nacionais viam-se desprovidos de condições, o investimento estrangeiro seria bem-vindo: foi, por exemplo, o caso da instalação da fábrica da Mannesmann, de tubos de aço sem costura, em Minas, saudada pelo seu adiantamento técnico e pela economia de divisas em que sua produção proporcionaria.

Na *grande indústria química*, a Cia. Nacional de Álcalis foi a empresa estatal que nucleou e dinamizou o setor. O investimento estatal, aqui, foi concebido mesmo como insubstituível: "A indústria de álcalis, em grande escala, não atraiu, até o momento, a iniciativa particular, pela pequena margem de lucros que proporciona, dentro das condições naturais do país (...) Cabe, pois, ao governo ter em mente a melhor forma de promover a sua implantação, como medida de interesse nacional". Configurado o núcleo estatal de investimentos através da CNA e de sua fábrica, em construção em Cabo Frio, para a produção de barrilha e soda cáustica, e promovidos incentivos para a produção privada (ou mesmo pública) de enxofre, as empresas privadas alocadas em ramos como os do vidro, raiom, celulose etc. teriam condições de superar as limitações com que freqüentemente esbarravam, como a dependência de importações.[77]

Finalmente, na meta de instalação da *indústria automobilística* no país, previa-se uma nítida divisão de áreas de investimentos. Ao capital estatal, por meio da FNM, estaria reservada a produção de caminhões pesados (já em curso) e a de tratores agrícolas. Os planos de caminhões leves, carros e jipes constituiriam área de iniciativa privada, sob estímulo de medidas de apoio e incentivos do governo ao setor nacional privado produtor de autopeças (já instalado) e ao capital estrangeiro.

A determinação de instalar no país a indústria automobilística, incentivada pelo Estado ou até mesmo sob sua promoção direta, vinha afirmada na Mensagem 1951:

> O governo retomará a orientação de fomentar, ou de promover diretamente, na medida em que a iniciativa e o capital privados não acorrerem, todas as indústrias que, em bases eficientes, contribuam para libertar o país da importação de meios de transporte, inclusive a de construção de locomotivas, a indústria automobilística e a de máquinas de construção.[78]

No plano concreto, essa intenção ambiciosa e, então, irrealista traduziu-se em tentativas de reforço financeiro à Fábrica Nacional de Motores, de modo que no limite de seus próprios recursos (com os quais completou a primeira etapa de nacionalização do caminhão pesado, atingindo em 1953 as proporções de 38% do peso e 31 % do valor) pudesse enfrentar o plano de produção do trator. Em 1952, tentou-se buscar recursos junto do BNDE, Banco do Brasil e institutos de previdência, que participariam de subscrições adicionais. Por outro lado, a reserva de mercado para seus produtos haveria de estender-se agora à linha de tratores.[79]

Na área de produção de automóveis, a subcomissão de automóveis, jipes e tratores, da Comissão do Desenvolvimento Industrial, iniciou estudos de mercado e contatos com empresários nacionais de autopeças e empresas estrangeiras, para acelerar a instalação da indústria automobilística. Aparentemente, apesar dos termos da Mensagem de 1951, a área seria reservada aos investimentos privados, nacionais e estrangeiros. Luciano Martins, em seu estudo sobre a indústria automobilística, afirma não ter havido, aqui, nenhuma medida de teor estatizante, mesmo perante à resistência das multinacionais ou à fragilidade do empresariado nacional, para enfrentar a produção interna de veículos.[80]

É importante sublinhar que o projeto para essa área industrial fugia à articulação típica que vimos apresentando: a empresa pública como eixo "estimulador" dos investimentos privados. Aqui temos uma peculiar divisão de tarefas, e a FNM estava longe de ser o núcleo centralizador.[81]

Este esquema de financiamento, por meio de empréstimos externos e das empresas públicas, seria apoiado, como vimos, pelo BNDE, cuja criação introduziu características fundamentais na estrutura do Estado e que esteve à base de um aprofundamento do intervencionismo estatal na economia. Vejamos rapidamente suas funções mais importantes.

Em primeiro lugar, o Banco Nacional de Desenvolvimento Econômico estabeleceu-se como provedor de recursos no longo prazo — função essencial para o avanço da industrialização, em razão da conhecida "atrofia" do sistema bancário privado, incapaz de sobrepujar os estreitos limites do crédito comercial. Em segundo lugar, fixou-se como órgão centralizador dos recursos públicos exigidos pelos novos investimentos em infra-estrutura e indústria de base. Finalmente, desdobrou-se, a partir dessa sua atuação, na função de articulador do investimento global da economia, atrelando o investimento privado interno e externo às metas prioritárias definidas pelo Estado. Essa inflexão que se introduzia nas relações entre o Estado e a economia, dirigindo o fluxo global do investimento, ganhou maior efetividade no decorrer da estruturação do banco e, principalmente, no período do Plano de Metas.[82]

Prevista para apoiar decididamente o esquema de financiamento esteve também uma embrionária tentativa de reforma tributária. Ao mesmo tempo em que eram aplicados esforços para aperfeiçoar o aparelho arrecadador do Estado, definiram-se diretrizes para uma reforma fiscal profunda, que acompanhasse e respaldasse o dinamismo do aparelho econômico. Nesse sentido foram iniciados, no Ministério da Fazenda, estudos para a elaboração de um anteprojeto a ser enviado ao Congresso. As metas fixadas pelo governo eram as seguintes:

— orientar, em conjugação com as diretrizes adotadas nos demais setores, os capitais privados para investimentos de interesse fundamental, desencorajando, com uma imposição fortemente progressiva, os lucros e rendimentos excessivos que não se aplicarem em atividades básicas e na produção de bens essenciais à vida das populações;
— financiar os empreendimentos governamentais básicos que visam a eliminar os pontos de estrangulamento de nosso desenvolvimento;
— facilitar a entrada de capitais e técnicos estrangeiros, que se destinam aos setores compreendidos na política de investimentos do governo;
— conjugar a ação fiscal com a política monetária, visando sobretudo a reduzir a pressão inflacionária gerada pelo desenvolvimento econômico;
— estimular as exportações e articular o sistema tributário com a política dos órgãos regulares da política de comércio exterior;
— promover, em articulação com a política de gastos de caráter social do governo, uma distribuição mais eqüitativa da renda nacional.[83]

Os estudos não chegaram a conformar um projeto.

Os impactos no aparelho estatal: Centralização e limites

Inevitavelmente o projeto de aceleração do desenvolvimento capitalista brasileiro, com as características apontadas, produziria impactos de monta na estrutura econômica do Estado, exigindo reordenação da forma de inserção, expressão e materialização dos interesses sociais na ossatura e dinâmica estatal.

Por isso mesmo, a expansão do aparelho e as alterações que sofreu durante o segundo governo Vargas não se limitaram à mera intensificação de um mesmo movimento de centralização crescente, racionalização administrativa e burocratização nos termos em que se havia acelerado no pós-30. Entre 1951 e 1954 já se sentia o problema da inadequação do aparelho estatal às tarefas que nasciam do projeto industrializante do próprio Estado. Essa questão foi enfrentada, mas não resolvida. A obsolescência do aparelho econômico do Estado atingiria seus limites no momento imediatamente posterior — o da industrialização pesada —, e sua superação só ocorreu após o esgotamento das condições políticas que prevaleceram até 1964. É preciso destacar essa peculiaridade do processo de transformação do Estado, para captar efetivamente o que é essencial na formação do Estado capitalista no Brasil.

No período que ora nos ocupa, nem a industrialização se completou, nem o Estado assumiu sua feição "acabada" nos termos do processo de desenvolvimento capitalista que se propunha a conduzir. Sem dúvida, no período Vargas, foram colocadas as questões e as soluções de encaminhamento, antecipando as características atuais do Estado brasileiro, indicadas pelos analistas: a forma e o alto grau de inserção econômica do Estado, a conformação dos interesses sociais no interior do organismo estatal, o modo objetivo de dominação que este assume e expressa. Avançando no caminho definido no início dos anos de 1950, o governo JK revelaria os limites extremos que ainda teriam de ser ultrapassados.

O diagnóstico de certo grau de envelhecimento e ineficácia da aparelhagem estatal montada no pós-30, diante do processo de desenvolvimento econômico e social, já se encontrava na primeira mensagem presidencial.

A fragilidade da estrutura administrativa seria resultado, em primeiro lugar, de um *alto grau de irracionalidade*:

> A estrutura da Administração Federal não sofreu, desde 1945, alterações dignas de nota (...). Ora, a reorganização (...) que se operou no período de 1936 a 1945, teria de ser experimental, por força de circunstâncias histórico-sociais e da essência mesma da técnica de organização (...). São notórias, na Administração Federal, freqüentes duplicações, paralelismos e conflitos de competência, tudo isso exigindo um plano geral de sua reestrutura, que o governo já está cogitando (...).[84]

Nos seus desideratos mais gerais, o projeto de reforma administrativa que Vargas enviou ao Congresso, em 1952, visava a uma harmonização da administração, por meio de processos de descentralização, compatibilização e agrupamento de funções similares, assim como coordenação adequada das atividades.

Mas as deficiências estruturais do Estado eram apontadas, simultaneamente, pelo seu *desaparelhamento ante às novas funções econômicas e sociais*, que passariam à sua esfera de atuação:

> Permanecendo inalterada (a estrutura da administração), como praticamente permaneceu, daquela data até aqui, é compreensível que atualmente mereça uma revisão cuidadosa, tendo em vista adaptá-la à nova realidade econômica e social do país. (...) O atual desaparelhamento da organização administrativa é um obstáculo que terá de ser vencido, com firmeza, como o exigem não só a tendência universal de assumir o Estado, crescentemente, novas responsabilidades, como também as condições anormais do mundo contemporâneo e, ainda, a peculiaridade de ser o Brasil um país novo. (...) Cumpre referir especialmente a necessidade de reorganizar os serviços de fomento e controle da economia, com o objetivo de dar-lhes maior eficiência em seu funcionamento; de simplificar as suas relações com os interessados, principalmente com as empresas; de aparelhá-los para a realização de pesquisas, reduzindo ao mínimo indispensável as atividades de rotina; de, finalmente, torná-los aptos a funcionarem articularmente, cada um realizando a parcela de trabalho mais útil, sem duplicar ou perturbar o trabalho de qualquer outro (...). Impõe-se, com análogos intuitos, a reorganização dos serviços federais de assistência médico-social, visando, conforme as modernas concepções, menos a objetivos filantrópicos do que ao seu efetivo rendimento econômico e social. (...) Finalmente, merece especial atenção o aperfeiçoamento do aparelho arrecadador da União (...)[85]

Também a esse respeito, a reforma administrativa projetada contemplaria um esquema de solução, com a *criação de um órgão geral de coordenação e planejamento* responsável, em última instância, pela compatibilização das políticas segundo o plano econômico e social, e pela agilização da máquina burocrática. Entretanto, os elementos de "novidade" ou ruptura no processo de superação da forma anterior de relação entre o Estado e a economia se fizeram sentir menos na frustrada tentativa de reforma institucional, que na natureza distinta dos novos órgãos criados, na forma predominante dos mecanismos de regulação e no desenho de articulação entre os setores burocráticos do Estado e os grupos econômicos privados. É certo que esses processos intensificaram a centralização e condensação do poder estatal, porém, num padrão diferente de expansão do aparelho. São esses os aspectos que mais nos interessa enfatizar, na análise do movimento de formação das estruturas econômicas do Estado capitalista brasileiro.

Vale destacar, em primeiro lugar, a natureza de alguns novos órgãos, que dotaram o Estado de instrumentos inéditos para elaboração de políticas, permitindo-lhe alçar-se a um patamar mais elevado de expressão genérica de interesses. Trata-se de *agências de atuação de âmbito nacional*, destinadas a gerar políticas globais de racionalização e financiamento da produção para setores econômicos considerados agora como *áreas concretas da atividade econômica nacional* — superando, pois, a forma anterior de concebê-los, como conjunto de produtos discretos, sobre os quais atuavam os velhos institutos de regulação e controle dos ministérios ou os controles políticos tradicionais.

Assim, no que diz respeito ao *setor agrário*, foi criada em julho de 1951 a *Comissão Nacional de Política Agrária (CNPA)*.[86] Órgão do Ministério da Agricultura, era presidida pelo ministro daquela pasta e, na sua composição, participavam representantes dos Ministérios da Fazenda, da Educação e Saúde, da Justiça e Negócios do Interior, do Trabalho, Indústria e Comércio; compunham-na também representantes dos órgãos nacionais de classe e das entidades de grau superior da agricultura, nomeados pelo presidente da República. De caráter informativo, as suas atribuições diziam respeito à elaboração da política agrária do governo, estudando os problemas peculiares à atividade rural e sugerindo medidas executivas ou legislativas convenientes à organização e desenvolvimento da economia agropecuária nacional.[87]

O *setor industrial*, por sua vez, passou a contar com órgão a que caberia traçar a política global de desenvolvimento industrial do país, a *Comissão de Desenvolvimento Industrial*. Criada por decreto em 5/7/1951, a CDI tinha por atribuição estudar e propor providências de ordem econômica, financeira e administrativa indispensáveis ao estabelecimento de novas indústrias no país e à ampliação das já existentes. Desse modo, cumpria-lhe elaborar a *política industrial do governo*, propondo normas gerais, estabelecendo políticas de incentivos e proteção tributária, tarifária, cambial e financeira, políticas de mão-de-obra e tecnologia e, finalmente, orientação e articulação, segundo seus propósitos, junto das entidades cambiais e financeiras do Estado. Diretamente subordinada à Presidência da República, era presidida pelo ministro da Fazenda; seu vice-presidente era o presidente do Banco do Brasil. Contava com representantes dos Ministérios do Trabalho, Indústria e Comércio, da Agricultura, da Viação e Obras Públicas, das Relações Exteriores e da Aeronáutica; das Carteiras de Exportação e

Importação (Cexim) e de Crédito Agrícola e Industrial (Creai) do Banco do Brasil; do presidente da secção brasileira da Comissão Mista Brasil-Estados Unidos; e de dois representantes indicados pela Confederação Nacional da Indústria.[88] Como vimos antes, a CDI fez importante trabalho de classificação das indústrias de base e elaborou um Plano Geral de Industrialização.

Aparelhar o Estado de órgãos e instrumentos que permitissem a elaboração e concretização de uma Política Nacional de Desenvolvimento Econômico, segundo as diretrizes traçadas pelo governo, foi a intenção explícita que presidiu a criação destas Comissões, que atuariam de forma entrosada e coerente:

> A preocupação do governo, de encarar com método e segurança o exame e estudo de todos os ramos da atividade nacional, traduziu-se ainda pela criação de outros órgãos técnicos, incumbidos de levar um espírito de previsão racional e científica onde até hoje imperavam as soluções de ordem imediatista (...). Comissão de Desenvolvimento Industrial e Comissão de Política Agrária: os simples nomes de tais órgãos enunciam todo um programa (...). São essas lacunas que se pretendem suprir, a fim de manter harmoniosamente entrosadas, através da ação prudente e protetora do Estado, as atividades industriais com as agrícolas, evitar entre elas, ou entre os vários setores em que se dividem, divergência ou conflitos de interesses (...)[89]

Almejando a elaboração de uma política nacional dos transportes, criou-se a *Comissão de Coordenação e Desenvolvimento dos Transportes*, para superar o caráter até então fragmentário do setor, através de medidas parciais para cada ramo e de seu comprometimento efetivo com uma política de abastecimento interno.[90]

Finalmente, visto que a política concebida era de desenvolvimento econômico e social, também se dotaria o aparelho de um órgão responsável pela elaboração da *política social oficial*. Assim, criou-se em 29/9/1951 a *Comissão Nacional de Bem-Estar (CNBE)*. Instituída no Ministério do Trabalho, Indústria e Comércio, essa comissão deveria "promover os estudos e as providências indispensáveis à estruturação de uma política tendo por objetivo a melhoria das condições do povo brasileiro".[91] Na sua estruturação, a CNBE organizou diversas subcomissões: Seguro Social, Serviço Social, Habitação, Saúde, Indústrias Domésticas e Artesanato, Colonização e Bem-Estar Rural, Recreação e Cultura, e Assistência Técnica. Foi numa dessas subcomissões que se elaborou um anteprojeto de Lei Orgânica da Previdência Social.

A criação de comissões interministeriais, como a CNPA, a CDI ou a CNBE, respondiam, assim, ao desejo de dotar a máquina estatal de instrumentos capazes de elaborar e executar, com agilidade, eficiência e harmonia, *as políticas nacionais de desenvolvimento que o governo entendia ser tarefa do Estado promover.*

Obviamente, por si sós, esses órgãos de coordenação geral por setores não bastavam para atender às exigências de controles efetivos e de coordenação. Outros órgãos deveriam ser criados, para efetivar as políticas setoriais, e estruturar a máquina administrativa de maneira que pudessem ser atingidos, de forma orgânica, os objetivos gerais do plano de desenvolvimento econômico e social, isto é, instituir no nível elevado um órgão geral de planejamento e controle.

Assim, para atender aos projetos econômicos e sociais do setor agrário, foi criado o *Instituto Nacional de Imigração e Colonização* (Inic), alterando, agrupando e ampliando as competências do antigo Conselho Nacional de Imigração e Colonização, do Departamento Nacional de Imigração e da Divisão de Terras e Colonização do Ministério da Agricultura. Pretendia-se, com o Inic, dotar o Estado de um órgão adequado para aumentar a eficiência da ação oficial no campo da colonização e promover os meios financeiros e técnicos para a aquisição de propriedade pelo trabalhador rural; para tanto criou-se, simultaneamente, a *Carteira de Colonização do Banco do Brasil.*[92] O atendimento creditício e financeiro aos planos de desenvolvimento e melhoria das condições de produção agrária foi contemplado também com a criação do *Banco Nacional de Crédito Cooperativo* (BNCC);[93] a criação da *Companhia Nacional de Seguros Agrícola*,[94] que destinava-se à preservação das colheitas e rebanhos contra os riscos naturais, por intermédio de uma sociedade por ações subscritas pelo Tesouro, pessoas físicas e jurídicas, sociedades bancárias e resseguradoras, entidades autárquicas destinadas ao fomento e amparo à lavoura e sociedades de seguros e capitalização; e o *Conselho Nacional de Administração de Empréstimos Rurais* (CNAER).[95] Finalmente, os projetos sociais do governo na área rural se iniciariam com a criação do *Serviço Social Rural*, estruturado de forma similar aos já existentes Serviço Social da Indústria (Sesi) e Serviço Nacional de Aprendizagem Industrial (Senai), e destinado à prestação de serviços médico-sanitários, setores de economia doméstica, artesanato, recreação, indústrias rurais caseiras e educação de base.[96]

Na área industrial e para a elaboração e execução de planos específicos, foram criadas a *Comissão Executiva do Carvão Nacional*, responsável pela execução do plano do carvão, o *Instituto Nacional do Babaçu* (em

27/3/1953), a *Comissão Executiva da Indústria de Material Automobilístico* (Ceima), criada pelo Decreto n.35.729, de 25/6/1954, a partir da proposta da subcomissão de Automóveis, Jipes e Tratores da CDI,[97] e a *Comissão Executiva da Indústria de Material Elétrico*.[98] Finalmente, como vimos, foi criada uma empresa pública responsável pela execução do Programa do Petróleo, a *Petrobras S.A.*

A área social e urbana de atuação do Estado foi ampliada com a ativação da Comissão Nacional de Alimentação[99] e pela criação da *Comissão Federal de Abastecimento e Preços* (cofap), destinada a atuar de forma coordenada na política de preços e regularização do abastecimento urbano.[100]

Visando a atuar na ampliação e melhoria dos grupos profissionais da alta categoria, considerados necessários à elevação da produtividade e expansão econômica, foi criada a *Comissão de Aperfeiçoamento de Pessoal Especializado de Nível Superior* (capes).[101]

Em 1952, como vimos, o financiamento dos projetos globais de desenvolvimento econômico vinculou-se ao recém-criado Banco Nacional de Desenvolvimento Econômico, além dos bancos destinados aos projetos regionais: o Banco do Nordeste e o Banco de Crédito do Amazonas.

As exigências de um plano de desenvolvimento econômico e social de ampla envergadura, como se queria, e num país com as características do Brasil, em virtude de sua inserção na divisão internacional do trabalho, imporiam ao aparelho econômico estatal impactos muito mais amplos que os até agora assinalados, com a criação de órgãos setoriais de atuação nacional. O controle conjunto das políticas, por meio das *comissões interministeriais*, em cujos conselhos participavam representantes das outras entidades estatais envolvidas na política, se completaria pelo *reforço e ampliação de competências de órgãos já existentes*, fundamentais pelo seu envolvimento nas áreas do comércio exterior e das orientações monetária e creditícia do governo — áreas estratégicas que seriam controladas simultaneamente, sob pena de se comprometer irremediavelmente o plano geral de desenvolvimento proposto.

A antiga Comissão de Financiamento da Produção teve suas funções e composição ampliadas;[102] também o Conselho Técnico de Economia e Finanças foi ativado e reforçado na sua competência, em dezembro de 1953.[103] A Sumoc [104] também sofreu alterações: foram ampliadas as funções de seu conselho, a que se atribuiu a supervisão do intercâmbio comercial do país com o exterior e do orçamento cambial, e o estudo e registro de prioridades cambiais e de capitais estrangeiros aplicados em atividades de especial interesse para a economia nacional. Dessa forma, na atuação conjunta que a Sumoc estabelecia com o Banco do Brasil, a Carteira de Redesconto e a Caixa de Mobilização Bancária, aumentou o grau de estatização e controle das políticas monetária, bancária, de comércio exterior e de investimentos estrangeiros. Em dezembro de 1953, com a *extinção da Cexim e a criação da Cacex*, a Sumoc passou a concentrar e monopolizar a elaboração das políticas cambial e de capital estrangeiro do governo, estabelecendo as diretrizes reguladoras, a um só tempo, das operações de câmbio e das importações e exportações, principalmente no referente ao grau de essencialidade das mercadorias importadas e de capitais estrangeiros a merecerem prioridade na entrada.[105] Junto da Cacex foi criada a *Comissão Consultiva de intercâmbio Comercial com o Exterior*, destinada a transmitir à sua direção sugestões para o desenvolvimento do comércio externo.[106]

Para a revisão e o estabelecimento de novas tarifas aduaneiras, e sobretudo para efetivar a opção por tarifas *ad valorem*, visando tanto à proteção industrial quanto o alargamento das bases fiscais do Estado, criou-se a *Comissão de Revisão de Tarifas Aduaneiras*, encarregada de elaborar o anteprojeto de reforma tarifária a ser enviado ao Congresso. E, para demarcar institucionalmente o novo tipo de atuação do Estado, enquadrando-o em dispositivos legais adequados, foram criadas comissões de especialistas encarregadas de traçar normas gerais de direito financeiro, de forma a se estruturar em bases uniformes e coordenadas a ação financeira das três esferas da administração pública. O objetivo maior seria a consubstanciação dessas normas nas Leis Orgânicas de Finanças Públicas, que conjugariam a Lei Nacional do Orçamento, o Código Tributário Nacional e a Lei Orgânica do Crédito Público.[107]

O padrão de expansão do Estado se completaria com outros elementos: a *empresa pública*, em substituição aos antigos conselhos de estudos e pesquisas, e a *vinculação setorial do empresariado* aos projetos nodais de desenvolvimento, superando a fórmula de representação pelos órgãos gerais de classe.

Os casos exemplares para o primeiro desses elementos foram, obviamente, o de criação da Petrobras e o projeto de criação da Eletrobrás. Sem constituir novidade na estrutura estatal, a empresa pública seria a fórmula opcional para enfrentar as atividades de caráter industrial que o Estado se reservava na implementação do plano de desenvolvimento. As experiências anteriores, em particular os êxitos comprovados da Companhia Siderúrgica Nacional e da Companhia Vale do Rio Doce, justificaram a inclinação da política administrativa pela empresa, antes que por conselhos e departamentos que, em que pese a ação importante que exerceram, esbarrariam em limites insuperáveis diante das atividades produtivas a serem implementadas. Tanto o Conselho Nacional do Petróleo quanto o Departamento Nacional de Águas e Energia Elétrica, peças-chave da intervenção estatal do período anterior, seriam suplantados pela fórmula empresarial, na estrutura do Estado. No caso da Eletrobrás, que não foi criada senão em 1961, seria o BNDE, afinal, o responsável pela implementação dos projetos energéticos, colocando em segundo plano o DNAEE ou a Divisão de Águas do Departamento Nacional de Produção Mineral. É interessante observar que o próprio Plano Nacional de Eletrificação, dadas as suas características complexas, já não pôde ser realizado pelo DNAEE. Interpelados a respeito pela Assessoria Econômica da Presidência, os técnicos do DNAEE afirmaram não dispor de condições e recursos; caso conseguissem reforço financeiro, previam um prazo de três anos para a elaboração do plano. A comissão especial que se criou, chefiada por Soares Pereira, elaborou os estudos e o Plano de Eletrificação em menos de um ano, comprovando o processo de envelhecimento de uma burocracia que rapidamente se tornava tradicional ante à complexidade das novas tarefas.[108]

Cumpre assinalar, por fim, as tendências que se impunham na forma de articulação e representação dos grupos privados de interesses no organismo econômico estatal. A fórmula corporativista prevalecente sofreu uma espécie de inversão de dominância, com o surgimento de formas embrionárias de um neocorporativismo ou, se se quiser, de um modo distinto de inserção dos interesses privados nas estruturas do Estado.

A atuação dos setores empresariais nos órgãos e aparelhos econômicos do Estado seguia, até então, um padrão dominante, assinalado pela extensa literatura que tratou desse assunto: desde os anos de 1930, os setores patronais faziam-se presentes nos órgãos econômicos sobretudo pela estrutura sindical oficial e pela representação vinda dos órgãos hierarquicamente superiores, as federações e confederações (em particular, a Confederação Nacional da Indústria, a Confederação Nacional do Comércio e, extra-oficialmente, a Sociedade Rural Brasileira, pois só posteriormente foi criada a Confederação Nacional da Agricultura). A inserção no Estado dos setores privados segundo uma representação funcional específica (por ramos de produção e mesmo por produtos similares) coexistia com a primeira, mas de forma subordinada, se ressaltarmos o caráter mais dinâmico da anterior nos processos decisórios que afetavam a política econômica mais global.

É certo que esse padrão não desapareceu no período; foi seguido em muitos dos órgãos setoriais criados, em particular nos conselhos das comissões interministeriais, com pequenas diferenças: tratando-se de órgãos setoriais, a participação das "classes produtoras" se fazia de modo especializado *(veja a* composição da CNPA ou da CDI).

O esboço de uma nova forma surgiu ao se "oficializar" a representação não-oficial nas comissões e subcomissões responsáveis pelos estudos de criação e implantação de setores econômicos novos: *seria tipicamente uma articulação direta entre setores burocráticos do Estado e empresários com interesses objetivos nos projetos em pauta.*

O exemplo mais significativo foi a vinculação que se estabeleceu entre técnicos da Subcomissão de Jipes, Tratores, Caminhões e Automóveis, da Comissão do Desenvolvimento Industrial, empresários do setor nacional de autopeças, comerciantes importadores de peças de reposição e executivos das montadoras estrangeiras de veículos. Aquela que seria a fórmula juscelinista por excelência — os "grupos executivos" ou os "grupos de trabalho" — foi prenunciada no início dos anos de 1950 como fórmula possível de conjugação de esforços e ativação do setor privado para os projetos de iniciativa estatal.[109] Que esse não era um caso singular, indicam a composição e a forma de atuação das outras subcomissões da CDI, ou a do BNDE encarregada de estudos para a implantação da indústria naval (participação dos empresários dos estaleiros), ou mesmo a participação privada funcionalmente específica na Comissão Executiva do Carvão Nacional.

Essa forma opcional de articulação provocará dois tipos de impacto importantes. Primeiramente, como já assinalou Schmitter, estimulará o surgimento de novos tipos de associações patronais, desencadeando um sistema paralelo de representação de interesses privados, segundo a peculiaridade funcional. A partir do final da década de 1950, essas associações assumirão papel cada vez mais dinâmico, suplantando os grandes órgãos representativos da estrutura sindical oficial.[110]

Outro efeito dessa articulação direta entre empresários e burocratas no interior do aparelho de Estado, e em torno de projetos econômicos de instalação e expansão dos setores novos e dinâmicos, seria *a definição simultânea das estratégias da grande empresa privada e do Estado*, implicando um grau profundo e inusitado de interpenetração entre as esferas pública e privada no processo de desenvolvimento econômico.

Tanto a expansão anterior do aparelho estatal quanto a inflexão sofrida nos primeiros anos da década de 1950 colocaram um desafio grave aos dirigentes políticos e elaboradores de políticas. Como conferir caráter de agilidade e eficiência à gigantesca máquina estatal e, ao mesmo tempo, garantir os mecanismos de planejamento e controle exigidos pelas novas tarefas? O novo presidente e seus técnicos em administração diagnosticavam os problemas maiores: paralisia e envelhecimento do aparelho; superposição de órgãos sob os mais díspares regimes jurídicos e institucionais; congestionamento da Presidência; dificuldades em manter sob a orientação unificada do chefe do Executivo a multiplicidade de órgãos e funções; necessidade, imposta pelo regime democrático, de agilizar e ampliar o grau de eficácia do aparelho na execução de leis e metas; ausência de um sistema integrado de planejamento, controle e coordenação; e, finalmente, a inadequação ou a limitação do maquinismo governamental, diante das complexas atividades econômicas e sociais que o Estado se via desafiado a assumir.

Já em 1952, Vargas anunciou uma reforma administrativa radical, que contemplaria desde logo os imperativos de coordenação e compatibilização das políticas. Uma comissão de especialistas elaborou um anteprojeto, visando a "assegurar uma distribuição mais harmoniosa das atividades do Estado, agrupando-as pelas similitudes de seus objetivos, reduzindo a um número razoável os contatos diretos do presidente da República, simplificando o campo de ação de cada ministério e assegurando uma coordenação adequada de todas as atividades do sistema".[111]

É possível indicar os elementos fundamentais do anteprojeto. Em primeiro lugar, tratava-se de criar um sistema duplo de coordenação: um direto, por meio de comissões interministeriais, e outro indireto, com a coordenação de todos os projetos e atividades por meio de um Conselho de Planejamento e Coordenação, a ser constituído junto da Presidência. O princípio a ser seguido, conforme a justificativa do anteprojeto, seria o de *descentralizar* a administração e, ao mesmo tempo, ampará-la com um mecanismo seguro de coordenação, a fim de garantir controle, unidade e harmonia da ação governamental. O Conselho de Planejamento e Coordenação cumpriria tal papel, formulando os objetivos gerais e específicos e atuando como *órgão supremo de planejamento e programação* das atividades governamentais. "Seu trabalho inicial será o de estabelecer, sob a forma de planos trienais, qüinqüenais ou decenais, as diretrizes que orientarão a atividade do Estado brasileiro nos próximos anos".[112]

Em segundo lugar, previa-se uma transformação do sistema de distribuição e redistribuição dos fundos públicos, preso pelo velho e obsoleto Código de Contabilidade. As normas constitucionais prevalecentes de registro e prestação de contas dos gastos públicos junto do Tribunal de Contas da União introduziam elementos perversos de demora e, até então, haviam sido parcialmente contornadas pelos "fundos especiais" ou "contas especializadas".[113] Para superar esse elemento de rigidez da máquina administrativa, o anteprojeto apoiava-se em experiências de movimentação de dinheiro que os ministérios militares ou certas campanhas nacionais já faziam, propondo generalizá-las para toda a administração. Constituiriam medidas importantes a simplificação dos procedimentos e a alteração dos prazos para registro de contratos no Tribunal de Contas (fazendo do registro *a posteriori* a regra) e a generalização do sistema de orçamentos analíticos para a distribuição das dotações orçamentárias.

Por fim, o anteprojeto propunha um conjunto de medidas objetivando reagrupar ou desmembrar órgãos, conforme critérios de homogeneidade de funções e visando ao desafogamento da Presidência. Assim, sugeriu-se que os 11 ministérios fossem transformados em 16: desdobrados alguns, criados outros, a administração passaria a contar com o Ministério do Interior, da Previdência Social, da Indústria e Comércio, de Minas e Energia, dos Transportes, da Justiça, Segurança e Assuntos Políticos e das Comunicações.[114]

Conhecendo as resistências com que se defrontaria tal projeto de racionalização administrativa, por afetar uma área clientelística por excelência, Vargas taticamente convocou previamente a colaboração das forças político-partidárias, sob a forma de uma Comissão Interpartidária da Reforma Administrativa, da qual participavam todos os partidos[115] e à qual foi submetido o anteprojeto, à guisa de mera sugestão. De início, a comissão o expôs à crítica individual de cada um dos partidos, que apoiaram unanimemente a tentativa de descentralização, ainda que alguns discordassem da criação de um órgão geral de coordenação e planejamento.[116]

A Comissão Interpartidária elaborou um relatório final considerado por ela própria um "transunto das idéias assentes no decorrer desses trabalhos, assim como das que, suscitadas pelo relator geral, vieram a ser aprovadas em duas sessões posteriores, e representa a opinião final da Comissão Interpartidária sobre a matéria".[117] No seu parecer, a Comissão discriminava e endossava aqueles que lhe pareceram os princípios norteadores da reforma proposta: o exercício do governo pelos ministérios (e não sob gestão direta do presidente); a descentralização administrativa; a simplificação dos processos burocráticos; o planejamento e a coordenação por meio de instrumentos adequados; o caráter global e profundo dessa reforma, considerada de base. Entre suas várias e minuciosas sugestões, estava a de reduzir para 13 o número de ministérios proposto, concordando com a criação do Ministério de Serviços Sociais e o de Minas e com a separação do Ministério do Trabalho do da Indústria e Comércio; por outro lado, considerava injustificável a criação de um órgão supremo de coordenação e planejamento: isso ficaria restrito à área econômica sob responsabilidade do Conselho Nacional de Economia que, para tanto, deveria ser reorganizado em sua estrutura e competência.

A obtenção de um apoio consensual partidário prévio não foi, de modo algum, garantia de tramitação rápida e aprovação: embora elaborado exatamente nos termos propostos pela Comissão, o projeto, enviado pelo Executivo ao Congresso Nacional em agosto de 1953, não foi aprovado nem na gestão Vargas nem nas subseqüentes.[118]

Era politicamente impossível levar a cabo uma reforma administrativa; não havia um órgão geral de planejamento e controle; foi frustrada a maior parte das metas de desenvolvimento e transformação estrutural propostas. Cabe perguntar, ainda, qual foi o *modus operandi* da administração Vargas, no que tange aos mecanismos de compatibilização de políticas e de direcionamento efetivo da ação estatal, segundo as prioridades econômicas e políticas que se queria seguir.

Como já indicamos, desde 1949 a estrutura administrativa estatal contava com um órgão de atuação para os problemas macroeconômicos do país: o *Conselho Nacional de Economia*. Cumprindo suas funções de órgão opinativo, o CNE elaborou um número significativo de estudos e pareceres técnicos, respondendo à intensa solicitação que lhe fizeram a Presidência da República e seus órgãos, além do próprio Congresso.[119] De importância foram suas atividades de publicação especializada, a *Revista do Conselho*, e as Exposições Gerais sobre a situação econômica do país, realizadas anualmente, nas quais se propunham um balanço da conjuntura econômica e medidas corretivas ao Executivo e ao Legislativo.

O CNE não fora concebido para atuar como órgão geral de planejamento econômico e de controle da execução de planos e programas. Aliás, na Exposição Geral de 1951, ele próprio apontava como obstáculo ao crescimento econômico a distorção dos investimentos e a ausência de coordenação desses, considerando imprescindível o planejamento governamental.[120] Por outro lado, ainda que abrigando opiniões divergentes entre seus conselheiros, o CNE assumiu, principalmente a partir da gestão Bulhões, em 1953, posição francamente contrária à política de desenvolvimento econômico do governo, em particular no referente ao grau pretendido de intervenção econômica do Estado, à política em relação ao capital estrangeiro, às restrições aos lucros excessivos,[121] e à legitimidade do planejamento governamental.[122] Portanto, no âmbito desse órgão considerado *sui generis* na estrutura administrativa federal — uma espécie de "quarto poder" da República, porque não estava subordinado efetivamente a nenhum dos poderes do Estado[123] —, não se lograria levar a cabo as atividades de planejamento global e compatibilizar as diferentes políticas de desenvolvimento econômico.

É verdade, entretanto, que se alcançou certo grau de planejamento, coordenação, compatibilização e controle da execução das diferentes políticas econômicas e sociais do governo, ainda que de forma precária e limitada, acionando dois mecanismos básicos pelos quais se imprimiu sentido e direção ao conjunto da ação estatal.

De um lado, como vimos, utilizou-se o mecanismo burocrático-administrativo de participação simultânea de representantes dos principais órgãos responsáveis pela execução da política econômica nos conselhos dos mesmos órgãos. Essa forma, que já vinha sendo utilizada desde as décadas de 1930 e 1940, foi reforçada, na tentativa de se elevar ao máximo a capacidade administrativa e a harmonização das medidas econômicas, exercendo controles sobre as áreas consideradas estratégicas (o comércio exterior, as instituições de crédito e financiamento, os incentivos tributários etc.).

O outro mecanismo foi uma efetiva divisão de tarefas — "de fato", e não *de jure* — no interior do circuito estabelecido entre a Assessoria Econômica da Presidência, o BNDE, a Comissão Mista Brasil-Estados Unidos, os órgãos de planejamento setorial (como a CDI ou a CNPA), os da administração direta subordinados aos distintos ministérios (Sumoc, Cexim, Cacex etc.) e, finalmente, as empresas públicas e autarquias — circuito que partia do presidente da República e nele se fechava.

A Assessoria Econômica da Presidência, sob a chefia de Rômulo de Almeida e, posteriormente, de Jesus Soares Pereira, exerceu, de fato, funções de planejamento global, principalmente no referente aos projetos mais importantes do governo, exercendo papel dinamizador sobre o conjunto dos órgãos da administração.[124]

No tocante aos projetos novos, considerados prioritários, a CDI cumpriu, em parte, as funções de agência de planejamento, pelo menos em termos de classificação das indústrias de base e grupos preferenciais, e incentivos ao setor privado.[125]

Com a Comissão Mista Brasil-Estados Unidos ficaram os projetos de energia e transporte, particularmente aqueles referentes ao Plano de Reaparelhamento Econômico (de expansão e melhoria da oferta). Ressalte-se que os planos varguistas na área de energia e transporte não se confundiam com os 42 projetos elaborados pelos técnicos da comissão mista; como vimos, eram muito mais ambiciosos e abrangentes, além de se organizarem segundo orientação bem distinta da que predominou na Comissão.[126]

Ao BNDE, como também já vimos, coube efetivar um direcionamento do fluxo do investimento global da economia, acentuando, na prática, e antes mesmo da existência de uma agência planificadora, a lógica material do planejamento governamental.

A figura presidencial, por sua vez, cumpriu papel definitivo na orientação e harmonização geral da política de desenvolvimento, atuando de modo a imprimir sentido claro aos planos e programas.[127]

Evidentemente limitado, esse modo de articulação da máquina administrativa defrontou-se com obstáculos sérios no que diz respeito a um grau razoável de coordenação.

Esses mecanismos, por seu caráter relativamente frouxo e débil, não puderam minimizar os conflitos intraburocráticos ante às questões mais cruciais da política de desenvolvimento. E tais conflitos no interior das estruturas do Estado constituíram regra, não exceção, expressando divisões, alinhamentos, articulações no "complexo burocrático" segundo os mais diversos níveis de interesses — desde aqueles que constituíam as grandes polarizações da sociedade, até os próprios das burocracias, de seus esquemas de barganhas, compromissos e alianças. A imagem de uma estrutura estatal monolítica, de orientação unívoca, é própria da esfera ideológica, mesmo quando se trata de regimes autoritários, nos quais as disputas interiores por posições de influência e poder são encobertas por mecanismos repressivos e de censura.

Se o Leviatã é sempre dividido, para reiterarmos a feliz expressão de Sérgio Abranches, com suas agências e jurisdições dotadas — desigualmente — de poder e certos graus de autonomia, há também mecanismos integradores e "corretivos", que hierarquizam, selecionam e subordinam os vários núcleos e agências estatais (atribuição de poder, concentração de recursos à disposição dos órgãos concebidos como estratégicos etc.). Nesse sentido, e em relação às diretrizes da política econômica, a institucionalização de um órgão nuclear dotado de poderes efetivos parece constituir um instrumento formal importante para pôr em movimento aqueles mecanismos.

Sob a perspectiva que estamos analisando — a da estrutura e do funcionamento do Estado brasileiro perante as tarefas da industrialização —, as tentativas de dotá-lo de um órgão de planejamento respondiam não só a exigências reais do próprio grau de intervenção econômica, mas também à busca de instrumentos centralizados de comando e minimização de conflitos, de modo a permitir uma atuação global e coordenada indispensável nas áreas estratégicas de política econômica, dando fluidez à direção econômica do governo. Na sua ausência, os conflitos no interior do Estado assumiam proporções graves, comprometendo se não os objetivos, pelo menos o ritmo que se queria imprimir ao processo de desenvolvimento. Os mais gritantes — e que giravam em torno das opções fundamentais da industrialização (seu ritmo, o papel da empresa pública, a política em relação ao capital estrangeiro etc.) — colocaram em posições opostas os órgãos mais centrais responsáveis pela política econômica. Vários depoimentos e análises indicam, por exemplo, as "tensões" entre a Assessoria Econômica e a Comissão Mista; ou entre o Ministério da Fazenda e os técnicos da Assessoria; ou mesmo os desacertos de posições entre o BNDE, a Comissão e a Assessoria Econômica.[128]

Sem dúvida, não se restringiriam a esses conflitos as dificuldades maiores para a execução do plano de desenvolvimento. E ainda, no nível da estrutura do Estado, vale insistir na estreiteza de suas bases fiscais e financeiras em face do volume de recursos que o projeto exigia, na ausência de uma reforma tributária, da organização de um sistema financeiro público que superasse, por exemplo, a dependência do BNDE aos recursos orçamentários. Observe-se, porém, que essas mesmas deficiências refletiam grandes resistências políticas àquela concepção de avanço da industrialização, e que, portanto, não explicam por si sós os obstáculos que se antepuseram ao "projeto varguista".

Como demonstramos, o aparelho econômico expandiu-se e ganhou níveis de coordenação mais elevados, e o aparelho social adquiriu maior consistência e envergadura. No plano das realizações econômicas ocorreram importantes avanços setoriais na infra-estrutura de energia e transporte, na intensificação dos investimentos em siderurgia e com a criação da Petrobras; o crescimento e a modernização da estrutura industrial foram intensificados, principalmente, pelas políticas creditícia e cambial. Os setores de bens de consumo não-duráveis se beneficiaram do crescimento da massa de salários, favorecido por uma política salarial mais aberta.[129] A criação do BNDE, por sua vez, representou um passo fundamental para instrumentar a realização do projeto global de investimentos.

Entretanto, essas realizações, se comparadas ao plano original, foram incompletas e fragmentadas. As próprias inversões do setor público não atingiram um patamar mínimo de integração, como se planejara. A criação de novos setores, na área industrial, praticamente fracassou. No plano do aparelho e das políticas gerais que pretendia implementar — a agrária, a social, a industrial e a urbana —, os resultados foram incompletos ou mesmo irrelevantes, se pensarmos no grau de compatibilização e coordenação com que foram concebidas. Igualmente não foram realizadas as reformas administrativa e tributária. Quanto ao financiamento externo, não apenas fracassaram as negociações para a obtenção de um empréstimo global, sem vinculações, como foram modestos os recursos obtidos para os projetos de energia e transporte recomendados pela Comissão Mista.[130]

Cabe apontar, então, ainda que sumariamente, a natureza das resistências políticas que frustraram o "projeto varguista".

Na sua concepção, o plano de desenvolvimento econômico e social envolvia, necessariamente, uma ruptura radical com o *status quo*. Pretendia materializar o salto para a industrialização, criando novos blocos industriais e constituindo o setor pesado de bens de produção, sob a liderança da empresa pública, minimizando a participação da empresa estrangeira. Essa estratégia, embora capaz de abrir novas fronteiras de expansão ao capital privado nacional, implicava dinamicamente sua subordinação ao setor público e graus elevados de estatização — evidenciando também um conteúdo nacionalista que não deixou de despertar resistência por parte do capital estrangeiro e das agências internacionais de financiamento.

A bem da verdade, a política industrial não excluía a empresa estrangeira, mas visava a controlar a sua entrada e participação nos setores novos, para proteger os espaços em que atuariam as empresas nacionais, públicas e privadas. Buscava também estreitar as condições de remessa de lucro e *royalties*.

É bom ainda lembrar que as condições de negociação com as empresas estrangeiras, até meados dos anos 1950, não eram particularmente favoráveis. No exterior, o fluxo do investimento direto das empresas americanas concentrava-se no mercado europeu, em rápida expansão; as subsidiárias aqui instaladas não pretendiam, naquele momento, aprofundar as suas estruturas de produção. Por outro lado, as empresas européias voltavam seus esforços, no contexto da recuperação, para a defesa dos mercados domésticos, com a atualização de suas estruturas tecnológicas e financeiras. Não possuíam, ainda, capacidade de responder à competição americana, diversificando seus mercados em escala mundial — o que só viria a ocorrer a partir da segunda metade dos anos de 1950.[131] Essas circunstâncias ficaram evidentes quando o governo tentou sensibilizar as empresas automobilísticas estrangeiras para a implantação da produção automotriz em grande escala. Assim, as condições da competição internacional tornavam mais rígidas as resistências do capital estrangeiro.

No plano interno, além das ambigüidades do empresariado industrial, houve cerrada oposição por parte dos setores mercantis ligados ao grande comércio de importação e exportação. Como mostrou Armando Boito, foram acentuados os reclamos desses setores com relação aos mecanismos de controle da utilização de divisas e a intensificação do confisco cambial.[132]

Finalmente, na área social, as políticas e os novos benefícios foram insuficientes para fazer frente aos anseios populares, num contexto de acentuada mobilização "populista". Os dois grandes aumentos do salário mínimo contribuíram para a elevação do piso salarial e, já em condições de crise política aberta, potenciaram ao máximo a oposição dos setores dominantes.[133]

Não é nossa intenção determo-nos na análise da *crise política* que marcou o final do período Vargas e na qual se haveria de encontrar a compreensão do fracasso de seu projeto de desenvolvimento. Apenas nos restringimos a indicar as imensas dificuldades de levar adiante essa alternativa de industrialização, que por certo envolveria um elevado nível de planejamento substantivo do conjunto de inversões públicas e privadas, e um acentuado grau de autonomia do Estado, em condições limitadas e conflitivas do ponto de vista da articulação dos interesses sociais. Os conteúdos nacionalistas, "estatizantes" e sociais desse projeto de industrialização, ambicioso em sua magnitude e ritmo, dificilmente permitiriam unificar interesses naturalmente conflitivos mais além de acertos parciais em torno de questões específicas. Nesse sentido, faltavam suportes mais estáveis para que a direção política e econômica do Estado adquirisse consistência.

Notas

1. Exemplar, nesta linha de análise, é o importante levantamento efetuado no trabalho já citado do Iuperj, *Expansão do Estado e intermediação de interesses*. Com justiça, entretanto, deve ser assinalado que a maior parte dos estudos disponíveis sobre a estrutura do Estado e seu processo de formação tende a enfatizar os aspectos de continuidade entre 1930 e 1964, quando não até os tempos atuais.

2. O melhor estudo nesta orientação, é o de Celso Lafer, *op. cit.*

3. O. Ianni chamou a atenção para a reorientação das relações entre Estado e economia, no segundo governo Vargas, e também associou essa mudança à nova composição das forças políticas no poder. Cf. O. Ianni, *op. cit.*, p.109.

4. Tais como já as enunciamos na Introdução.

5. No seu excelente depoimento a Medeiros Lima, Jesus Soares Pereira, que foi chefe da assessoria econômica do presidente, diz que os planos e programas parciais elaborados até 1954 seguiram as diretrizes contidas na Mensagem de 1951. Cf. Medeiros Lima, *op. cit.*, p.89-116.

6. Em 1951, foi instalada a Comissão Mista Brasil-Estados Unidos, que elaborou 42 projetos, principalmente nas áreas de energia e transporte. Comentaremos mais à frente a sua organização e seus projetos.

7. Cf. "Mensagem Presidencial ao Congresso na abertura da Sessão Legislativa de 1951", in: Getúlio Vargas, *O governo trabalhista no Brasil*. Rio de Janeiro, José Olympio, 1952, v.I, p.218 e segs.

8. Idem, ibidem, p.222. (grifos nossos).

9. Cf. "Mensagem ao Congresso propondo o Plano Nacional de Eletrificação, 10/4/1954", in: Getúlio Vargas, *op. cit.*, v.IV, p.417-448. Uma análise do plano encontra-se *in* M. Lima, *op. cit.*, p.115 e segs.

10. Cf. "Mensagem…, *op. cit.*, p.226.

11. Cf. "Mensagem ao Congresso Nacional propondo o Programa do petróleo nacional e a criação da Petrobras", 8/12/1951, *idem*, p.75-97.

12. *Idem*, p.80.

13. O anteprojeto do plano e sua justificativa encontram-se in: Getúlio Vargas, *op. cit.*, v.III, p.20-40.

14. Cf. *Anais da Câmara dos Deputados*, 1951, p.142-52 e 265-71.

15. Cf. "Mensagem", 1951, *op. cit.*, p.206.

16. "Se não conseguirmos resolver os problemas fundamentais de transporte, a economia brasileira não poderá avançar muito de sua posição atual. Cumpre, assim, destinar o máximo de recursos financeiros e técnicos a esse gigantesco problema, desenvolvendo todos os meios de transporte, cuidando de sua maior articulação e de seu mais útil aproveitamento pela economia nacional. Neste sentido, devem ser desenvolvidos estudos de conjunto das necessidades de transportes, e adotado um novo Plano Nacional de Viação, que atualize e aperfeiçoe o baixado pelo Decreto n. 24.497, de 1934, e integre todos os sistemas. Deve ele traduzir-se num plano global de inversões, para o qual devemos utilizar as fontes nacionais e internacionais de financiamento a nosso alcance." *Idem, ibidem*, p.206-7.

17. Cf. "Mensagem...", 1953, *op. cit.*, v.III, p.400.

18. Cf. "Mensagem...", 1953, *op. cit.*, v.III, p.400.

19. Cf. "Mensagem...", 1952, *op. cit.*, v.II, p.301-2.

20. Cf. "Mensagem...", 1953, *op. cit.*, v.III, p.396-7.

21. Como se sabe, a construção de estradas obedeceu sempre a critérios políticos, e o governo Vargas não parece ter constituído exceção a esse respeito. Aliás, a ele atribui-se a cínica observação de que o maior partido nacional era o "Partido Rodoviário".

22. Cf. "Mensagem...", 1951, *op. cit.*, p.215 e segs.

23. Cf. "Mensagem...", 1952, *op. cit.*, v.II, p.313. Além do Plano Postal-Telegráfico, posto em execução desde o segundo ano do governo, se definirá em 1952 (decreto de 21/11/1952) um Plano de Distribuição e Atribuição de Concessão de Televisão.

24. Como vimos, desde o Estado Novo foram elaborados planos parciais para energia e transporte. Por outro lado, a Comissão Mista Brasil-Estados Unidos elaborou 42 projetos relacionados a essa mesma base de infra-estrutura.

25. Cf. "Mensagem...", 1951, *op. cit.*, p.161.

26. *Idem*, p.192.

27. Cf. "Mensagem...", 1951, *op. cit.*, p.181; "Mensagem…, 1952, *op. cit.*, p.281.

28. Cf. "Mensagem...", 1951, *op. cit.*, p.183.

29. Cf. "Mensagem...", 1952, *op. cit.*, p.285 e "Mensagem...", 1954, *op. cit.*, p.259.

30. Cf. "Mensagem...", 1953, *op. cit.*, p. 389.

31. Cf. "Mensagem...", 1951, *op. cit.*, p.187 e segs.
32. *Idem*, p.189, e "Mensagem...", 1953, *op. cit.*, p.392.
33. Cf. "Mensagem...", 1952, *op. cit.*, p.286.
34. Cf. "Mensagem...", 1951, *op. cit.*, p.215.
35. Cf. "Mensagem...", 1953, *op. cit.*, p.389-91.
36. Em 1954, a Presidência instruiu o BNDE para que organizasse uma comissão encarregada de estudar e elaborar pareceres sobre os seguintes aspectos do programa naval: a) propostas de reorganização da estrutura administrativa dos serviços de navegação e cabotagem de longo curso; b) programa de reequipamento da frota mercante; c) plano de construção naval, no país e no estrangeiro; d) possibilidade de fretamento de navios; e) esquema de financiamento em moeda nacional e em divisas para a execução dos programas que sugerisse. A comissão contaria com representantes da Comissão da Marinha Mercante, do Ministério de Viação e Obras Públicas e de companhias particulares de navegação. Cf. Getúlio Vargas, "Mensagem...", 1954, *op. cit.*, p.291.
37. Cf. "Mensagem...", 1951, *op. cit.*, p.113.
38. Cf. "Mensagem...", 1952, *op. cit.*, p.309.
39. Cf. "Mensagem...", 1953, que, sem discriminar projetos, reserva para os investimentos estatais, na primeira etapa do Plano Nacional de Eletrificação, a verba de 1 bilhão e 500 milhões de cruzeiros, *op. cit.*, p.423 e Anexo A, p.454.
40. Cf. "Mensagem...", 1951, *op. cit.*, p.191.
41. A reprodução do Plano de Classificação das Atividades Industriais e dos Grupos Preferenciais de Produção está na *Folha da Manhã*, de 13/3/1952. Critérios subsidiários seriam a capacidade de absorção da mão-de-obra que ficou disponível por meio do crescimento demográfico ou do aperfeiçoamento da agricultura, assim como a contribuição da indústria para corrigir desequilíbrios regionais na distribuição do poder econômico. Levando em conta tais critérios, o documento classifica as atividades industriais em dez grupos preferenciais (veja Anexo III deste trabalho) que seriam implantados ou expandidos no país e que contariam com o apoio do governo.
42. Cf. *Boletim Informativo da Confederação Nacional da Indústria*. Rio de Janeiro, CNI, 15/4/1952, p.4 e segs.
43. As informações sobre a Comissão Mista Brasil-Estados Unidos estão principalmente in: Institute of Inter-American Affairs, *The development of Brazil*. Report of the joint Brazil-United States Economic Development Comission, US Government Printing Office, Washington 25 DC, 1954; BNDE, *Exposição sobre o Programa de Reaparelhamento Econômico*, BNDE. Rio de Janeiro, 1956; C. A. P. M. Franco, *op. cit.*; L. Martins, *op. cit.*, cap.VII: "La création de la BNDE et la 'coopération internationale'", p.473-539; A. L. D'Ávila Viana, "O BNDE e a industrialização brasileira (1952-1965)", tese de mestrado, Unicamp, 1981. A análise crítica da Comissão Mista Brasil-Estados Unidos e suas relações com o projeto varguista de desenvolvimento econômico encontram-se in: M. M. D'Ávila Viana, *op. cit.*; a reconstituição do diagnóstico da economia elaborada pela Comissão Mista está in: P. Malan et al. *op. cit.*, p.60-84.
44. Segundo declarações do dr. Lucas Lopes, *Boletim de Informações para o Exterior*, n.89, Itamarati, 15/8/1951, *apud* C. A. P. M. Franco, *op. cit.*, p. 33.
45. Cf. Institute of Inter-American Affairs, *The development of Brazil...*, *op. cit.*, p.73-5.
46. Cf. C. A. P. M. Franco, *op. cit.*, p.34-5.

47. Cf. M. M. D'Ávila Viana, *op. cit.*, p.109-10.
48. *The Development of Brazil...*, *op. cit.*
49. Cf. "Mensagem...", 1951, *op. cit.*, p.162.
50. "Não tem mais razão de ser a identificação do problema da colonização com o da imigração, embora inter-relacionados. A colonização está sobretudo ligada ao problema da acessibilidade e do uso da terra, da valorização do homem rural e do soerguimento da agricultura nacional. Nesse sentido, urge uma lei agrária adaptada às nossas realidades presentes e que complete as medidas de amparo à agricultura cogitadas pelo meu governo." Cf. "Mensagem...", 1951, *op. cit.*, p.298.
51. *Idem*, p.284 e p.297-8.
52. *Idem*, p.273-99.
53. *Idem*, p.300.
54. *Idem*, p.252-3 (grifos nossos).
55. *Idem*, p.252.
56. *Idem*, p.220-2.
57. Cf. "Mensagem...", 1952, *op. cit.*, p.293.
58. Cf. "Mensagem...", 1951, *op. cit.*, p.222-3.
59. *Idem*, p.221.
60. Cf. M. Lima, *op. cit.*, p.123.
61. Cf. "Memória Justificativa do Plano de Eletrificação", in: *Plano Nacional de Eletrificação e Centrais Elétricas Brasileiras S. A.* Rio de Janeiro, Presidência da República, Departamento de Imprensa Nacional, 1954.
62. Dispositivos legais estabeleciam um teto de 10% ao ano de remessa de lucros a esses capitais; a Comissão Mista Brasil-Estados Unidos propunha uma alteração desse teto.
63. Cf. "Memória Justificativa do Plano de Eletrificação", *op. cit.*, p.10.
64. Divisão de áreas, aliás, bastante flexível: "A intervenção do Estado como produtor no setor de geração, tal como previsto no plano, permitindo e incentivando a iniciativa privada a especializar-se no outro sem, entretanto, excluí-la de participar naquele, onde isso se revelar possível; nem tampouco vedar a participação do poder público na distribuição, de preferência nas entidades locais, onde isto se revelar imperativo, constitui a única solução viável e o melhor meio de combinar os lados positivos das duas gestões". *Idem*, p.3.
65. Cf. "Mensagem...", 1953, propondo o Plano Nacional de Eletrificação e a Eletrobrás, *op. cit.*, v.III, p.450.
66. *Idem*, p.423.
67. *Idem, ibidem*.
68. Cf. M. Lima, *op. cit.*, p.137-8.
69. Cf. "Mensagem...", de 8 de dezembro de 1951, propondo o Programa do Petróleo Nacional e a criação da Petrobras, in: G. Vargas, *op. cit.*, v.III, p.86.
70. *Idem*, p. 78.
71. Cf. "Mensagem...", 1954, *op. cit.*, v.IV, p.321.
72. Disso dá depoimento Jesus Soares Pereira: "Previa-se — e isto está previsto na Mensagem — a criação de uma empresa *holding*, com subsidiárias que agiriam em cada campo específico de atividades (...). Julgou-se, no entanto, que a empresa devia man-

ter-se íntegra e monolítica. É que, na opinião de seus críticos, a constituição de subsidiárias representava um risco, capaz de permitir a infiltração de capitais estrangeiros (...). Muitos desses equívocos foram corrigidos com o tempo (...). Em alguns casos, a questão não chegou a ser sanada, como a não-participação da Petrobras na indústria de equipamentos. Esse setor, uma vez que à Petrobras foi vedado de atuar aí, ficou totalmente entregue aos capitais estrangeiros. Eis uma das conseqüências, a nosso ver das mais lastimáveis, da incompreensão e do equívoco que presidiu os trabalhos no Congresso". Cf. M. Lima, *op. cit.*, p. 100.

73. Cf. "Mensagem...", 1953, *op. cit.*, p.399-400. O projeto de lei destinado a criar a Rede Ferroviária Nacional foi enviado ao Congresso em 1952 e não foi aprovado durante a gestão Vargas. Na "Mensagem..., de 1954, insiste-se na urgência da solução: "A reestruturação administrativa das estradas de ferro, num sistema de empresas industriais, afigura-se ao Executivo cada dia mais premente; de tal forma que, se ao Congresso não parece adequada essa solução, outra deve ser buscada sem demora (...)". Cf. "Mensagem...", 1954, *op. cit.*, p.266.

74. Idem, p.366. No BNDE foi criada uma comissão objetivando estudos e projetos referentes à criação de uma empresa e um plano de construção naval, como já indicamos na nota n.36.

75. *Idem*, p.174. Foram feitos contratos com a firma holandesa Fokker, que organizaria no Brasil uma empresa industrial de construção de aviões. Cf. "Mensagem...", 1953, *op. cit.*, p.309.

76. Cf. "Mensagem...", 1951, *op. cit.*, p. 184.

77. *Idem*, p.188.

78. *Idem*, p.215.

79. Cf. "Mensagem...", 1953, *op. cit.*, p.389-90.

80. Cf. L. Martins, *op. cit.*, cap.VIII.

81. Afirmando a urgência da implantação da indústria automobilística, em virtude da intensa procura de veículos (16% das exportações totais em 1951-1952, enquanto a importação de petróleo participava em 10% na pauta geral), o comandante Lúcio Meira rebate as críticas que vinham sendo levantadas ao projeto, acusando principalmente o comércio importador e os exportadores estrangeiros como focos primeiros de resistência. O contato com empresários estrangeiros e setores empresariais nacionais da indústria de autopeças pareceu-lhe promissor à primeira vista. Sobre esta base, a subcomissão de jipes e tratores, que presidia, elaborou um projeto no qual se consolidaram as idéias, os dispositivos esparsos e a legislação de similar, visando sobretudo à sua integração no Plano Industrial Geral e à criação da Comissão Executiva da Indústria de Material Automobilístico (Ceima). O projeto distinguia duas fases de implantação: produção nacional de todos os elementos estruturais do veículo (ou 65% do seu peso) e produção de "seus órgãos mecânicos". Cf. Lúcio Meira, "Conferência feita no Centro de Estudos Moraes Rego, São Paulo", in: *O Observador Econômico e Financeiro*, n.22, ano XIX, junho de 1954, p.34-48.

82. A. L. D'Ávila Viana, *op. cit.*

83. Cf. "Mensagem...", 1953, *op. cit.*, p.335-6.

84. Cf. "Mensagem...", 1951, *op. cit.*, p.118.

85. *Idem*, p.118-9.

86. Cf. Decreto n.29.803, de 25/5/1951.
87. A CNPA iniciou um levantamento de toda a legislação agrária e voltou-se para a questão do acesso à terra. Para tanto, elaborou um anteprojeto de reforma agrária, objeto de acirrado debate e resistências de tal monta que não chegou a se transformar em projeto efetivo nem foi enviado ao Congresso. Cf. G. Vargas, "Mensagem...", 1952, *op. cit.*, p.107 e 258; Iuperj, *op. cit.*, p.84; Faresp, *Boletim Informativo*, números de agosto a dezembro de 1952, São Paulo.
88. Cf. Decreto de criação da CDI, in *Jornal do Brasil*, edição de 7/7/1951; Iuperj, *op. cit.*, p.40.
89. "Mensagem...", 1952, *op. cit.*, p.109.
90. Essa comissão foi criada pelo Decreto n.31.056, de 30/6/1952, e era constituída pelo ministro de Viação e Obras Públicas, seu presidente; do presidente da Cofap, seu vice-presidente; e de representantes do Estado-Maior das Forças Armadas, do Ministério da Fazenda, de entidades do comércio, indústria e lavoura, do Departamento Nacional de Estradas de Rodagem, do Departamento da Aeronáutica Civil, do Departamento Nacional de Portos, Rios e Canais, da Contadoria Geral de Transporte e do Departamento Nacional da Produção Vegetal. Cf. G. Vargas, "Mensagem, 1953, *op. cit.*, p.398-9. "Além da contribuição prestada para atenuar as deficiências dos serviços nacionais de transporte, espera o governo receber dessa comissão indicações valiosas para aperfeiçoar a política oficial nesse complemento indispensável do programa de reaparelhamento em execução." *Idem*, p.399.
91. Cf. "Mensagem...", 1952, *op. cit.*, p.426.
92. Cf. "Mensagem ao Congresso Nacional, propondo a criação do Instituto Nacional de Imigração e Colonização e da Carteira de Colonização do Banco do Brasil", de 28/5/1952, in: G. Vargas, *op. cit.*, v.III, p.122-38.
93. O BNCC foi criado em agosto de 1951, incorporando a antiga Caixa de Crédito Cooperativo. Cf. "Mensagem...", 1952, *op. cit.*, p.260.
94. Cf. "Mensagem ao Congresso Nacional propondo a criação da Companhia Nacional de Seguro Agrícola", de 17/7/1952, in: G. Vargas, *op. cit.*, v.III, p.173-87.
95. O CNAER, criado em junho de 1954, era subordinado diretamente à Presidência da República e contava com representantes dos Ministérios da Fazenda, da Agricultura, da Viação e Obras Públicas, do Trabalho, Indústria e Comércio, além do diretor executivo da Sumoc, do presidente do BNCC, do diretor da Creai, dos presidentes da Confederação Rural Brasileira e da Companhia Nacional de Seguros Agrícolas e representantes da Sociedade Nacional de Agricultura. Cf. Iuperj, *op. cit.*, p.41.
96. Cf. "Mensagem ao Congresso Nacional propondo a criação do Serviço Social Rural", de 19/6/1951, in: G. Vargas, *op. cit.*, v.III, p.9-19.
97. Cf. L. Martins, *op. cit.*, p.549.
98. Decreto n.30.768, de 1/4/1952.
99. Essa comissão havia sido criada por decreto-lei de fevereiro de 1945 e contava com três subcomissões: a de Serviços Públicos, a de Planejamento da Produção Alimentar e a de Educação Alimentar. Em abril de 1951, foi investida de novas funções, passando a atuar como Comitê Nacional da Organização das Nações Unidas para a Alimentação e Agricultura. Atuava, com estudos e projetos, sobre as condições de abastecimento e alimentação nas cidades, emergências e socorros às populações atingidas

pelas secas, pesquisas e técnicas de produção alimentar etc. Cf. "Mensagem...", 1952, *op. cit.*, p.414-5.

100. Criada pela Lei n.1.522, de 26/2/1951, a Cofap contava com representantes do comércio, indústria, lavoura e pecuária, imprensa, Forças Armadas, cooperativas de produção e consumo, além de técnicos dos Ministérios da Fazenda, da Agricultura, de Viação e Obras Públicas, do Banco do Brasil e da Prefeitura do Distrito Federal. Cf. "Mensagem...", 1952, *op. cit.*, p. 267.

101. A Capes foi criada pelo Decreto n.29.741, de 11/7/1951.

102. Cf. Decreto de 19/12/1951.

103. Cf. Decreto n.34.791, de 16/12/1953. Ampliava as funções e reorganizava o CTEF, que deveria, por meio de sua secretaria técnica, acompanhar a evolução das conjunturas interna e externa, elaborar estudos relativos à renda nacional e à política de investimentos e assistência técnica em todos os assuntos ligados à política econômico-financeira da União. Na reorganização da secretaria técnica, foi incluído um representante da seção brasileira da Comissão Mista. Cf. *Jornal do Comércio*, de 25/3/1954.

104. Cf. Lei de 7/1/1953 e "Mensagem...", 1954, *op. cit.*, p.216.

105. A Cacex foi criada pela Lei n.2.145, de 29/12/1953, e estava formalmente destinada a executar a política do governo e as decisões da Sumoc, pertinentes ao intercâmbio comercial com o exterior, diminuindo, assim, o grau de autonomia com que até então havia funcionado a Cexim. Pretendia-se, também, reduzir a fraude e a corrupção de que era acusado aquele órgão na concessão de licenças prévias de importação. Cf. íntegra do anteprojeto de criação da Cacex, em *A Noite*, 13/11/1953; Alberto Venâncio Filho, *A intervenção do Estado no domínio econômico*. Rio de Janeiro, FGV, 1968, p.276-77; as referências aos 57 artigos do decreto de regulamentação da Cacex estão em *O Jornal*, 6/1/1954. O diretor da Cacex passava a integrar o conselho da Sumoc.

106. A comissão consultiva, presidida pelo diretor da Cacex, contava com representação privada dos órgãos de classe, além de representantes de diferentes órgãos técnicos do governo, inclusive a direção da Sumoc. Cf. *A Noite*, 13/11/1953.

107. Os estudos a respeito estavam em andamento, em meados de 1954, e não se transformaram em projetos de lei, como se previa. Cf. "Mensagem...", 1954, *op. cit.*, p.209 e segs. No Ministério da Justiça, iniciaram-se estudos de elaboração de projeto de um novo Código Comercial. Cf. "Mensagem...", 1954, *op. cit.*, p.299. No Ministério da Fazenda, foi criada, em início de 1954, uma Comissão destinada à elaboração de um Código Tributário Nacional. Cf. *Jornal do Comércio*, 25/3/1954.

108. Cf. M. Lima, *op. cit.*, p.116 e segs.

109. Luciano Martins examina sob essa ótica e indica a composição da subcomissão: presidida pelo comandante Lúcio Meira, compunham-na também os industriais paulistas do setor de mecânica pesada (Jorge Resende e Luís D. Villares), um economista da Confederação das Indústrias (Knaak de Souza); o diretor da Fábrica Nacional de Motores (coronel Araripe Macedo), funcionários do Ministério da Fazenda e da Cexim (Abelardo Vilas-Boas e Eros Orosco). Cf. entrevista de Lúcio Meira, in: L. Martins, *op. cit.*, p.544.

110. Philippe Schmitter, *op. cit.*, p.193 e segs. No período Vargas, em 1952, surgiu a ANMVAP (Associação Nacional de Máquinas, Veículos, Acessórios e Peças), organização dos comerciantes importadores de veículos e autopeças, numa reação quase ime-

diata à organização e ação da subcomissão de jipes; também de 1952 é a criação da Associação de Produtores de Rádios, Televisão e Material Eletrônico; a ABIDIB surgiu em 1955.

111. O anteprojeto da reforma administrativa está in: A. Vianna, Dasp, *Uma instituição a serviço do Brasil, op. cit.*, p.351.

112. Idem, p.358. Segundo o art. 4º do anteprojeto, o Conselho de Planejamento e Coordenação teria a seu cargo "o planejamento das atividades do governo federal no campo econômico e social, em consonância com os objetivos do desenvolvimento geral do país e, notadamente: a) coordenação das atividades dos diversos setores da administração federal; b) aprovação de planos e programas de desenvolvimento econômico e de melhoria das condições de vida da população do país. Art. 5º: O Conselho de Planejamento e Coordenação compreende: a) conselho pleno, presidido pelo presidente da República e constituído de todos os ministros de Estado e dirigentes dos órgãos diretamente subordinados ao presidente da República; b) secretaria geral (a organizar). Parágrafo Único: O Conselho de Planejamento e Coordenação será organizado por decreto do Poder Executivo". Cf. A. Vianna, *op. cit.*, p.365-6.

113. A rigidez e o caráter restritivo do Código de Contabilidade e de seus dispositivos transformaram-no, segundo A. Vianna, em "mais um instrumento de tortura do que um mecanismo de controle dos atos administrativos. A preocupação geral é como evitar, ou fraudar, a aplicação de seus dispositivos obsoletos. Daí a criação de um sem-número de regimes particulares de contabilidade, de 'fundos' especiais, de 'contas extraordinárias', tudo feito com o objetivo de fazer funcionar a administração — o que seria impossível se obedecidos os regimes impostos pelo Código". Cf. A. Vianna, *op. cit.*, Anexo n.4, item III: "Características principais do primitivo esquema de reforma elaborada pelo governo", p.353-4.

114. *Idem*, p.360-3.

115. A comissão foi composta dos seguintes parlamentares: senador Ivo de Aquino e deputado Gustavo Capanema, pelo PSD; senador Ferreira de Souza e deputado Afonso Arinos, pela UDN; senador Gomes de Oliveira e deputado Brochado da Rocha, pelo PTB; senador Euclides Vieira e deputado Deodoro de Mendonça, pelo PSP; senador Antônio Bayma e deputado Afonso Matos, pelo PST; senador Domingos Velasco e deputado Orlando Dantas, pelo PSB; deputados Arruda Câmara, pelo PDC, e Emílio Carlos, pelo PTN.

116. O substitutivo apresentado pelo PSD sugeria que o Conselho Nacional de Economia passasse a atuar na área da Presidência; o PTB substituiu o Conselho de Coordenação e Planejamento, contido na proposta primitiva, por um gabinete ou assessoria técnica; o PST considerava inconstitucional a subordinação direta do CNE à Presidência; finalmente, a Associação Brasileira de Planejamento, que também emitiu parecer, reforçou a idéia de se incluir, como órgãos colegiais da Presidência, o CNE e o Conselho Superior de Coordenação e Planejamento. Cf. Cepa, *A reforma administrativa brasileira*, v.I: "A reorganização da Presidência da República". Rio de Janeiro, Departamento de Imprensa Nacional, 1960, p.35-44.

117. Parecer da Comissão Interpartidária de Reforma da Administração Federal sobre o Anteprojeto Organizado pela Presidência da República, in: A. Vianna, *op. cit.*, p.398-434.

118. A fatalidade que cercou todas as tentativas de reforma administrativa e a *via crucis* percorrida pelos projetos e substitutivos, até 1964, foram assinaladas por vários estudos e autores. Cf. Ministério Extraordinário para Reforma Administrativa, *Reforma Administrativa Federal de 1963*, v.I. Rio de Janeiro, Departamento de Imprensa Nacional, 1964; C. Lafer, *op. cit.*; R. Daland, op. cit. Durante a administração Vargas, foi aprovada apenas uma lei de iniciativa do próprio Congresso, que desmembrou o Ministério de Saúde e Educação, criando o Ministério de Educação e Cultura e o de Saúde, em junho de 1953.

119. Entre 28 pareceres e estudos elaborados pelo CNI entre 1951 e 1954, que examinamos, apenas um foi de iniciativa própria: o referente à adoção de um regime mais flexível de encaixes bancários, no âmbito da Carteira de Redesconto do Banco do Brasil, em junho de 1953. Cf. *Revista do Conselho* n. 1-36. Rio de Janeiro, CNE, 1951 a 1955.

120. CNE, *Revista do Conselho*, n.1, ano 1, maio 1952, p.20-26.

121. Cf. CNE, *Revista do Conselho*, pareceres sobre as Diretrizes da Política Econômica em Relação à Livre Iniciativa, n.29-30, 1954.

122. Durante o ano de 1953, desenvolveu-se uma polêmica sobre o documento da Cepal "Estudo preliminar sobre a técnica de programação do desenvolvimento", na qual Prebisch e Furtado defenderam o ponto de vista daquele organismo, contra os ataques que recebeu de Eugênio Gudin, por um lado, e de Otávio Gouveia de Bulhões, então presidente do CNE, por outro. Cf. CNE, *Revista do Conselho*, n.1, ano II, out. 1953. O primeiro artigo crítico de Gudin foi publicado no *Jornal do Comércio*, 24/5/1953.

123. Cf. CNE, *Revista do Conselho*, n.31-32, p.31-4, transcrição de parecer do Dasp encaminhado à Presidência da República sobre a autonomia institucional específica do CNE.

124. A assessoria da Presidência era cumprida pelo chefe, subchefes e oficiais do Gabinete Civil, dirigido pelo embaixador Lourival Fontes. A literatura em geral identifica a assessoria econômica ao grupo de técnicos e especialistas que atuavam com Rômulo de Almeida, subchefe do gabinete até 1954, quando foi exercer as funções de presidente do Banco do Nordeste do Brasil, sendo substituído por Soares Pereira. Entre os inúmeros técnicos que, em diferentes momentos, atuaram ou foram convocados para as diversas comissões de estudos e projetos, destacaram-se Cleanto de Paiva Leite (oficial de gabinete), Ignácio Rangel, Ottolmy Strauch, João Neiva de Figueiredo, Mário da Silva Pinto, Glycon de Paiva Teixeira, Tomás Pompeu Accioly Borges etc. As melhores referências sobre a composição e forma de atuação da assessoria encontram-se em Cleanto de Paiva Leite, "O assessoramento da Presidência da República", *Cadernos de Administração Pública*, n.43, Rio de Janeiro, FGV, 1959, p.19-47; M. Lima, *op. cit.*

125. Em 1956, o BNDE utilizaria a classificação elaborada pela CDI como ponto de partida e orientação na definição do Plano de Metas. Cf. A. L. D'Ávila Viana, *op. cit.*, p.53.

126. Em entrevista concedida à revista *Veja*, Rômulo de Almeida sugere que, a par das funções de planejamento global cumpridas pela assessoria, os trabalhos da Comissão Mista foram tática e politicamente incentivados pelo governo como forma de obter apoio parlamentar para alguns projetos e, principalmente, como possibilidade de conseguir financiamento em divisas junto das agências internacionais. A tentativa — frustrada — do governo foi a de negociar com o Banco Mundial um montante global em dólares, baseando-se em uma promessa, nunca efetivamente comprovada, de que o Bird poderia conceder um empréstimo da ordem de 500 milhões de dólares. Cf. R.

Almeida, "Entrevista", in: *Veja*, São Paulo, Editora Abril, 15/9/1976. As negociações do governo brasileiro para a obtenção do empréstimo e as dificuldades encontradas foram descritas por L. Martins, *op. cit.*, p.540 e segs., e também em John W. Foster Dulles, *Getúlio Vargas, biografia política*. Rio de Janeiro, Renes, 1972. Uma análise dos projetos da Comissão Mista e da distância entre aqueles e os planos de desenvolvimento do governo Vargas encontra-se in: M. M. D'Ávila Viana, *op. cit.*, passim.

127. Para a descrição da atuação pessoal de Vargas na análise e encaminhamento dos projetos, cf. C. P. Leite, *op. cit.* Um exemplo significativo da sua atuação foi o veto pessoal à proposta de privatização da FNM, feita por um dos seus mais próximos assessores, o comandante Lúcio Meira. Cf. L. Martins, *op. cit.*, p.552.

128. Em seu depoimento, Jesus Soares Pereira relata um diálogo exacerbado com o ministro Oswaldo Aranha, sobre a criação da Eletrobrás, no qual este último afirmava a vocação agrária do país e o equívoco de se querer acelerar o processo de industrialização. Pereira vai além e denuncia mesmo o *boicote sistemático* que técnicos do Ministério da Fazenda faziam aos projetos de industrialização. Cf. M. Lima, *op. cit.*, p.124-6.

129. Cf. Carlos Lessa, *op. cit.*

130. Cf. M. M. D'Ávila Viana, *op. cit.*

131. Cf. Luciano Coutinho, "The internationalization of oligopoly capital", tese de doutorado, Cornell University, 1974, cap.II.

132. Cf. Armando Boito, "O populismo em crise (1953-1955)", tese de mestrado, IFCH-Unicamp, 1976.

133. Para distintas análises, interpretações e sugestões sobre as alianças políticas, o movimento dos sindicatos e partidos, o nacionalismo e o populismo como movimentos políticos e, finalmente, a crise final do segundo período de governo de Vargas, veja principalmente: H. Jaguaribe, *op. cit.*; F. H. Cardoso e E. Faletto, *op. cit.*; F. Weffort, "Classes populares e política", *op. cit.*; idem, *Sindicato e política*, São Paulo, tese de livre-docência, FFLCH-USP, 1972, *mimeo*; O. Ianni, *op. cit.*; idem, *O colapso do populismo no Brasil*, Rio de Janeiro, Civilização Brasileira, 1968; José Álvaro Moisés, *Greve de massa e crise política* (Estudos da greve dos 300 mil em São Paulo — 1953-1954). São Paulo, Polis, 1978; Armando Boito, *op. cit.*

Anexo III
Plano geral de industrialização do país

Classificação das atividades industriais e dos grupos preferenciais de produção no país, elaborada pela Subcomissão de Planejamento da Comissão de Desenvolvimento Industrial em fevereiro de 1952.

Condições básicas de expansão — Maior produtividade de energia, melhoramento e expansão dos meios de transporte e comunicações, intensificação da corrente de capitais, melhoramento do sistema de crédito, formação de técnicos e aperfeiçoamento dos métodos de trabalho. "Assim escalonados os problemas, deve ser feita a orientação prioritária do capital para determinadas indústrias, definindo-se ao mesmo tempo as metas quantitativas de produção que fixem a extensão e a duração, no tempo, do tratamento prioritário. Uma vez escalonadas e fixadas as cotas de produção, passariam elas a constituir uma diretriz para os investimentos oficiais. Ao mesmo tempo, oferecer-se-iam estímulos aos investidores privados, nacionais e estrangeiros, visando a canalizar o potencial de recursos para os setores com prioridade."

Classificação das atividades industriais — As atividades industriais são agrupadas pelo plano em três grandes setores, a saber: 1) indústrias de infra-estrutura; 2) indústrias básicas; 3) indústrias de transformação: a) pesadas: bens de produção; b) leves: bens de consumo.

Critérios para o estabelecimento das prioridades — Teriam tratamento prioritário as indústrias do grupo 1, tais como a produção de combustíveis e energia, prestação de serviços de transporte e comunicações, prospecção e localização de recursos minerais.

Quanto ao exame da posição das indústrias dos grupos 2 e 3, propõe-se a adoção dos seguintes critérios:

a) a contribuição de cada indústria para a integração e o equilíbrio da estrutura econômica do país (conceito estrutural);

b) a existência de uma constelação adequada, atual ou potencial, de fatores de produção e de mercado (critério conjuntural);

c) possibilidade de poupar ou adquirir divisas com que financiar a industrialização posterior (conceito cambial).

Critérios subsidiários — Capacidade de absorção de mão-de-obra disponível obtida pelo crescimento demográfico ou pelo aperfeiçoamento da agricultura, bem como a contribuição da indústria para corrigir desequilíbrios regionais na distribuição do poder econômico.

Grupos preferenciais — Tendo em vista as circunstâncias expostas, a Subcomissão de Planejamento sugere, para o plano geral de industrialização do país, os seguintes grupos preferenciais:

a) o de *produção de energia*, compreendendo os combustíveis, a fabricação de motores primários e de material elétrico pesado;

b) o de *metalurgia*, compreendendo a extração de minérios essenciais, produção de metais, fabricação de ligas e a sua transformação em produto de emprego comum;

c) o de *indústrias químicas*, abrangendo o tratamento de matérias-primas naturais ou subprodutos industriais para a obtenção de outros produtos essenciais: ácidos minerais (sulfúrico, nítrico, clorídrico e fosfórico); bases (soda cáustica e amoníaco); sais (barrilha, sulfato e bissulfato de sódio, sulfatos de amônia e alumínio, bário, cobre etc.); óleos e matérias graxas (óleos vegetais, glicerina, saponáceos etc:); cloro e seus produtos (hipocloritos, cloretos, solventes, inseticidas etc.); adubos (nitratos, fosfatos e sais de potássio); subprodutos da destilação da hulha e da madeira; oxidantes e redutores (oxigênio, ar líquido, cromatos e bicromatos, cloratos etc.); pólvoras e explosivos; fibras artificiais e matérias plásticas; produtos farmacêuticos; celulose, papel etc.;

d) o de *indústria têxtil*;

e) o de *indústrias alimentares*: preservação de produtos crus (preparo, expurgo, frigorificação e armazenamento), carnes, açúcar, indústria de fermentação;

f) o de *borracha e similares*;

g) o de *pêlos e couros*;

h) o de *mecânicas*: fundição (segunda fusão), forja, caldeiraria e serralheria, construção de máquinas operatrizes e motrizes, construção de tra-

tores e de máquinas agrícolas, construção de material de transporte, fabricação de ferramentas, produção de sobressalentes e peças de máquinas, oficinas de reparação e mecânica de precisão;
    i) o de *materiais de construção*: cerâmica, vidro, cimento, cal etc.;
    j) o de *material ótico*.

O documento elaborado pela Subcomissão de Planejamento da CDI ainda afirma: "As indústrias que se classificam entre as mencionadas deverão ter apoio do governo, a fim de se expandirem ou implantarem no país. É essencial que se lhes dê prioridade, sempre que isso se tornar necessário, e, principalmente, pela importância que têm na presente conjuntura, as classificadas nas letras a, b, c, e, f, h — energia, metalúrgicas, químicas, alimentares, borracha e mecânicas, respectivamente".

4

Considerações finais: Crise do Estado na etapa final da industrialização

O Estado brasileiro assumiu uma forma particular, entre os anos de 1930 e o final da década de 1950, cujas características e movimento tratamos de indicar nos capítulos anteriores. Sob esta forma, consubstanciou-se a direção econômica estatal e seu comando sobre o processo de industrialização restringido. Ao final dos anos de 1950, sob a égide do Plano de Metas, o país ingressou em sua fase de economia industrial avançada, e prenunciaram-se os elementos de esgotamento e crise do Estado. Sem a intenção de fazer um estudo exaustivo desse plano e da instalação da indústria pesada,[1] pretendemos assinalar as suas características e, principalmente, examinar o conteúdo da direção econômica do Estado no período, marcando suas continuidades e diferenças com os planos anteriores.

O Plano de Metas recobre o momento final da industrialização brasileira — a etapa em que, com a instalação do setor de bens de produção, se constituíram de modo pleno as forças produtivas especificamente capitalistas.[2] Por outro lado, foi o momento crucial de concretização da forma particular da industrialização brasileira: uma estrutura monopolista específica, articulando num modo próprio a grande empresa estrangeira, a empresa privada nacional e a empresa pública.

Trata-se, sem dúvida, de um momento exemplar para a compreensão do *papel do Estado* no desenvolvimento do capitalismo retardatário. Como assinalam Luciano Coutinho e Luiz Gonzaga Belluzzo:

> Em alguns países, a penetração do oligopólio estrangeiro foi acompanhada por um esforço de constituição da base industrial pesada, sobretudo pela

ação do Estado. É crucial para a nossa análise definir explicitamente a relação entre esses dois movimentos. Desde logo, não se pode estabelecer uma relação unívoca de causalidade entre a penetração das grandes empresas estrangeiras nos setores já mencionados e a formação da base de bens de produção. A constituição do que se pode rigorosamente definir como um Departamento de Bens de Produção requer a criação simultânea e articulada dos seus principais setores, tais como a siderurgia, a metal-mecânica pesada, a de material elétrico pesado e a grande indústria química. Isto exige, ademais, um amplo suporte infra-estrutural na forma de capital social básico. Não é preciso dizer que a criação articulada desses blocos supõe um grau avançado de concentração e centralização do capital — manifestamente inexistente em qualquer economia periférica, por mais adiantado que seja seu processo de industrialização. Aí reside o problema crucial para que avancem as industrializações tardias. Fica patente que a forma de intervenção do Estado é decisiva. O que se requer é que o Estado funcione como aglutinador de um processo de monopolização de capital no âmbito de sua economia nacional para viabilizar, diretamente (por meio de empresas públicas) ou indiretamente, a constituição do Departamento de Bens de Produção. O grau em que o Estado consiga avançar nesta direção determina o nível de integração e as possibilidades de expansão que podem ser alcançados pelo capital internacional. Simultaneamente, o modo específico de articulação entre os setores internacionalizados e o Estado demarca as áreas de expansão para o capital nacional privado, configurando uma estrutura monopolista singular. Como se vê, não se trata aqui de uma simples relação de exterioridade entre o Estado e o processo de industrialização. A própria formação e articulação desta estrutura monopolista deve passar por dentro do Estado, deve estar mergulhada, inclusive por suas empresas, no próprio movimento desta estrutura monopólica.[3]

Múltiplas são as questões que uma industrialização desse teor haveria de colocar no âmbito das estruturas do Estado.

Tratemos de ver, em linhas gerais, como o governo Kubitschek coordenou e dirigiu os organismos, instrumentos e projetos, novos ou já existentes na estrutura estatal, para articular essa estrutura monopolista peculiar, ao mesmo tempo em que completava a industrialização pesada.

Após 25 anos de transformações na estrutura do Estado, após 25 anos de desenvolvimento da indústria e da construção dos pré-requisitos de infra-estrutura, sob a direção do Estado, apresentou-se um modo de articular a entrada da empresa estrangeira (num momento favorável da competição capitalista internacional) a uma dinâmica industrial de perfil avançado. Para isso, o Estado definiu um conjunto integrado de investimentos e assegurou as condições mínimas de financiamento, estendendo *ao limite* o seu poder de regulação e a capacidade fiscal e financeira. A profundidade alcançada pela internacionalização da economia foi definida nos marcos da relação — aparentemente paradoxal — entre o empresariado nacional e o Estado. De um lado, a fragilidade financeira e tecnológica do capital nacional restringia, em muito, a sua participação predominante nos projetos da indústria pesada e nos segmentos avançados dos bens de consumo duráveis; mais ainda, a sua fragilidade política impedia que as políticas do Estado expressassem seus interesses exclusivos. De outro lado, a sua força — enquanto conjunto de interesses — limitava efetivamente o grau de autonomia do Estado que, desse modo, era incapaz de transformar a empresa pública no pólo líder do avanço industrial.

Um elemento crucial do bem-sucedido esquema de política econômica do governo Kubitschek foi a sua capacidade de unir os interesses objetivos do capital nacional à penetração do capital estrangeiro. No desenho dos novos blocos setoriais de investimento, *comandados pela empresa estrangeira*, oferecia-se ao *capital nacional* uma nova fronteira de acumulação a taxas de lucro elevadas. Uma nova perspectiva era-lhe de fato aberta (sem ameaças de "estatização"): ingressar em novos mercados e linhas de produção recebendo ainda o suporte creditício do Estado, para saltar as barreiras do volume de capital inicial e da indispensável atualização tecnológica.

Ao *capital estrangeiro*, por outro lado, o governo oferecia uma generosa gama de incentivos, isenções, facilidades de importação de equipamento etc. pelos quais negociava as condições de entrada e associação com o capital nacional, *estabelecendo rigorosamente prazos-limite para os índices de "nacionalização" do produto*. Os Grupos Executivos setoriais utilizavam todos os instrumentos ao seu alcance para regular o processo de entrada, divisão do mercado e integração vertical, buscando proteger e garantir a posição dos empresários nacionais. Nos setores onde a empresa estrangeira não estava presente como "ponta" montadora (onde não havia espaço para a empresa nacional participar como fornecedora), a preocupação era assegurar significativas fatias de mercado para o capital nacional mais apto e forte — por exemplo, em vários setores de insumos intermediários. Finalmente, nos setores onde as empresas nacionais já dominavam e estavam tradicionalmente bem situadas, do ponto de vista técnico e de mercado, confirmou-se seu predomínio cerceando a competição estrangeira. A regra fundamental era o incentivo a tudo que fosse *novo*, que representasse a abertura de novos blocos produtivos e, portanto, novos mercados e um novo perfil tecnológico. O Estado cimentava, assim, as bases de uma estrutura fundamentalmente solidária de relações empresariais, combinando-as e regulando-as numa forma particular de divisão setorial e intra-setorial de produção.

A concretização desse salto para um patamar mais avançado de desenvolvimento industrial significou, na verdade, a integração da economia nacional e do capital nacional ao esquema de divisão internacional do trabalho do pós-guerra, em plena fase de constituição ao longo dos anos de 1950. Obviamente, teve curso e tempo próprios, num movimento que era também de rearticulação de novos padrões de concorrência internacional; e alcançou um grau máximo de profundidade possível, no momento, e de desdobramento potencial, no futuro, graças ao decisivo avanço na construção do setor de bens de produção e do suporte infra-estrutural em capital social básico, ambos viabilizados pela ação direta do Estado.

A expansão e criação das *empresas públicas* como forma mais flexível, descentralizada e conveniente do ponto de vista do financiamento constituiu e viabilizou, de maneira programada, a base material mínima para a implantação e posterior sustentação das operações correntes dos novos blocos industriais. Convém ressaltar que, além de fornecer suporte à área de infra-estrutura, o Estado passou a participar diretamente da divisão da produção setorial capitalista, através de suas empresas de insumos fundamentais, com ampla utilização industrial — com a peculiaridade de serem, em suas áreas respectivas, os pólos centrais do movimento de avanço. Como se afirmou:

> É somente nestas condições que se configura uma estrutura monopólica, capaz de determinar o caráter da acumulação. (...) O capitalismo monopolista assume, no Brasil, características particulares, decorrentes da própria industrialização tardia. Há que ressaltar três traços que lhe conferem especificidade: a importância crucial do setor produtivo estatal, a profundidade do processo de internacionalização do sistema produtivo e a extensão do controle de Estado sobre o processo de acumulação.[4]

Para articular de forma rápida e concentrada uma estrutura monopolista de perfil avançado, sem esbarrar em fricções e resistências irremediavelmente emperradoras, a administração Kubitschek contava com os instrumentos e aparelhos de política e regulação econômica herdados do segundo período Vargas; além disso, criou novos e eficazes instrumentos e, principalmente, formas de articular políticas, para lograr um grau significativamente elevado de coordenação programada dos investimentos públicos (Conselho de Desenvolvimento, Plano de Metas) e privados (Grupos Executivos). Os elementos essenciais de sua estratégia podem ser resumidos:

1. Em primeiro lugar, como tentamos deixar claro, toda a estratégia apoiou-se na solidificação objetiva de nexos solidários e integrados entre o Estado, o capital estrangeiro e o empresariado nacional, no bojo do processo de criação de uma estrutura industrial muito mais avançada e integrada à nova divisão internacional do trabalho. Esse processo foi conscientemente orientado para minimizar as fricções e resistências, por meio da negociação de interesses, encaminhada pelo núcleo político do governo[5] e vestida, na sua expressão ideológica e política, na retórica otimista e conciliadora do *desenvolvimentismo*.

2. Armou-se uma estrutura de poder informal, paralela, eficiente, vinculada diretamente à Presidência. Seu caráter não-institucionalizado e provisório permitiu circundar as velhas resistências ideológicas à criação de uma instância superior de planejamento, de coordenação do gasto e do investimento público e, ademais, superar os entraves impostos por segmentos burocráticos tradicionais. Evitou-se fricção e ganhou-se agilidade, materializando-se, *de forma pragmática e temporária*, um nível muito avançado de regulação da acumulação capitalista — *no* e *pelo Estado*, mas, em última instância, consensualmente legitimado pela possibilidade de compor os interesses no âmbito da nova e larga fronteira de acumulação que estava sendo desdobrada.[6]

3. Além da informalidade e da agilidade há que se destacar a opção reiterada pelas soluções mais convenientes, de menor resistência; ainda que isto remetesse a expedientes pouco ortodoxos, ajustes marginais, esquemas provisórios e mesmo de curto fôlego, permitia que o avanço do investimento público e da regulação do investimento privado se efetuasse dentro do vetor conciliatório. As dificuldades eram circundadas pela improvisação pragmática de saídas, à margem e na margem, com o fito de ir avançando o grau de coordenação, junto com o extraordinário esforço de investimento público, sem recorrer a uma reforma administrativa, fiscal e financeira de profundidade.

Dessa forma, o governo Kubitschek conseguiu alcançar um grau muito elevado de coordenação e planejamento, ao mesmo tempo centralizador e abrangente, incorporando níveis bastante avançados de planejamento setorial para a montagem dos novos ramos industriais e para a estruturação integrada dos setores básicos e de infra-estrutura. Isso se realizou através de instâncias decisórias superiores, capazes de articular e planejar políticas gerais (as de inversões, orçamento cambial, crédito etc.) e políticas setoriais para a indústria e para os setores de base. Com a criação do *Conselho de Desenvolvimento* e dos *Grupos Executivos e de Trabalho*, como demonstrou Celso Lafer, não apenas se atingiu um patamar elevado de coordenação e controle, fundamental para a implantação do plano, como se introduziu no funcionamento do aparelho estatal uma dinâmica que elevou significativamente a capacidade e a eficiência da burocracia. Por outro lado, é importante enfatizar que, por meio dos Grupos Executivos e de Trabalho, foram homogeneizados os incentivos ao setor privado, assim como se articularam estratégias empresariais públicas e privadas nos projetos específicos, vinculando agora as grandes burocracias das empresas às do Estado.

A administração Kubitschek soube fazer uso intenso de todo o notável elenco de organismos, planos e instrumentos avançados durante o segundo governo Vargas. Na verdade, o mapeamento, o planejamento e a projeção para o futuro das necessidades de investimento público (em energia, petróleo, carvão, siderurgia, transportes, comunicações) já haviam sido, como vimos, estudadas e amadurecidas durante aquele período. A classificação das indústrias de base e o elenco de incentivos que a CDI havia elaborado no início dos anos de 1950 constituíram material importante para os trabalhos do BNDE, do CDE e dos Grupos Executivos na definição e implementação das metas.[7] Os próprios instrumentos operativos fundamentais já haviam sido criados, aperfeiçoados ou concebidos — o BNDE, os mecanismos de política cambial (a Instrução 70, e também a 113, do período Café Filho) —, assegurando os pilares do Plano de Metas. No que se refere à política fiscal, houve, no período JK, esforços para ampliar — de modo progressivo e marginalista — a carga tributária, explícita ou implícitamente, por meio de expedientes e mecanismos não-convencionais, portanto, sem avançar uma reforma profunda do sistema tributário.

A fragilidade relativa das bases financeiras e fiscais do Estado diante dos requisitos da industrialização tornou inevitável o recurso a emissões monetárias como forma de não comprometer o fluxo de investimento estatal, componente das transformações estruturais na área do "capital social básico" e na produção industrial.

A extraordinária etapa expansiva de 1956-1961, ao ter completado e articulado, num salto, uma estrutura monopolista de perfil industrial avançado, levou a extremos as possibilidades regulatórias e intervencionistas do Estado, sem superar plenamente, entretanto, a sua forma básica. Ao fazê-lo, introduziu no organismo estatal elementos de obsolescência agudos, já claros anteriormente (e por isso mesmo contornados), e agora agravados pelos novos conteúdos que a própria natureza da industrialização colocava. Após 1960, não se trataria — como antes — de vencer os formidáveis obstáculos para completar as bases da industrialização capitalista, mas de enfrentar o desafio de regular e mover-se no contexto de uma estrutura monopolista, articulada de forma peculiar, da qual o Estado era partícipe direto, com suas empresas e as novas modalidades de articulação dos setores capitalistas. Comparada ao avanço atingido pela estrutura industrial e pela organização oligopólica, a estrutura estatal tornara-se acanhada, estreita e desequipada.[8]

No plano econômico-institucional, assumiram caráter grave e urgente, por exemplo, o estabelecimento de um *novo sistema financeiro* para dar suporte à expansão dos novos setores; reestruturar todo o sistema de financiamento público e privado; dotar o aparelho de instrumentos de regulação, emissão e utilização de dívida pública; ordenar e tornar fluida a circulação dos capitais entre os diversos segmentos do sistema; ou instituir mecanismos novos de suporte à regulação dos salários de base e de atendimento previdenciário mínimo aos novos setores urbanos proletarizados.

Eram questões "novas", digamos assim, num momento em que também o Estado enfrentava uma conjuntura de grave exaustão de sua capacidade fiscal e financeira, após o intenso esforço de investimento para a implementação do Plano de Metas, e para a realização de projetos civis e sociais de grande porte como a construção de Brasília ou os planos da Sudene.[9] A aparelhagem fiscal e tributária, em crise cumulativa, agravou-se com a aceleração inflacionária; o conjunto do setor público se defrontava com a perspectiva de estrangulamento financeiro, atingindo as empresas ou afetando, por exemplo, a capacidade do BNDE de sustentar os seus programas.

Em síntese, do ponto de vista das estruturas de intervenção e regulação estatais, na etapa de *constituição* das bases capitalistas houve questões como a tributária, bancária, financeira e administrativa; mas, no momento em que se *completava a industrialização*, com as rupturas resultantes da organização de uma economia oligopolizada, de uma estrutura monopolista particular e assimétrica, aquelas questões adquiriram conteúdos novos, antes mesmo de terem sido institucionalmente solucionadas. Não há, obviamente, modelos e soluções únicas para problemas dessa natureza. Em condições políticas determinadas, o Plano Trienal diagnosticou-os, hierarquizou-os e buscou determinadas soluções; no pós-64, o modo de concebê-los e resolvê-los foi distinto.

Podemos agora retomar, em conjunto, os diferentes aspectos assinalados nos capítulos anteriores.

É possível afirmar — *privilegiando os traços de continuidade* — que entre 1930 e 1955 estabeleceram-se os pré-requisitos fundamentais para o salto definitivo na direção de uma economia industrial plenamente constituída, na fase 1956-1960.

O *aparelho do Estado* se expandiu e estruturou-se de forma cada vez mais avançada, incorporando a regulação de relações sociais capitalistas, acompanhando e (em vários momentos) antecipando o desdobramento da divisão da produção social. Constituía-se, assim, como um Estado capitalista de formato específico, peculiar, e que foi ganhando, como vimos, capacidade de regulação e de centralização em cada impulso de avanço, do início dos anos de 1930 até o período Kubitschek. Além da criação dos novos aparelhos, o Estado se reforçou por impulsos descontínuos, no que toca à sua capacidade fiscal e financeira. Esse processo compreendeu, por exemplo, o desdobramento e a fortificação do Banco do Brasil; a introdução de seguidas mudanças e aperfeiçoamentos tributários, que terminaram por modificar completamente o perfil existente antes de 1930; a captação de recursos pelo confisco cambial e outros mecanismos paralelos; e, finalmente, a criação do BNDE como grande banco de fomento.

O Estado planejou e investiu na construção de uma infra-estrutura de transportes, energia elétrica, água, comunicações; com iniciativas empresariais, estabeleceu as bases para a siderurgia, o refino de petróleo, álcalis e mineração do ferro. Ao mesmo tempo, emprestou o seu apoio creditício e regulatório para viabilizar o desenvolvimento de setores industriais novos, tanto nos sub-ramos de bens não-duráveis de consumo como nos de insumos intermediários e bens de capital. Apoiou também o desenvolvimento da agricultura, especialmente com o crédito, permitindo que se diferenciasse de forma mais marcada e acompanhasse o rápido progresso da urbanização. Ao mesmo tempo em que favorecia esta última, regulou a formação de um mercado de trabalho urbano capaz de responder às novas e crescentes necessidades da força de trabalho, especialmente nos centros industriais e metropolitanos em formação.

Em resumo, em meados dos anos de 1950 estavam dadas as precondições mínimas para um possível salto da industrialização, visando a constituir, definitivamente, as forças produtivas especificamente capitalistas. Nesse sentido, o Estado estabeleceu o seu comando sobre o avanço do capitalismo: exerceu uma direção econômica que, como vimos, supôs e se exerceu através da regulação particular, profunda e abrangente, por um lado, e limitada em outros aspectos.

Vimos, no decorrer deste trabalho, que a construção dos "pré-requisitos" da acumulação capitalista *se processou por etapas, foi descontínua, envolveu avanços e paradas*. Movimentos e ritmos distintos expressando, em cada momento particular, uma forma de conceber o avanço e o formato que haveria de adquirir o capitalismo no Brasil. Se podemos para todo o período afirmar a direção econômica do Estado, não há como deixar de insistir nos seus conteúdos particulares, específicos, determinados de modo distinto em cada período que identificamos.

Assim, esperamos ter deixado claro que a direção econômica do Estado obedeceu a *sentidos* distintos, segundo "equilíbrios" políticos particulares e fugazes de forças sociais em constituição e transformação. Sob certo grau de autonomia e expressando-se em um elenco de aparelhos e instrumentos de regulação, imprimiu-se à acumulação de capital um caráter particular, traduzido num *plano unificador da política econômica* que, explícito ou não, tratava sobretudo de formas de articular as bases para o avanço do capitalismo industrial.

Tomando apenas como referência o "salto" industrializante, notemos que, durante o Estado Novo, durante o segundo governo de Vargas e, obviamente, na gestão Kubitschek, pretendeu-se, efetivamente, fazer avançar a industrialização até suas bases completas, concebendo-se um bloco de investimentos em infra-estrutura e indústrias de base que, num momento concentrado do tempo, estabelecesse em definitivo os parâmetros de uma economia capitalista industrial. Nesse sentido, os planos de desenvolvimento proporcionaram um *ritmo* para a industrialização, um *tempo* de aceleração, uma ruptura imediata com as condições presentes.

O governo Dutra, ao contrário, contemplava um processo de avanço lento, moderado; aparece mesmo como um interregno, uma descontinuidade, em todo o período. Vimos que não se tratava, aí, de um retrocesso: não apenas houve crescimento e diversificação industrial (modernização e atualização da maquinaria e equipamentos, especialmente nos setores de bens não duráveis), como o Plano Salte pretendeu aumentar os investimentos em infra-estrutura; houve até mesmo um intento de melhorar as finanças públicas e ordenar o sistema bancário. É inegável, porém, que não estava em seu horizonte uma transformação radical da estrutura econômica.

Não basta, entretanto, assinalar os ritmos distintos que a direção econômica do Estado pretendeu imprimir ao processo de constituição do capitalismo. Seu *sentido*, o plano unificador da política traduz um modo de articular interesses sociais, de hierarquizar e equacionar as questões da revolução burguesa, na particularidade com que se atualizavam no movimento de constituição do capitalismo no Brasil: a questão agrária, a questão nacional, a questão urbana, a questão social e, finalmente, a própria questão "institucional" (para nos referirmos aos aspectos da estrutura e funcionamento do Estado). Ora, a esse respeito, também têm conteúdos distintos os planos de industrialização do Estado Novo, do segundo governo Vargas e de Kubitschek, em suas formas implícitas ou explícitas de equacionar aquelas questões.

Não foi nossa intenção examiná-las uma a uma. Contudo, naquilo que os planos de desenvolvimento deixam transparecer, podemos indicar, por exemplo, os conteúdos distintos da questão social ou da articulação com o capital estrangeiro.

Durante o Estado Novo, sob a armação do regime ditatorial e nas condições da economia de guerra, ganharam preeminência os conteúdos de nacionalismo econômico e defesa nacional nas alternativas de articulação com o capital estrangeiro. A questão social, assumida sob formas corporativistas, autoritárias e controladoras, ganhava um espaço particular, mas permanecia relativamente desvinculada dos grandes projetos econômicos. Já no segundo governo Vargas, como tratamos de indicar, o próprio plano de desenvolvimento foi concebido como forma de solucionar simultaneamente as demandas sociais por saúde, alimentação, transportes etc. Sob a marca do *populismo*, o desenvolvimento econômico foi posto como a expressão da democracia social; o aparelho social do Estado traduziu essa associação, no seu desdobramento, e a regulação dos salários de base se fez de modo mais favorável às massas urbanas.

Também foi distinto o conteúdo do nacionalismo, no segundo período de Vargas, na forma como então se delineou o padrão para o desenvolvimento. Por um lado, parecia fundado em bases mais realistas que sob o Estado Novo, prevendo barreiras à entrada do capital estrangeiro mas concebendo também um esquema de articulação com as empresas internacionais monopolizadoras de tecnologia. Por outro lado, paradoxalmente, foi muito mais "radical", pois, planejada a empresa pública como núcleo dinâmico dos setores novos e articulador dos capitais privados nacionais, os conteúdos estatizantes foram fortemente acentuados, delineando um perfil que, projetado no futuro, tocava as raias de um "capitalismo de Estado".

Já a direção econômica sob Kubitschek privilegiou a entrada maciça do capital estrangeiro nas áreas novas, sob o envoltório ideológico do *desenvolvimentismo*, promovendo a profunda internacionalização da economia, justificada pela necessidade de viabilizar os novos blocos de investimento do setor privado. Sem dúvida, como indicamos, foram resguardadas áreas e fronteiras de expansão, associadas ou não ao capital nacional privado. Mas essa forma assimétrica de composição do capital estatal, do capital privado nacional e do capital estrangeiro era uma equação bastante diferente da que se desenhara no projeto varguista. No que se refere à questão social, neste período, a regulação do piso salarial urbano foi mais rígida e conservadora, talvez compensada pela extraordinária expansão do emprego e pela intensificação da mobilidade social e geográfica.

Do ponto de vista do movimento de conformação das estruturas econômicas centralizadas do Estado, assinalaram-se também diferenças e descontinuidades de ritmos e formas de funcionamento: entre os anos de 1930 e 1945, mostramos os impulsos centralizadores intensos sob o comando do Executivo federal, insistimos nos aspectos inéditos da máquina estatal de regulação e intervenção que, objetivamente, vinculavam-se ao processo tanto quanto ao projeto de industrialização. Essas tendências se neutralizaram no governo Dutra e ressurgiram com força no início dos anos de 1950. Neste momento, novamente com Vargas, o grau real de centralização e intervenção estatal avançava e se expressava na tentativa de articular um esquema mais denso de coordenação, distinguindo-se, portanto, não apenas do período imediatamente anterior, como também do Estado Novo. A estrutura material do Estado e a sua relação com a economia sofreram uma inflexão que só adquiriu realidade dinâmica no momento da industrialização pesada: se destacarmos apenas o fato de que, a partir de 1956, avançou-se realmente para a coordenação dos investimentos global, público e privado, o salto qualitativo que sofreu a relação Estado-economia se mostrará com clareza.

Na perspectiva da modernização e racionalidade do aparelho, da formação e atuação da moderna burocracia econômica, o período que analisamos contém particularidades importantes. De um lado, está o conhecido fato de que a racionalização e modernização burocrático-administrativa se desenvolveu numa estrutura que mantinha suas características anteriores, sem transformações radicais. A moderna burocracia convivia com setores tradicionais do "funcionalismo". Os novos técnicos e administradores, restritos a certos núcleos, coexistiam tanto com segmentos burocráticos que expressavam modos arcaicos de patrimonialização da administração, quanto com setores que já exprimiam formas clientelísticas de expansão do aparelho, associados aos processos de desenvolvimento econômico e das políticas de massa.[10]

Também a "moderna" burocracia alocada principalmente no aparelho econômico — os "técnicos" — não era homogênea. Dividia-se, como sempre, conforme seus interesses específicos enquanto categoria social do Estado, segundo formas particulares de comportamento e defesa de privilégios e recursos de poder, ou alianças e compromissos diversos que se estabeleciam entre seus segmentos e outros, dentro ou fora das estruturas estatais. Mas se distinguiam profundamente, no período, diante das várias alternativas de avanço da industrialização: em frente de questões como a do papel do Estado e da empresa pública, a do capital estrangeiro, o ritmo do avanço, as prioridades de investimento ou a questão social, a "moderna" burocracia não era nem poderia ser homogênea.

Por outro lado, a velocidade do processo de desenvolvimento no período teve um modo próprio de se refletir no organismo burocrático-administrativo do Estado. Como tentamos indicar, parece ter havido rápida desatualização no funcionamento do aparelho que se montava, fazendo que órgãos eficazes nos anos de 1930 e 1940 fossem relativamente incapazes de fazer frente à "atualização" das questões da industrialização. A esse título, merecem referência o Departamento de Águas e Energia Elétrica e até mesmo o Conselho Nacional do Petróleo, diante do surgimento das empresas públicas.

Insistimos também nos diferentes graus de autonomia, capacidade de iniciativa e ação "unificada" da burocracia vinculada aos órgãos decisórios centrais do aparelho econômico: mais coesa e desenvolta no Estado Novo, no segundo governo de Vargas e na gestão JK, ou minimizada e atomizada, no período Dutra. A nosso ver, a potencialização maior ou menor da atuação dos técnicos e burocratas esteve associada ao projeto de industrialização que se pretendia levar a cabo e, portanto, às formas e aos conteúdos pelos quais a Presidência estabelecia a unidade da política econômica, mobilizando ou não a capacidade técnica especializada da burocracia.

Por fim, o movimento de estruturação do aparelho econômico deixa transparecer, de algum modo, tendências e impulsos à corporativização das formas associativas de representação de interesses e articulação junto do Estado. Obviamente, o corporativismo estatal, desde os anos de 1930, foi prevalecente na articulação direta dos setores sociais aos órgãos centrais de decisão. Mas também os institutos de regulação e fomento, de início, e principalmente as comissões executivas, os grupos de trabalho — formas predominantes nos anos de 1950 — "trouxeram" para dentro das estruturas estatais os interesses empresariais, articulando empresas, burocratas e administradores em torno dos projetos setoriais específicos e dos programas de incentivos. A cartelização das oportunidades de acesso aos incentivos e benesses do Estado e as formas de "participação" privada nos processos de elaboração das políticas aparecem como movimentos simultâneos, expressando, talvez, o caráter bifronte (de que fala O'Donell) do novo tipo de corporativismo, com seus aspectos estatizantes e privatizantes. O surgimento, no início e em meados dos anos de 1950 de associações patronais de porte funcional paralelas à representação oficial — como a ANMVAPE (Associação Nacional de Máquinas, Veículos, Acessórios e Peças) ou a ABDIB (Associação Brasileira para o Desenvolvimento das Indústrias de Base) — é indicativo desse processo. Formas embrionárias seriam multiplicadas a partir do momento em que deslancharam os projetos do Plano de Metas. As formas de articulação entre setores burocráticos do Estado e as burocracias das grandes empresas, numa definição conjunta (evidentemente atravessada por atritos) das estratégias públicas e privadas de expansão, pareciam prenunciar aquilo que Fernando Henrique chamou, para indicar a natureza do Estado pós-64, de "anéis burocráticos".[11]

É hora, creio, de sintetizarmos essas características da forma particular de Estado que se desenvolveu e presidiu o desenvolvimento capitalista brasileiro no período de 1930 ao final dos anos 1950.

Houve intenso desenvolvimento da capacidade regulatória e intervencionista do Estado, traduzindo o processo de estatização das relações sociais capitalistas e de aquisição concomitante, por parte do Estado, de estruturas materiais tipicamente capitalistas.

O aparelho econômico estatal se armou, incorporando e regulando os parâmetros e condicionantes gerais do processo de acumulação de capital — a gestão do crédito, dos juros, do câmbio, dos salários —, tanto quanto avançando na gestão da dinâmica setorial de um vasto segmento da atividade econômica. Manifestou-se como atividade empresarial direta nos setores de infra-estrutura e de indústrias de base; organizou um forte setor bancário público, de fomento, nucleado pelo Banco do Brasil e pelo BNDE.

Descrever essa constelação de funções e instrumentos de intervenção e regulação, apontar seu caráter profundo não é suficiente, entretanto, para caracterizar o conteúdo e as questões fundamentais daquele momento específico, que definem, no mesmo movimento de formação das estruturas estatais, a forma particular do Estado. Trata-se de um Estado que arma um amplo aparelho operativo, interventor e regulador, e que se defronta com uma economia em *processo de industrialização* — não uma economia capitalista plenamente constituída, tampouco uma economia atrasada, subjugada ao capital mercantil. Ao mesmo tempo que estão sendo superadas as estruturas da economia exportadora, o avanço da indústria — sob as características de "industrialização restringida" que assinalamos — se realiza em bases oligopolistas, com predominância da grande empresa, pública ou privada. Essa convive com os segmentos tradicionais da pequena e média empresa, o que implica descontinuidades recorrentes na configuração das relações interindustriais. Ao mesmo tempo, esse processo se faz acompanhar de intensa urbanização, crescente concentração e diferenciação das massas assalariadas urbanas.

Com todos esses "elementos" de capitalismo monopolista, não devemos esquecer, entretanto, que aqui ainda se trata de um processo de constituição do capitalismo, de estabelecimento das bases da autodeterminação da acumulação capitalista, de formação das classes fundamentais e das estruturas capitalistas de dominação social.

Com isso, estamos querendo chamar a atenção para o fato de que o Estado que se forma e se defronta com esse processo tem conteúdo e objeto particulares que definem a sua forma e natureza. O *conteúdo e objeto* desse Estado são a industrialização e suas questões particulares, como se apresentam aqui, nesta fase do desenvolvimento do capitalismo periférico, em um momento determinado de mudança da divisão social do trabalho e de reorganizações importantes na economia mundial capitalista.

A forma particular de Estado que preside esse momento de constituição do capitalismo, nas condições da industrialização retardatária, expressará traços de avanço e de atraso. Para nos referirmos ainda às condições mais estruturais, a natureza das questões colocados pelo desenvolvimento econômico "requer" a constituição de um Estado regulador e articulador de perfil avançadíssimo, pois lhe cabe moldar um presente que já traz em si as características do "futuro": uma estrutura industrial — monopolista, técnica e organizacionalmente desenvolvida e articulando-se à fase mais nova da divisão internacional do trabalho. Da mesma forma, a moldagem desse futuro impõe um aprofundamento inusitado do papel da empresa pública na fase de constituição do núcleo pesado de bens de produção.

Do ponto de vista social, esse Estado simultaneamente se conforma sob o peso de interesses agrário-exportadores heterogêneos, incluindo tanto as velhas oligarquias quanto os setores mais avançados da economia cafeeira; sob as pressões de uma burguesia industrial em rápido processo de diferenciação (frágil e heterogênea, mas que se fortalece ao longo do tempo); de setores médios extremamente diferenciados, desde os mais tradicionais até seus segmentos assalariados "modernos"; sob as injunções e demandas de uma ampla massa assalariada urbana, em rapidíssimo processo de constituição e diferenciação, que clama por previdência social, saúde, habitação, educação, melhores condições de vida, liberdade e participação nas decisões que envolvem seu presente e seu futuro; e, como se sabe, na ausência das massas rurais, controladas e subordinadas.[12]

Em poucas décadas, o Estado incorporou a estruturas pretéritas outras novas, respondendo sempre à "modernidade" do presente. A própria rapidez e simultaneidade do desenvolvimento econômico e social, que recobre permanentemente, e em grande velocidade, as velhas estruturas com novas, as novas com novíssimas, criando um quadro de profunda heterogeneidade estrutural, transporá essa heterogeneidade para a forma do Estado.

Essa forma estatal de "transição" é ágil, moderna, capitalista, nos seus aparelhos econômico, repressivo e social, e ao mesmo tempo tradicional, atrasada e frágil, especialmente em suas bases econômicas. O Estado é, de um lado, centralizado e poderoso; de outro, desarticulado e fraco. Na historiografia, seu retrato aparece como um híbrido paradoxal. Os analistas ora o apresentam como cartorial, conservador, ossificado, burocratizado; ora como um Estado burguês moderno, monopolista, flexível. No plano do aparelho econômico — a que nos restringimos — e sob a perspectiva da modalidade de relação com o processo de industrialização, essas características se manifestaram no próprio movimento desigual e descontínuo de formação das estruturas estatais centralizadas.

No momento em que o país completou a sua industrialização, com as características que assinalamos, aquela forma de Estado — que vinha sendo moldada, nos seus movimentos centralizadores, unificadores, intervencionistas e regulatórios, durante um quarto de século — expressou os limites de suas possibilidades materiais e financeiras. Anunciou o *esgotamento* daquelas características heterogêneas, avançadas e restritas, modernas e velhas, e a *crise*, que já indicava também os conteúdos novos da forma futura: "intervencionismo" de novo tipo, direção econômica muito mais incisiva, articulação das estruturas burocráticas e empresariais do Estado com os setores privados de natureza qualitativamente nova, aprofundamento das questões que se colocavam sob os rótulos de reforma administrativa, tributária, financeira, urbana, se quisermos nos limitar apenas aos problemas mais pertinentes à temática que examinamos.

Nesse sentido, o fim do período que consideramos não pode ser visto tão-somente como o término e resolução de problemas que se arrastavam, desde os anos de 1930. O salto industrializante corroeu as possibilidades do arcabouço estatal; mas, por suas características, gestou também outras formas e problemas, anunciando uma nova fase.

No plano limitado das relações entre o Estado e a economia — onde a apreendemos — e no seu movimento de aquisição de estruturas econômicas tipicamente capitalistas, a *forma de Estado* que preside a industrialização brasileira esgota suas potencialidades e entra em crise no momento mesmo em que o país atinge a plenitude da industrialização, conformando uma estrutura de capitalismo monopolista peculiar.

Sob os aspectos sociais, políticos e econômicos gerais, esse foi o momento em que o longo processo de formação do Estado nacional, capitalista e burguês, no Brasil, avançou para suas formas definitivas. O professor Florestan Fernandes indicou as características autocráticas e sincréticas do *Estado capitalista moderno* que emerge das condições do capitalismo brasileiro, "quando o capitalismo dependente e a sociedade de classes correspondente atingem a fase de industrialização intensiva e de transição para o capitalismo monopolista".[13] A plena constituição desse Estado atravessará uma crise política profunda, a derrota dos setores nacional-populares e a brutal violência sob a qual se cristalizarão as formas e modos do exercício da dominação burguesa. Nesse processo, e após as "reformas" que se operarão ao final dos anos de 1960,[14] o regime autoritário permitirá ver em sua nudez a outra face do Leviatã.

Na culminância da revolução burguesa no Brasil, no momento crucial em que as estruturas burguesas de dominação, condensação e expressão unificada do seu poder adquirem seus formatos mais definitivos, elas o fazem sob características hipercentralizadas, num movimento de reestruturação e interpenetração profunda das relações entre o Estado e a economia, articulando e manifestando uma nova configuração de forças sociais. O "Novo Estado" moldado sob o regime autoritário, sua natureza social, suas características estruturais, o modo como manifesta sua "pertinência" com a estrutura monopolista — esse campo de indagações está longe do objeto desta tese. Basta aqui reiterar as opiniões daqueles que insistiram na profundidade das transformações que se operaram nas estruturas do Estado e a nova natureza que o caracteriza e o distancia de sua forma "anterior".[15]

É verdade que há um longo, secular processo de formação do Estado nacional, capitalista e burguês no Brasil. É verdade que se estende no tempo o movimento de aquisição de suas estruturas unificadas, unificadoras, de organização e condensação do poder. Contudo, também é certo que esse processo se faz sob *formas* particulares que, por sua vez, estão referidas à natureza do campo de lutas sociais e políticas, em torno das questões concretas colocadas a cada momento pelo desenvolvimento econômico e social; enfim, é num movimento simultâneo que se constituem as forças sociais, o capitalismo e o "Estado Nacional moderno". Seria quase óbvio dizermos que esse processo não é linear, e que restringimos nossas observações ao momento compreendido entre duas rupturas: a que se processa no bojo da crise do Estado oligárquico e a que tem início ao final dos anos de 1950. Aí o Estado moldou e condensou relações sociais sob forma centralizada, burocrático-administrativa, intervencionista, reguladora, abrangendo amplos aspectos da vida econômica e social, e trazendo para os aparelhos a natureza de classe da sociedade e seus conflitos. Seu movimento se enraíza no campo das lutas sociais e se impulsiona pelos diferentes e instáveis "equilíbrios políticos" que lhe conferem autonomia, mas também lhe impõem limites.

Apontamos, para ambos os aspectos, a centralização e unificação das estruturas econômicas e seus limites; a constituição de uma máquina burocrática de intervenção e regulação profundas e seus aspectos restritos. E tratamos de apreender esse movimento sob a ótica particular do plano de industrialização — concebido, como dissemos, como uma alternativa social e política de avanço do capitalismo e, portanto, como forma de hierarquizar interesses econômicos e sociais em torno das questões que esse mesmo avanço suscitava.

Centralizado e limitado, avançado e atrasado, moderno e arcaico, o Leviatã não deixou de mostrar as características dessa etapa da industrialização e das questões que eram enfrentadas. E nem deixou de suscitar polarizações de interesses e problemas de controle social e político sobre sua ação intervencionista, industrializante, sob formas burocrático-administrativas e empresariais, que conformavam os andaimes de um Executivo forte e "autônomo".

Notas

1. Como nos fixamos na análise mais geral dos planos e alternativas de desenvolvimento, e de sua "tradução" em transformações do aparelho econômico — e não na política econômica —, não haveria motivo para se analisar o período governamental de Café Filho, por demais limitado, em tempo e medidas, para que se possa reconstituir com segurança uma clara alternativa de avanço do capitalismo. Os autores, em geral, assinalam as características ortodoxas da política econômica e destacam à Instru-

ção 113 da Sumoc como uma inflexão fundamental na política em relação ao capital estrangeiro, instrumento legal que foi estratégico para a implementação do Plano de Metas no governo seguinte. Para essas informações e, principalmente, para a análise econômica do Plano de Metas e das características da industrialização pesada, apóio-me principalmente em C. Lessa, *op. cit.;* C. Lafer, *op. cit.;* J. M. C. de Mello, *op. cit.;* M. C. Tavares, "Acumulação de capital e industrialização no Brasil", *op. cit.* Além desses trabalhos, foram essenciais as observações e sugestões que nos fez Luciano Coutinho sobre o assunto.

2. Para a explicitação do conceito de forças produtivas especificamente capitalistas e sua vinculação com a *dinâmica* da *acumulação* capitalista, Cf. J. M. C. de Mello, *op. cit.*, p. 97.

3. Cf. Luciano Coutinho e Luiz Gonzaga Belluzzo, "O desenvolvimento do capitalismo avançado e a reorganização da economia mundial no pós-guerra", in: *Estudos Cebrap*, n.23, São Paulo, Edições Cebrap, p.20.

4. J. M. C. Melo e L. G. Belluzzo, "Reflexões sobre a crise atual", in: revista *Escrita*, n.2, São Paulo, 1977.

5. Maria Victória Benevides examinou as variáveis e mecanismos acionados no governo Juscelino Kubitschek que criaram condições para a *estabilidade* política e para a implementação do seu programa. Cf. Maria Victória de Mesquita Benevides, *O governo Kubitschek (Desenvolvimento econômico e estabilidade política — 1956-1961)*. Rio de Janeiro, Paz e Terra, 1976.

6. Apóio-me inteiramente, para essas e as seguintes observações, no admirável trabalho de Celso Lafer, *op. cit.*

7. Cf. A. L. D'Ávila Viana, *op. cit.*

8. Veja-se principalmente o trabalho já citado de J. M. C. Mello e L. G. Belluzzo.

9. Cf. O. Ianni, *op. cit.*, p.141-87. Para a análise da conjuntura de crise de 1961 a 1964 (1ª fase), veja Maria da Conceição Tavares e José Serra, "Além da estagnação", in: M. C. Tavares, *Da substituição, op. cit.*, p.155-207.

10. Cf. Juarez Brandão Lopes, *Desenvolvimento e mudança social*. São Paulo, Cia. Ed. Nacional, 1972, cap.VI, p.108-12. É particularmente interessante a sua crítica à utilização do conceito de "cartorialismo" para fenômenos de natureza diversa.

11. Cf. F. H. Cardoso, "Estado e sociedade no Brasil", in: F. H. Cardoso, *Autoritarismo...*, *op. cit.*, cap.V, p.181-2.

12. É extensíssima a literatura que trata desses temas, enfatizando o caráter heterogêneo da estrutura de classes nos seus mais diversos aspectos. Remeto apenas, pela sua importância histórica, ao artigo de F. H. Cardoso, "Hegemonia burguesa e independência econômica: raízes estruturais da crise política brasileira", in: Celso Furtado (org.), *op. cit.*, p.77-110.

13. F. Fernandes, *op. cit.*, p.349.

14. Do ponto de vista institucional, penso sobretudo no conjunto de reformas empreendidas nos primeiros anos após a Revolução de 1964: a *reforma tributária* (reforma e modernização da estrutura impositiva; aumento da carga agregada e significativo reforça da União em detrimento dos Estados e municípios); a *reforma monetária* (novo padrão monetário e criação do Banco Central); a *reforma administrativa*; a *reforma financeira* (medidas de financiamento do setor público, dívida pública, regulação dos

agentes financeiros e do mercado de capitais, criação dos fundos sociais); e, também, medidas de ordem *social*, atuando sobre a Previdência, o regime de estabilidade, o FGTS, o Estatuto da Terra etc.

15. Além do trabalho de F. Fernandes, penso sobretudo nas inúmeras análises de F. H. Cardoso, que insistiu na determinação de classe do poder, no pós-64, e principalmente apontou para as características *novas* do Estado, não idênticas ao regime político. Cf. F. H. Cardoso, *O modelo político brasileiro*. São Paulo, Difel, 1972; idem, *Autoritarismo...*, *op. cit.*; idem, "Desenvolvimento capitalista e Estado: bases e alternativas", in: Carlos Estevam Martins (org.), *Estado e capitalismo no Brasil*. São Paulo, Hucitec — Cebrap, 1977, p.205-20.

Segunda Parte

AS ARTIMANHAS DO LEVIATÃ

Introdução

A forma particular que assumiu o Estado brasileiro no período que vai de 1930 ao final dos anos 1950 só pode ser apreendida se levarmos em conta, *simultaneamente*, os processos *específicos* de constituição do capitalismo industrial, de expressão nacional de suas classes fundamentais e de construção das estruturas capitalistas do Estado.

Procuramos, na parte anterior, enfatizar algumas das questões essenciais à análise das relações entre a industrialização e as estruturas econômicas do Estado. Pensamos ter deixado claro que o ritmo e o padrão de desenvolvimento capitalista, assim como o formato que a aparelhagem econômica do Estado adquiriu, foram determinados mais abstratamente pelo campo da luta de classes que correspondeu à etapa final de formação do capitalismo no Brasil e, mais concretamente, pelas diversas conjunturas que marcaram a evolução dos conflitos sociais. Nem a industrialização foi definida por um movimento monótono imposto por injunções objetivas acima da "vontade dos homens" e ao largo das lutas sociais, nem, muito menos, a organização estrutural do Estado correspondeu tão-somente ao desdobramento da lógica da expansão da burocracia segundo um processo inexorável de racionalização crescente.

Naturalmente, seria necessário um estudo circunstanciado dos diferentes equilíbrios políticos que se impuseram nas diversas conjunturas para dar conta inteiramente da "atualização" das transformações estruturais que procuramos analisar. No entanto, escapam aos nossos objetivos a reconstrução do jogo político concreto, das distintas articulações entre as forças políticas e da atuação de cada uma delas, dos partidos aos sindicatos, da imprensa às diversas facções burocráticas, da Igreja às várias associações profissionais, etc.

No entanto, é possível retomar alguns dos problemas que examinamos para verificar de que modo se "cruzaram" interesses sociais, ideologias e instituições numa quadra particular, a da redemocratização, que se estendeu da crise do Estado Novo ao final da década de 1940.

Período de formação de uma nova constitucionalidade, este é, sem dúvida, um momento privilegiado para compreender duas questões que remetem diretamente ao problema do controle social e político sobre as decisões de um Executivo que ganhara preeminência e de cuja ação dependeria, em boa medida, a sorte de todos os setores sociais: a questão do planejamento econômico e a questão das relações entre o Poder Executivo e o Poder Legislativo.

A *questão do planejamento econômico* — a direção e os limites da intervenção estatal na economia — foi intensamente debatida desde os fins do Estado Novo. Nesse momento, a volta ao Estado de direito tornou-se inevitável, e a direção a ser seguida após o conflito mundial passou a ser uma questão fundamental. Neste sentido, é interessante retomar a polêmica Simonsen-Gudin para verificar como, *dentro do campo dos interesses dominantes*, apareceram distintas maneiras de ver as relações entre industrialização, planejamento e democracia.

Em Roberto Simonsen, encontraremos muito mais que a simples defesa da indústria existente e o clamor por crédito e proteção, que marcaram a ideologia industrialista até a crise de 1929. Seu ponto de partida era a constatação do nosso imenso grau de pauperismo e a descrença na capacidade dinâmica das exportações. Seguia-se a proposta da industrialização, "a parte nuclear de um programa "visando à elevação da renda a um nível suficiente para atender aos imperativos da nacionalidade".[1]

O avanço industrial que ele pretendia assentava-se em três pilares fundamentais:

> As maiores verbas seriam, sem dúvida, utilizadas na eletrificação do país, na mobilização de suas várias fontes de combustíveis e na organização de seus equipamentos de transportes. Abrangeria o programa a criação da moderna agricultura de alimentação e a promoção dos meios apropriados à intensificação de nossa produção agrícola em geral. Seriam criadas indústrias-chave, metalúrgicas e químicas, capazes de garantir uma relativa auto-suficiência ao nosso parque industrial e a sua necessária sobrevivência na competição internacional.[2]

Este ambicioso *projeto de industrialização pesada* colocava duas "questões básicas": a do financiamento e a da intervenção do Estado. Quanto à primeira, toda a esperança era depositada em empréstimos externos, de governo a governo, a serem concedidos pelos Estados Unidos, em condições especiais quanto à fixação dos juros, prazo e amortização.[3]

> Preliminarmente, para resolvê-lo temos de decidir se poderíamos atingir essa finalidade (quadruplicação do nível de renda em menor prazo possível) pelos meios clássicos de apressar a evolução econômica, estimulando pelos processos normais as iniciativas privadas, as várias fontes produtoras e o mercado interno, ou se deveríamos lançar mão de novos métodos utilizando-nos, em gigantesco esforço, de uma verdadeira mobilização nacional, numa guerra ao pauperismo para elevar rapidamente nosso padrão de vida. (...) Devido à nossa falta de aparelhamento econômico e às condições em que se apresentam os nossos recursos naturais, a renda nacional está praticamente estacionária, não existindo a possibilidade, com a simples iniciativa privada, de fazê-la crescer, com rapidez. (...) Dadas todas essas circunstâncias, é aconselhável a planificação de uma nova estruturação econômica (...) Essa planificação, organizada com a cooperação das classes produtoras (...)[4]

Na réplica a Gudin, Simonsen foi obrigado a precisar melhor seus pontos de vista sobre o planejamento e, em primeiro lugar, estabeleceu quais deveriam ser sua abrangência e sua profundidade:

> Não se trata de escolher entre a presença ou a ausência do intervencionismo, mas, sim, entre o bom e o mau intervencionismo. Essa situação teria sido em grande parte evitada se todas essas intervenções tivessem obedecido a um *plano de conjunto no qual, atendendo-se à reconhecida interdependência dos vários fatores econômicos*, fossem harmonizados os interesses em jogo e observadas as prescrições de ordem técnica, com a entrega de sua execução a homens capazes, sob o controle efetivo da comunidade.[5]

O bom intervencionismo, portanto, seria o plano de conjunto, e não o tópico, o localizado, o descoordenado, o mau intervencionismo, destinado a atender aos setores agrícolas em dificuldades. E *plano de conjunto e industrialização* seriam *indissociáveis*, duas faces da mesma moeda, a revolução econômica contra o pauperismo.[6]

Em segundo lugar, explicitou as relações entre planejamento e capitalismo e planejamento e democracia:

> O planejamento representa uma coordenação de esforços para um determinado fim. (...) É um erro que o conceito de planejamento se prenda, obrigatoriamente, a escolas políticas ou econômicas antidemocráticas. (...) O planejamento econômico é uma técnica e não uma forma de governo. Não exclui os empreendimentos particulares. Pelo contrário. Cria um ambiente de segurança de tal ordem que facilita o melhor e mais eficiente aproveitamento da iniciativa privada, que está intimamente ligada ao conceito de propriedade. Nos países em que existe o sufrágio universal e onde a maioria dos votantes não é proprietária, a propriedade privada só se manterá em sua plenitude enquanto essa maioria estiver convencida de que o exercício desse direito representa o verdadeiro interesse da sociedade em conjunto (...).

O planejamento é um esforço constante para dirigir a energia humana, objetivando uma finalidade racionalmente predeterminada. É uma técnica, um processo, uma metodologia, e não um sistema de governo. Como tal, pode ser adotado em toda e qualquer forma de governo. Em um regime democrático, tem de ser elaborado e executado pelo consentimento consciente das suas forças vivas, sob o controle direto dos órgãos representativos desse regime, da imprensa e da opinião pública.[7]

Já vimos que, para Simonsen, a industrialização seria o conteúdo do planejamento. Agora, verificamos que a liquidação da miséria seria, no longo prazo, a condição indispensável para a sobrevivência do capitalismo e da democracia. Logo, sem planejamento não haveria industrialização, sem industrialização não seria possível a liquidação da miséria, sem a liquidação da miséria não poderia haver capitalismo e democracia (como sugere a referência ao sufrágio universal).

Por outro lado, ele reafirmava o caráter neutro do planejamento, sua plena compatibilidade com o regime democrático e sua submissão a controles que vão desde a presença (corporativa) das forças vivas da nação no órgão do plano (entre elas, naturalmente, o empresariado industrial), até à ação do parlamento, da imprensa e da opinião pública.

Gudin iniciou sua resposta a Simonsen com uma defesa apaixonada da economia liberal. Atribuía às suas virtudes o aumento do bem-estar e a elevação dos padrões de vida ocorridos até 1914; eximia-a da Grande Depressão, "resultado de um fenômeno político, a guerra mundial de 1914" e, subsidiariamente, da inexperiência do novo líder da economia mundial, os Estados Unidos; e tratava de demonstrar a quase inexorabilidade de sua restauração no mundo do pós-guerra.

Naturalmente, economia liberal não significaria ausência de intervenção econômica do Estado:

> Na esfera das atividades privadas, a função do Estado liberal é, como dizem os ingleses, "a de estabelecer as regras do jogo, mas não a de jogar". No Brasil nunca precisamos tanto de uma colaboração inteligente e eficaz do Estado para o progresso da economia como na atual conjuntura, em que é premente a necessidade de uma série de medidas legislativas e administrativas capazes de permitir e facilitar a expansão e o progresso econômico do país. (...) Batizar de "plano" esse conjunto de medidas é pura questão de terminologia e, sobretudo, de moda, desde que se entenda por plano a velha função do Estado de fomentar a expansão econômica do país sem a invasão do campo de atividades que nas democracias competem à iniciativa privada.[8]

Intervenção econômica do Estado restrita a "estabelecer as regras do jogo, mas não jogar", e não planejamento, e não "a mística da planificação, uma derivada genética da experiência fracassada e abandonada do *New Deal* americano, das ditaduras italiana e alemã que levaram o mundo à catástrofe, e dos planos qüinqüenais da Rússia, que nenhuma aplicação podem ter a outros países". Atrás do clamor pela planificação, Gudin via uma (estranha) associação de interesses. A citação é longa, mas esclarecedora:

"Não será com as 'doutrinas' de Karl Mannheim e de outros tão invocados filósofos do plano que salvaremos a economia nacional. Mas a mística do plano não é só o produto da metafísica mais ou menos manicômica desses 'sociólogos'. Eles apenas suprem o palavreado da nebulosa ideológica. Mas, cá em baixo, bem junto da terra, há vários grupos sociais e econômicos para os quais a mística do plano pode constituir poderosos instrumentos para a vitória de suas doutrinas políticas ou de seus interesses econômicos. São, primeiro, os socialistas-comunistas, partidários da supressão da propriedade privada dos meios de produção, que vêem no plano (...) um excelente instrumento, que de fato é, para a invasão pelo Estado da economia e da iniciativa privadas e, portanto, para o caminho da socialização. Segundo, a burocracia, que no regime do plano passa a enfeixar nas mãos uma soma considerável de poderes (e talvez de proventos) na direção da economia. Terceiro, *last but not least*, os chamados 'interesses reacionários' (*vested interests*), que vêem, e com razão, no plano um excelente instrumento de eliminação da liberdade de concorrência e de consolidação das situações adquiridas (...) com o sacrifício do consumidor à tirania dos produtores."[9]

Daí até a identificação do planejamento com capitalismo de Estado e totalitarismo há apenas um passo:

> Stalin é quem tem razão; é preciso escolher um dos dois caminhos a trilhar: *ou* o do capitalismo de Estado com regime totalitário e supressão da propriedade privada dos meios de produção, *ou* o da democracia política e da economia liberal.[10]

Sem economia liberal, pois, seria impossível a democracia. Resta ainda saber qual o conteúdo da intervenção econômica do Estado nos limites aceitos por Gudin. Esse conteúdo explicita-se nos seguintes elementos: a solução da produtividade, "a verdadeira questão", que deveria decidir pela implantação ou não de novas indústrias; a reprovação do espírito mercantilista, que protegeria a ineficiência; a preocupação com o excesso de gasto público e a frouxidão monetária, que conduziriam uma economia com pleno emprego à inflação; a louvação ao capital estrangeiro, que necessitaria de estímulo e de proteção; a defesa da desestatização das empresas públicas etc. Tudo, certamente, conduzindo ao bloqueio da industrialização, à subordinação do crescimento industrial ao desenvolvimento mercantil-exportador.[11]

Em suma, para Gudin estariam associados o predomínio mercantil-exportador, o desenvolvimento industrial subordinado e a recusa da industrialização pesada, a economia liberal e a "democracia política".

Toda a polêmica, portanto, girou em torno da relação entre desenvolvimento capitalista, planejamento econômico e democracia, revelando com notável nitidez os interesses sociais que estiveram na base tanto do raciocínio de Simonsen quanto do de Gudin.

A questão da intervenção estatal e do planejamento econômico envolve, no plano das instituições políticas, *as relações entre o Executivo e o Legislativo*. O problema do controle social e político sobre o Estado presente, como vimos, na polêmica sobre o planejamento econômico manifesta-se no plano das instituições, sob a ótica do controle do Legislativo sobre o Executivo. E, ao colocar-se neste nível das instituições do Estado liberal-representativo, a articulação entre planejamento econômico e democracia torna-se mais complexa e envolve aspectos que não se reduzem ao mero confronto de interesses sociais e pontos de vista econômico-corporativos.

Vejamos, em primeiro lugar, os termos mais gerais do problema.

Um Estado centralizado e organizado em estruturas burocrático-administrativas complexas, intervindo e regulando a economia e a sociedade, haveria de se manifestar, mesmo após a eliminação do regime autoritário, como um Executivo forte, suscitando delicados problemas de controles institucionais.

A problemática de fundo é conhecida e amplamente abordada pela literatura: envolve, como se sabe, a questão do controle público sobre a esfera "administrativa" do Estado, que ganha, progressivamente, foros de autonomia. Por outro lado, as formas de gestão e decisão burocráticas adquirem, ao longo do tempo, características normativas e mesmo judiciárias.

De Marx e Weber[12] a Schumpeter,[13] Mannheim[14] ou Neumann[15] e, mais recentemente, a Schonfield,[16] Lowi,[17] ou Poulantzas[18], Cerroni[19] e Barcelona[20], a natureza da esfera burocrático-administrativa do Estado, sua transformação ao longo do desenvolvimento do capitalismo e, em particular, suas relações com a esfera jurídico-política estatal foram analisadas nos seus inúmeros aspectos.

Os temas se desdobram. A natureza e a "autonomia" da burocracia estatal e suas relações com a esfera das decisões políticas constituíram o ponto de partida das análises clássicas e delineiam, talvez, o fulcro dos estudos sobre a estrutura do Estado representativo moderno. Núcleo temático que se amplia sob a ótica das relações entre o liberalismo e a democracia, ou do ponto de vista das transformações mútuas que se operam no ordenamento jurídico-político estatal e as novas funções sociais e econômicas do Estado: os modos de organização dos poderes; as relações entre o Executivo e o Legislativo, ou a perda gradual de funções do Poder Legislativo perante características novas que se manifestam na área do Executivo; as articulações entre formas corporativas de organização e de expressão de interesses sociais e os mecanismos político-representativos de estruturação dos conflitos e definição do "interesse geral". Em síntese, são muitos os aspectos a serem considerados quando se almeja, de algum modo, captar as relações entre o desenvolvimento do capitalismo e as transformações do direito, da lei e das instituições.

O nosso campo de atenções não é e nem pretende ser tão abrangente. Ele está colocado no plano das relações entre o Legislativo e o Executivo, e restrito à questão das funções de fiscalização do Poder Legislativo, no plano da armação institucional da democracia política.

Muitas são as funções do Legislativo na estruturação do Estado representativo burguês.[21] Mas essas funções são também dinâmicas, isto é, passam por alterações no tempo e, ainda, historicamente determinadas, vale dizer, estão definidas pelas relações de poder prevalescentes em cada sociedade particular, em momentos precisos e segundo a estrutura política mais ampla — o conjunto das instituições políticas.[22]

Na concepção liberal da organização jurídica do Estado capitalista, o parlamento cumpre, em tese, duas funções primordiais. Como órgão que emana da soberania popular, constitui o *locus* por excelência da organização e expressão do "interesse geral" da nação. A este nível adquire sentido sua *função legislativa*: a do estabelecimento, por meio de normas e leis abstratas e universais, da vontade do "povo-cidadão". Este seria, do ponto de vista da análise política, o lugar pertinente para o exame das relações entre o Legislativo, o sistema partidário, os interesses de classes ou de segmentos e categorias sociais politicamente relevantes, enfim, o estudo da estruturação política do sistema de dominação.

Contudo, o parlamento é também concebido, na concepção do Estado de direito, como a instituição que, ao expressar a "vontade geral", cumpre funções de controle, no sistema de freios e contrapesos, sobre o poder arbitrário. A este nível, sua função é principalmente de *fiscalização* dos atos do Poder Executivo e da administração cotidiana. Este é o espaço legítimo das preocupações e das análises sobre as formas, velhas e novas, de *controle público* sobre a esfera técnico-administrativa do Estado, órbita do Poder Executivo.

Um Estado centralizado e organizado em estruturas burocrático-administrativas complexas, intervindo e regulando a vida social e econômica — base das manifestações de hipertrofia do Executivo e de seu caráter invasor dos outros poderes do Estado — suscita delicados problemas para as funções de controle e de fiscalização por parte do Legislativo. Essa questão esteve em primeiro plano na Assembléia Constituinte de 1946. Mais precisamente, assumiu preeminência o problema do equilíbrio dos poderes e da autonomia do Legislativo, numa atmosfera impregnada de aspirações libertárias criadas pela derrota do Eixo e pela deposição do ditador.[23]

Hermes Lima, constituinte influente e constitucionalista de renome, insistiu no grande consenso que se criou em torno da urgência de se dotar a estrutura político-institucional do Estado de um sistema de garantias que funcionasse sem o atropelo do poder arbitrário do Executivo. Era necessário estabelecer freios e contrapesos que pudessem "impedir que um Executivo avassalador, de tendências discriminatórias, dominasse a cena política (...) domar, conter o Executivo, constituir poderes capazes de evitar os seus excessos, que impedisse o Executivo de cavalgar os outros poderes".[24]

De fato, a denúncia da hipertrofia do Executivo foi tema recorrente nos debates constitucionais. E a busca de controles pôde irmanar as vozes tanto do pessedista Etelvino Lins quanto do comunista Caires de Brito. Para o primeiro, "a hipertrofia do Executivo contribui para a descrença do sistema democrático";[25] para o segundo, "infelizmente, toda a história da República e todas as lutas de nosso povo, buscando o caminho da democracia, nada mais são do que a luta contra a hipertrofia do Executivo".[26]

A hipertrofia do Executivo, eis o mal a extirpar. Mas como fazê-lo sem paralisar a maquinaria estatal? A condensação de atribuições nas mãos do governo e a maior interdependência dos poderes não eram um imperativo de nossa modernidade?

Como governar hoje sem delegação de funções? — perguntou o constitucional Hermes Lima.[27] "(...) É possível governar, hoje" — indaga Agamenon Magalhães —, "sem uma economia planificada e (...) esses planos devem ou não serem feitos no parlamento?".[28] Como proceder para que o pensamento da nação, expresso por seus representantes no Congresso, exerça seu poder sobre a ação econômica do Estado? Essa foi a pergunta que colocou o deputado Jurandir Pires.[29]

No plano das instituições e funcionamento da democracia política, a questão do intervencionismo estatal e do planejamento manifestará sua outra face, a do controle do Legislativo sobre o Executivo.

Os dois capítulos que compõem esta Segunda Parte retomam, nesta dupla perspectiva, a questão do intervencionismo estatal e do planejamento econômico, de um lado, e a das relações entre o Executivo e o Legislativo, de outro — o problema mais geral dos controles sociais e políticos sobre o Estado, atinentes à relação entre democracia e planejamento.

No Capítulo 1 — do ponto de vista dos limites da intervenção econômica do Estado — examinaremos a participação de interesses sociais e políticos na conformação de três órgãos de regulação, o Departamento Nacional do Café (DNC), o Dasp e o Conselho Nacional de Economia. O estudo do processo de extinção do DNC e a subseqüente criação do IBC permite avaliar concretamente até onde ia o liberalismo econômico do setor mercantil-exportador no imediato pós-guerra. Por outro lado, o conflito quanto às atribuições do Dasp na área de controle orçamentário e planejamento e o embate parlamentar referente à criação de um órgão do plano, o CNE, revelarão até onde chegou a institucionalização da planificação.

No Capítulo 2 — do ponto de vista dos controles do Legislativo sobre o Executivo — examinaremos alguns debates que se estabeleceram na Assembléia Nacional Constituinte de 1946. Em face das novas e desafiantes questões que se impunham sob o "Executivo hipertrofiado", buscamos reconstituir o campo de alternativas propostas acerca do reordenamento jurídico-político do Estado.

Notas

1. Cf. Roberto Simonsen, "A planificação da economia brasileira (Parecer apresentado ao Conselho Nacional de Política Industrial e Comercial, em 16/8/1944)", in: Roberto Simonsen e Eugênio Gudin, *op. cit.*
2. *Idem*, p.34.
3. *Idem*, p.35. Também Roberto Simonsen, "O planejamento da economia brasileira (Réplica ao sr. Eugênio Gudin, na Comissão de Planejamento Econômico)", *idem*, p.155.
4. *Idem*, p.33, 36 e 37.
5. *Idem*, p.152 (grifos nossos).
6. *Idem*, p.151.
7. *Idem*, p.181.
8. Eugênio Gudin, "Rumos de política econômica (Relatório apresentado à Comissão de Planejamento Econômico sobre a Planificação da Economia Brasileira)" in: R. Simonsen e E. Gudin, *op. cit.*, p.84-5.
9. *Idem*, p.78.
10. *Idem*, p.80.
11. *Idem, passim*.
12. Cf. Karl Marx, *Critique de l'État hégélien* (manuscrito de 1843). Paris, 10/18, 1976; Max Weber, *Economía y sociedad*. México, Fondo de Cultura Económica, 1944, 4 vol.
13. Joseph A. Schumpeter, *Capitalismo, socialismo y democracia*. Madri, Aguillar, 1968.
14. Karl Mannheim, *Libertad y planificación social*. México, Fondo de Cultura Económica, 1946; C. Wright Mills, *The power elite*. Nova York, Oxford University Press, 1959.
15. Franz Neumann, *Estado democrático e Estado autoritário*. Rio de Janeiro, Zahar, 1969.
16. Andrew Shonfield, *Modern capitalism*. Nova York, Oxford University Press, 1970.
17. Thedore J. Lowi, *The end of liberalism*. Nova York, W. W. Norton & Co. Inc., 1969.
18. Cf. N. Poulantzas, *L'État, le pouvoir, le socialisme*, *op. cit.*, p.179-295.
19. Umberto Cerroni, *La libertad de los modernos*. Barcelona, Ediciones Martinez Roca, 1972, p.182-236.
20. Pietro Barcellona, *op. cit.*
21. Apóio-me particularmente nas análises de Poulantzas sobre a natureza da estrutura do Estado moderno. Veja N. Poulantzas, "La teoría marxista del Estado y del derecho y el problema de la alternativa", in *Hegemonía y dominación en el Estado moderno*. Córdova, Passado y Presente, 1969; *idem, Pouvoir politique et classes sociales*, *op. cit.* Veja também E. Neumann, *op. cit.*; U. Cerroni, *op. cit.*

22. Sérgio Abranches, sob outra perspectiva teórica, faz estudos das funções do Poder Legislativo no sistema político, distinguindo-as em três níveis: o *sistêmico*, no qual integra o sistema amplo de dominação; o *partidário*, no qual o Legislativo é o *locus* da existência de relações entre partidos; finalmente, o *institucional*, no qual cumpre funções "integrativas" *vis a vis* à própria instituição. Cf. Sérgio Abranches, "O processo legislativo". Tese de mestrado, Universidade de Brasília, 1973.

23. Sobre o "clima" político-ideológico do pós-guerra e após a queda do Estado Novo, veja Hermes Lima, "O espírito da Constituição de 1946", in H. Lima *et al.*, *Estudo sobre a Constituição Brasileira*. Rio de Janeiro, FGV, 1954.

24. *Idem*, p.14-5; *idem*, "Travessia — Memórias". Rio de Janeiro, José Olympio, 1974, p.155-71.

25. *Anais da Assembléia Nacional Constituinte*, v.XVII, p.118 (a partir de agora, *Anais da Const.*).

26. Prossegue o deputado: "(...) faz-me sugerir, em nome do Partido Comunista, aos nobres componentes da Grande Comissão de Constituição, que procuremos o caminho capaz de compensar e evitar a hipertrofia do Executivo". Cf. *Anais da Comissão de Constituição*, v.I, p.286-7.

27. *Anais da Const.*, v.XI, p.295.

28. *Anais da Const.*, v.XI, p.294.

29. *Anais da Const.*, v.II, p.460.

1

Os limites do planejamento

O período que se estendeu de 1930 a 1945, como vimos, correspondeu à acelerada montagem das estruturas centralizadas do aparelho econômico e à definição da nova forma de Estado. Durante o Estado Novo, nas condições de um regime autoritário, na situação particular criada pela guerra e, ainda, sob o impulso de um projeto industrializante a partir do Estado, o movimento de centralização, regulação e intervenção econômica foi intenso e levado a seus extremos. De tal forma que se confundiram, nesse momento, características do regime político e da própria natureza do Estado.

Tanto é assim que, desde 1943, quando se desencadeou a crise do regime,[1] não apenas se criaram expectativas de desativar e desarticular o organismo hipercentralizado de regulação e intervenção, como foi essa uma das bandeiras da crítica liberal. Conjurar o regime implicaria destruir também as bases estruturais que engendrara e que pareciam lhe dar suporte: o poder centralizado, o Executivo todo-poderoso, os órgãos que estendiam a presença do Estado a todas as esferas da vida social. Além do poder que o ditador e seus homens detinham, como complemento "natural", era necessário avançar também sobre suas casamatas, os aparelhos, instrumentos e instituições centrais do Estado, base, afinal, da autonomia, independência e, sobretudo, das tendências incontroláveis do reforço do Executivo.

Essa forma ideológica de apreender as relações entre o Estado e o regime, mesclando elementos do liberalismo político e do liberalismo econômico, encontrava, evidentemente, suporte nos setores mercantis exportadores, dispostos a recompor seu predomínio e controlar o Estado e os rumos da economia.

Já sabemos, pelas indicações de Simonsen, que a intervenção estatal e o planejamento constituíam elementos indissociáveis do projeto da burguesia industrial. Nesse sentido, parece óbvio que, se a crítica liberal poderia irmanar a muitos contra o Estado Novo, mal poderia esconder as divergências mais profundas que dividiam a sociedade brasileira no tocante a essas questões. Desse ponto de vista, o liberalismo econômico haveria de se deparar com resistências.

Da perspectiva da burguesia exportadora, naquele momento, a pergunta que fazemos é: até que ponto poderia sustentar, consistentemente, uma reversão liberal? Em outras palavras, para além da questão da sua força relativa, referida às outras forças sociais presentes, o problema que nos colocamos é o a da sua atuação real, no pós-guerra, em relação à questão do intervencionismo econômico e ao papel regulador do Estado. Num momento em que pareceria estar objetivamente colocada a alternativa de retomar seu projeto mais geral, a nos atermos ao discurso de Gudin, qual o sentido de sua ação concreta, sob o manto do conservadorismo liberal? Com o estudo do DNC trataremos de examinar essas questões.

Por seu turno, as forças industrializantes tinham, sem dúvida, um difícil caminho a percorrer no tocante ao intervencionismo econômico e à institucionalização do planejamento. E isso por duas razões, pelo menos. De um lado, pelo motivo já suficientemente indicado, ou seja, a resistência com que se deparavam por parte dos setores nitidamente antiindustrializantes, contrários à intervenção econômica estatal e dispostos a bloquear o planejamento. Por outro lado, porque defrontavam-se elas próprias com o complexo e difícil problema de definir, no quadro das instituições liberais-representativas, o formato institucional do órgão do plano. A compatibilização entre planejamento e regime democrático, entre a livre iniciativa e o intervencionismo econômico, desafiava também naquele momento, os setores sociais e políticos que se alinhavam favoravelmente ao desenvolvimento industrial. O exame dessas duas questões nos guiará na reconstituição dos debates que envolveram o destino do Dasp e a criação do Conselho Nacional de Economia.

As imposições do plano: do DNC ao IBC

Reportar às origens dos órgãos estatais de regulação e defesa do café não nos parece tão importante quanto lembrar que foi exatamente durante os anos de 1920 — período de auge mas também de crise da economia exportadora cafeeira — que se colocou em pauta a defesa permanente do café, relacionada aos esforços da burguesia cafeeira para que a União encampasse definitivamente os seus "negócios", inscrevendo a questão com maior nitidez na agenda estatal.[2] Diante de múltiplas dificuldades, frustrada e insatisfeita com o encaminhamento federal das práticas de valorização e com o que chegou a considerar a "farsa" da política de defesa permanente,[3] a burguesia cafeeira viu-se na contingência de definir suas práticas defensivas no plano do Estado de São Paulo. Assim, em 1924, criou-se o Instituto Paulista de Defesa Permanente do Café, mais tarde (1925) Instituto do Café de São Paulo.

É importante enfatizar, como o faz Liana Aureliano, que as complexas e críticas condições da acumulação cafeeira nesta etapa impunham a estruturação de um organismo no Estado e a definição de instrumentos eficazes de regulação da produção e do mercado cafeeiros. A diversificação de interesses no interior da burguesia cafeeira — referentes tanto aos fazendeiros, comerciantes e banqueiros como aos vários Estados produtores — e a debilidade relativa dos distintos setores, devido à complexidade das condições internas e externas da acumulação, desenham um quadro de demandas e disputas que redundariam, afinal, na diferenciação da própria máquina do Estado que incorporou os interesses do setor e se abriu, ao mesmo tempo, como *locus* de sua unificação e arbitragem.[4] A "arbitragem federal" sempre esteve nos horizontes dos diferentes setores em disputa. As polarizações entre mineiros e paulistas acentuaram-se, até o final da República Velha, paralelamente às disputas internas da própria burguesia cafeeira paulista.[5]

A crise de 1929, agudizando essas características de diferenciação interna e enfraquecendo o conjunto da burguesia cafeeira, redundou, ao final e *após* a *Revolução de 30*, na composição de um órgão federal de regulação e controle dos negócios cafeeiros. Aquilo que fora uma impossibilidade nas estruturas do Estado oligárquico tornou-se realidade sob a nova forma de Estado que ganhava contorno desde 1930.

Inegavelmente, a estruturação dos órgãos econômicos centrais só revela seu pleno significado se vista no conjunto do movimento centralizador que se desencadeou com a Revolução de 1930, com todos os conteúdos políticos e ideológicos de reforço das estruturas unificadas e unificadoras do governo federal. Mas este movimento passou, também, pelos interesses imediatos dos setores sociais. No caso da burguesia cafeeira, chegou a passar por um convite formal a um representante do governo federal para participar dos negócios do café, oferecendo-lhe assento permanente na Conferência dos Estados Produtores, convocada em abril de 1931 pelo Estado de São Paulo.[6] Em maio, o governo provisório, "acolhendo suas resoluções e aceitando o convite, constitui o *Conselho Nacional do Café*, sob a presidência de delegado especial por ele indicado".[7] O controle da política do café por parte do governo federal avançou um passo mais em 1933, quando surgiu o Departamento Nacional do Café.[8]

Vale a pena lembrar que, neste aspecto, a gênese do Instituto do Açúcar e do Álcool, em 1933, foi semelhante. Como observa Tamás Szmrecsányi:

> Essa institucionalização progressiva resultou menos de uma vocação intervencionista dos governantes do país depois de 1930 do que da reação dos produtores e do governo a uma situação de fato — a grande depressão mundial desencadeada pela crise econômica de 1929 — cujos efeitos desfavoráveis não podiam ser superados com medidas convencionais até então adotadas (políticas monetária, fiscal etc.). Na crise, a experiência do Instituto de Defesa do Açúcar, criado em 1926 e apoiado pelo governo pernambucano, passou a ser vista como a alternativa a ser seguida pelo governo federal, e foi esse o sentido da solicitação dos próprios produtores do subsetor.[9]

Voltemos, entretanto, ao café.

A esta altura seria redundante assinalar, nesse movimento, os aspectos de estatização das relações e disputas entre as várias frações da burguesia cafeeira, ou das suas distintas expressões "estaduais". Os interesses "do café" impregnaram-se na área econômica centralizada do Estado, foram assumidos como interesses gerais, e as políticas para o setor expressaram-se como políticas nacionais, também segundo as "razões" do Estado.[10] Isso implicou, sem dúvida, uma redução da capacidade de decisão e influência dos setores privados envolvidos, que, embora continuassem com peso e poder, já não determinavam sozinhos o sentido da política para o setor cafeeiro, uma vez que sobre ela incidiam também a burocracia estatal e o significado último da "política do Estado".

Por isso mesmo, não é de estranhar o caráter ambíguo das críticas à "política do café" que, no final do Estado Novo, já nas condições de crise do regime, concentraram-se sobre o próprio DNC. Aliás, isso não ocorreu apenas em relação ao DNC: quase todos os institutos de regulação de produção e consumo crescentemente tornaram-se alvos de críticas contundentes que, se de início diziam respeito aos conteúdos das políticas que implementavam, concentraram-se logo sobre os próprios órgãos, mais tarde confundidos com o próprio regime estadonovista. Apagaram-se da memória dos agentes sociais as condições da gênese daqueles órgãos.

Com a crise do Estado Novo e o prenúncio do final da guerra, a extinção dos institutos de regulação da produção e do consumo tornou-se uma das bandeiras da "normalização" da economia e da eliminação dos controles considerados "de emergência".

De um ponto de vista positivo, o argumento mais freqüente era o de que os institutos haviam cumprido a sua função precípua de promover o "equilíbrio estatístico" entre a produção e o consumo e, portanto, tinham perdido a sua razão de ser. Negativamente, eram acusados de estarem reduzindo a população à fome e os produtores à miséria, uma vez que suas políticas de "proteção" causavam efeitos contrários, rebaixando a produção, provocando a escassez e elevando os preços: "Tudo quanto o governo federal fez para proteger a lavoura produziu efeito contrário (...) O café foi tão protegido que a sua produção caiu de tal maneira, que muita gente está certa de que dentro em pouco, nós, que fomos os maiores fornecedores desse produto para o mundo inteiro, acabaremos importando-o (...) Com o açúcar aconteceu a mesma coisa (..,) e foi racionado". Do ponto de vista político, o desastre foi ainda maior, uma vez que institutos e departamentos transformaram-se em armas ou em instrumentos de perseguição.[11]

Na Assembléia Constituinte, o Departamento Nacional do Café, o Instituto do Açúcar e do Álcool, o do Cacau e o do Sal foram, entre todos, os mais combatidos. Arthur Bernardes (PRMG) fez a acusação política mais geral: "(...) Estas instituições arcaicas, desenterrou-as o Estado Novo, não para servir à economia nacional, mas para atrelar ao carro da ditadura as classes outrora tidas como independentes".[12] Alfredo Sá (PSD-MG) criticou novamente os diversos órgãos, pedindo a sua extinção:

> "Não tenho a menor dúvida em afirmar que a causa principal da crise que flagela o povo, encarecendo e dificultando a vida, é a existência desses institutos, comissões executivas, conselhos e departamentos, que desde 1943 atrapalham a vida econômica do país e encarecem de maneira insuportável os gêneros necessários a todos nós (...) Penso, sr. Presidente, que a extinção dos Institutos do Açúcar, do Sal, do Cacau e de outros semelhantes, é providência de salvação, porque nós outros, que vivemos em meio ao povo, vemos, ouvimos, sentimos e observamos que há um verdadeiro clamor contra as dificuldades criadas por esses institutos".[13]

Entretanto, a Assembléia não chegou a nenhum consenso; ao contrário, transformou-se em um fórum onde se manifestaram as profundas divergências e choques de interesses envolvidos em cada setor produtivo sob "proteção" dos institutos. As acirradas disputas em torno do IAA, além de indicar que a questão dos aparelhos transcendia a questão dos problemas da gestão mais democrática da economia, apontam para os limites à restauração de um liberalismo econômico nos moldes anteriores a 1930.

O problema da extinção do IAA polarizou nordestinos contra deputados do sul (em particular do Rio de Janeiro, de São Paulo, Minas Gerais e Espírito Santo), usineiros contra plantadores de cana, pequenos e médios contra grandes produtores. E exatamente porque a fragmentação e o profundo choque de interesses apontavam para posições irreconciliáveis a respeito de uma política nacional para o açúcar, o IAA manteve-se como instrumento de "unificação" nacional dos interesses ou de conciliação de setores divergentes. Carlos Pinto, o deputado pelo PSD do Rio de Janeiro que conduziu o ataque mais agressivo ao instituto, limitou-se a propor a redução das atribuições mais monopolizadoras e controladoras do órgão.[14]

As disputas em relação ao órgão e às suas políticas continuaram em todo o período do governo Dutra. Em novembro de 1948, a Assembléia Legislativa do Estado de São Paulo enviou telegrama ao ministro do Trabalho solicitando "a extinção de vários órgãos criados durante o regime ditatorial, inclusive o IAA e outras autarquias, que ainda hoje continuam a exercer influência perniciosa sobre o desenvolvimento de nossas atividades agrícolas, industriais e comerciais (...)".[15]

A diversificação interna dos interesses do setor açucareiro e, em particular, a resistência dos setores economicamente mais fracos, que viam na extinção do órgão estatal a sua própria derrota econômica — ante à expansão da capacidade produtiva das zonas açucareiras paulistas e seu avanço para mercados mais amplos —, nos auxiliam a perceber uma das razões, talvez das mais importantes, da permanência dos órgãos estatais de regulação e intervenção. Ao mesmo tempo, revelam uma das faces ideológicas e mistificadoras da crítica liberal, que pretendeu expressar-se como visão doutrinária globalizante mas envolvendo interesses econômicos muito concretos e díspares, dispostos a definir segundo seus desígnios a forma e a natureza do aparelho econômico do Estado.[16]

As polarizações de interesses envolvidos nesses órgãos não se reduziam, entretanto, à fórmula simples de extingui-los ou não, como no caso do IAA. Sua substituição por outros e a questão do controle mais efetivo por parte dos setores interessados sobre a política para o setor colocaram-se de modo bastante claro no caso do Departamento Nacional do Café.

As pressões pela extinção do DNC ganharam corpo já no ano de 1944.[17] O Convênio dos Estados Cafeicultores, em fevereiro e março de 1945, reunido sob a presidência de Souza Costa, ministro da Fazenda de Vargas, afirmou a necessidade do prosseguimento da política econômica do café sob a unidade de direção do governo federal, mas recomendou a extinção do DNC, fixando sua liquidação para 30/6/1946.[18] Atingido o chamado "equilíbrio estatístico" entre produção e consumo do café, insistiam os cafeicultores na eliminação da intervenção estatal no mercado do produto e na supressão da burocracia nas atividades de exportação. Contudo, eles esperaram a queda do Estado Novo para tomar iniciativas nesse sentido. E a ambigüidade de suas posições, suas divergências e fraturas internas acompanhariam o longo e atabalhoado percurso que conduziu à liquidação definitiva do órgão encarregado da política nacional do café.

Em dezembro de 1945, enquanto a imprensa relatava o início das tramitações para a extinção do departamento, a Sociedade Rural Brasileira solicitava ao órgão medidas que conduzissem à sustentação ou à elevação do preço do café no mercado internacional.[19] A política norte-americana, pressionando para baixo os preços dos produtos agrícolas, ameaçava os setores cafeeiros; ao mesmo tempo, suas associações e representações de classe sugeriam a supressão do DNC, a liberdade de comércio e medidas efetivas e operantes do governo brasileiro no mercado internacional do produto.[20] Contra as práticas de dirigismo econômico, os representantes do café sugeriam que o governo tomasse medidas eficazes para eliminar a intervenção estatal no mercado norte-americano.[21] No início de março de 1946, os representantes dos Estados cafeicultores reuniram-se com Gastão Vidigal, ministro da Fazenda, a fim de examinar a questão dos preços do café nos EUA.[22] Dois dias depois, o ministro presidiu um novo convênio cujas sugestões finais insistiam em três questões: supressão da burocracia nas atividades de exportação, extinção do DNC e medidas de proteção ao produto.[23] A 15 de março de 1946, o governo federal decretou a extinção do DNC e determinou o dia 30 de junho como prazo máximo para a sua liquidação. Em decreto posterior, criou uma Comissão Liquidante dispondo de todas as atribuições da diretoria do departamento em extinção.

A Comissão Liquidante teria de resolver dois problemas principais: a venda do estoque de café em poder do DNC, calculado em 4 milhões e 800 mil sacas, e o destino a ser dado ao imenso patrimônio do DNC, suas inúmeras agências, escritórios, acervo e pessoal, distribuídos por todo o país. Segundo as recomendações do convênio anterior, os recursos auferidos com a venda do estoque deveriam constituir os fundos iniciais do futuro Banco Nacional do Café.[24]

Inegavelmente, em relação à extinção do DNC, os distintos setores da burguesia cafeeira alcançaram um grau bastante elevado de consenso. Em face de um órgão que parecia estabelecer de forma muito autônoma a política do Estado para o setor cafeeiro, perante canais tidos como muito estreitos para exercer seu controle sobre a política cafeeira, os distintos segmentos dessa burguesia reinvindicaram em uníssono a sua extinção. As avaliações do desempenho do órgão eram distintas; não, entretanto, a certeza de que era necessário liquidá-lo.

O DNC foi considerado por Arthur Bernardes "a mais longa e ampla experiência de intervenção no mundo dos negócios", e a supressão desse "abominável" órgão foi enfaticamente pedida por José Maria Whitaker, praticamente um porta-voz dos banqueiros interessados na exportação do café: "Há, pois, que abolir, sem nenhuma hesitação, todos os institutos, qualquer que seja a sua denominação e, bem assim, quaisquer restrições burocráticas à importação e à exportação (...)".[25]

Por seu turno, a Faresp, criada em 1946 e em atrito com a Sociedade Rural Brasileira,[26] e na qual os fazendeiros paulistas de café tinham predominância, avaliava em tom negativo o DNC, ainda que reconhecesse a sua relevância: "Muito criticada foi a ação do DNC, órgão bem inspirado mas que, envolvido pela política, foi desvirtuado em suas finalidades, não deixando, contudo, de ter prestado seus serviços".[27]

Entretanto, teria a burguesia cafeeira, naquele momento, condições de cancelar o caráter intervencionista do Estado no setor cafeeiro, dispensando definitivamente a ação de um órgão estatal responsável pela elaboração da política nacional do café? Em outras palavras, que possibilidades e limites abriam-se a uma "restauração" liberal efetiva, plena, dadas as características do setor?

É verdade que, como atesta Almeida Prado, "após sacrifícios dolorosos, muitas vezes cortando na própria carne, nos foi proporcionada a oportunidade de atingirmos o almejado equilíbrio estatístico entre a produção e o consumo".[28] E que, como demonstra Guarniere, as condições do café no imediato pós-guerra eram efetivamente satisfatórias: desde 1944 os estoques estavam praticamente reduzidos a níveis "técnicos", e aquele fora o último ano de "queima"; por outro lado, a regularização do comércio internacional do café, em 1946, criava condições bastante boas para a recuperação da economia cafeeira.[29]

Nessas condições, a burguesia cafeeira poderia repor os termos do seu "liberalismo econômico", isto é, impor uma participação mínima do Estado na defesa externa dos preços e no incremento das exportações, por meio de um novo órgão cuja natureza interessava-lhe particularmente. Em junho de 1946, a Sociedade Rural Brasileira manifestou a sua preocupação em relação ao tipo de órgão que deveria substituir o DNC: "a principal produção do país não deve ficar sem um órgão dirigente, pelo menos, de algumas das funções exercidas pela autarquia cuja vida está prestes a ser extinguida".[30] Nesse mesmo sentido insistiu um porta-voz da Faresp: "No entanto, porque existiu um organismo que não funcionou bem, não se deve condenar a idéia e suprimir uma necessidade que subsiste. A orientação de um órgão supervisor de orientação e defesa, agora, mais do que nunca, se impõe (...)".[31]

As indicações dos cafeicultores sobre a natureza do órgão a ser criado para substituir o DNC já haviam sido anunciadas em 1944, no VI Congresso da Lavoura: um organismo deliberativo, criado no Ministério da Fazenda e composto de representantes dos Estados cafeicultores.[32] Em 1946, a SRB explicitou melhor seus anseios:. "a entidade deveria ser dirigida *exclusivamente* por cafeicultores e constituída com representação somente dos estados produtores, sendo que, destes, apenas os que tivessem produção ponderável poderiam participar, evitando-se a desigualdade de representação que prevaleceu nos tempos do DNC".[33] Tratava-se, claramente, de instituir no Estado, com a exclusão da burocracia, um órgão coordenador e supervisor sob direção dos próprios setores privados.

Também era esse o sentido que a Faresp queria imprimir à nova entidade: "Sempre pleiteou a lavoura o direito de reger o seu destino, e a experiência do passado nos autoriza a afirmar ser essa questão elementar na constituição de um futuro órgão supervisor. A fim de que possa o mesmo ter uma função exata, dentro dos interesses em jogo, deve ser ele composto de lavradores eleitos pela classe, cuja representação deverá ser proporcional aos cafeeiros existentes nos Estados produtores, que terão tantos representantes quantas vezes atingirem o coeficiente estabelecido".[34]

Evidentemente, a burguesia cafeeira queria assenhorear-se do próprio destino, regendo pelas próprias mãos os seus negócios, dispondo deles com um poder inexistente na fase anterior, na qual os setores burocráticos e políticos do Estado dirigiam a política cafeeira com elevado grau de autonomia. Devemos indagar, então, das razões que a levaram a propor, por meio de suas entidades, que o novo órgão dirigente fosse constituído nas estruturas do Estado.

Não é difícil compreender por que não se pretendia simplesmente retomar a prática "livre" dos convênios e as políticas de valorização por meio dos empréstimos externos pelos Estados. A centralização política era uma realidade e o Executivo Federal condensava em suas mãos o comando dos dispositivos fundamentais da política econômica. No caso em questão, desde os anos de 1930 vedava-se aos Estados a tomada de empréstimos no exterior. A viabilidade de a burguesia cafeeira recolocar suas práticas econômicas anteriores nos mesmos termos passava por uma drástica reversão do movimento de centralização ocorrido, para o qual evidentemente não teria forças. A defesa do federalismo, a Constituinte de 1946 e a luta pelo reforço das "autonomias estaduais" se fez dentro de limites mínimos, impostos também por forças contrárias, que viam na descentralização e no federalismo muito mais do que a mera defesa da democracia no país.

Por outro lado, permanecendo o aparelho econômico estatal centralizado e mantendo-se a ação de controle do Estado sobre os instrumentos fundamentais de política econômica — salários, juros, crédito, taxa cambial —, a possibilidade de efetivação da política econômica do café e para o café implicaria, desde logo, o controle sobre o conjunto das políticas e, portanto, o controle político sobre o Estado. Sem dúvida, este era o horizonte que norteava ainda e sempre a luta dos senhores do café. Mas esse era também o horizonte de outras forças sociais, o que restringia as possibilidades políticas de organização da burguesia cafeeira como força dirigente. Além disso, já abaladas as bases objetivas de seu poder pela crise de de 1929, enfraquecia-se também pelo ritmo e pelo rumo do desenvolvimento econômico. Para essa burguesia carente de hegemonia, um órgão propriamente orientado para a defesa de seus negócios, nos quadros de um aparelho econômico estatal centralizado, representava, também, a possibilidade de fazer valer seus interesses no conjunto das políticas econômicas complexas e interpenetradas do Estado.

Finalmente, as próprias condições da acumulação cafeeira, a diversidade regional e interna de interesses desigualmente poderosos no setor, que se manifestavam desde os anos de 1920, dificultavam a "unidade de classe" mesmo nos seus interesses econômico-corporativos. Constituir essa "unidade" no Estado representava, pelo menos para os setores que se sentiam mais "fracos", uma alternativa para regular a concorrência e "equilibrar" a divisão interna do lucro. Funcionaria também como um relativo impedimento à imposição violenta do predomínio dos setores mercantis financeiros ou dos grupos monopólicos atuantes no comércio e no crédito. Pretendia-se, enfim, que a "política do café" não ficasse na dependência de um grupo exclusivo, com influência política poderosa.

Se, por um lado, um homem como Whitaker, intimamente vinculado ao banco cafeeiro, em 1948 pôde apenas invectivar contra "um instituto federal, abominável, o DNC (que) arruinou a lavoura do café",[35] em 1944 o Congresso da Lavoura afirmava a necessidade de um órgão federal, de caráter supervisor, para estabelecer a "unidade nacional da política cafeeira".[36] Isso foi reafirmado em 1948 por representante da Faresp, a cuja fórmula de um órgão composto de lavradores eleitos pela classe acrescentou-se a sugestão de que a presidência fosse da escolha do presidente da República. "A este órgão estaria reservado o papel que até agora faltou à política cafeeira, abrangendo a sua ação *todos* os setores da economia cafeeira."[37]

Um órgão abrigado nas estruturas do Estado e sob controle direto dos setores cafeeiros: essa era a proposta dos cafeicultores. Em razão de natureza centralizada e complexa da máquina econômica estatal e a interpenetração das políticas, e as dificuldades de organização da sua "unidade de classe", a burguesia cafeeira delineou a sua intenção: aprofundar a privatização do Estado introduzindo a sua cunha em suas estruturas.

O período que vai do início dos trabalhos de liquidação do DNC, em junho de 1946, até a criação do Instituto Brasileiro do Café, em 1952, revela bem os móveis do setor cafeeiro.

O início dos trabalhos da Comissão Liquidante do DNC foi acompanhado de críticas acerbas e de graves acusações de corrupção.[38] Entretanto, já em 1947, nos meios cafeicultores e políticos, começou a causar estranheza e reprovação a demora em extingui-lo. O problema era claro: a disputa pelo estoque e as alternativas de vendê-lo ou não. Sobretudo porque a Comissão Liquidante, que deveria contar com representantes dos lavradores e comerciantes de café, organizou-se de modo a dispensar sua opinião a respeito das vendas realizadas durante o ano de 1947.

Assim, delineou-se a reação maior da burguesia cafeeira paulista: o governador do Estado reivindicou para São Paulo todo o estoque em poder do DNC, e a Associação Comercial de Santos iniciou uma campanha pela suspensão das vendas dos estoques e pelo estabelecimento de um preço mínimo ao produto.[39] E todos reclamavam, as associações de classe e os parlamentares federais, da demora do processo de liquidação.[40]

A questão arrastou-se durante todo o ano de 1948, tornando mais explícitas as divergências internas entre os interesses envolvidos no café. Por volta de agosto, o jornal *O Estado de S.Paulo* afirmou não haver opiniões divergentes entre os autênticos lavradores e comerciantes de café, em relação à extinção do DNC. "Só os interessados na perpetuação do ambiente de incertezas, boatos e oportunidades para especulações baixistas podem desejar o indefinido adiamento da extinção daquela autarquia

(...)"[41] Estes "interessados" seriam identificados pouco depois, quando da resolução do governo federal de suspender as vendas: o Centro do Comércio do Rio de Janeiro, opondo-se à Associação Comercial de Santos, solicitou ao ministro da Fazenda que autorizasse o DNC a reiniciar as vendas de café, suspensas por resolução federal em agosto de 1948. Nem a resolução federal nem a resposta negativa do ministro parecem ter sido suficientes para sustar as vendas.[42] Na Câmara Federal, o deputado Herbert Levy assumiu a defesa dos interesses dos cafeicultores paulistas e acusou o DNC de estar realizando vendas ilegais.[43]

A "reação" paulista ganhou consistência. Além das denúncias e reclamações da Associação Comercial de Santos e da imprensa, os deputados federais por São Paulo unificaram as bancadas da UDN e do PSD em forte movimento de protesto, tendo como alvo, de agora em diante, o ministro da Fazenda, sr. Correia e Castro, acusado de dar suporte aos "poderosíssimos e ativos círculos interessados no reinício das vendas de café", ou seja, os comerciantes do Rio de Janeiro.[44] Desvincular a extinção do DNC da administração dos estoques de café passou a ser, então, a proposta paulista: o órgão deveria ser extinto imediatamente e os cafés armazenados deveriam ficar sob a jurisdição de um conselho de representantes autorizados da lavoura de todos os Estados produtores.[45]

A crise irrompeu em fevereiro e março de 1949, quando o governo decidiu vender as reservas em mãos do órgão.[46] Cresceu a grita em São Paulo, principalmente na praça de Santos, que se considerava abalada pela incoerência e pela imprudência da política cafeeira federal. O ministro, por sua vez, declarou que o DNC não possuía mais nenhuma reserva e que o comércio voltaria ao regime de liberdade.[47] A avaliação exata de suas reservas, a apuração de suas operações consideradas escusas e a extinção imediata do órgão, que parecia estar "acima de todos os poderes públicos, e escapa à fiscalização tanto do governo quanto do parlamento", era a bandeira única dos cafeicultores paulistas. A tática, neste momento, seria dirigirem-se ao presidente da República, desafiando-o a afirmar a sua autoridade, uma vez que "a administração pública não pode ver o seu prestígio posto em xeque, constantemente, por uma autarquia que ela pode dissolver em duas penadas".[48] "Em um regime ditatorial, compreender-se-ia a existência de uma organização que partilhasse com o ditador os poderes supremos da governança. Em regime constitucional, porém, a existência dessa instituição é um mistério impenetrável. Que é, afinal, que há dentro do DNC que faz vergar, vencidas, todas as vontades, a começar pela do sr. Presidente da República?".[49]

Em memorial endereçado ao presidente pela Comissão da Lavoura e do Comércio do Café, produtores, comerciantes e representantes de correntes políticas do Estado de São Paulo sistematizaram suas críticas e acusações ao DNC.[50] O ministro da Fazenda, identificado agora com a política desastrosa do DNC, pediu demissão e o presidente contemporizou, solicitando sua permanência no cargo. Intensificou-se a pressão na Câmara Federal, culminando com uma perda substancial da base parlamentar da Presidência: o apoio à política do petróleo do governo (aprovação das verbas para compra de refinarias e petroleiros) foi dado com uma maioria de apenas três votos.[51]

A afirmação da lisura das operações do DNC, sustentada por Correia e Castro, foi violentamente contestada pelos vários órgãos de classe e pela bancada paulista na Câmara.[52] Paralelamente, o ministro era agora acusado de estar endossando uma política de desvalorização drástica do cruzeiro.

Os dois problemas foram tratados conjuntamente durante campanha feita pela imprensa e no parlamento, sobretudo pela bancada paulista. Em relação ao problema cambial, o ministro foi criticado em primeiro lugar por displicência e omissão; depois foi acusado de apoiar abertamente a campanha pela desvalorização do cruzeiro na ordem de 100%. A intensa reação à desvalorização foi encabeçada pelos cafeicultores, que acusavam banqueiros, de um lado, e setores industriais interessados na importação, de outro, de estarem pressionando pela baixa do câmbio. Correia e Castro expressaria os interesses da "bancocracia" instalada no governo, segundo a imprensa.[53] A resistência do presidente chegou ao fim em 8 de julho, quando se denunciou com escândalo a carta que Correia e Castro endereçara ao secretário do Tesouro dos EUA, lavrada em termos considerados humilhantes. O ministro pediu demissão e finalmente Dutra a aceitou.

O novo ministro da Fazenda, Guilherme da Silveira, antes presidente do Banco do Brasil, foi bem acolhido nos círculos econômicos e financeiros de São Paulo ligados aos interesses cafeeiros.[54]

No que diz respeito ao DNC, as primeiras providências do ministro foram: abrir a participação das associações de classe rurais na Comissão Liquidante e apressar a extinção do órgão. Ao mesmo tempo, expediu diretamente normas de regulamentação das exportações. Finalmente, determinou que a Divisão da Economia Cafeeira (DEC) entrasse em funcionamento: assim as atividades desse novo órgão, criado em setembro de 1946 para substituir o DNC após sua liquidação, desvincularam-se das medidas a serem ainda tomadas para a extinção do antigo departamento.

À legislação que criara a DEC, em 1946,[55] acrescentou-se o regimento interno da Divisão. Embora subordinada ao Ministério da Fazenda, a DEC tinha funções executivas autônomas, distintas das repartições comuns, bem como receitas e despesas independentes do orçamento ordinário da União. Seu diretor seria nomeado, em comissão, pelo presidente da República, e à DEC caberia a direção e superintendência da política econômica do café, fundamentalmente no tocante às atividades de regulamentação e fiscalização de defesa externa dos produtos e de promoção das exportações.[56]

Não estavam solucionados, com essas medidas, os problemas da burguesia cafeeira. Não se empenhara tanto na extinção do DNC para acomodar-se sob um órgão que lhe parecia ter os mesmos defeitos: pelo seu decreto de criação, a Divisão da Economia Cafeeira atuaria em âmbito bastante restrito de operações, limitada quase exclusivamente às tradicionais atividades de fomento, mas não respondia à outra demanda dos cafeicultores, vale dizer, que estivesse sob seu comando efetivo. Em 1946, por ocasião do primeiro decreto de sua criação, assim se pronunciara a Sociedade Rural Brasileira:

> Ainda mais porque, de tudo que entre cafeicultores se cogitara após a extinção do DNC, ninguém fora de opinião que uma réplica do extinto departamento viesse a substituir. (...) Não seria, portanto, admissível aceitar-se o advento de um novo organismo representando a miniatura do extinto (...). De qualquer maneira, que fique bem entendido não desejarem os cafeicultores a continuação de entidade alguma com as funções do extinto DNC, onde os fazendeiros contribuíam com quotas de sua produção e se viam afastados de toda a ingerência na sua direção.[57]

Os cafeicultores não queriam, em 1946, um órgão como a prevista divisão, estruturada como seção do ministério e sobre cuja direção não teriam pleno controle. Não haveriam de querê-la, em dezembro de 1949, nem mesmo como solução de emergência para a rápida definição do "caso DNC", como foi imediatamente registrado pela Sociedade Rural Brasileira: "A lavoura não foi ouvida na recente criação da DEC, que é um órgão diretivo do café, e no qual os produtores não têm voz ativa. Criou-se o Conselho Nacional de Economia e, também, para lá fomos lembrados. O Brasil, para o nosso governo, resume-se à capital federal, e é no seu asfalto e nas suas encantadoras praias que pretendem resolver os problemas nacionais".[58]

É certo, entretanto, que de algum organismo necessitariam, ao menos para que a política para o setor não ficasse apenas na dependência do manejo da taxa cambial. Como assinala Laura Guarniere, entre o início da liquidação do DNC e a criação do BC, em 1952, não houve política específica para o café, e o destino da cafeicultura dependeu "de uma política cambial centralmente orientada, em cuja fixação a burguesia cafeeira não podia influir diretamente". Nessa fase, em que a DEC ainda esperava a extinção do DNC para entrar em funcionamento, "começaram a surgir crescentes reivindicações para se criar um órgão destinado a elaborar e executar a política cafeeira, no qual a burguesia cafeeira pudesse ter maior participação".[59]

Várias propostas de criação de um órgão "próprio" dos cafeicultores foram amadurecidas, a partir de 1948, no âmbito das associações de classe rurais, particularmente a Faresp e a Sociedade Rural do Paraná.[60] As divergências maiores diziam respeito à vinculação da representação dos Estados cafeicultores a uma proporção de sacas de cafés exportáveis e, por outro lado, à eleição dos representantes da lavoura somente por meio da estrutura sindical oficial, tese defendida pela Faresp e negada pela Sociedade Rural do Paraná.

Este órgão seria o Instituto Brasileiro do Café. Criado por lei em dezembro de 1952, o IBC foi concebido como entidade autárquica, com personalidade jurídica e patrimônio próprio, destinado a estabelecer diretrizes e a realizar, no país e no exterior, a política econômica do café. Sua administração caberia a uma junta administrativa, seu órgão supremo, e a uma diretoria composta de cinco membros, nomeados pelo presidente da República, dos quais três seriam, obrigatoriamente, lavradores de café. Quanto à junta administrativa, seria presidida por delegado do governo federal e composta de representantes dos Estados produtores.[61]

Finalmente, a legislação complementar indicou que os representantes dos lavradores de café seriam eleitos por suas associações de classe.[62]

Com a criação do IBC e a definição de sua estrutura e composição, a burguesia cafeeira (e, em particular, a sua fração agrária — a "lavoura") conseguira moldar um segmento do aparelho estatal segundo seus interesses, assim como dar forma à pretensão de manter sob seu comando a política econômica para o café.[63] Por outro lado, o empenho da Faresp e dos "lavradores paulistas" em definir o novo órgão, no qual finalmente asseguraram uma forte representação, revela a sua preocupação com a expansão da cafeicultura paranaense, em grande vigor naquele momento.[64]

Todavia, o êxito da burguesia do café era relativo, no que tange às verdadeiras proporções em que poderia atuar o IBC. A política cafeeira estava claramente subordinada ao conjunto das políticas econômicas do Estado, sobretudo a cambial e a creditícia, manejadas em outros níveis de decisão. A junta administrativa do IBC, embora fosse importante canal de acesso dos interesses da cafeicultura, "não passava de um fórum de debates, no qual os cafeicultores podiam exercer pressão contra o confisco cambial, a favor de melhores preços mínimos de registro, pela transferência do estabelecimento dos preços mínimos do café, que era subordinado à Comissão de Financiamento da Produção, para o instituto, e por melhores condições de financiamento. Entretanto, qualquer decisão qüe se tomasse em relação a um desses pontos teria de ser submetida à orientação da política econômica global.[65]

Vimos, com Gudin, que os interesses estratégicos da burguesia mercantil-exportadora cafeeira ajustavam-se perfeitamente aos principais interesses da "economia liberal", que determinavam ao Estado "estabelecer as regras do jogo, mas não jogar".

A necessidade de um órgão estatal para regular as relações entre as "frações" do capital cafeeiro e para disciplinar a comercialização externa demonstra, cabalmente, que o "livre mercado" não tinha condições de funcionar *sequer restrito à esfera particular de valorização mercantil-exportadora*.

Assistimos, isto sim, à *instrumentalização do liberalismo* de modo a torná-lo compatível com a intervenção do Estado, voltada especialmente para a defesa do setor mais débil da burguesia cafeeira, a "lavoura". Essa instrumentalização partiu da crítica à ineficiência da burocracia, ao seu desconhecimento dos "verdadeiros problemas do café" e à sua inelutável tendência ao desperdício e à corrupção. Mas resultou numa solução que implicava a corporativização do próprio órgão regulador.

Por outro lado, a burguesia cafeeira, por meio de seus órgãos representativos, foi incapaz de propor e fazer valer uma política econômica global em nome da nação; mas ainda teve força suficiente, enquanto grupo de pressão, para imprimir diretrizes à política do setor e para "derrubar" o ministro da Fazenda.

A enorme distância entre os objetivos de longo prazo da burguesia cafeeira (a ordenação do capitalismo brasileiro a partir de seus interesses estratégicos) e o bom andamento de seus negócios (seus interesses econômico-corporativos) revela muito mais do que uma "baixa consciência da classe" ou uma "frágil politização". Exprime sua incapacidade estrutural de se apoderar do Estado e de promover uma "reversão liberal" mas, também, demonstra suas possibilidades de se apropriar de um segmento do aparelho estatal utilizando a crítica liberal; manifesta tanto a sua fraqueza quanto a sua força diante da sociedade e do Estado.

Os limites político-institucionais:
Dasp e Conselho nacional de economia

As marchas e contramarchas dos órgãos de regulação cafeeira deixam claras as bases sobre as quais se enraizariam os *graus mínimos* da intervenção econômica do Estado, mostrando, de um ângulo particularmente estratégico, a irreversibilidade de uma certa estatização das relações econômicas.

A acidentada trajetória percorrida pelo Departamento Administrativo do Serviço Público (Dasp) e pelo Conselho Nacional de Economia (CNE), por outro lado, revela a natureza das dificuldades para a consolidação institucional dos possíveis *loci* de planejamento econômico global.

Em outra parte deste trabalho, indicamos os órgãos criados no período de 1930-1945 e que foram desativados no governo provisório de Linhares e no período governamental de Dutra. O Dasp se manteve na estrutura econômica estatal centralizada. Esse departamento vinha do Estado Novo com uma experiência de autonomia quase irrestrita nas suas funções de superintender a administração federal, elaborar o orçamento e organizar o plano econômico — limitado, como vimos, à racionalização dos gastos públicos e investimentos estatais.

As reformas nele introduzidas quase imediatamente por Linhares e Dutra correspondiam, até certo ponto, às críticas generalizadas em relação a seu poder excessivo e ao extravasamento das suas funções e atribuições próprias; exorbitância aliás reconhecida, no início de 1946, pelos próprios funcionários do departamento, que a atribuíam às características ditatoriais do regime anterior. Em sua defesa, agora, os burocratas e técnicos do Dasp assinalaram a sua vocação quase "natural" para o regime democrático, do qual se pretendiam verdadeiros guardiães:

> Entre 1937 e 1945, a tendência era de crescer, absorver funções, menos por culpa sua que em razão do estado de coisas no país. Assim, quando o Poder Legislativo se concentrava nas mãos do Poder Executivo, três conseqüências eram de ser esperadas: 1) maior fiscalização administrativa; 2) maior centralização; 3) mais ampla função de *staff*.[66]

No entanto, o Dasp era também, na fase de centralização excessiva, segundo seus porta-vozes, "um anteparo governamental, contornando as mais violentas crises do nosso Executivo pletório, cerceando ambições, enfim, esclarecendo nos mínimos assuntos um presidente que não se podia arrimar nas escoras do Poder Legislativo"[67]

Com as medidas de reestruturação — fusão das Divisões de Organização e Coordenação com a de Orçamento e supressão das Comissões de Eficiência, braços do departamento em cada Ministério —, as funções do Dasp foram drasticamente reduzidas e limitaram-no a um órgão de estudo e orientação administrativa. No tocante ao orçamento, foi definido como órgão integrante do "sistema de orçamento" que, entretanto, não estava definitivamente estabelecido. Leis e decretos anteriores e não revogados atribuíam a competência para elaboração orçamentária tanto ao Dasp quanto ao Ministério da Fazenda.[68]

Na prática, a "reestruturação democrática" do órgão favoreceu a distribuição política de empregos, independentemente do controle do sistema de méritos e concursos, assim como permitiu alterações nos salários do funcionalismo, independentemente de qualquer critério de prudência administrativa.[69] Poucos anos depois, viria do próprio departamento a denúncia:

> o que se pretende, de plano, sob os mais variados pretextos, é mutilar ou quiçá suprimir a instituição para o assalto aos cargos públicos, o restabelecimento do "pistolão" e das percentagens por compras, a eliminação dos concursos, provas honestas ou quaisquer barreiras que porventura se levantem em defesa dos legítimos interesses da nação.[70]

De fato, a supressão do órgão esteve no horizonte de muitos, seja pelas "razões" mais gerais de ampliação dos instrumentos e mecanismos clientelísticos, seja, particularmente, para retirar-lhe o controle sobre a elaboração orçamentária.

Na Assembléia Constituinte, o deputado Epílogo de Campos (UDN-AM) sugeriu ao Poder Executivo a sua extinção, vez que mesmo após as medidas de reestruturação, o Dasp parecia-lhe seguir na sua "prepotência" e na intenção de antecipar-se à própria Assembléia no tocante à questão orçamentária. Segundo o deputado, melhor seria a reedição do antigo Conselho Federal do Serviço Público Civil, que antecedeu o Dasp no início da década de 1930. A seu ver, os "propósitos intervencionistas" da instituição eram devidos à sua inspiração e a seu formato ditatorial.[71]

As discussões mais acirradas ocorreram na apresentação do projeto primitivo do texto constitucional: no parágrafo único do art. 64, a elaboração orçamentária era apontada como de competência exclusiva do ministro da Fazenda. Milton Prates (PSD-MG) propôs a supressão do parágrafo, sugerindo que essa matéria devia ser objeto de lei ordinária e não de determinação constitucional. Seu argumento baseava-se na necessidade de haver flexibilidade a esse respeito, para que os mais diversos métodos de organização orçamentária fossem experimentados e avaliados, até mesmo o que destinasse competência a um órgão técnico especialmente estruturado para esse fim.

Coube a Aliomar Baleeiro, da UDN, defender o orçamento como atribuição do Ministério da Fazenda, e não de qualquer órgão diretamente subordinado à Presidência. Essa seria a solução democrática, capaz de evitar o arbítrio e de possibilitar ao parlamento a cobrança de responsabilidades do ministro encarregado da elaboração orçamentária, evitando assim um reforço do Executivo.[72]

A defesa do Dasp enquanto órgão especializado na elaboração orçamentária e com capacidade de efetivar o planejamento econômico, tal como já se vinha caracterizando, foi feita principalmente pelo deputado Eusébio Rocha (PTB-SP). Nos tempos modernos, o orçamento não é tarefa que caiba a um ministério, até mesmo porque — como argumentou este parlamentar — o Ministério da Fazenda não possui aparelhamento para tal; além disso, se essa função lhe coubesse, teria supremacia sobre todos os outros e na circunstância de ser ele próprio um órgão interessado. O órgão do orçamento e do planejamento deveria ser, junto da Presidência, "um órgão de Estado-maior, que atue como respectivo elemento consultivo e delegatório do Executivo". Já não se pode mais, pensa Eusébio Rocha, encarar o orçamento em termos retrógrados e restritivos; constitui um instrumento de planejamento, de programa, conjugando harmoniosamente as atividades de organização e os planos de trabalho. Finalmente, afirma, a experiência e o êxito do Dasp o capacitariam a continuar com tais atribuições de *staff* da Presidência.[73]

A bancada do PTB apresentou uma emenda propondo a previsão, na Constituição, de um departamento nos moldes do Dasp, com atribuições exclusivas para a elaboração orçamentária, e vinculado à Presidência. Na justificativa, insistia-se uma vez mais no caráter de planejamento que adquirira o orçamento moderno: "O orçamento é mais que simples lei de meios. É mesmo mais que um plano financeiro; é um plano econômico parcial, de fundas repercussões político-sociais".[74]

A Comissão de Constituição optou por "solucionar" as divergências suprimindo o parágrafo que as provocara, sem entretanto prever qualquer órgão com as atribuições que Eusébio Rocha pretendera. A omissão do texto constitucional foi usada como pretexto para a extinção do Dasp e permitiu a criação de uma situação de disputa por competência que culminou, em 1949, com uma dupla elaboração orçamentária, como já indicamos.

Não se tratava apenas da questão orçamentária: em nome de suas atribuições, o Dasp reclamava também a de confecção do planejamento econômico — pretensão que encontrava respaldo parlamentar e, de algum modo, em parte dos grupos interessados na planificação econômica.

Mesmo após a reestruturação que muito limitou suas atribuições, o Dasp continuava responsável pela elaboração da Lei de Meios. Investia agora, com ênfase cada vez maior, na defesa da elaboração do planejamento econômico. À tese de que o orçamento é ele próprio a expressão do plano, acrescentou a de que o planejamento constitui a possibilidade da democracia moderna:

> Planejamento e técnica orçamentária são duas fases complementares de um mesmo processo, valores de um mesmo binômio ... O que temos em vista é dar uma ligeira idéia da necessária relação existente entre as atividades dos órgãos autônomos de planejamento com o orçamento anual.[75]

"Inspirados" em Mannheim, os técnicos do Dasp afirmaram a seu modo as relações entre o planejamento e a democracia, condição da "época atual":

> Desse modo, os planejamentos são hoje armas poderosas nas mãos do governo, instrumento de segurança social organizada, enfim, emanação da racionalização dos controles sociais (...). Parece-nos, pois, inelutável aos governos atuais a tentativa dos grandes planejamentos nacionais. Daí porque nos apressamos, no presente número da Revista, a versar principalmente os temas da planificação, quer econômica, administrativa, financeira ou social, convictos de que, com tal procedimento, prestamos um valioso serviço à nação.[76]

A burocracia do órgão reafirmou as suas atribuições, em conformidade com os termos do novo regime, com as tarefas "modernas" do Estado brasileiro e com a tônica contemporânea da moderna gestão da economia. A questão do órgão central encarregado da planificação foi colocado em termos relativamente vagos, com referência a múltiplos "órgãos autônomos de planejamento". Entretanto, para evitar problemas de conexão interna e descontinuidade, bastaria "que os planos sobre os quais é calcado o programa de administração sejam delineados pelos órgãos autorizados, em perfeita comunhão de vista, e sob a supervisão final do órgão orçamentário central".[77] Isto é, caberia ao Dasp — órgão orçamentário central — julgar e verificar a premência e a oportunidade dos planos, numa ação supraministerial de supervisão e controle.

No entanto, as resistências a tais pretensões ao departamento se tornaram explícitas e ganharam vulto dentro do próprio governo. Em março de 1947, o ministro da Fazenda, Correia e Castro, enviou ao presidente da República exposição de motivos propondo a extinção do Dasp, tanto por medida de economia quanto para que o orçamento da República fosse elaborado pela autoridade financeira do país. Sua maior justificativa era a de que a Constituição vigente não fazia referência a qualquer órgão fiscalizador ou coordenador das atividades ministeriais. Sugeria assim que as atribuições orçamentárias do departamento fossem transferidas ao Ministério da Fazenda, enquanto suas atribuições administrativas passariam a ser exercidas pelas divisões competentes de cada ministério.[78]

Os técnicos do Dasp defenderam-se em todas as frentes, inclusive levantando depoimentos de apoio à instituição por parte de altos funcionários da administração anterior. Lourenço Filho, fundador do Idort, advertia:

> "A administração, para que seja racional, tem que começar a ser planificada. Erro, e grave, é dos que pensam que a "planificação" dos serviços públicos tenha que ver, necessariamente, com os sistemas políticos ou com a negação da liberdade (...) Permito-me fazer esta observação porque os trabalhos de estudo do orçamento, como é fácil compreender, hão de decorrer também do que se pretenda fazer (...) Em qualquer hipótese, porém, ao órgão que tiver o estudo do material, pessoal e organização geral, devem competir os estudos de proposta do orçamento.[79]

Entretanto, a proposta de extinção não partiria do chefe do Executivo. Na Câmara Federal, tal projeto foi apresentado pelo deputado Vieira de Melo (PSD-BA), contando com o apoio das alas conservadoras do PSD e da UDN. Na Comissão de Constituição e Justiça, todavia, o projeto recebeu parecer contrário. Segundo o relator, Gustavo Capanema, o organismo estava perfeitamente de acordo com a Constituição Federal; no máximo, poder-se-ia criar uma comissão para reexaminar a constitucionalidade do departamento. O parecer e a sugestão foram endossados por Plínio Barreto (UDN-SP) e pelo próprio presidente da Comissão, Agamenon Magalhães.[80] Para Siegel, o projeto Vieira de Melo, afinal rejeitado, havia sido preparado pelo ministro da Fazenda; nesta mesma época, outros projetos de extinção do Dasp estavam em andamento.[81]

Diante de todas as pressões, a burocracia do Dasp resistiu e se defendeu. Buscou reforço na própria área parlamentar, colocando a agência à "disposição" dos deputados e senadores, auxiliando-os a conseguir subvenções e aprovação de projetos de obras públicas.[82] Não parece suficiente reduzir a natureza dos conflitos entre o Dasp e o Ministério da Fazenda às disputas intraburocráticas por "desapropriação" de agências e ampliação dos recursos políticos. Sem dúvida, como assinala Graham, as ações do ministro da Fazenda correspondiam à tentativa de recuperar para a sua pasta tradicionais posições de prestígio.[83] Estas divergências, aliás, já haviam se manifestado claramente durante o Estado Novo, entre o ministro da Fazenda Souza Costa e o Dasp.[84] E, inegavelmente, o comando sobre a elaboração orçamentária constituía um poderosíssimo instrumento de poder.

Um outro fato estava no cerne da "questão Dasp": o de que constituía um órgão centralizado, que sugerira e efetivara o planejamento no período anterior e reiterava agora, como suas, as funções de instrumento administrativo coordenador de atividades de planificação.[85] Tanto é assim que, em maio de 1948, a proposta orçamentária da União e o Plano Salte, ambos elaborados pelo órgão, foram enviados ao Congresso por mensagem presidencial, sem que o ministro da Fazenda fosse ouvido ou consultado. Encaminhando seu pedido de demissão, Correia e Castro desencadeou uma crise no governo, que a imprensa acusou de anarquia administrativa e carência de controle por parte do presidente sobre seus auxiliares mais diretos.[86] O presidente, tentando desfazer mal-entendidos, reiterou ao ministro sua confiança e insistiu em sua permanência no cargo, contornando a crise.[87]

Também o empenho do órgão na elaboração do Plano Salte pode ser visto, do ponto de vista das disputas interburocráticas, como uma tática de autodefesa da instituição, o que aliás atestou seu então diretor, Mário Bittencourt Sampaio.[88] É preciso lembrar que o Plano Salte foi, em primeira instância, o instrumento utilizado para dar corpo e vida ao acordo parlamentar entre a UDN e o PSD. Desde as primeiras "negociações", setores udenistas afirmavam a necessidade de um programa ou de uma proposta concreta sobre a qual se fixariam os entendimentos.[89]

O governo respondeu à UDN apontando as áreas prioritárias de saúde, alimentação, transporte e energia. O Dasp ocupou, imediatamente, este espaço político. Com experiência já acumulada nas tarefas de planejamento, investiu rapidamente na elaboração de estudos e recolheu, nos vários organismos da administração federal, planos e trabalhos anteriores sobre as quatro áreas. O caráter de colcha de retalhos do Salte, apontado por muitos, possivelmente retrata as suas condições e a rapidez de sua elaboração.

Contudo, esse conflito interburocrático tinha raízes profundas, eram o caráter e os limites do planejamento econômico que estavam em jogo. Em outras palavras, essas disputas dentro do aparelho de Estado somente adquirem pleno sentido se consideramos as questões "substantivas" aí envolvidas: a natureza e o ritmo da industrialização, o formato mais ou menos centralizado do aparelho econômico, a profundidade da intervenção do Estado. As críticas que foram feitas ao Salte, já indicadas anteriormente, parecem-nos bastante claras.

Afinal, esses problemas marcam todo o debate que se abre no fim do Estado Novo em torno da "planificação da economia brasileira" e os rumos que a ela se deveriam imprimir. As polarizações entre livre iniciativa e dirigismo econômico enredavam-se objetivamente nos interesses da burguesia mercantil exportadora, de um lado, e nos da burguesia industrial, de outro. O debate Simonsen-Gudin, como vimos, expressou com uma nitidez até mesmo inédita, no plano ideológico, os interesses mais estratégicos desses setores fundamentais da sociedade brasileira de então.

Se, como foi dito a propósito do DNC, o liberalismo econômico já não unificava plenamente os setores agrário-exportadores, nem por isso esses poderiam deixar de temer um intervencionismo estatal com inegável sentido industrializante, tal como ele se expressava no conteúdo do "planejamento" econômico proposto pelos setores industriais.

Inegavelmente, são múltiplas as mediações a serem observadas, a fim de captar como esse campo de interesses estratégicos e de embates "aparece" também na atuação dos vários grupos sociais, ou têm expressão na imprensa ou mesmo no parlamento.

Mas é certo também que o aparelho econômico do Estado e a burocracia não pairam acima dessas questões. Ao contrário, e sem negar a sua autonomia ou os problemas internos à sua organização, a ação do Dasp e do Ministério da Fazenda, na sua disputa por controle sobre recursos de poder "reproduzem", a seu modo, a questão da planificação econômica, que permeava o conjunto da sociedade e envolvia a definição dos rumos do futuro. A busca de apoio e a articulação de alianças que esses grupos burocráticos vão empreender, seja no interior do aparelho, seja no parlamento, seja finalmente entre os diferentes setores sociais e seus órgãos de mobilização de opinião pública, comprovam o que dissemos.

A solução do conflito, ou melhor, a sua não-solução — nem a destruição do Dasp, nem o órgão do plano —, ganha seu sentido maior na própria natureza da direção política do governo Dutra, que se definia exatamente no espaço de interseção de forças conservadoras e forças mais progressistas. Estas últimas não deixavam, também, de revelar seus limites e ambigüidades.

O que estava apenas implícito na pendência entre o Dasp e o Ministério da Fazenda — a possibilidade e os limites de uma agência de planejamento — surgiu claramente no debate parlamentar sobre a criação do Conselho Nacional de Economia.

Na Constituinte de 1946, foi do deputado Daniel Faracco (PSD-RS) a proposta de que a Constituição previsse a existência de um órgão técnico, destinado a aconselhar tanto o Legislativo quanto o Executivo, em matéria econômica e financeira. Falha seria a nova Constituição se não atendesse devidamente "ao problema de manter em ordem a economia e promover seu progresso intensivo, superando instituições inadequadas e dotando o Estado de órgãos capazes de aparelhá-lo a executar com eficiência as imensas tarefas a seu cargo".[90] "(...) Esse órgão técnico não deverá constituir mera dependência do Executivo ou do Legislativo. Deve ter autoridade própria para se dirigir à opinião pública e deve assumir perante essa as responsabilidades por seus atos. Não deve, entretanto, ter poderes para legislar ou executar suas próprias sugestões."[91]

Segundo a sua emenda, o Conselho Nacional de Economia seria composto de cidadãos de notável competência, nomeados pelo presidente da República, com aprovação do Senado, e teria a incumbência de "estudar, de forma permanente e organizada, a vida econômica do país, sugerindo as medidas necessárias para mantê-la em ordem e estimular-lhe o progresso".[92]

No seu artigo 2º, a emenda definia, como competência do Conselho, "traçar em linhas gerais e manter atualizado um plano nacional, com o objetivo de promover o desenvolvimento intensivo e harmônico da economia do país; sugerir, aos Poderes Executivo e Legislativo, medidas que julgar necessárias ou oportunas à vida econômica nacional; dar parecer, sempre que solicitado por quaisquer dos mencionados poderes, sobre projetos de leis e resoluções de caráter econômico ou financeiro".

Órgão de planejamento, sugestões, esclarecimento; o conselho não seria, de modo algum, segundo o deputado, incumbido de dirigir a economia do país.

Não desejo discutir aqui a questão de se a economia deve ou não ser dirigida. Dou como assente apenas o fato inegável de que a ação do Estado, por suas leis e pela execução das mesmas, exerce forte influência na vida econômica. Mesmo que se exclua a intenção de intervir, quem pode negar que, ao traçar as normas de sua política financeira, ao promover o fomento da economia popular, ao autorizar ou não o aproveitamento da energia hidráulica, das minas e jazidas, ao regular o trabalho, a produção e o consumo, o Estado intervém de fato na vida econômica e, com isto, influi decisivamente sobre ela, podendo favorecer como embaraçar seu progresso? (...) A questão não está em decidirmos se o Estado deve ou não intervir na economia, mas sim em assegurar que, quando nela intervenha, direta ou indiretamente, o faça com esclarecimento e acerto, e não de forma desordenada e como às cegas.[93]

O planejamento — claro está — é também concebido como possibilidade de controle social sobre o sentido da ação intervencionista do Estado, para que esta se faça com "esclarecimento e acerto". Esclarecimento e acerto, o legislador e o executor deverão buscá-lo na técnica econômica, em dados colhidos com critério e rigor científicos, recorrendo para tanto a homens dedicados ao estudo permanente, não de um ou outro aspecto da vida econômica, mas do quadro geral da economia — capazes, portanto, de apreciar determinado problema conforme uma visão de conjunto. "Impõe-se (...) unificar os estudos e as pesquisas necessárias a bem de informar os futuros legisladores e executores das leis. Permito-me repetir aqui (...) que a economia de um país é um todo orgânico e não um mosaico de peças justapostas. O estudo de um problema particular levará sempre a uma solução particular, em conflito (...) com outras soluções particulares, se não existir um órgão técnico que (...) possa trazer a opinião e os poderes públicos sempre no pleno conhecimento do conjunto inteiro. Um órgão capaz de prever, com oportunidade, o que em economia se denomina as variações de conjuntura."[94]

A preocupação de dotar o mecanismo estatal de um órgão eficiente para orientar a administração em matéria econômica, subordinando e absorvendo os numerosos órgãos técnicos já existentes, era bastante ampla. A emenda Faracco, defendida em plenário, fora apresentada na Comissão de Constituição com a colaboração de Ataliba Nogueira (PSD-SP), e contou com o apoio de Ferreira de Souza (UDN-RN), Adroaldo Mesquita da Costa (PSD-RS) e José Augusto (UDN-RN).[95]

Outros projetos foram também apresentados e defendidos na Constituinte. Jurandir Pires (UDN-RJ), preocupado ao mesmo tempo com um órgão de planejamento econômico que não viesse reforçar ainda mais o Poder Executivo, sugeriu que se desse forma institucional a um *quarto poder*, o poder econômico, por meio de uma instituição que se comparasse, em seu funcionamento e independência, ao Tribunal de Contas. Assim, não seria subordinado nem ao Legislativo nem ao Executivo; constituiria um mecanismo de fiscalização do Legislativo sobre o Executivo, em matéria econômica.[96]

Berto Condé (PTB-SP) propôs a criação de uma Comissão Interparlamentar de Planejamento Econômico e Social, incumbida das atribuições gerais de coordenação e planejamento, mas definida no âmbito do Legislativo.[97] Finalmente, Alde Sampaio e João Cleofas, ambos da UDN pernambucana, propuseram a criação de um Tribunal Técnico Monetário, órgão auxiliar do Legislativo, cujos membros seriam nomeados pelo presidente da República e aprovados pelo Senado.[98]

As divergências *maiores* entre os constituintes não estavam centradas no dilema da intervenção econômica do Estado; as parcas vozes do que Faracco chamava "anacrônico liberalismo manchesteriano" foram suplantadas por todos aqueles que, mesmo criticando a ineficácia dos órgãos criados pelo regime anterior, propugnavam racionalização e controle da ação inevitável do Estado. O que dividia os parlamentares, na verdade, eram divergências quanto ao *grau de intervenção* e *às formas de controle*.

A questão do planejamento econômico não se constituía, pois, em ponto pacífico. A emenda Faracco era precisa a respeito: caberia ao conselho traçar e manter atualizado o plano nacional de desenvolvimento econômico. Mas de que planejamento se tratava? "É preciso" — diria mais tarde o deputado Herbert Levy — "que essa palavra seja bem entendida, para evitarmos os excessos".[99] A Comissão de Constituição, ao reelaborar o anteprojeto em virtude das emendas que recebeu, optou por uma solução "conciliadora", que evitaria o debate: o art. 205 da Constituição definirá como incumbência do Conselho "estudar a vida econômica do país e sugerir ao poder competente as medidas que considerar necessárias".

Como compatibilizar, por outro lado, a natureza técnica do conselho com os órgãos políticos de decisão? Não se amesquinharia a democracia, instituindo-se o "governo dos técnicos"? Na Assembléia, essa questão foi destacada pelo deputado José Augusto (UDN-RN), ao defender a emenda Faracco: "Institua-se o Conselho Nacional de Economia, não para apoucar, diminuir a democracia, mas para fortalecê-la, trazendo ao parlamento e aos órgãos do governo os conselhos da experiência das forças econômicas especializadas. Não quero que essas forças decidam os problemas públicos, mas desejo que elas, de acordo com a sua competência, informem e documentem o parlamento e o governo para que esses possam, nesta hora de técnica e de saber organizado, resolver em harmonia com os interesses supremos da coletividade".[100]

A relação entre técnicos e políticos e os riscos do "poder da tecnocracia" impõem-se à reflexão dos constituintes. Em 1947, durante a discussão da lei ordinária que regulamentaria o conselho, lembrou o deputado Faracco: "Logo nos primeiros meses da Constituinte, surgiu no plenário a discussão sobre a forma de coexistência da política e da técnica, digamos assim. Reconhecia a Constituinte a necessidade de, na administração pública, socorrerem-se os órgãos de administração e, abundantemente, do apoio da técnica. Apareceu, então, a dúvida: teríamos aí um governo de técnicos? Na verdade, o receio era procedente, mas creio que ninguém pensou, na Constituinte de 1946, por qualquer forma, em arrancar dos órgãos públicos a direção dos negócios públicos". Aos políticos e aos órgãos políticos caberia decidir, dar a última palavra; para tanto, para que assumam a "suprema responsabilidade pelas decisões, (que) procedam com consciência das responsabilidades que assumem e das conseqüências que seus atos possam ter".[101]

Tampouco a questão era a da representação "profissional", de caráter corporativista. Como afirmará José Augusto (UDN):

> A direção dos negócios políticos só pode caber aos políticos e aos órgãos políticos (...) É preciso, porém, que o político não desconheça a técnica, mas que dela se socorra. Ao técnico cabe informar; ao político, uma vez informado, resolver.[102]

Capacitar tecnicamente o aparelho do Estado sem restringir a democracia ou comprometer o caráter político das decisões, foi esse o espaço em que se moveu a esmagadora maioria dos constituintes de 1946.

Essa era, na verdade, a questão que estava presente na tão interessante quanto esdrúxula proposta do quarto poder do deputado Jurandir Pires, que parecia pretender conciliar a democracia política com as amplas funções do Estado e, particularmente, com as extensas atribuições e prerrogativas de que dispunham os Executivos modernos. A argumentação inicial do deputado, ao comentar o capítulo acerca da ordem econômica e social do anteprojeto, assinala a importância de se reconhecer, na fórmula clássica dos três poderes, que "um único poder existe: aquele que emana, precisamente, da vontade popular (...) Sendo assim, um único poder soberano aparece, evidentemente, o Legislativo. O Executivo apenas realiza aquilo estatuído em lei. (...) O grande poder é o Legislativo". No que diz respeito à questão econômica, entretanto, o Legislativo não dispõe de nenhuma garantia quanto à realização de planos e diretrizes. "É preciso, por conseguinte, a criação de um poder econômico que faça cumprir a vontade do povo, expressa pelos seus representantes no Congresso. Esse poder teria, além das funções de controle, as de elaborar planejamentos econômicos, a serem submetidos ao órgão político, que é o parlamento nacional."[103] Essa seria a fórmula, segundo Pires, para se minimizar o arbítrio dos governantes, limitando-o por meio de órgãos de controle, tal como, na questão financeira, já o faria o Tribunal de Contas.

No entanto, muito mais que um órgão de coordenação e planejamento propôs esse deputado. A propósito da regulamentação do CNE, em 1948, insistiu em dois aspectos: em primeiro lugar, o novo órgão, além de contar com poderes suficientes para regular as atividades econômicas fora do sistema de improvisações, deveria estar apto a enfrentar a complexidade dos problemas econômicos e ser dotado de capacidades executivas "tais como as de que goza, por exemplo, a Sumoc". Por outro lado, deveria constituir "um verdadeiro poder, como delegado do Legislativo, na parte referente às normas gerais a serem seguidas, e próximo ao Executivo, nas medidas a serem executadas, capazes de defender internamente nossos mercados e projetar-se externamente".[104]

Jurandir Pires tentava equacionar, de forma um tanto inusitada, a idéia de um órgão com amplos poderes, com capacidade de decisão e controle, mas que não reforçasse ainda mais um Executivo já forte. Mas esse era um dilema que a fórmula Pires, se tinha o mérito de apontar, não era, entretanto, capaz de resolver. Nem mesmo transformou-se em emenda clara, que pusesse em termos viáveis, no quadro das instituições políticas, a natureza efetiva desse "quarto poder". Voltaremos a essa questão mais adiante.

O Conselho Nacional de Economia foi incorporado à Constituição em termos genéricos, até mesmo aquém da proposta moderada de Daniel Faracco; além de definido como órgão consultivo, também foi descaracterizado de suas funções de planejamento econômico global.

Caberia à lei ordinária regulamentar a forma, a composição e as atribuições específicas do CNE.[105] Em outubro de 1946, um mês após a aprovação da Constituição, Faracco apresentou à Câmara o projeto nº 74 — longo, detalhado, constando de 37 artigos que dispunham sobre as atribuições, a organização e o funcionamento do conselho. Outra vez o artigo 2º define como competência do conselho: estudar a atividade econômica nacional nos seus diferentes aspectos, inclusive financeiros e creditícios; orientar tecnicamente os estudos dessa natureza, a cargo de serviços dos diferentes ministérios, para assegurar unidade às pesquisas que realizem; elaborar e submeter à deliberação do Poder Legislativo planos parciais e gerais destinados a fortalecer e expandir a economia nacional; acompanhar a execução dos planos que tiver elaborado, sugerindo ao poder público competente as providências complementares para levá-los a efeito.

O art. 3º refere-se às atribuições de caráter consultivo e opinativo do conselho: oferecer sugestões por iniciativa própria ou dar parecer, quando solicitado, sobre projetos de leis ou decretos que envolvam questões de natureza econômica; acompanhar as atividades dos serviços econômicos da União e sobre ela pronunciar-se, visando a harmonizá-la com a política econômica geral seguida pelo governo; promover a coleta sistemática dos elementos estatísticos e informativos indispensáveis ao estudo da situação econômica do país, por meio dos serviços oficiais existentes ou dos que forem criados; coletar diretamente os elementos de estudo de que necessitar, sempre que os demais órgãos oficiais deles não dispuserem, realizando para isso inquéritos objetivos. No Capítulo 1 (Das Atribuições), o art. 4º estabelece que o Conselho estudará a atuação das organizações de controle econômico, quer estrangeiras, nos seus reflexos sobre a atividade nacional, quer existentes no país, com o fim de propor ao poder competente as medidas necessárias para impedir que elas entravem a economia da nação. Os outros capítulos e artigos referem-se à organização, funcionamento, disposições gerais e transitórias; entre estas, a extinção do CFCE, absorvidas suas funções pelo CNE.

O projeto Faracco tramitou por longo tempo, nas várias comissões e em plenário da Câmara e do Senado. Foi aprovado em dezembro de 1949. Os debates que suscitou permitem-nos reconstituir algumas das posições em pugna, no parlamento, e a natureza social e política do problema que a questão do planejamento colocava.

A oposição mais intransigente com que se deparou o projeto foi a liderada pelo deputado Tristão da Cunha (PR-MG), em nome do liberalismo econômico e político clássico, e anacrônico no seio do parlamento. Não estava mais em discussão a criação ou não do Conselho, por tratar-se de dispositivo constitucional a ser agora regulado por lei. Tristão da Cunha reafirmou, de início, sua posição: os conselhos são próprios dos regimes totalitários, e a inclusão do CNE na Constituição "só pode ser explicada, pois, como um ranço do Estado Novo, que continua vivo no subconsciente de muitos democratas sinceros". Este será um órgão inútil e inócuo —

"ninguém vai nomear uma comissão para dizer que 2 + 2 = 4" — ou apenas e tão-somente "palpiteiro", numa economia dirigida, assentada sempre no empirismo e no arbítrio.[106] E segue: "O futuro Conselho de Economia vai ser, assim, mais uma faustosa repartição burocrática destinada a conceder o *otium cum dignitate* a políticos desencantados da vida pública, de acordo com a nossa tradição". Uma vez, entretanto, que vai ser instalado, que o seja o mais modestamente possível, e venha a absorver os conselhos mirins que "por aí andam como remanescentes da ditadura". As autarquias, os institutos, os "conselhos mirins" deveriam servir de advertência à instituição do conselho. Instauraram a anarquia, foram incapazes de conferir unidade à ação estatal e romperam com as condições da economia liberal, sobre a qual repousou o mundo nos seus melhores dias.[107]

Contra esse liberalismo à antiga, levantou-se a voz de Faracco, acusando Tristão da Cunha de defender o liberalismo "naquilo que ele teve de pior expressão — o liberalismo de Manchester, o liberalismo do *laissez-faire*, responsável, sem dúvida, pela miséria em que mergulhou o operariado, pela série de crises econômicas. (...) E em nome do quê agiu assim? Do liberalismo econômico, a meu ver confundido por V. Exa. com a democracia".[108] "A democracia, para sobreviver, precisa do planejamento econômico porque está, hoje, enfrentando um grande e histórico teste. É preciso que ela demonstre às massas que pode, com eficiência maior que a de qualquer outro remédio, resolver os problemas econômicos sem sacrificar as liberdades essenciais."[109]

Faracco fez questão de qualificar o seu liberalismo de "intervencionista". Como o que foi, segundo o deputado, consagrado na Constituição de 46: intervencionismo que em nada prejudica o primado da liberdade de iniciativa, porque é precisamente para garanti-la que o Estado deve intervir na vida econômica.[110]

Entre a posição de Faracco e a de Cunha, situou-se a que o deputado Herbert Levy (UDN-SP) defendeu na ocasião: a concepção de um órgão técnico, que colaborasse e estabelecesse a vinculação entre os Poderes Legislativo e Executivo, procedendo a investigações e estudos sobre questões tão importantes e complexas como as do orçamento, ou da racionalização do aparelho arrecadador do Estado. Mas que não fosse, nunca, órgão com competência executiva ou legislativa. Em relação ao planejamento econômico, deveria ter suas atribuições bem definidas para não incorrer em excessos. "Não sou, *in limine*, contrário ao planejamento, mas acho que essa palavra deve ser bem entendida, justamente para evitarmos os 'excessos'. O planejamento se faz necessário em momentos de grave emergência — aquele elaborado por Roosevelt seria bem um exemplo. Entretanto, nas democracias, em situação de normalidade, não se justifica — e aquela mesma intervenção estaria sendo abandonada agora, nos EUA."[111]

Essas posições e divergências foram avaliadas pela imprensa da época como o enfrentamento de "individualistas" e "invencionistas". "Achavam os 'individualistas', comandados por Tristão da Cunha, que criar o conselho equivalia a preparar a destruição da própria democracia; os 'intervencionistas' (...) sustentavam tese contrária, isto é, sem a criação do conselho, a democracia está ameaçada de destruição."[112]

Coube outra vez ao deputado Jurandir Pires deixar transparecer o caráter de dilema que envolvia a discussão e as meias-medidas que se vinham encaminhando: fazer do conselho uma instituição de defesa da democracia e de controle do Executivo, mas dotada de poderes efetivos para planejar e dirigir, para prever e prover.

Diante da amplitude do projeto que defendera na Constituinte, Pires vê agora na proposta de criação do Conselho Nacional de Economia o "parto do ratinho pela montanha".[113] O conselho será pequeno, simples, insuficiente ante à complexidade dos problemas econômicos da hora atual. Não teria nem mesmo as possibilidades executivas de que dispunha, no momento, a Sumoc; seria desprovido dos instrumentos que lhe permitiriam acionar medidas de emergência capazes de impedir *dumpings* no mercado brasileiro, ou de regular o comércio exterior, resistindo às importações de países de economia industrial mais avançada que a nossa. "É para isso que se tornavam necessários órgãos técnicos, para prever e para prover. O conselho apresenta-se com caráter de previsão, mas me parece fundamental que tenha também o de provisão",[114] sobretudo, capacidade para planejar e dar continuidade aos planos, tal como Roberto Simonsen preconizava — lembra o deputado — no Congresso da Indústria.

Ainda assim, Pires apoiou o projeto Faracco, como também o fez Berto Condé. Este último justificou o planejamento econômico como forma de autocorreção da economia de livre concorrência. O planejamento democrático, aquele que não cerceia a liberdade, será, em última instância, a garantia e a concretização para a justiça social que se quis consagrar na Constituição "porque o problema não é simplesmente de economia, mas fundamentalmente social, de correção das injustiças, de correção dos desníveis, de correção das lutas intermináveis que perturbam a própria evolução da humanidade".[115]

As raízes sociais dessas posições transparecem, algumas vezes, com uma clareza atípica, no debate parlamentar: as relações entre os interesses da burguesia industrial, o planejamento econômico e um certo modo de conceber a solução do conflito social básico — a situação das "massas miseráveis" — aparecem em vários momentos.

O deputado Berto Condé indica, numa de suas falas, o conteúdo social das teses que defende: "Sr. Presidente, queria, para concluir essas considerações, mostrar que em nosso meio os maiores interessados na liberdade de iniciativa (...) e na sobrevivência do parque industrial brasileiro são os que de maneira mais imperativa reclamam o planejamento. São eles que reconhecem a impossibilidade de subsistirem dentro da anarquia em que vivemos". Ao que responde Tristão da Cunha, indicando também as origens das suas preocupações: "Eles querem o planejamento para ficarem dentro dele".[116]

O planejamento econômico não constituía, assim, apenas um instrumento de racionalização da ação estatal, minimizando a anarquia da produção. Também foi concebido, naquele momento, como um instrumento de defesa e garantia de sobrevivência de setores econômicos que, abandonados à própria sorte — ou, como queria Tristão da Cunha, "às leis naturais" —, correriam o risco de serem suplantados ou sufocados pela força de outros, internos ou externos, estabelecidos. A burguesia industrial, pela palavra de seus mais ilustres porta-vozes, há muito vinha entendendo a questão da intervenção estatal e do planejamento econômico como uma frente de batalha na qual jogava também o seu futuro de classe.

Isso não significava que por si só o planejamento constituísse uma garantia absoluta para os setores industriais, pelo menos no entendimento dos líderes políticos. Faracco descarta essa visão ingênua: "É o planejamento que esclarece o Estado sobre como deve intervir na vida econômica. Veja V. Exa.: suponhamos que amanhã — Deus não o permita — esse Conselho Nacional de Economia viesse a ser presidido pelo deputado Tristão da Cunha e constituído por homens que comungassem de suas idéias. O conselho diria ao Estado: Não se meta na vida econômica que tudo vai bem. Espero não estar vivo para não sofrer as conseqüências disto".[117] O conselho era apenas a garantia de que a ação estatal não se faria às cegas, impensadamente. Não definia nem assegurava a direção que se imprimiria à intervenção econômica do Estado.

Por outro lado, o planejamento não se reduzia a uma demanda de sobrevivência da burguesia industrial nos estreitos limites de seus interesses corporativos. Simonsen já apontava, na questão da planificação, a "questão social", a ser contemplada do ponto de vista econômico, e assinalava a importância de se concretizar a "harmonia social" com um programa de elevação do nível de vida das massas trabalhadoras, por meio de "salários condignos", programas de saúde, habitação e educação, para os quais se faria imprescindível a ação estatal orientada.

Na tribuna parlamentar, foi esse um dos focos da argumentação em defesa do planejamento, da intervenção estatal e do aparelhamento adequado à sua efetivação. Faracco justificou seu projeto em nome das "correções das injustiças". E tais correções, disse Condé, constituiriam a forma mais adequada de evitar a anarquia que o liberalismo individualista produz, a miséria e, sobretudo, a ameaça social contra a ordem. A liberdade propugnada por Tristão da Cunha é, segundo Condé, "a liberdade de os poderosos submeterem e matarem à fome aquele que não dispõe de meios de subsistência (...) Enquanto não for organizado um plano de distribuição eqüitativa da riqueza, da renda nacional, não é possível essa justiça, essa liberdade".[118]

Se assim é, se o planejamento é mais que uma técnica econômica, se envolve questões políticas maiores e opções cruciais que poderão afetar muito diferentemente os interesses em conflito, então a *composição* de um órgão como o conselho, encarregado da planificação, passa a ser problema estratégico. As "classes produtoras", durante a discussão parlamentar, enviaram a Dutra um memorial no qual pleiteavam a participação do setor privado no novo órgão.[119] Faracco descartou essa possibilidade: o conselho haveria de ser competente e independente, autônomo, sobranceiro aos envolvimentos políticos. Deveria ser composto de técnicos desvinculados dos grupos de interesses, "porque o técnico não pode ser representante sem deixar de ser técnico". Sua independência seria resguardada, em primeiro lugar, por sua própria competência técnica, que seria notória; em segundo, pela remuneração condigna, alta mesmo, que impedisse uma submissão aos interesses econômicos dos poderosos.

Nesse caso, para garantir a independência dos futuros componentes e o seu compromisso com os interesses gerais da nação, desvinculados de grupos particulares, melhor seria, segundo Jurandir Pires, que sua nomeação fosse competência não do Executivo, mas do Legislativo. Só aí, nesta assembléia política, "a base popular da representação permite que se faça a escolha independentemente da classe dominante". No Executivo sempre haverá pressão para a escolha, e o conselho terminará por ser "preenchido por cinco representantes da classe dominante, traçando as normas e o planejamento da economia nacional, visando, portanto, ao interesse das que se apresentam como expoentes".[120] Havia representação de classe no Legislativo, reconhece o deputado, mas o voto popular dilui o interesse econômico da classe superior — e o parlamentar tem de ter esse "grande sentido humano de contrato entre o representante e o representado, capaz de defender o atendimento contínuo às solicitações populares".[121] Como foi definido pela Constituição, pela nomeação do Executivo, o conselho já se comprometeria e, segundo Pires, dificilmente "poderá conciliar os interesses da classe dominada com os da dominante".[122]

Como se vê, as restrições de Pires também foram feitas em nome de um certo conceito de articulação de interesses entre os setores populares e os setores dominantes, sob a forma de conciliação e harmonia.

Mas não estava assente que o novo órgão deveria, de fato, planejar e ter poderes para isso. Herbert Levy insistiu no caráter não deliberativo ou executivo do conselho, e por várias vezes se referiu à necessidade de que as atribuições do órgão fossem mais detidamente reguladas pela lei para evitar a cristalização de posições extremadas em relação ao planejamento econômico, tais como "têm sido apresentadas ao país e *que têm, de fato, sido objeto de debate caloroso e grande celeuma. Dessas restrições manifestadas em plenário eu participo (...)*".[123]

A conciliação das posições, afinal, deveu-se ao trabalho das Comissões da Câmara, por meio de pareceres dos relatores e de um substitutivo que Gabriel Passos apresentou na Comissão de Finanças. Plínio Barreto (UDN-SP), relator da Comissão de Constituição e Justiça, embora tenha reafirmado a necessidade da organização de um vasto plano de remodelação do país, cuja ausência talvez fosse um dos mais sérios males de que padecia a administração pública, optou pela supressão do art. 2º do projeto Faracco — exatamente o que definia a atribuição do Conselho na elaboração do plano econômico nacional.

Também em nome da síntese e, segundo Faracco, como forma de conciliar pontos de vista divergentes, Israel Pinheiro, relator da Comissão de Finanças, apoiou a redução das atribuições. Finalmente, Gabriel Passos apresentou substitutivo no qual, destacando a importância do órgão e a necessidade de que se distinguisse dos organismos tradicionais da administração, tais como os ministérios, propôs a sintetização das atribuições do Conselho, ao qual caberia oferecer sugestões, dar opinião e pareceres sobre aspectos fundamentais do desenvolvimento econômico.[124]

Foi afinal o substitutivo de Gabriel Passos que mereceu discussão e reparos. Faracco e Condé discordaram e reclamaram da eliminação do art. 2º do projeto primitivo, que discriminava as competências, argumentando que sua permanência garantia suas finalidades e também eliminava receios infundados como os que se vinham manifestando. Ainda na

Câmara, falando pelos comunistas, Carlos Marighella apresentou emendas referentes à redução do mandato dos conselheiros de dois para um ano; à absorção, pelo Conselho, do CFCE, previsto no projeto, e também do Conselho Técnico de Economia e Finanças, do de Águas e Energia Elétrica, e do de Minas e Metalurgia, que seriam extintos na data da instalação do CNE; finalmente, propôs que não poderiam ser investidas em funções de conselheiros pessoas que tivessem interesses diretos ou indiretos em empresas particulares, de economia mista ou concessionárias de serviço público. Na Câmara, poucas foram as alterações introduzidas no projeto Gabriel Passos.

No Senado, o projeto sofreu algumas modificações, enfrentando grande resistência por parte do senador Andrade Ramos. Para este parlamentar, a criação do órgão era inoportuna, uma vez que ainda não se havia efetivado a reforma bancária e, portanto, não existiam organizados os elementos promotores do desenvolvimento e da estabilidade da moeda.[125]

Principalmente por empenho e sugestão do senador Santos Neves, o projeto foi devolvido à Câmara com emenda que fixava em nove o número de conselheiros, dos quais três seriam representantes da agricultura, da indústria e do comércio, indicados em lista de cinco por suas respectivas confederações nacionais: "Causaria espécie (...) que, em se tratando de um órgão da economia nacional, as forças da produção, aquelas que realizam a política econômica do país, não integrassem o órgão incumbido de se pronunciar sobre essa política".[126]

Na aprovação definitiva da lei, em dezembro de 1949, o CNE foi finalmente definido como órgão colegiado autônomo para funcionar como elemento de consulta aos poderes públicos e núcleo de iniciativa própria. As suas atribuições eram, precipuamente, as de estudos, sugestões e opiniões sobre a vida econômica e financeira do país e a política econômica. Não se definia como órgão subordinado ao Executivo nem ao Legislativo, poderes a que deveria, entretanto, atender nas suas solicitações. Por outro lado, não lhe competia a elaboração do planejamento econômico global, mas de planos de desenvolvimento, em relação aos quais deveria ouvir os diversos setores econômicos do país, oficiais e privados. A sua composição — nove conselheiros — não previa a representação privada.[127]

Já é chegado o momento de tentar retirar algumas lições da discussão que realizamos sobre o Dasp e o CNE.

Procuramos, na introdução, abordando a polêmica Simonsen-Gudin, examinar as relações mais gerais entre o estilo de desenvolvimento capitalista, o planejamento e a democracia, e isto com base nos interesses dominantes da sociedade brasileira. Vimos, agora, os problemas que surgem quando aquelas relações têm de ser definidas mais concretamente no plano da democracia política.

Os debates acerca da criação do Conselho Nacional de Economia travaram-se, em primeiro lugar, entre os que, como Tristão da Cunha, desejavam o "liberalismo manchesteriano" e os que, a grande maioria, reconheciam como inevitável a intervenção econômica do Estado. No entanto, no campo intervencionista havia duas correntes: uma, com Herbert Levy à frente, identificava planejamento e totalitarismo, permanecendo nos limites do que Gudin chamaria de princípios da "economia liberal"; outra, capitaneada por Faracco, desejava o planejamento global, para que a ação econômica do Estado se fizesse de maneira coordenada.

Exatamente para os que defendiam o planejamento foi que surgiu a questão crucial: como ajustá-lo ao equilíbrio de poderes, afastada naturalmente a hipótese da corporativização do órgão do plano? Colocada a pergunta nestes termos, só haveria uma resposta: visto que o órgão não pode ser Executivo, surgindo como formulador do plano e ao mesmo tempo como coordenador da política econômica, nem, muito menos, passar por cima das prerrogativas do Legislativo, pois as decisões devem ser políticas, caminhou-se para uma solução que, na prática, criou um organismo inteiramente destituído de função (o ratinho de Jurandir Pires).

Em suma, os parlamentares, distantes do liberalismo clássico, não apenas reconheceram a necessidade e a inevitabilidade da intervenção e da regulação estatal, como se dispuseram a aparelhar o Estado para o cumprimento de suas tarefas modernas. Entretanto, presos nas malhas do liberalismo político, ficaram a meio caminho. Conceberam um órgão coordenador, mas sem competência para elaborar e controlar a execução do planejamento econômico, e também incapaz de exercer qualquer controle público sobre a atividade econômica do Executivo. E os que pretenderam ir além não foram capazes de propor uma solução factível.

Não se pode, portanto, reduzir a controvérsia à simples expressão de um embate de interesses industrialistas e mercantis-exportadores. Mas se deve reconhecer que, no plano político-institucional, há uma outra ordem de questões ligadas exatamente ao problema do funcionamento democrático do Estado.

O estudo do Dasp, além de explicitar os conflitos interburocráticos em torno do planejamento e de revelar a ação política da burocracia, demonstra, igualmente, o temor ante à criação de um órgão executivo do plano.

Notas

1. Para um melhor entendimento sobre a crise do Estado Novo, veja: Lourdes Sola, "O golpe de 37 e o Estado Novo", in: Carlos Guilherme Motta (org.), *Brasil em perspectiva*. São Paulo, Difel, 1968, p.256-82; E. Carone, *O Estado Novo (1937-1945)*, *op. cit.*; idem, *A Terceira República (1937-1945)*. São Paulo-Rio de Janeiro, Difel, 1976; Hélio Silva, *1942: Guerra no continente*. Rio de Janeiro, Civilização Brasileira, 1972; idem, *1944: o Brasil na guerra*. Rio de Janeiro, Civilização Brasileira, 1974; idem, *1945: por que depuseram Vargas*. Rio de Janeiro, Civilização Brasileira, 1976; M. H. T. Almeida, *op. cit.*

2. A análise dos anos de 1920 como período de auge e crise da economia cafeeira exportadora capitalista é feita por L. M. L. Aureliano, *op. cit*. As vicissitudes da terceira valorização, bem como os obstáculos econômicos e políticos que o Estado oligárquico enfrentará em face da alternativa de efetivar a "política de defesa permanente" foram exaustivamente reconstituídas nesse trabalho. Veja também Boris Fausto, "Expansão do café e política cafeeira" in: *História geral da civilização brasileira*, *op. cit.*, t. III, v.1.

3. Cf. L. M. L. Aureliano, *op. cit.*, p.67 e segs.

4. "A passagem de defesa para o plano regional implicou, necessariamente, um entendimento entre os distintos estados produtores. Surgem os convênios cafeeiros (...) em que se explicitam as disputas entre as distintas frações estaduais da burguesia cafeeira, especialmente entre a paulista e a mineira." Cf. L. M. L. Aureliano, *op. cit.*, p.78.

5. Os embates no interior do Instituto do Café e até mesmo, para alguns autores, o surgimento do Partido Democrático, em 1926, referem-se, em última instância, à diferenciação interna de interesses no bloco cafeeiro paulista. Cf. B. Fausto, *op. cit.*

6. Cf. L. M. L. Aureliano, *op. cit.*, p.112.

7. *Idem*, p.112.

8. Os diretores do DNC eram, agora, nomeados pelo ministro da Fazenda, e os representantes da cafeicultura integraram o conselho consultivo, composto de um porta-voz das associações da lavoura de cada Estado e um comerciante de cada praça exportadora — as do Rio, Santos e Vitória. Cf. M. H. T. de Almeida, *op. cit.*, p.29. No mesmo sentido, observa Laura Correa Guarniere: "A orientação dessa política passou a pautar-se pelos interesses do governo da União. Isto pode ser percebido pelo fato de os três diretores do DNC, inclusive seu presidente, serem escolhidos diretamente pelo ministro da Fazenda (...)". Cf. L. C. Guarniere, "Alguns aspectos socioeconômicos do planejamento na cafeicultura", tese de mestrado, IFCH-Unicamp, 1979, p.23.

9. Cf. Tamás Szmrecsányi, *op. cit.*, p.163 e sejs.

10. Como afirma M. H. T. de Almeida, "já não se tratava de defender o café paulista ou o café mineiro, mas de levar em consideração o conjunto dos interesses da cafeicultura, por meio de um organismo estatal especificamente voltado à resolução do problema". *op. cit.*, p.29.

11. *O Estado de S.Paulo*, editorial de 3/4/1946.

12. Cf. *Revista do Comércio*, resenha dos debates na Assembléia Constituinte, abril de 1946.

13. *Anais da Const.*, v.XII, p.361 e segs. Para Carlos Pinto, as autarquias e institutos "são organizações que somente conseguem viver no regime em que não existe o Legislativo para o povo se manifestar pelos seus representantes, e em que a imprensa não tem a liberdade de criticar e orientar a nação". *Idem*, v.XX, p.98.

14. A argumentação de Carlos Pinto, acusando o IAA de beneficiar principalmente os usineiros, foi secundada por Campos Vergal (PSD-SP), Alfredo Sá (PSD-MG) e Café Filho (PSD-RN). A defesa do instituto coube, entre outros, a Pereira Pinto (PSD-RJ), Bastos Tavares (PSD-RJ) e Osvaldo Lima (PSD-PE). Cf. *Anais da Const.*, v.XII, p.391 e segs.; v.XX, p.98 e segs.

15. Cf. *O Estado de S.Paulo*, 1/11/1948. Como assinala T. Szmrecsányi, a "extinção do IAA só não chegou a se consumar devido à forte resistência que tal aspiração encontrou no Congresso recém-instalado, especialmente por parte dos parlamentares do Nordeste e do Estado do Rio", *op. cit.*, p.213.

16. Para as condições da expansão da economia açucareira, durante e após a guerra, e as disputas entre setores paulistas e nordestinos, em relação a quotas de produção de açúcar ou critérios para sua fixação, veja T. Szmrecsányi, *op. cit.*, p.214 e segs.

17. Cf. E. Carone, *A Terceira República (1937-1945)*, *op. cit.*, p.267.

18. Cf. "Decreto de extinção", in: *O Economista*, março de 1946, p.90-92.

19. *O Estado de S.Paulo*, 7/12/1945.

20. *O Estado de S.Paulo*, 7/2/1946.

21. *O Estado de S.Paulo*, 18/10/1946.

22. *O Estado de S.Paulo*, 8/2/1946.

23. *O Estado de S.Paulo*, 12/3/1946.

24. *O Estado de S.Paulo*, 22/11/1947. No decorrer do período, amadurecida a idéia da criação de um Banco Rural, a ele se destinariam esses recursos.

25. José Maria Whitaker, "Combate à inflação, 1946", in: *O milagre da minha vida*. São Paulo, Hucitec, 1978.

26. A Federação das Associações Rurais do Estado de São Paulo — Faresp — foi criada em 1946, aglutinando diversas associações rurais do interior, principalmente a já forte Associação dos Fazendeiros da Zona de Jaú. Vinculada à estrutura sindical oficial, por várias vezes dirigia-se na época, em tons negativos, à Sociedade Rural Brasileira, vista como "velha e tradicional". Cf. Salvio Almeida Prado, *Dez anos na política do café (1945-1955)*. São Paulo, Ed. Jornal dos Livros, 1956. Almeida Prado era diretor do departamento de cafeicultura da Faresp.

27. Cf. S. Almeida Prado, tese apresentada ao Congresso Rural da Faresp em março de 1948.

28. Cf. S. Almeida Prado, *op. cit.*, p.56.

29. "Esta seria marcada com a liberalização do preço-teto estabelecido pelos EUA, que vigorou durante a Segunda Guerra Mundial em julho de 1946. (...) Assim, a partir de meados de 1947, os preços internacionais do café iniciaram uma marcha ascendente (...)." L. C. Guarniere, *op. cit.*, p.32.

30. Cf. editorial da *Revista Rural Brasileira*, n.310, ano XXVI, SBR, junho de 1946.

31. Cf. S. Almeida Prado, *op. cit.*, p.56.

32. Cf. E. Carone, *A Terceira República, 1937-1945*, *op. cit.*, p.267.

33. Cf. *Revista Rural Brasileira*, *op. cit.*, editorial.

34. Cf. S. Almeida Prado, *op. cit.*, p.56.
35. J. M. Whitaker, "Situação monetária e cambial: carta ao Silveira — 1948", in: *O milagre de minha vida*, *op. cit.*, p.257.
36. Cf. E. Carone, *op. cit.*, p.267.
37. Cf. 5. Almeida Prado, *op. cit.*, p.57.
38. "Manifesto da Sociedade Rural Brasileira e da Associação Comercial de Santos", in: *O Estado de S.Paulo*, 14/6/1946 e 4/8/1946.
39. Cf. *O Estado de S.Paulo*, edições de 22/4, 30/4, 19/5, 29/6 e 2/7 de 1947.
40. Em janeiro de 1948, o ministro da Fazenda defende-se e afirma que o governo está empenhado em concluir o quanto antes a liquidação do DNC, mas que procurará fazê-lo sem açodamento, de modo a não causar perturbações nos mercados de café. Cf. *O Estado de S.Paulo*, 7/1/1948.
41. Cf. *O Estado de S.Paulo*, 24/8/1948.
42. Cf. Herbert Levy, "As vendas de café por parte do DNC — ação contrária ao interesse público e em desacordo com os compromissos assumidos para com a lavoura e o comércio do café", in: *Problemas básicos da nação*. São Paulo, s/d, 1950, p. 112.
43. Cf. *O Estado de S.Paulo*, edições de 28/8 e 3/9 de 1948. Ao final de setembro, criou-se uma Comissão de Inquérito na Câmara Federal para apurar as denúncias sobre as vendas ilegais. *Idem*; 26/9/1948.
44. *Idem*, 12/11/1948.
45. *Idem*, 10/1/1948.
46. *Idem*, 5/2/1949.
47. *Idem*, 6/2/1949.
48. *Idem*, 5/3/1949.
49. *Idem*, 13/4/1949.
50. *Idem*, 22/4/1949.
51. *Idem*, 30/4/1949.
52. *Idem*, edições de 4/5, 5/5, 7/5, 10/5 e 2/6 e 3/6 de 1949.
53. O que ficou claro quando da nomeação do novo ministro, Guilherme da Silveira: "A nomeação do sr. Guilherme da Silveira constituiu, para a opinião pública nacional e a norte-americana, uma garantia de que o cruzeiro não seria desvalorizado, o que, por sua vez, provocaria fatalmente a queda nos preços do café. Tal fato implicou em vantagem considerável para os lavradores e comerciantes da rubiácea, os quais são os maiores sustentáculos do bem-estar do país". Cf. *O Estado de S.Paulo*, editorial, 7/7/1949.
54. *O Estado de S.Paulo*, 7/7/1949.
55. Decreto-lei n. 9.784 de 6/9/1946. Cf. Legislação Federal, *Lex*, 1946, p. 218.
56. Decreto n. 27.475 de 21/11/1949. Cf. *Lex*, 1949, p.319-28. Veja também R. Almeida, *op. cit.*, p. 97.
57. Cf. *Revista da Sociedade Rural Brasileira*, n.314, SRB, outubro de 1946, v.XXVI, p.1.
58. Cf. *Revista da Sociedade Rural Brasileira*, SRB, fevereiro de 1950, p.33.
59. Cf. L. C. Guarniere, *op. cit.*, p.17.
60. Para o teor dessas propostas, veja L. C. Guarniere, *op. cit.*, p.35 e segs.
61. Na junta, haveria representação de um membro para cada um dos grandes Estados produtores — São Paulo, Minas Gerais, Paraná, Rio de Janeiro e Espírito Santo

— e dois designados em conjunto pelos Estados de Pernambuco, Bahia, Santa Catarina e Mato Grosso. No conselho, a representação dos Estados se faria com base em uma produção anual de 200 mil sacas exportáveis, e um representante a mais para cada milhão ou fração superior a 500 mil sacas, até o máximo de dez representantes por Estado. Cf. Lei n. 1.779 de 22/12/1952, em *Lex*, p.613-9, 1952. A lei que criara o LBC extinguia ao mesmo tempo a Divisão da Economia Cafeeira.

62. A Faresp, que "colaborara" na formulação do projeto de lei, foi vencida na sua sugestão de que a escolha dos representantes deveria ser feita apenas nas associações, federações e confederações legais. Cf. *Brasil Rural*, Boletim da Faresp, número especial, 1953, p.10.

63. L. C. Guarniere, confirmando a batalha da fração agrária da burguesia cafeeira para fazer valer os seus interesses, entende estar esse setor preocupado, sobretudo, com a defesa da sua taxa de lucro no longo prazo, manifesta na sua denúncia da "expansão desenfreada dos cafezais". *Op. cit.*, p.39.

64. *Idem*, p.39.

65. *Idem*, p.42.

66. *Revista do Serviço Público*, Dasp, editorial, janeiro de 1946, p.3-4.

67. *Revista do Serviço Público*, Dasp, editorial, março de 1946.

68. Pelo decreto de 7/12/1945 foram reordenadas as divisões internas: o novo regulamento é de 24/1/1945 e o decreto de 23/7/1946, extinguiu as Comissões de Eficiência, subórgãos do Dasp em cada ministério, encarregadas de estudos, coordenação e método de trabalho. Cf. *Revista do Serviço Público*, Dasp, números de janeiro a dezembro de 1946; para texto dos decretos e comentários veja também Arísio de Vianna, *op. cit.* O melhor estudo do Dasp sob a ótica da estrutura administrativa é o de Gilbert B. Siegel, *op. cit.* Utilizamo-nos fartamente de seu trabalho, assim como do de Lawrence S. Graham, *op. cit.*, e do clássico estudo de Mário Wagner Vieira da Cunha, *op. cit.* Enfatizaremos menos as funções e transformações do Dasp como órgão geral de supervisão e racionalização administrativa do que a natureza e as razões políticas das pressões que sofreu enquanto órgão centralizado da administração pública.

69. Segundo L. S. Graham, as alterações formais e as condutas efetivas de Linhares e Dutra, desconhecendo as atribuições legais ainda pertencentes ao Dasp, ampliaram o sistema de patronagem política e clientelismo. Em nome da economia de gastos, suspenderam-se os concursos públicos, mas não a admissão de pessoal, que passou a ser feita por nomeação política e pelo enquadramento de funcionários como extranumerários e interinos. *Op. cit.*, p.123. Para G. B. Siegel, tal situação foi considerada pelo então diretor do Dasp, Moacyr Briggs, como intoleravelmente arbitrária e esteve na raiz de seu pedido de demissão. *Op. cit.*, p.149.

70. Cf. *Revista do Serviço Público*, Dasp, julho/agosto de 1948, p. 35.

71. Cf. *Anais da Const.*, v.XVII, p.216.

72. *Idem*, v.XII, p.172-7.

73. *Idem*, v.XIII, p.309-13. Outra emenda no mesmo sentido foi apresentada por Ari Vianna (PSD-ES), *idem*, v.XIII, p.424 e segs. Veja também G. B. Siegel, *op. cit.*, p.164.

74. Cf. *Anais da Const.*, v.II, p.470.

75. Cf. *Revista do Serviço Público*. Dasp, dezembro de 1946, p.110.

76. *Idem*, p.3-4.

77. *Idem*, p.110.
78. *O Estado de S.Paulo*, 29/3/1947. Na mesma data, o *Correio da Manhã* anunciara que, na semana seguinte, o presidente enviaria ao Congresso mensagem pedindo a extinção do órgão, pondo fim à situação embaraçosa que o Dasp vinha criando à administração. Veja também G. B. Siegel, *op. cit.*, p.169 e segs.
79. Dasp, *Depoimentos sobre o Dasp*. Serviço de documentação do Dasp, Rio de Janeiro, 1966, edição comemorativa do XXVIII aniversário, p.32-3.
80. Cf. *Correio da Manhã*, 27/9/1947.
81. Cf. G. B. Siegel, *op. cit.*, p.168 e segs.
82. Idem, *op. cit.*, p.171.
83. Cf. L. S. Graham, *op. cit.*, p.126.
84. Para Siegel, a "neutralidade" de Souza Costa a respeito do Dasp durante a Constituinte expressava seus pontos de vista anteriores. *Op. cit.*, p.162 e segs.
85. É esta, também, a interpretação que Luciano Martins dá para as disputas da época: "O Dasp, que tinha obtido durante o Estado Novo o privilégio da organização do orçamento da República, lutava agora para controlar o setor de planejamento da economia". Cf. L. Martins, *op. cit.*, p. 439.
86. "Ao que se afirma, o projeto de lei orçamentária foi organizado quase que à revelia do ministro da Fazenda" que, por outro lado, não foi ouvido quanto ao plano: "Está claro que um plano dessa natureza não poderia ser traçado sem a participação direta e intensa do Ministério da Fazenda (...). Para o bem de seu governo, o sr. Presidente da República precisa pôr em ordem nesta desordem e dar cabo dessa anarquia administrativa". Cf. O *Estado de S.Paulo*, editorial, 15/5/1948.
87. Novo projeto é apresentado à Câmara, visando a retirar do Dasp suas atribuições na elaboração do orçamento. Segundo o *Correio da Manhã*, tratava-se de uma nova tentativa, perante os insucessos anteriores de "sem dar muito na vista, remover aos poucos (...) o espantalho (...) matar o monstro aos poucos". Cf. *Correio da Manhã*, 23/5/1948.
88. Entrevista de M. Bittencourt Sampaio a R. Daland, citada em R. Daland, *op. cit.*, p.47.
89. Como afirma José Américo, o apoio da UDN ao governo dependeria de exames e estudos e não se faria às cegas: "Tomado dessa convicção, só admiti, desde a primeira hora, qualquer entendimento com o governo à base de uma reforma e um programa de salvação nacional (...). Replicaram os círculos oficiais ou oficiosos que esse programa já existia, esparso, nas mensagens e nos discursos do presidente, o que não passava de simples sugestões. Tanto não existia que foi mandado elaborar o Plano Salte". Cf. José Américo de Almeida, *A palavra e o tempo*. Rio de Janeiro, José Olympio, 1965, p.192. Veja também Maria Victória de Mesquita Benevides, *A UDN e o udenismo. Ambiguidades do liberalismo brasileiro (1945-1965)*, tese de doutorado, FFLCH/USP, 1980, p.261, onde cita a opinião de Odilon Braga de que o Plano Salte teria sido inspirado pela própria UDN.
90. Cf. *Anais da Const.*, v.XLI, p.350 e segs.
91. *Idem*, v.IX, p.204.
92. *Idem*, p.350.
93. *Idem*, p.351.

94. *Idem, ibidem.*
95. *Idem,* v.XII, p.367.
96. *Idem,* v.II, p.460 e segs.
97. *Idem,* v.XII, p.211.
98. Sob a expressão "monetária" entendia-se uma fiscalização econômica mais ampla. Cf. *Anais da Const.,* v.XI, p.337.
99. Cf. *Diário do Congresso Nacional,* 8/10/1948.
100. Discurso proferido na Assembléia Constituinte e reproduzido em José Augusto, *O Conselho Nacional de Economia.* Rio de Janeiro, Livraria São José, 1956, p.68.
101. Cf. *Diário do Congresso Nacional,* 7/10/1947.
102. *Idem, ibidem.*
103. Cf. *Anais da Const.,* v.II, p.460.
104. Cf. *Diário do Congresso Nacional,* 7/10/1947.
105. Cf. art. 205 da Constituição de 1946.
106. Cf. *Diário do Congresso Nacional,* 4/10/1947.
107. *Idem,* 8/10/1947, p.6.612.
108. *Idem,* 7/10/1947, p.6.539.
109. *Idem,* p.6.538.
110. *Idem, ibidem.*
111. *Idem,* 8/10/1947, p.6.611.
112. *Cf. O Estado de S.Paulo,* 9/10/1947.
113. Cf. *Diário do Congresso Nacional,* 7/10/1947, p.6.540.
114. *Idem,* p.6.540.
115. *Idem,* 8/10/1947, p.6.540.
116. *Idem,* 8/10/1947, p.6.612-13.
117. *Idem,* 8-10-1947, p.6.612.
118. *Idem,* p.6.611.
119. Cf. "Memorial da Federação das Associações Comerciais", *Diário do Congresso Nacional,* 7/10/1947, p.6.541.
120. *Idem,* 7/10/1947, p.6.541.
121. *Idem, ibidem.*
122. *Idem, ibidem.*
123. *Idem,* 8/10/1947, p.6.615 (grifos nossos).
124. *Idem,* 4, 6 e 7/10/1947.
125. *Idem,* 10/11/1949, p.11.129.
126. *Idem,* 10/11/1949, p.11.817.
127. Lei n.970 de 16/12/1949 reproduzida em: *ABC do CNE — Um decênio de atividades.* Rio de Janeiro, CNE, 1960, p.12 e segs.

2
Os limites dos controles políticos

As forças políticas predominantes na Constituinte de 1946, apesar de suas divergências, reafirmaram os pressupostos do novo Estado que nascera em 1930, ao abrir um espaço bastante considerável ao intervencionismo econômico e à regulação social. Foram formalmente estabelecidos limites à utilização da propriedade privada, consagrando-se o direito de ação estatal na ordem econômica e social, que admitia até a desapropriação e o recurso ao monopólio. Por outro lado, ampliaram-se as atribuições da União para legislar sobre direito financeiro, previdência social, defesa e proteção à saúde, riquezas minerais, serviços de energia elétrica etc., assim como para "reprimir os abusos do poder econômico". Enfim, o legislador curvou-se aos novos tempos e estabeleceu restrições ao *individualismo possessivo* em nome do interesse público.[1] Para alguns, muito severas; para outros, muito suaves.

Ao reconhecer e legitimar a natureza intervencionista e regulatória do Estado, a Constituinte de 1946 enfrentou *ipso facto*, tal como já se anunciara em 1934,[2] o problema de construir um sistema de freios e contrapesos que tivesse eficácia no controle de um Executivo que irremediavelmente se manifestaria como um poder hipertrofiado e avassalador dos outros poderes do Estado representativo.

Este capítulo pretende justamente reconstruir e avaliar a natureza das alternativas aventadas na Constituinte de 1946 para o controle do Executivo pelo Legislativo, problema fundamental para o exercício da democracia política. Naturalmente, a compreensão daqueles debates e a determinação da natureza das soluções finalmente aprovadas podem ser feitas de vários ângulos. De uma perspectiva sociológica, o essencial seria buscar nas propostas partidárias seus conteúdos sociais — em nome de que interesses falam? —, ao mesmo tempo em que se procuraria apreender os setores sociais que teriam feito prevalecer seus pontos de vista — em nome de que interesses particulares proclamou-se o interesse geral? A partir de uma ótica jurídica, a preocupação central haveria de ser o estudo formal dos institutos criados, sua maneira de se relacionar etc.

A análise jurídica não só é abundante,[3] como evidentemente escapa à nossa competência. Por outro lado, não procuramos, também, estudar as determinações sociais das diversas posições partidárias, nem desvendar o "caráter de classe" dos mecanismos de controle do Executivo pelo Legislativo adotados pela Constituinte. E por várias razões.

Em primeiro lugar, por causa da conhecida carência, na literatura brasileira, de trabalhos sobre os partidos e o sistema partidário e, mais particularmente, sobre as relações de representação que mantêm com as diferentes classes, frações de classes e camadas sociais.[4]

Em segundo lugar, pela não menos conhecida dificuldade de apreender os partidos políticos como expressão de setores sociais bem determinados, num país em que têm muito mais o caráter de "frentes", com fortes marcas regionais, do que o de agrupamentos nitidamente ideológicos e efetivamente programáticos. Maria Victória M. Benevides demonstrou que muitas eram as UDNs, e quem quer que se debruce sobre os outros grandes partidos nacionais do período 1946-1964 encontrará certamente diversos PSDs e PTBs.

Em terceiro lugar, como tem insistido com propriedade Maria do Carmo Campello de Souza, num sistema partidário marcado pelo baixo grau de institucionalização e por condições de surgimento muito especiais, o alinhamento ideológico dos partidos somente pode ser determinado tomando-se todo o processo de fortalecimento gradativo do sistema partidário, desde suas origens até 1964. Visualizando-os exatamente em seus momentos iniciais, dificilmente poderíamos ir além de referências abstratas sobre o caráter mais ou menos conservador ou progressista de tal ou qual proposta.

Finalmente, há uma razão de fundo que nos desobrigaria até certo ponto do esforço de identificar relações partido-classe e seu grau de representatividade, referindo-as à estrutura de conflitos e à luta política concreta: a particular autonomia e a maior liberdade que necessariamente presidem qualquer trabalho de elaboração constitucional. As injunções mais concretas da luta política não desaparecem, é verdade, mas atenuam-se extraordinariamente quando se trata de estabelecer um edifício constitucional pensado para longo prazo, feito para durar, suficientemente flexível para absorver o ineditismo do futuro.

O que nos propomos é tão-somente *delimitar o espaço político-ideológico em que foram equacionadas e definidas as questões eminentemente políticas da democracia, considerando a natureza e realidade do Estado cuja estrutura e poder tratava de organizar e institucionalizar.*

Para atingir esse objetivo, procedemos a uma seleção de temas segundo dois critérios básicos. Em primeiro lugar, restringimo-nos àqueles aspectos do debate constitucional em que, de algum modo, esteve colocada a questão da ação fiscalizadora do Legislativo sobre um Executivo considerado hipertrofiado. Em segundo lugar, levamos em consideração temas em torno dos quais as polêmicas e divergências assumiram caráter significativo e manifestaram-se como alternativas distintas de ordenamento institucional.

É possível afirmar que a temática do orçamento ou a da delegação de poderes está clássica e objetivamente associada ao problema do controle político do Legislativo sobre a máquina burocrático-administrativa do Estado. Em 1946, também estiveram questões como a do mandato presidencial, o poder de veto do presidente ou a instituição de uma Comissão Permanente do Legislativo para atuar no período de recesso parlamentar. Assim sendo, problemas desse teor passaram a ser obrigatoriamente objeto de nosso exame, do mesmo modo que outros tão importantes quanto o do impedimento do presidente deixaram de ser analisados.[5]

Essas observações nos levam à outra, a da forma de governo. É verdade que na Constituinte de 1946 travou-se um debate intenso sobre as alternativas parlamentarismo ou presidencialismo, discussão que retomamos segundo nossos propósitos. Mas não é menos verdadeiro que o regime presidencialista foi tomado como suposto e o trabalho de elaboração constitucional desenvolveu-se de modo tal que a alternativa do parlamentarismo não foi efetivamente considerada. Logo, a definição das relações entre o Legislativo e o Executivo foi feita já nos termos da forma presidencialista de governo.

A distribuição que fizemos dos vários temas supõe essa forma de governo e, neste sentido, mantivemo-nos fiéis ao modo como foram equacionados. Em primeiro lugar, veremos os aspectos relacionados com o poder pessoal do presidente; a seguir, os referentes a prerrogativas do Legislativo e seu funcionamento interno; e, por último, os aspectos mais gerais da estruturação e interpenetração dos poderes do Estado, referindo todos — vale a pena insistir — à questão maior de como restringir o poder hipercentralizado do Executivo.

Finalmente, parece-nos útil reconstituir brevemente a organização e os mecanismos de funcionamento dos trabalhos constitucionais de 1946.

Eleita e empossada a Assembléia Nacional Constituinte, foi constituída a Comissão Constitucional, ou Grande Comissão de Constituição, que haveria de elaborar o Projeto Primitivo, isto é, o anteprojeto constitucional. Sua composição — 37 membros — foi definida considerando-se as proporções das representações partidárias na Assembléia: pelo PSD foram indicados 19 parlamentares;[6] pela UDN, 10;[7] 2 pelo PTB[8] e 1 para cada um dos pequenos partidos.[9] A presidência da Comissão coube a Nereu Ramos, do PSD, e a vice-presidência a Prado Kelly, da UDN.

A estrutura interna[10] e o funcionamento formal e informal da Grande Comissão foi decisiva para o encaminhamento das decisões. O Projeto Primitivo que elaborou, apresentado ao plenário, recebeu inúmeras emendas, que a Comissão "reordenou", fundindo-as ou reelaborando-as, sendo que muitas "desapareceram" nesse processo. A partir desse trabalho, elaborou o Projeto Revisto, que retornou a plenário. Seus capítulos foram votados em bloco, cada um, e depois foram concedidos destaques para a apresentação de emendas e para votação definitiva do texto constitucional.[11] No interior da Grande Comissão travaram-se as discussões mais significativas e se realizaram os acertos políticos mais importantes.[12]

O CONTROLE DO EXECUTIVO PELA RESTRIÇÃO AO PODER PESSOAL DO PRESIDENTE

Foi do PSD a iniciativa de sugerir, na Grande Comissão, que o *mandato presidencial* se estendesse por seis anos, alegando que a exigüidade do prazo tradicional de quatro anos impediria uma ação administrativa eficaz e contínua. E coube ao udenista Prado Kelly (RJ) a defesa mais consistente da permanência da tradição do mandato de quatro anos:

> (...) não compreendo que se abandone a prática republicana do período quatrienal, pois a existência de mandatos longos é incompatível com a prática republicana nos regimes presidenciais. Outro princípio que enseja discussão: o de que também é indispensável, na versão sul-americana de tais regimes, a coincidência dos prazos dos deputados federais e do chefe do Executivo, não só para impedir a hipertrofia do último, mas igualmente para assegurar, nas últimas conseqüências, a verdadeira harmonia dos poderes.[13]

A coincidência dos mandatos, segundo Prado Kelly, evitaria as conseqüências prejudiciais dos pleitos freqüentes, permitiria maior coerência e unidade na formação da maioria e da Presidência e, por fim, impediria a interferência do Executivo na composição dos governos.

A proposta do PSD consubstanciou-se no substitutivo apresentado por Cinto Júnior à emenda de Kelly. Aceitando os termos da coincidência dos mandatos, acrescentava as palavras "sendo o mandato presidencial de seis anos".[14]

Os termos das divergências estavam dados. Conferir duração mínima ao mandato presidencial e instituir a coincidência das eleições e mandatos legislativos conformaria a alternativa dos udenistas, secundados, como veremos, por outros partidos e parlamentares preocupados, todos, com a excessiva força do Executivo. Contudo, o Executivo "forte" constituía também a expressão de um Estado que se responsabilizava por uma administração cada vez mais complexa, que intervinha e fazia planos econômicos e financeiros. Nesse caso, um mandato presidencial mais prolongado talvez garantisse continuidade mínima à ação governamental. Eis o ponto de vista do PSD.

Ao discutirem o capítulo sobre o Poder Executivo na Comissão de Constituição, os parlamentares se defrontaram com o artigo 2º da proposta encaminhada pela subcomissão que elaborara o projeto: "O período presidencial será de quatro anos, não podendo o presidente da República ser reeleito senão depois de cessada sua função, qualquer que tenha sido a duração dela".

A emenda do PSD surgiu pelo substitutivo apresentado por Acúrcio Torres (PSD-RJ) e Graccho Cardoso (PSD-SE), ampliando o período presidencial para seis anos. Torres a justificou no plenário da Grande Comissão:

(...) sempre se afirmou ser exíguo, para a execução de um programa de governo, o prazo de quatro anos ao mandato do presidente da República. Sempre se disse que o presidente da República, com um mandato de quatro anos, não poderia executar o programa que trouxesse, quando eleito. Isso porque, nos seis primeiros meses do primeiro ano de governo, S. Exa. ainda estaria como que se adaptando ao exercício da função, ao conhecimento da administração, em todos os seus detalhes, em todas as suas minúcias, e, no último ano do quatriênio, já estaria o presidente da República, como que não quisesse, envolvido na luta de sua própria sucessão.[15]

A posição pessedista foi endossada pelo PTB por meio do líder Guaraci Silveira (PTB-SP):

> (...) sou pela eleição do presidente da República por seis anos, tempo bastante para que possa fazer governo calmo, sem abalar os alicerces nacionais com as temíveis campanhas pessoais que tanto constrangem o sentimento cívico do nosso povo e o leva, afinal, a não crer em quase nenhum dos nossos homens públicos. Essa é a razão por que estou de acordo com o período de seis anos para o presidente (...)[16]

Caires de Brito, falando em nome do Partido Comunista, apoiou a emenda udenista esgrimindo os mesmos argumentos, isto é, a redução do mandato presidencial como forma de limitar a hipertrofia dos poderes:

> (...) Senhor Presidente, votarei por um período mais curto de quatro anos, não só por ser menor, mas também por coincidir com o dos deputados. O mal do Brasil, como o de quase todas as repúblicas sul-americanas, é o sistema patriarcal de governo (...) nossa experiência é triste no particular da hipertrofia de poderes. Não raro, o nosso Poder Executivo não passa de disfarçada ditadura (...).[17]

Contra a argumentação pessedista, a UDN denunciou o mandato longo com mais uma forma de acentuar o já imenso poder do Executivo: "Não procedem, absolutamente, os argumentos expedidos (...) pois que todos tendem, confessadamente, a aumentar, a fortalecer o poder presidencial, que se reconhece geralmente haver-se hipertrofiado em nosso país (...)".[18]

Uma proposta mais "radical" foi apresentada por Café Filho, do PRP do Rio Grande do Norte. Segundo a sua emenda, o mandato presidencial deveria ser de três anos, com direito à reeleição, e seriam coincidentes a todos os níveis os mandatos eletivos.[19]

Mais uma vez, a Presidência deu preferência de votação à emenda de Torres e Cardoso, aprovada por 19 votos contra 14.[20]

O Projeto Primitivo, encaminhado ao plenário da Assembléia, assim rezava no seu art. 54: "O presidente e o vice-presidente da República exercerão o cargo por seis anos". Os deputados e senadores seriam eleitos simultaneamente (com alternância de um e dois terços da renovação do Senado), com mandato de quatro e oito anos, respectivamente. Os debates e emendas, em plenário, reproduziram, quase nos mesmos termos, as posições, justificativas e argumentos anteriores. Valdemar Pedrosa, do PSD do Amazonas, defendeu o mandato de seis anos, alertando para o risco da solução de continuidade dos planos administrativos e financeiros do governo, em mandatos muito exíguos.[21] O mandato de quatro anos e a diferença de mandatos para os cargos de deputados e senadores foram defendidos por Paulo Nogueira (UDN-SP): mandatos de dois anos para a Câmara dos Deputados, de quatro anos para o chefe do Executivo e de seis anos para os senadores.[22]

A primeira voz de "conciliação" foi a de Etelvino Lins, do PSD (Pernambuco):

> Considero a coincidência dos mandatos e eleições uma necessidade imperiosa para a renovação dos nossos costumes políticos (...) a influência do Executivo, Federal ou Estadual, nos pleitos eleitorais, num país como o nosso, de pobre educação política, é assunto pacífico (...) tal influência ficará neutralizada, ou pelo menos fortemente atenuada, com a simultaneidade de eleições para os dois poderes, disso resultando um parlamento com autoridade moral para evitar os possíveis abusos do Executivo e a sua hipertrofia; portanto (...) estabeleceríamos o período de cinco anos para o presidente e o vice-presidente da República e para o mandato dos deputados e senadores (...) uma vez adotada a fórmula da coincidência, não haverá inconveniência alguma em que a duração do mandato de senadores fosse (*sic*) igual à dos deputados.[23]

Considerando as sugestões e emendas, a Grande Comissão elaborou o Projeto Revisto, que, em relação à questão dos mandatos, estipulava o período de *cinco anos* para o presidente e o vice-presidente, e os de quatro e oito anos, respectivamente, para deputados e senadores.

Nos debates para a aprovação definitiva do texto constitucional foram apresentadas quatro emendas. Na primeira, de Acúrcio Torres e Graccho Cardoso, do PSD, defendia o mandato presidencial de seis anos. Na segunda, do relator geral da Comissão de Constituição, deputado Costa Neto (PSD-SP), estipulava-se a definição dos mandatos nos termos do Projeto Revisto, isto é, quatro anos para deputados federais, cinco para o chefe do Executivo e oito para senadores. Prado Kelly, da UDN, reiterou os termos da sua primeira proposta, isto é, mandato de quatro anos para a Presidência e para deputados, e de oito anos para senadores. A última emenda, do Partido Comunista, limitava a quatro anos o mandato presidencial e defendia a coincidência dos mandatos. Acionou-se uma vez mais, agora no âmbito da Assembléia, o mecanismo da preferência para votação, e a emenda do relator geral foi votada e aprovada na íntegra.[24]

Seria interessante, numa análise dos processos decisórios e dos controles dos recursos políticos, examinar em minúcia o mecanismo utilizado, sobretudo por setores do PSD, para obter êxito na ampliação do mandato presidencial e, principalmente, no reforço do instrumento-chave do exercício do poder e da composição política do governo.

Não é esse, entretanto, o objetivo a que nos propomos. Limitamo-nos a indagar até que ponto, da perspectiva do controle do Executivo forte ou da relação entre os poderes do Estado, a questão podia encontrar alguma resposta no campo do mandato presidencial. Teoricamente, um mandato prolongado reforçaria o poder pessoal, enquanto um mandato curto responderia a uma diminuição do arbítrio. Entretanto, a questão da hipertrofia do Executivo dizia respeito também à estrutura da máquina burocrática estatal, à presença de órgãos normativos e decisórios regulando e intervindo sobre os campos mais diversos da vida social. Nesse sentido, o encurtamento do tempo presidencial teria pouca eficácia na restrição dos mecanismos que faziam do Executivo um hiperpoder. A brevidade do mandato ou a coincidência das eleições e mandatos responderiam, na verdade, a questões relacionadas à freqüência da renovação da elite governante na composição do governo. Mas a ênfase das propostas udenistas ou comunistas não se fez nesses termos: para Kelly, a coincidência dos mandatos serviria exatamente para evitar a freqüência, em muitos aspectos "desastrosa", da mobilização da opinião pública, dos partidos e dos eleitores. Logo, a questão maior do mandato presidencial era, para aqueles que o queriam reduzido, uma alternativa para coibir os desmazelos do Executivo e, no limite, reequilibrar os poderes.

Exatamente nesse campo é que responderam os setores pessedistas e petebistas. Em face de uma máquina burocrático-administrativa complexa e de um Estado que regulava, organizava e dirigia a vida econômica e social, setores do PSD ou do PTB buscaram na extensão do mandato uma forma de, ao mesmo tempo, referendar uma situação de fato e garantir um tempo viável para que a ação estatal se fizesse com um mínimo de sentido e continuidade.

O argumento é pragmático e a solução é autoritária. Poderia até se tratar de simples manobra dos pessedistas para ampliar o seu período de governo.[25] O que parece importante assinalar é que as alternativas aventadas para o enquadramento do Executivo se definiram num campo muito pouco pertinente à natureza da questão que se queria resolver: o tempo de mandato era um aspecto menor no problema do controle do Executivo que se tornou todo-poderoso.

A discussão acerca da tarefa fiscalizadora do parlamento sobre as *contas do presidente* também se polarizará sobre uma questão de fixação de prazos. A UDN, reiterando os termos da Carta de 1934, indicou o momento da inauguração da sessão legislativa para apresentação, exame e julgamento das contas presidenciais relativas ao exercício anterior.[26] Raul Pilla (PL-RS) acrescentou, na sua emenda, um aditivo: a criação, no dia imediato, de uma Comissão Especial de Inquérito caso a Presidência não tivesse apresentado as contas.[27] O PSD investiu contra essa proposição com a emenda de Gustavo Capanema, apoiado por Souza Costa e Agamenon Magalhães. Segundo esses pessedistas, o texto constitucional deveria tão-somente afirmar a competência da Câmara para julgar as contas. O texto definitivo fixou o prazo de 60 dias após a abertura da sessão legislativa para que o presidente apresentasse as contas do exercício anterior, e afirmou a competência da Câmara, tal como estava na Carta de 1934, para a iniciativa de tomada das contas, quando não apresentadas no prazo, por meio de uma Comissão Especial.[28]

Reafirmam-se, aqui, como dissemos, os termos da Constituição de 1934. O problema, diz Pilla, é que "julgar as contas do presidente da República é praticamente letra morta, apesar de fazer parte dos textos constitucionais anteriores (...) a realidade é que a prestação de contas nunca ou raramente se fez em nosso país, sendo de notar que a tomada de contas é uma das funções capitais, fundamentais, de todo parlamento".[29] Não há, entretanto, inovação significativa, em 1946, para que a tomada de contas não continue letra morta.

Ainda por outra via alguns parlamentares trataram de reforçar o Poder Legislativo e controlar o arbítrio do presidente, ainda no regime presidencialista. Repetindo praticamente os termos de 1934, o Projeto Primitivo, ao definir as *competências exclusivas do Senado*, incluiu, entre outras, a de *aprovar a nomeação dos ministros* do Supremo Tribunal Federal, do procurador-geral da República, dos ministros do Tribunal de Contas e dos chefes de missões diplomáticas.[30] Ataliba Nogueira (PSD-SP) solicitou a exclusão do procurador-geral da República por ser cargo de confiança do Executivo.[31] Setores udenistas retrucaram e foram adiante. Ferreira de Souza lamentava não poder ser estabelecido no Brasil o regime parlamentarista, mas insistia que ainda assim seria necessário restringir o poder do Executivo, uma vez que o país tem sido sistematicamente vítima da onipotência do presidente. Soares Filho (UDN-RJ) propôs, neste sentido, emenda que atribuía competência (exclusiva) ao Senado para a aprovação dos ministros de Estado. Contra este "parlamentarismo esdrúxulo" reagiu Eduardo Duvivier: "venho observando, durante o debate, reação excessiva aos poderes do presidente da República. Se sofremos do excesso desses poderes, não vamos, agora, ao extremo oposto de tornar a figura do chefe da nação inteiramente apagada, como no regime parlamentar (...)".[32] Finalmente, outra emenda visou a incluir, na aprovação do Senado, os diretores de autarquias e sociedades de economia mista. A justificativa foi de Prado Kelly: "dou minha adesão à emenda em votação, sobretudo porque hoje as autarquias se desenvolveram de tal modo, interesses tão relevantes dependem da administração e, de outro lado, escapam de tal maneira ao controle dos demais órgãos administrativos, que justo será atender às sugestões (...)".[33]

Na votação foram rejeitadas tanto a emenda de Ataliba Nogueira quanto as dos udenistas. Na Assembléia Constituinte, a competência do Senado foi ampliada para aprovar o prefeito do Distrito Federal e os membros do Conselho Nacional de Economia.

Ainda nos limites possíveis do regime presidencialista, udenistas e pessedistas polarizaram-se mais uma vez, desta feita em relação ao comparecimento dos ministros ao parlamento, por convocação.

O art. 37 da Carta de 1934 atribuía à Câmara o poder de convocar qualquer ministro de Estado para prestar informações, considerando crime de responsabilidade o não-comparecimento sem justificativas. Em 1946, Soares Filho (UDN-RJ) apresentou emenda, na Comissão de Constituição, quase nos mesmos termos de 1934, ampliando também para o Senado Federal o poder de convocação.

A resistência do PSD viria, desta vez, pela voz de Capanema: "O preceito, nos termos propostos, não se harmoniza com os princípios do regime presidencial (...) o comparecimento à Câmara dos Deputados ou ao Senado deve ser uma faculdade do ministro. Transformar esta faculdade em dever e, mais, fazer da recusa do ministro crime de responsabilidade, é ferir o sistema".[34] Costa Neto (PSD-SP) endossou a posição de Capanema e incluiu um novo argumento: o comparecimento poderia até ser uma arma de dois gumes, poderia tanto solucionar situações difíceis quanto criá-las.[35]

Arthur Bernardes (PR-MG) e Aliomar Baleeiro (UDN-BA) saíram em defesa da emenda de Soares Filho — o primeiro, argumentando pela maior responsabilidade a que seriam assim obrigados os ministros; o segundo, replicando o argumento da incompatibilidade entre a proposta e o espírito do regime presidencial, ou o da possibilidade de surgirem impasses e incidentes. Características do parlamentarismo podiam coincidir com as do presidencialismo: "Temos que observar os fatos do nosso tempo. Os dois sistemas se interpenetram". Quanto aos "incidentes", responde ao deputado Costa Neto: "a primeira condição do ministro de Estado ou de qualquer homem público é que seja pessoa de bom convívio. O que cria incidentes não deve ser ministro".[36] Na votação aprovou-se a emenda Soares Filho, assim como o projeto primitivo foi aprovado no plenário da Assembléia.

Em nome da continuidade das funções técnico-administrativas do Executivo, propôs-se a extensão do mandato presidencial. Pelas mesmas razões que faziam do Executivo um poder hipertrofiado, buscou-se limitar o prazo do governo. Nas condições do "moderno" Executivo, o presidencialismo, na sua pureza doutrinária, acentuou ainda mais o problema: sem romper com a doutrina e a tradição, os setores parlamentares interessados no maior controle do Poder Executivo buscaram uma solução "temperada" de parlamentarismo, restringindo as prerrogativas do chefe do governo. O mapa das alternativas, no campo do poder pessoal do presidente, foi bastante restrito. O constituinte vislumbrou uma nova questão, a nova estrutura e as funções do Poder Executivo, mas tendeu a procurar a alternativa de controle que atingia características da forma de governo e recobriam parte relativamente pequena da questão maior.

Esse jogo, anunciado nas divergências sobre prazos ou regime, tornou-se mais complexo na discussão das possíveis formas de ampliar ou reforçar as funções maiores de fiscalização do Legislativo.

Freios e contrapesos:
O reforço do Poder Legislativo

Reforçar o Poder Legislativo, em suas prerrogativas, funções e estrutura constituiria obviamente outra face da temática do equilíbrio entre os poderes.

Uma vez definidas suas atribuições e competências exclusivas gerais, tais como preconizadas na Carta de 1934, poucas foram as questões que suscitaram discussão ou divergências em 1946.

Em sua formulação genérica, a *questão da inviolabilidade parlamentar* foi objeto pacífico de aprovação desde a elaboração do Projeto Primitivo até o texto definitivo da Constituição. Como na Carta de 1934, em 1946 também se afirmava serem os deputados e senadores invioláveis por suas opiniões, palavras e votos no exercício de seu mandato.

Por outro lado, houve discussão sobre as imunidades parlamentares do suplente imediato que, segundo artigo constitucional de 1934, eram iguais às dos membros do Congresso: não podiam ser processados criminalmente nem presos sem licença prévia da Câmara a que pertencessem (salvo em caso de flagrante em crime inafiançável). Na Comissão de Constituição, Raul Pilla, apoiado por Prado Kelly, apresentou emenda aditiva ao artigo em questão. Seu argumento baseou-se no precedente da Carta de 1934 e no regimento interno da própria Assembléia Constituinte de 1946; as imunidades parlamentares, conforme Kelly, "representam uma garantia contra o arbítrio do Poder Executivo".[37] A emenda de Raul Pilla foi rejeitada.[38] Na discussão final do texto constitucional, Jurandir Pires (ED-RJ) encaminhou emenda substitutiva segundo a qual a Câmara só poderia conceder licença para processar um de seus membros por voto da maioria absoluta. A aprovação dessa emenda resultou num avanço do Estatuto Fundamental de 1946 em relação ao seu antecedente. Entretanto, a imunidade ao suplente, consignada no texto de 1934, foi suprimida no de 1946.

Provavelmente, mais delicado que o problema da extensão das imunidades ao suplente era o da possibilidade da suspensão das imunidades parlamentares em caso de decretação de estado de sítio. Vejamos os termos em que esta questão foi debatida e encaminhada.[39]

Pelo Projeto Primitivo da Constituição de 1946, o Congresso poderia autorizar o presidente da República a declarar estado de sítio em casos de agressão estrangeira ou comoção intestina, mas as imunidades parlamentares estavam asseguradas. No Projeto Revisto constavam duas alterações. O estado de sítio poderia ser decretado não apenas nos dois casos acima, mas também em circunstâncias que "evidenciem estar a mesma (comoção intestina) a irromper". As imunidades parlamentares poderiam ser suspensas durante o estado de sítio mediante a maioria absoluta de votos da Câmara ou do Senado.

Essas três questões, a das condições para a decretação do estado de sítio, a da suspensão das imunidades parlamentares e, finalmente, a do *quorum* exigido para votar a suspensão constituíram os temas principais de discussão e resistência dos pequenos partidos, ante à evidência do acordo já estabelecido entre o PSD e a UDN no intervalo entre a elaboração do Projeto Primitivo e a do Revisto.

Lino Machado (PR-MA) denunciou o "estado de sítio preventivo", cuja aprovação, a seu ver, colocaria o perigo permanente de manobras conspiratórias visando à sua decretação. Ao mesmo tempo, denunciou o acordo entre a UDN e a maioria, consubstanciado na alteração introduzida no texto do Projeto Revisto, e que, a seu ver, constituiu um "petardo" jogado na Assembléia Nacional Constituinte:[40] "Sr. Presidente, não é possível que nos condenemos a nós mesmos, que nos amarremos a nós próprios, votando esse estado de sítio preventivo, numa hora de intranqüilidade, de insegurança, como a em que vivemos".[41] As mesmas objeções foram feitas por Café Filho (PSP-RN), Carlos Prestes (PC-DF), João Amazonas (PC-DF) e Armando Fontes (PR-SE).

A defesa do texto coube à UDN. Prado Kelly (UDN-DF) tomou a palavra, procurando demonstrar os "benefícios" do acordo firmado com o PSD e as vantagens da redação do artigo em questão, por ter restringido o arbítrio da proposta pessedista:

> (...) acima de tudo, desejamos dotar o país com um estatuto básico em que as prerrogativas, os direitos e as garantias dos cidadãos sejam devidamente asseguradas. Tivemos de fazer, o que é natural em todos os parlamentos, concessões a pontos de vista da maioria, para que da maioria obtivéssemos concessões aos nossos pontos de vista. (...) no caso do estado de sítio, também estivemos vigilantes. O que constava do projeto se deve, a bem dizer, à nossa iniciativa, mas, pouco depois, sr. Presidente, *era conhecida a emenda da corrente majoritária* desta assembléia na qual se consagrava, ao lado do instituto excepcional do estado de sítio, *o instituto excepcional do estado de guerra para efeitos internos* (...) a fórmula que veio a ser adotada, por insistência nossa, e com a devida compreensão do Partido Social Democrático na grande comissão, é a expressa no art. 201.[42]

A posição da UDN teria insistido em conferir ao Congresso o poder de julgar a natureza das circunstâncias indicadas como ameaçadoras: "o Congresso é o juiz desses fatos; mais do que isso, é mister que os fatos evidenciem estar a comoção intestina grave (...) a irromper".[43] Prado Kelly foi aparteado por José Crispim (PC-SP), que denunciou o caráter antidemocrático do estado de sítio preventivo: "(...) Senhor deputado Prado Kelly, o sítio preventivo não constitui defesa das instituições democráticas nem da democracia. Não será com esses argumentos que V. Exa. poderá convencer-nos e ao povo brasileiro".[44]

O segundo ponto polêmico foi o da suspensão das prerrogativas das imunidades parlamentares durante o estado de sítio. Lino Machado (PR-MA) novamente alertou para as mudanças verificadas entre a redação do artigo no Projeto Primitivo e a sua redação no Projeto Revisto. No Projeto Primitivo, ficavam asseguradas as imunidades parlamentares para deputados e senadores, além de ministros do Supremo Tribunal Federal, do Superior Tribunal Militar e do Tribunal de Contas, entre outros. Em sua opinião, a possibilidade de perda das imunidades significava, claramente, um reforço na hipertrofia do Executivo.

> (...) entre os quais aquele que suprime as nossas imunidades, e que eu classificaria, se o dispositivo fosse aprovado, de suicídio do parlamento. A imunidade é inalienável, inseparável do mandato de representante do povo. Sem ela, não há como o representante do povo possa desempenhar a sua função precípua, no regime democrático, que é a de fiscalizar o Poder Executivo. Sem ela, ficamos reduzidos a um Congresso bastardo e espúrio. (...) Em toda a história da República no Brasil, o chefe desse Executivo, que se hipertrofia a cada passo, sempre dispôs da maioria no Congresso. Tal como está o dispositivo, o partido majoritário (...) poderá suspender as imunidades de todos os seus adversários.[45]

Café Filho (PRP-RN) externou ponto de vista semelhante: "Ora, sr. Presidente, com exemplo de dez anos antes, por que não nos cercamos das garantias precisas para a defesa daquilo que o povo nos outorgou, que é o mandato popular? (...) Não quero exercer o mandato do povo na dependência da maioria que sustenta o governo, governo que eu, em defesa do povo, tenho necessidade de combater".[46]

Novamente, coube a Prado Kelly (UDN-DF) a missão de defender a proposta da Comissão de Constituição.

> O art. 209 da redação substitutiva corrige algumas demasias do texto primitivamente proposto. Contudo, ainda não satisfaz. As imunidades dos membros do Congresso Nacional subsistirão durante o estado de sítio; mas, mediante a maioria absoluta de votos da Câmara e do Senado, poderão ser suspensas as de determinados deputados ou senadores cuja liberdade se torne manifestadamente incompatível com a defesa da nação ou com a segurança das instituições políticas ou sociais.[47]

Quando se deu destaque à discussão do *quorum* necessário para que a Câmara ou o Senado votassem a suspensão das imunidades, as vozes dissidentes foram as dos pequenos partidos — PC, PR e PSP, insistindo em que o *quorum* de maioria absoluta constituía arma nas mãos do governo, em geral possuidor da maioria do Congresso.

Desta feita, Prado Kelly, pela UDN, concordou com essas vozes, às quais se juntou também a do PTB, até então relativamente ausente do debate.[48] Kelly, assim como Gurgel do Amaral, que falou pela bancada do PTB, sugerem o *quorum* de *dois terços da Câmara ou do Senado*.[49]

Nos trabalhos de votação, a mesa concedeu alguns pedidos de destaque. O primeiro foi dado a Carlos Prestes, que solicitou a substituição do art. 201 do Projeto Revisto, que instituía o estado de sítio preventivo. Na sua justificativa, alertou para as manobras golpistas que a adoção do estado de sítio preventivo permitia:

> Elaboramos uma Constituição em 1946, diante de triste e dolorosa experiência do presidencialismo, elevado à ditadura unipessoal dos estados de sítio sucessivos, na base de iminência de comoção intestina inventada pela ditadura. Tivemos o caso de guerra decretado em 1937, em virtude de documento falso, com o qual se conseguiu assustar e comover o parlamento. Agora, senhores, pretende-se ser mais objetivo. Em vez de um simples documento Cohen, exige-se que fatos evidenciem estar a comoção intestina a irromper. Ora, o governo ditatorial, governo que queria realmente perseguir, coloca-se na atitude arbitrária de cassar imunidades parlamentares, acabar com a liberdade de imprensa, liquidar os direitos essenciais do cidadão, um governo nessas condições terá mil facilidades para criar os fatos a que se refere esse item do art. 201.[50]

O requerimento de Prestes foi rejeitado pelos votos das bancadas do PSD e UDN, que aprovaram o art. 201. A seguir, foi apresentado e aprovado o destaque solicitado pelo relator geral Costa Neto (PSD-SP), que alterava o *quorum* exigido para a decretação da suspensão das imunidades parlamentares de "maioria absoluta dos membros da Câmara ou do Senado" para "dois terços dos membros da Câmara ou do Senado".[51]

A instituição de um ágil mecanismo de *autoconvocação extraordinária* também poderia reforçar o Legislativo no âmbito de sua autonomia interna. Em 1946, esse problema exigiria uma solução relativamente distinta da formulada na Carta de 1934, que havia restringido o sistema bicameral ao definir o Senado como um órgão colaborador da Câmara dos Deputados.[52] Naquelas condições, a convocação extraordinária do Congresso podia ser feita pelo presidente, pela Comissão Permanente (do Congresso) ou por um terço dos membros da Câmara.[53]

Restabelecido o sistema bicameral em 1946, a questão do poder de autoconvocação do Congresso envolveu tanto o problema do *quorum* mínimo quanto o da participação do Senado e da Câmara.

Em relação ao *quorum*, é claro que, quanto mais baixo fosse maior seria a possibilidade de autoconvocação. Entretanto, a convocação extraordinária do Congresso, além de ser questão delicada e referida a situações especiais, de emergência, envolvia gastos e deslocamentos de parlamentares no período de recesso que os deputados já consideravam relativamente curto (de janeiro a abril). Raul Pilla, secundado por Hermes Lima, em nome da maior autonomia do Poder Legislativo, propôs o *quorum* de *um quarto* de parlamentares de qualquer das casas, enquanto o PSD sugeriu um quarto do número total dos parlamentares, senadores e deputados. A UDN, por emenda de Ferreira de Souza, propôs um terço de cada um. Gustavo Capanema radicalizou a posição pessedista: "Entendo que a convocação extraordinária do Congresso só pode ser feita pelo presidente da República.[54]

O texto final aprovado observou o *quorum* proposto pela UDN e aceito pela maioria pessedista. O parágrafo único do art. 39 afirma: "O Congresso Nacional só poderá ser convocado extraordinariamente pelo presidente da República ou por iniciativa do terço de uma das Câmaras".[55]

No âmbito do reforço da própria instituição legislativa e de suas funções fiscalizadoras, alguns setores parlamentares entenderam armá-la contra os abusos de poder do Executivo praticáveis durante o recesso parlamentar. Tratava-se, como na Carta de 1934, de instituir uma *Comissão Permanente do Congresso que atuasse no recesso*. A proposta inicial foi de Soares Filho, da UDN, que, na Grande Comissão, apresentou emenda determinando o funcionamento de uma Comissão composta de 22 senadores e 11 deputados, durante o período de recesso, com funções de velar pela observância da Constituição e pelas prerrogativas do Legislativo, além de poder convocar extraordinariamente o Congresso.[56]

Setores pessedistas, pela voz de Agamenon, Capanema e Nereu Ramos, opuseram-se à proposta, defendida por Prado Kelly e Aliomar Baleeiro. Para os primeiros, a Comissão seria uma complicação injustificável na ordem constitucional: não preencheria, no recesso, a função precípua do Legislativo de fazer leis e só teria sentido se o recesso fosse mais longo, de acordo com a Carta anterior.[57]

Para Kelly e Baleeiro, entretanto, a Comissão, pelas funções que foram propostas, visaria não apenas a fiscalizar adequadamente os atos do presidente da República, como resguardar as liberdades públicas. Além disso, conferiria maior legitimidade aos atos executivos no tocante, por exemplo, à abertura de créditos extraordinários em "situações de emergência".[58]

A proposta udenista foi vencedora na Comissão e passou a constar do Projeto Primitivo. Em plenário, o PSD e o PTB apresentaram emendas supressivas. Pela Comissão Permanente e sua estruturação, manifestaram-se o Partido Comunista[59] e Barbosa Lima Sobrinho (PSD-PE), que também atribuíram funções legislativas à Comissão em casos considerados "urgentes".[60]

Setores majoritários do PSD já haviam se pronunciado contra a Comissão, que foi suprimida do projeto quando da votação e aprovação da emenda apresentada por Barreto Pinto (PTB-DF).[61]

Vejamos, finalmente, os termos da discussão em torno *do controle do Legislativo sobre a orçamento* da União.

A ação do órgão representativo sobre o destino do "dinheiro público" e a probidade da administração constitui, talvez, o fulcro das funções fiscalizadoras do Legislativo desde as mais remotas concepções de estruturação dos poderes do Estado liberal.

Nossa tradição republicana já consolidara, ao longo do tempo, a institucionalização do Tribunal de Contas como elemento fundamental do sistema de freios e contrapesos e, particularmente, como instrumento fiscalizador por excelência da atividade financeira e orçamentária do Estado.

Em 1946, o Tribunal de Contas ganhou nova envergadura e maior autonomia, num clima bastante consensual no seio da Constituinte. Pela Carta de 1934, fora definido como "órgão de cooperação das atividades governamentais" e até 1946 não dispunha de um quadro de pessoal próprio, tendo seus funcionários incluídos entre os do Ministério da Fazenda. Pela nova Constituição, foi considerado órgão de controle, sem dependência direta de nenhum dos poderes e entendido como a "suprema instância de fiscalização, orientador das atividades governamentais na boa execução das normas legais, para a perfeita ordem dos atos do poder público na aplicação legal do dinheiro público e nos atos administrativos".[62] Passou também a contar com quadro próprio de pessoal, e seus ministros seriam nomeados pelo presidente da República, com a aprovação do Senado.

Fixada a competência do Tribunal de Contas para examinar a legalidade e constitucionalidade da execução orçamentária, o Congresso exerceria com exclusividade suas prerrogativas de examinar e votar a proposta de orçamento feita pelo Executivo, e aprovar as contas do Executivo.

Na discussão sobre as formas pelas quais o Legislativo exerceria sua função, foram fundamentalmente três as questões que mereceram a atenção dos constituintes. Em primeiro lugar, as que envolviam a liberdade dos parlamentares intervirem no próprio conteúdo da proposta orçamentária a ser votada. Em segundo lugar, a referente aos prazos a serem concedidos ao Executivo para a apresentação da Lei de Meios e os de que disporia o Legislativo para enviá-la à sanção. Finalmente, a relacionada ao órgão da administração que seria encarregado da elaboração do orçamento.

O Projeto Primitivo definia o orçamento como *uno*, incorporando-se obrigatoriamente à receita todas as rendas e fundos e, discriminadamente, na despesa, as dotações necessárias a cada um dos serviços públicos. Vedava a introdução de qualquer dispositivo estranho à receita e à despesa previstas, com exclusão de créditos suplementares, operações de crédito por antecipação da receita e aplicação de saldo para cobrir déficits. Por outro lado, dividia o orçamento de despesa em duas partes: uma fixa, que não podia ser alterada senão em virtude de lei anterior, e outra variável, que obedeceria à rigorosa especificação. Proibia estorno de verbas, concessão de créditos ilimitados, abertura de crédito especial ou suplementar sem expressa autorização legislativa, com as exceções previstas para situações de calamidade pública, comoção intestina ou guerra. Por fim, fixava a data de 30 de novembro como prazo máximo para que o Legislativo enviasse à sanção a Lei de Meios, prorrogando-se o orçamento em vigor caso não o fizesse.

Nem na Comissão de Constituição nem durante toda a tramitação do projeto constitucional esses dispositivos sobre o orçamento causaram grandes ou significativas polêmicas. O texto definitivo da Constituição reproduziu os mesmos termos do Projeto Primitivo. Isso expressa uma aglutinação de todas as forças políticas em torno da necessidade de restringir a autonomia do Executivo no manejo orçamentário e reservar ao Congresso um espaço para a manipulação de verbas.

A idéia de que o Congresso pudesse, em relação à parte variável da despesa, introduzir modificações na Lei de Meios, alterando as especificações que deveria conter, ou reservar-se o direito exclusivo de autorizar a abertura de créditos suplementares ou extraordinários, constava desde o início do Projeto Primitivo, e foi, até mesmo, resultado de emendas e substitutivos apresentados também por setores pessedistas, quase sempre dispostos, como vimos, a defender a autonomia e o poder do Executivo. Por exemplo, na Comissão Constitucional, foi de Souza Costa a emenda que proibia o estorno de verbas e determinava que a abertura de crédito especial ou suplementar dependia de expressa autorização da Câmara dos Deputados.[63]

A Constituinte de 1946 optou por uma forma mista de orçamento: nem de caráter legislativo — como a que tinha imperado até a reforma constitucional de 1926, quando foram vedadas as chamadas "caudas orçamentárias" — nem de tipo executivo, tal como o previsto pela Carta outorgada de 1937. Nesta última, ao parlamento caberia apenas aprovar ou não a proposta do Executivo, nas suas grandes linhas e em seus grandes números. Em 1946, o Congresso se reservou a liberdade de alterar o orçamento, ao fixar a divisão das partes fixa e variável das despesas e descartar a idéia da aprovação de dotações globais.

Ari Vianna (PSD-ES) foi talvez uma das poucas vozes que se opuseram a tais procedimentos. Apresentou emenda substitutiva abrangendo vários artigos referentes ao processo orçamentário. Justificou sua posição com argumentos alertando contra os riscos de alterações que pudessem afetar os planos de governo. Sua emenda não foi votada e nem teve nenhum efeito sobre os termos já previstos no Projeto Primitivo. Entretanto, vale a pena reproduzir parte de sua justificativa, principalmente pelo fato de assimilar questões que, durante a vigência da Carta de 1946, constituíram um dos pontos nevrálgicos das tensões entre o Executivo e o Legislativo:

> Dividir o orçamento em parte fixa e parte variável é tentar reintroduzir na administração brasileira uma lição mal aproveitada do sistema orçamentário britânico, onde existe o Fundo Consolidado. (...) Parece que, presentemente, se pretende retornar à tendência do tipo misto de 1934. Em matéria de orçamento, é o máximo de concessão que o Executivo responsável pode fazer ao Legislativo. Se o Executivo não tem liberdade de planejar a administração pública, pela qual responde, e de solicitar ao Congresso os recursos indispensáveis ao seu desenvolvimento; se o Congresso modifica esses planos, reduzindo tumultuariamente os programas governamentais, a autoridade de chefe da nação não passará de um mito e a ele se reservará a figura melancólica de um mero titular de poderes incapaz de exercê-los em sua plenitude. (...) O orçamento é o plano financeiro do governo. Para elaborá-lo é indispensável que o Executivo disponha de um órgão especializado que prepare para cada serviço, departamento, estabelecimento ou repartição, a especialização, por itens, da despesa que cada um deles é autorizado a realizar. Discutidos esses quadros, o Congresso, na lei orçamentária, votará as verbas globais, autorizando o Executivo a proceder, no decurso do ano, às modificações na discriminação ou especialização, por itens, desde que para cada serviço não sejam excedidas as verbas globais votadas.[64]

Vianna apontou a questão crucial: no exercício das suas prerrogativas vitais, o Legislativo poderia comprometer a integridade dos programas de governo. Mas o manejo das verbas orçamentárias constituía recurso político essencial para a ação clientelística da área parlamentar, e a esse respeito os constituintes mantiveram-se zelosos, de maneira quase consensual e independentemente de suas cores político-ideológicas.

Pouco vibrantes foram também as discussões acerca dos prazos. As divergências resumiram-se na fixação do prazo para envio da proposta orçamentária a um mês ou dois após a inauguração da sessão legislativa.

Do mesmo modo, houve alguns que estabeleceram o dia 15 de dezembro como data máxima para o retorno à sanção da Lei de Meios, e outros, o dia 30 de novembro. A emenda aprovada, apresentada pela bancada paulista do PSD, concedia 60 dias ao Executivo para a apresentação da proposta e determinava o último dia de novembro como data final para que o Congresso encaminhasse à sanção o orçamento, sob o argumento de que, em relação à Carta de 1934, esses prazos não resultariam em diminuição do tempo de que disporia o Legislativo, uma vez que a própria duração da sessão havia sido aumentada de um mês.[65]

Mais uma vez, foi Ari Vianna que apontou para os maiores problemas envolvidos na questão dos prazos. Sugerindo a sua redefinição e o alargamento do tempo concedido ao Executivo, lembrou que estaria, segundo os termos propostos, obrigado a fazer uma previsão orçamentária com quase um ano de antecedência e incapacitado de fazer revisões diante de imprevistos e "surpresas". Por outro lado, o longo prazo concedido ao Legislativo ampliaria também a possibilidade de manipulação e alteração de verbas e dotações, o que poderia, no limite, comprometer o bom andamento da democracia se provocasse vetos presidenciais, tumultos administrativos e até mesmo o início de um exercício financeiro sem orçamento. Essas cogitações de Vianna, entretanto, não constituíram objeto de reflexão maior por parte da Constituinte e não provocaram nenhum impacto.[66]

Mais acirradas foram as discussões acerca do órgão da administração que deveria responsabilizar-se pela elaboração orçamentária: o Ministério da Fazenda ou um departamento especializado. Já reproduzimos os termos desta discussão quando tratamos do Dasp. Aqui, importa apenas lembrar que a solução final foi a de suprimir a determinação de competência, que ficaria para ser estabelecida em lei ordinária.

A Constituinte de 1946 reservou ao parlamento importantes instrumentos de controle sobre o orçamento e, particularmente, de manejo de verbas. No plano das suas funções políticas e em relação aos mecanismos de barganha e apoio clientelístico, este tipo de controle constituiu inestimável recurso de poder no sistema político vigente sob a Carta de 1946.[67]

Já assinalamos, pelas observações de Ari Vianna, a natureza dos problemas dessa sistemática orçamentária: a possibilidade de comprometimento da integridade do plano econômico e financeiro do Executivo e uma certa restrição à sua agilidade de movimento. É possível ver na posição de Vianna tão-somente uma defesa irrestrita do Poder Executivo e, em particular, da autoridade do chefe do governo, com a abdicação, pelo Legislativo, de suas funções de controle. No entanto, quaisquer que tenham sido as suas razões políticas, essa posição indicou, para a Assembléia, aspectos importantes a serem encarados na questão do controle orçamentário.

O caráter agigantado e a crescente complexidade técnica do orçamento transformavam o controle da proposta e, mais ainda, da execução, em problema de difícil equacionamento, abrindo a possibilidade de burla na execução e restrições para o exame efetivo das contas.[68]

É claro que esses problemas não se reduzem tão-somente a questões de técnica orçamentária. A prática do fato consumado de despesas acima das previsões e cobertura dos déficits por meio de emissões foi, como se sabe, freqüente. Por outro lado, à sistemática de elaboração e controle orçamentário respondeu o Executivo com a criação dos fundos vinculados, que estreitavam as possibilidades de manejo de verbas, assim como estiveram sempre presentes mecanismos de abdicação de receita, tal como ocorria com os incentivos fiscais. Finalmente, o comportamento das empresas públicas, peças fundamentais na política econômica do governo, escapava do controle através do orçamento.

Todas essas condições indicariam que o orçamento não se constituía no mais importante instrumento da política econômica, como o era num verdadeiro Estado liberal.

Na vigência da Carta de 1946, os controles parlamentares foram inegavelmente importantes, tanto é que constituíram uma arena de negociação da qual o Executivo lançou mão para garantir a execução dos seus programas.[69] Mas transformaram-se crescentemente em controles políticos, e não numa efetiva participação do órgão legislativo na avaliação da probidade da administração ou dos planos econômicos do governo.

A ORGANIZAÇÃO POLÍTICA ESTATAL: INTERPENETRAÇÃO DOS PODERES E A "REFORMA DO ESTADO"

Reduzir ou limitar os poderes pessoais do presidente, tão amplos no regime presidencialista, ou reforçar as atribuições e competências do Legislativo, nos marcos da concepção da separação e independência dos poderes para refrear e domar o Executivo? Ou melhor, seria bastante definir e conformar, naquele âmbito, o sistema de freios e contrapesos?

Na forma difusa de sua percepção, no jogo que faziam à sombra projetada pelo Estado, organizado e estruturado como uma máquina burocrático-administrativa e dotada de formas autônomas de atuação, buscaram também responder os constituintes à realidade que se impunha: os poderes se interpenetram e o Executivo, na prática, dispõe de poder legiferante, e até mesmo das atribuições do Poder Judiciário.

Para alguns, tratava-se de determinar até onde e por que meios seria possível responder a esse aspecto da hipertrofia do Executivo. Para outros, o problema era exatamente o contrário, isto é, como dotar a estrutura do Estado de instrumentos que legitimassem ou agilizassem a ação do governo.

Os debates sobre o *poder de veto presidencial* envolveram especificamente o problema do poder de legislar do Executivo.

A Carta de 1891 previa apenas o veto total da Presidência, e a reforma constitucional de 1926, a fim de evitar as "caudas orçamentárias", introduziu o veto parcial, reiterado na Carta de 1934.

O Projeto Primitivo previa o veto parcial ou total do presidente da República, caso julgasse inconstitucionais ou contrários aos interesses nacionais os projetos de lei aprovados no parlamento. Por outro lado, o exame do veto presidencial seria feito pela casa do Congresso na qual tivesse surgido o projeto, e só poderia ser aceito ou rejeitado pela maioria absoluta dos seus membros.

Essas duas questões — o veto parcial ou total e a exigência de maioria absoluta dos parlamentares — polarizaram as discussões, e uma vez mais opuseram-se setores udenistas e pessedistas, permanecendo praticamente omissos os outros partidos.

O veto parcial, como denunciaram os parlamentares da UDN, constituiria um reforço do poder legiferante do Executivo, pois, ao fazê-lo, o presidente poderia alterar substancialmente seu sentido e, assim, invalidar o labor legislativo: "Já não basta — dirá Ernani Sátiro (UDN-PB), na justificativa de sua emenda suprimindo o veto parcial — porventura, a hipertrofia do Executivo, tão responsável, no Brasil, pela maior parte dos nossos males? (...) o veto parcial equivale a uma medida supressiva; é, por assim dizer, uma invasão do Executivo no processo de elaboração das leis (...) dá margem a abusos, dificulta a promulgação de boas leis exigidas pelo interesse nacional".[70] Nem mesmo para a questão orçamentária se justificaria, para Sátiro, o veto parcial, uma vez que o projeto aprovado proibia a criação de despesas. Ainda assim, setores udenistas, liderados por Ferreira de Souza, ou da Esquerda Democrática, como Jurandir Pires, concederam que se estabelecesse o veto parcial para questões orçamentárias.

Contudo, aprovada pelo Congresso pode contrariar o "interesse nacional ou ferir princípios constitucionais", disseram os pessedistas, isso é responsabilidade do presidente, a manutenção, defesa e o cumprimento da Constituição, assim como a promoção do "bem geral" do país. Na discussão final, foi aprovada a emenda apresentada pela bancada paulista do PSD, que conferia poder de veto total ou parcial ao presidente.[71]

A exigência de maioria absoluta para a aceitação ou rejeição do veto presidencial configurava, por outro lado, para Jurandir Pires (UDN-ED) ou para Paulo Nogueira (UDN-SP), uma efetiva ditadura do Executivo "O veto deve ser apenas considerado como um chamado de atenção para que uma maioria eventual não trace rumos que contrariem o pensamento da maioria efetiva. Com a exigência de maioria absoluta, poder-se-ia chegar ao absurdo de um veto aprovado contra o voto da totalidade dos congressistas menos um".

O reforço implícito do Legislativo, presente na proposta de Pires, obteve êxito, desta vez tendo "sensibilizado" a maioria dos constituintes. O texto final da Constituição mostrou uma redução drástica do número mínimo de parlamentares requerido para o julgamento do veto presidencial: da exigência da maioria absoluta se passou à de "dois terços dos deputados e senadores presentes".[72]

A consciência da realidade da interpenetração dos poderes — uma das faces da hipertrofia do Executivo; a percepção difusa da complexidade da ação do governo, que impõe requisitos mínimos de agilidade, presteza, flexibilidade; a natureza do formato técnico-administrativo dos processos de regulação e decisão; e, finalmente, o fato de que, como num círculo vicioso, o reconhecimento institucional dessas condições redundaria sempre em reforço dos amplos poderes de que já dispunha o Executivo; o caráter de *dilema* de todas essas questões aparece com nitidez na discussão do instituto da *delegação dos poderes*.

O instituto da delegação dos poderes refere-se, tecnicamente, a ações através das quais o Legislativo concede a agências administrativas tarefas e poderes que, em princípio, deveria exercer, não fosse isso impraticável. A emergência das estruturas burocrático-administrativas do Estado e a extensão de seu papel regulatório e intervencionista sobre as mais distintas áreas da vida econômica e social, crescentemente impôs exigências e problemas para o funcionamento clássico das instituições liberais dos poderes políticos do Estado. As normas de regulamentações e gestão sobre os serviços públicos, por exemplo, ou sobre a produção e comercialização de bens, a organização das entidades públicas, enfim, a emergência dos "processos administrativos" de governo corresponderam, desde o final do século passado, a transformações na filosofia política, no direito público e administrativo, compondo, nos seus vários aspectos, o quadro da transição para uma concepção neoliberal das instituições político-representativas.

Como afirma Lowi, historicamente a delegação teve, na origem, um sentido técnico que significou, em última instância, o preço a ser pago para que se recolhessem devidamente as vantagens da "administração". À medida que o controle público tornou-se mais amplo, abrangente, absorvendo ramos cada vez mais numerosos da atividade social, o instituto da delegação passou a ser concebido, por teóricos e políticos neoliberais, não como um problema, mas como uma virtude e um valor em si mesmo, concebido como uma resposta legal e "legítima" às injunções da "vida moderna", reconhecendo-se assim a inadequação dos Poderes Legislativo e Judiciário às exigências de flexibilidade, especificidade e tecnicidade da ação de governo.[73]

Entretanto, a outra face da delegação implica também uma alienação do controle público sobre os atos governamentais e uma atribuição de soberania à esfera administrativa do Estado. Se, como afirma Lowi, é impossível imaginar um Estado moderno sem delegação, não há como deixar de reconhecer que a ampliação deste instituto correspondeu, ao longo do século XX, ao declínio da lei, principalmente quando passou a ser efetivada de forma genérica, sem salvaguardas e diretivas. "Hoje, a delegação representa uma bastardização das realidades anteriores (...)."[74]

A Constituição de 1891 previa, ainda que não explicitamente, a delegação dentro de certos limites, isto é, quando não se tratasse de matéria de competência exclusiva do poder delegante e, ainda, quando se processasse com a sua aprovação.[75]

A Constituinte de 1934, seja pela experiência anterior, seja principalmente pelo fato de que a prática contemporânea do Estado no pós-30 constituía um extravasamento cotidiano do Executivo para além dos seus limites, optou pela proibição da delegação de poderes.[76]

Assim, a Constituinte de 1934, ágil, no dizer de Pontes de Miranda, em desvencilhar-se do liberalismo econômico,[77] buscou refrear as tendências à hipertrofia do Executivo vedando a delegação de poderes. Freio relativo, como se sabe, uma vez que na prática a delegação se fez, entre 1934 e 1937, em vários campos e, em particular, no econômico, por exemplo, por meio dos decretos de organização e regulamentação dos serviços públicos, ou dos de controle do câmbio, da produção e comércio, etc. Seria quase absurdo falar em delegação de poderes na Carta outorgada de 1937. Além da faculdade de o Executivo expedir decretos-lei sobre áreas de sua competência, era ele próprio, junto com o Conselho da Economia Nacional, um dos componentes do Poder Legislativo.[78]

As discussões, em 1946, na Comissão de Constituição, tiveram início em torno do art. 20 do anteprojeto elaborado pela subcomissão que tratou da matéria sobre a organização dos poderes. A redação levada ao plenário era a seguinte: "Divide-se o poder público, quanto ao seu exercício, em Legislativo, Executivo e Judiciário, independentes e harmônicos entre si. Parágrafo único — O cidadão investido nas funções de qualquer dos poderes não poderá exercer as de outro".[79]

Foram apresentadas a esse artigo seis emendas, que podemos agrupar em duas categorias. De um lado estavam as que, resguardando as características doutrinárias do presidencialismo e da separação dos poderes, apenas sugeriam modificações de redação. As emendas de Capanema, Ivo D'Aquino e Agamenon propunham as expressões "órgãos da União" ou da "soberania nacional", em vez de "órgãos do poder público". Nas duas primeiras emendas, a expressão "harmônicos e independentes entre si" permaneciam; para Agamenon Magalhães, melhor seria "independentes e coordenados entre si".[80] De outro lado, tomaram posição os parlamentares que se opunham ao presidencialismo e negavam explicitamente a independência dos poderes. Raul Pilla (PR-RS) propôs substitutivo que rezava: "São órgãos da soberania nacional os Poderes Legislativo, Executivo e Judiciário, *interdependentes e harmônicos entre si*.[81] E defendeu a sua proposta sustentando a existência de uma contradição entre os termos "independentes e harmônicos" sugeridos pela subcomissão:

> Já demonstrei, sr. Presidente, e esta demonstração não foi absolutamente destruída, que a expressão 'poderes independentes e harmônicos' entre si contém uma contradição nos termos e um absurdo funcional. O que é independente não pode ser harmônico, e o que é harmônico é, fatalmente, interdependente (...) no Brasil e, de maneira geral, na América Latina, o que se tem verificado sempre, na prática, é a dependência, para não dizer subserviência, do Poder Legislativo em relação ao Poder Executivo.[82]

Também o Partido Comunista negou a divisão e independência dos poderes e afirmará a hipertrofia do Executivo como um dos males do presidencialismo. Assim se manifestou Caires de Brito (PC-SP) na Comissão de Constituição: "Sou contra o artigo e voto pela sua supressão, como está redigido, porque, de princípio, sou daqueles que combatem os três poderes independentes".[83]

Para esses parlamentares do segundo grupo, a interdependência dos poderes era um fato, e o presidencialismo apenas reforçava a supremacia do Executivo. A solução, como veremos, para as condições modernas do poder, estaria no parlamentarismo.

Para os primeiros, também a interpenetração dos poderes constituía realidade. A forma de contorná-la seria, de um lado, reconhecê-la na fórmula clássica: a "harmonia e a independência" foi considerada com a aprovação da emenda Capanema, que recebeu apoio do PSD e também de udenistas;[84] mas, se assim é, *a alternativa será vedar a delegação de poderes*. Argemiro Figueiredo (UDN-PB) apresentou emenda aditiva, acrescentando um segundo parágrafo ao artigo 20, nos seguintes termos: "É vedado aos poderes delegar as suas atribuições". Essa emenda foi aprovada e passou a constar da redação do Projeto Primitivo, encaminhado à consideração da Assembléia Constituinte.

Em meio ao acalorado debate que a proibição de delegação de poderes suscitou, vale, em primeiro lugar, assinalar a divisão que perpassou os grandes partidos, a UDN e o PSD, e em segundo lugar, destacar algumas das justificativas mais interessantes.

Aliomar Baleeiro (UDN-BA) e Rui Santos (UDN-ES) apresentaram emenda que suprimia o parágrafo 2º, com a seguinte justificativa:

> A separação dos poderes é uma criação artificial do legislador, uma esquematização que, sem dúvida, trouxe utilidade para o progresso da democracia, mas não corresponde à realidade. É largamente divulgada a demonstração doutrinária dessa verdade. O direito administrativo, na sua face contemporânea, poderá exigir delegações das atribuições do poder a outros. Por exemplo, funções juridicionais a órgãos administrativos; funções normativas a órgãos juridicionais ou administrativos. Claro que se deve reduzir isso ao mínimo indispensável, mas cumpre não deixar no texto um dispositivo que ensejará litígios sobre a constitucionalidade de muitos órgãos, funções indispensáveis ao bom governo.[85]

Barbosa Lima Sobrinho foi mais enfático no que dizia respeito ao caráter imperativo da delegação e às condições em que haveria de se processar:

> A engrenagem complicada dos parlamentares, a lentidão e a falta de orientação dos seus trabalhos levam ao desânimo. (...) Em regra, a delegação é conseqüência tardia e desesperada de um projeto de lei necessário, que se arrasta durante meses ou anos pelas Câmaras, retardado pela obstrução ou pela falta de *quorum* para as votações e desfigurado pelas emendas nocivas e contraditórias. (...) Consideramos inconveniente e perigosa interdição tão radical, numa ocasião em que devemos contar com a necessidade imperiosa dessas delegações. Prefiro, por isso, a solução espanhola: a admissão da dele-

gação, dentro de limites que a cerceiam e que constituem proteção adequada para o interesse público.[86]

A função delegada, com controle estrito do parlamento, seria a forma de responder às questões imperativas de rapidez, especificidade e tecnicidade dos processos governamentais e, ao mesmo tempo, de manter o caráter independente e fiscalizador do parlamento, mais atento às normas e diretrizes políticas gerais.

O instituto da delegação provocou violenta reação: afinal, não se tratava de impor freios ao Executivo? Como fazê-lo, se o Legislativo dispunha-se até, por meio da delegação, a abdicar de suas funções precípuas? Por outro lado, como governar, nos tempos modernos, sem delegação? Para Agamenon Magalhães:

> Tal é a complexidade dos problemas do Estado, tamanho o progresso técnico, social e industrial, que o Estado é solicitado, em todos os setores da vida nacional, para exercer as suas funções normativas. Não é possível, repito, dentro desse sistema estanque de independência dos poderes, que o governo ou os poderes públicos realizem as suas funções. (...) Com a experiência presidencialista no Brasil e a dos fatos contemporâneos que sacodem o Estado moderno em todas as direções, com essa experiência, repito, manter o velho princípio de Montesquieu seria negar a realidade da vida do Estado na sua agudeza e seus contrastes.[87]

E foi secundado por Hermes Lima, da Esquerda Democrática: "Devemos fazer uma Constituição para o governo governar: não é possível governo sem atribuições. (...) Não se trata da questão do parlamentarismo ou do presidencialismo, e sim da de poder governar. Ninguém pode governar sem funções delegadas".[88] A delegação, continuou Magalhães, já existe de fato: "A Justiça do Trabalho tem funções normativas em virtude de delegação, assim como a Superintendência da Moeda e do Crédito. (...) Pode a Constituição romper o princípio, proibindo a delegação de funções. No entanto, essas delegações se farão pelo império dos acontecimentos, das circunstâncias".[89]

Setores udenistas, pessedistas, perristas, assim como os que se formavam em torno do parlamentarismo, como Raul Pilla e os comunistas, uniram-se para impedir a delegação de poderes. O texto definitivo consignou a emenda aprovada, que constituiu o parágrafo 2º do art. 36: "É vedado a qualquer dos poderes delegar atribuições".[90]

Delegar ou não delegar poderes constituíram alternativas dominantes, no campo do reconhecimento da interpenetração dos poderes, da "força inelutável" que fazia do Executivo um poder avassalador e absorvente das funções dos outros poderes, e da necessidade de encontrar formas eficazes de freá-lo. O constituinte, zeloso das prerrogativas do poder efetivamente soberano — o Legislativo —, optou pela não-delegação. Poderia, talvez, ter optado "modernamente" pelo inverso. Mais tarde, nos anos de 1950, os estudos sobre uma possível reforma constitucional vão preconizar a instituição da delegação como forma de superar as insuportáveis demoras dos trabalhos legislativos.[91] No entanto, já se percebia que qualquer das alternativas envolveria problemas mais profundos e que a questão era, de fato, um *dilema*.

Paulo Nogueira (UDN-SP) colocou-se contra a delegação das funções legislativas:

> Essa tem conseqüências danosas. O primeiro desses resultados é o do desprestígio do parlamento, pela comprovação da incapacidade funcional e a conseqüente desestima pública a que chegou no pré-guerra, em tantas nações. O segundo é o que decorre de legiferante transferido ao Executivo, ainda que de origem popular (...) a deturpação do regime leva ao predomínio absoluto no Estado, do grupo composto de membros do Executivo, seus amigos e clientes.[92]

Todavia, Nogueira reconhecia que a não-delegação, tanto quanto a simples delegação, já não constituía, por si, uma solução:

> (...) o dilema vivido é o seguinte: manter-se estritamente dentro dos limites das suas esferas de atribuições constitucionais e assistir impotentes aos trágicos efeitos das carências legislativas, ou pretender evitar os males oriundos das falhas e tardanças do órgão normativo e enveredar pelo recurso da elaboração por delegação, mesmo à revelia, do poder estatal competente?[93]

E coloca de forma incisiva e corajosa a *questão*: (...) o que essencialmente se deduz do exposto é a urgência em reformar a estrutura do Estado, a fim de adaptá-la às novas relações atestadas pela nossa época e à previsão dos acréscimos de funções, que advirão (...) a divisão tripartite de poderes não só não satisfaz mais aos reclamos sociais, como em certo sentido perturba o funcionamento dos poderes públicos, dificultando as atividades coordenadoras do Estado moderno.[94]

Que solução buscava, então, o deputado para a reforma do Estado, de modo a atender aos "imperativos da época" e a resguardar, simultaneamente, os princípios da soberania popular? Em que ideário ou modelo de funcionamento das instituições políticas ancorar-se, preservando os delineamentos básicos da democracia liberal?

As respostas foram difusas, "esdrúxulas", mal definidas. Mais ainda, colocaram no limite e a níveis superiores o conteúdo dos dilemas, na medida em que envolveram o problema das difíceis e sempre tensas relações entre o planejamento e a democracia. Vejamos.

Paulo Nogueira avançou uma "solução":

> (...) defendo a criação de duas novas ordens de poderes que emanarão do poder supremo do Estado, o Legislativo. São eles o *financeiro* e o *econômico*. No primeiro se integrará o atual Tribunal de Contas, que terá utilmente ampliadas as atribuições (...) o segundo, entre outras funções, todas de caráter normativo, deverá cumprir na esfera própria o postulado basilar de toda a organização racional: da planificação das atividades no seu setor pertinente (...) assim *a relevante tarefa de coordenação dos órgãos estatais estaria* (...) *entregue ao parlamento*.[95]

A imagem de um quarto — ou até de um quinto — poder do Estado delineou-se, na Constituinte, também em propostas de outros parlamentares. E, claramente, como na sugestão de Paulo Nogueira, tratava-se de imaginar órgãos emanados da soberania popular que pudessem fazer valer a vontade do povo sobre o espaço mais delicado da ação estatal — porque complexo, efetivado sob forma técnico-administrativa pouco transparente, difuso e ao mesmo tempo intenso e específico: a intervenção e a regulação econômica exercida pelo Executivo.

Este foi o momento em que Jurandir Pires, da Esquerda Democrática, propôs, como já foi assinalado, a criação de um novo poder na estrutura do Estado: o poder econômico.

> Senhor Presidente, (...) nas fórmulas políticas clássicas, dispúnhamos (...) dos três poderes, como consta, inclusive, da nossa Constituição, na fórmula de Montesquieu: independentes e harmônicos. Mas, na realidade, um único poder existe: aquele que emana precisamente da vontade popular. (...) Em sendo assim, um único poder soberano existe, efetivamente, o Legislativo. (...) Necessária se torna, entretanto, a criação de dois poderes. Um já existe, sem essa forma — o Tribunal de Contas; poder financeiro da República,

que examina e põe dentro do ritmo da execução ordenada pelo Legislativo as resoluções legais e obriga ao cumprimento legal da matéria orçamentária. Mas, em terreno econômico, qual a garantia que pode ter o Legislativo quanto à perfeita realização dos planos que elabora e do planejamento que em realidade estatui? (...) É preciso, por conseguinte, a criação de um poder econômico que faça cumprir a vontade do povo, expressa pelos seus representantes no Congresso. Esse poder teria, além das funções de controle, as de elaborar planejamentos econômicos a serem submetidos ao órgão político, que é o parlamento nacional.[96]

Anteriormente vimos, a propósito do Conselho Nacional de Economia, a natureza dessas propostas e a forma com que se procurava estabelecer órgãos de planejamento e ao mesmo tempo de controle político do Legislativo sobre o Executivo. *Aqui, basta enfatizar o sinuoso caminho percorrido, na Constituinte de 1946, desde a discussão sobre a organização dos poderes do Estado e sua relação de equilíbrio, até a solução do planejamento econômico como forma de enfrentar a questão da hipertrofia do Executivo.*

Para outros setores da Assembléia, a alternativa de reestruturação dos poderes do Estado haveria de ser buscada na transformação da forma de governo: o parlamentarismo representaria a solução global para todos os problemas envolvidos na "hipertrofia do Executivo".

Para Raul Pilla, seu histórico defensor, o parlamentarismo teria a virtude tanto de configurar a ação coordenada dos poderes quanto de suprimir o caráter avassalador do Executivo, uma vez que esse poder, na fórmula parlamentarista, emanaria do Legislativo, legítimo depositário da soberania popular. O regime presidencialista acentuaria, agravaria e tornaria irrefreável o Poder Executivo. O regime parlamentarista superaria este problema e, mais, garantiria uma verdadeira estabilidade nos planos econômico-administrativos.[97]

Para Agamenon Magalhães, em virtude da modificação das condições econômicas e sociais e do imperativo das delegações de funções, o presidencialismo já não poderia mais ser um instrumento de governo. "Porque, tendo em vista a complexidade da vida social e econômica, o Poder Legislativo, como as funções judiciárias, têm de ser delegados a órgãos especializados. Basta este argumento para se verificar que o presidencialismo está em desuso."[98] Para Munhoz da Rocha (PR-PR), "o parlamentarismo traria um contrapeso à tendência à hipertrofia do poder", ainda que entendesse que as condições políticas do país só permitiam um "presidencialismo temperado".[99]

As discussões parlamentarismo *versus* presidencialismo foram inúmeras, instauradas a propósito de vários capítulos e artigos da Constituição. A "emenda parlamentarista" — não votada — propunha que o Poder Executivo fosse exercido pelo presidente e por um conselho de ministros, responsável, em última instância, pela direção suprema da administração federal. Além de Raul Pilla, estavam entre seus signatários parlamentares udenistas como José Augusto, Nestor Duarte, Paulo Nogueira Filho, o pessedista Agamenon Magalhães, Café Filho, do PRP, ou Barreto Filho, do PTB.[100]

Para o Partido Comunista, o regime presidencialista expressava a "famigerada" hipertrofia do Executivo e configurava-se quase como uma ditadura unipessoal. "É indispensável que o *poder supremo* da Nação seja exercido por uma Assembléia em que estejam representados todos os partidos, todas as correntes políticas, na proporção de suas forças, e que em tal Assembléia tenham origem os outros ramos do poder". Propunha uma Assembléia Nacional com mandato de quatro anos que elegeria, dentre seus membros, uma Comissão Executiva, que funcionaria como órgão executivo.[101]

Procuramos rastrear, com os debates constitucionais, as alternativas e soluções que o constituinte de 1946 imaginou e encaminhou em relação ao problema dos controles do Legislativo sobre o Executivo hipertrofiado. Recoloquemos a questão inicial: qual a natureza do Executivo hipertrofiado? Em que se enraíza sua força e poder? Claramente, tratava-se de um poder apoiado numa máquina burocrática centralizada, que intervinha e regulava a vida econômica e que, na sua ação, violava dia-a-dia as regras do equilíbrio dos poderes, sobrepondo-se ao Legislativo e ao Judiciário. Era o Executivo das Sumoc ou das Cexim, das autarquias e empresas de economia mista, do Dasp ou dos Conselhos, dos planos e, quem sabe, do Plano.

Estudamos os vários aspectos que essa questão suscitou, do mandato presidencial ao do poder de veto, das imunidades parlamentares até o controle do orçamento e a delegação de poderes.

A hipertrofia foi o tema e o problema; foi explícita ou implicitamente reconhecida por todos e não foi desmentida por ninguém. É certo que, muitas vezes, foi apontada nas suas conseqüências eminentemente políticas: poderoso, o Executivo faz maiorias, pode criar situações críticas e apelar para medidas de emergência, comete desmazelos. Mas é sempre, como assinalava o deputado Lino Machado, um poder "que se hipertrofia a cada passo".

Reconhecida a hipertrofia, distinguiram-se as posições: conferir ao Executivo maior "eficiência" ou estabelecer maiores controles. Para o muito que faz e deve fazer — a complexidade administrativa —, quatro anos de mandato serão exíguos; exatamente pelo muito que "pode", quatro anos será a forma de refreá-lo. O Executivo legisla e julga: institua-se a delegação ou não haverá governo; poder invasor, fixem-se as suas atribuições e vede-se a delegação. As polarizações conformaram um campo de dilemas e as soluções foram buscadas, por uns e outros, no seio das instituições liberal-representativas e na bateria de dispositivos clássicos de controle.

Dentre os que endossaram, por princípio, o presidencialismo, é possível, pois, identificar, talvez com um certo grau de exagero, duas correntes básicas. De um lado, estavam os que buscaram soluções institucionais de reconhecimento e até mesmo de reforço do Executivo: setores pessedistas e, inúmeras vezes, petebistas, alinharam-se nessa posição. Poderíamos chamá-los de "autoritários", seguindo a tradição da literatura. De outro lado, estavam os que buscaram sobretudo os controles, os instrumentos e mecanismos de freios. "Liberais", no sentido mais clássico, aí estavam a UDN e os pequenos partidos. Essas posições "típicas", entretanto, dissolveram-se no caso do estado de sítio: a UDN e o PSD estiveram juntos contra a desordem e a "ameaça de comoção interna". Também na discussão da delegação de poderes, o agrupamento foi muito distinto: setores pessedistas e udenistas uniram-se em bloco a favor da delegação, contra posições de correligionários e de pequenos partidos.

As soluções para a hipertrofia do Executivo foram também concebidas sob uma nova forma de governo: o parlamentarismo. Finalmente, identificamos uma posição limite: o reconhecimento da estreiteza da fórmula tripartite de organização dos poderes e as sugestões, imaginosas tanto quanto indefiníveis, de um quarto ou quinto poder, o financeiro e o econômico, poderes independentes mas postos sob o manto do poder soberano, o Legislativo.

Vimos como as correntes majoritárias polarizaram-se. Contudo, definiram suas posições no campo e a respeito das instituições liberal-representativas clássicas: no espaço comum da concepção da natureza da ação fiscalizadora do parlamento, da fixação das atribuições de cada poder, do parlamento soberano que estabelece, em nome do povo, as leis e diretrizes gerais.

Do ponto de vista daqueles setores que pretendiam encontrar soluções institucionais para referendar ou reforçar a ação do Executivo, uma avaliação global da Carta de 1946 poderia indicar, em relação aos temas que selecionamos, um êxito relativo: o mandato presidencial foi estendido, confirmou-se o poder de veto parcial do presidente, foram alargados tanto os prazos do Executivo para a prestação de contas quanto para o envio da proposta orçamentária e, finalmente abriu-se a possibilidade de suspensão das imunidades parlamentares em caso de estado de sítio. Entretanto, também é verdade, como vimos, que o Poder Legislativo armou-se de dispositivos de controle e fiscalização, seja pela fixação da sistemática orçamentária, seja pela ampliação da competência do Senado para aprovação de nomeações presidenciais, seja, finalmente, pela proibição da delegação de poderes.

Da perspectiva do problema mais geral que havíamos colocado, a questão é a de saber em que medida foram eficientes essas formas de controle e indagarmo-nos também sobre a natureza político-ideológica dos obstáculos que se lhe colocaram. Essas reflexões serão matéria de nossas considerações finais.

Notas

1. Para uma melhor compreensão da discussão relativa à intervenção do Estado na economia na Constituição de 1946, veja: Themistocles Cavalcanti, "Intervenção da União na economia", in: Hermes de Lima (org.), *Estudos sobre a Constituição Brasileira*. Rio de Janeiro, Fundação Getúlio Vargas, 1954; *idem*, "A intervenção do Estado e suas conseqüências na estrutura administrativa", in T. Cavalcanti *et al.*, *Cinco estudos: A federação, a divisão de poderes, os partidos políticos, a intervenção do Estado*. Rio de Janeiro, FGV, 1955; Waldemar Ferreira, "O conteúdo econômico da Constituição Brasileira de 1946", *Revista da Faculdade de Direito de São Paulo*, v.XLIII, 1948, p.91-112.

2. Sobre esses sistemas na Constituição de 1934, veja Eduardo Espínola, *A nova Constituição do Brasil — Direito Público e Constitucional Brasileiro*. São Paulo-Rio de Janeiro, Freitas Bastos, 1946.

3. A respeito, ver o clássico trabalho de Francisco Cavalcanti Pontes de Miranda, *Comentários à Constituição de 1946*. Rio de Janeiro, Borsoi, 1960, 3ª ed. Veja também: José Duarte, *A Constituição Brasileira de 1946* (exegese dos textos à luz dos trabalhos da Assembléia Constituinte). Rio de Janeiro, Imprensa Nacional, 1947; E. Espínola, *op. cit.*; Osny Duarte Pereira, *Que é a Constituição?*, Cadernos do Povo Brasileiro, v.XXIII, Rio de Janeiro, Civilização Brasileira, 1964.

4. Para um melhor entendimento do sistema partidário brasileiro, veja M. C. C. de Souza, *op. cit.* Sobre os partidos veja também: L. J. W. Vianna, "O sistema partidário e o PDC", *Cadernos Cedep*, n.1, São Paulo, Brasiliense, 1978; Lúcia Lippi de Oliveira, "O Partido Social Democrático". Tese de mestrado, Iuperj, 1973; M. V. M. Benevides, "A União Democrática Nacional, um partido em questão", *Cadernos Cedec*, n.1, *op. cit.*; Bolívar Lamounier e Maria D'Alva Gil Kinzo, "Partidos políticos, representação e processo eleitoral no Brasil. 1945-1978", BIB (5), p.11-32, 1978.

5. Para esse tema, veja as análises e comparações em J. Duarte, *op. cit.*; e F. C. Pontes de Miranda, *op. cit.*

6. Agamenon Magalhães, Ataliba Nogueira, Ivo D'Aquino, Clodomir Cardoso, Eduardo Duvidier, Adroaldo M. Costa, Cirilo Júnior, Silvestre Péricles, Costa Neto, Magalhães Barata, Gustavo Capanema, Souza Costa, Atílio Vivácqua, Benedito Valadares, Valdemar Pedrosa, Graccho Cardoso, Acúrcio Torres, Flávio Guimarães e Nereu Ramos.

7. Incluindo parlamentares da Esquerda Democrática; Mário Marzagão, Aliomar Baleeiro, Ferreira de Souza, Milton Campos, Argemiro Figueiredo, Cavalcanti Arruda, Hermes Lima (ED), Flores da Cunha, Prado Kelly e Soares Filho.

8. Baeta Neves e Guaraci Silveira.

9. Milton Caires de Brito pelo PC, Arthur Bernardes pelo PR, Arruda Câmara pelo PDC, Café Filho pelo PRP, Deodoro de Mendonça pelo PPS e Raul Pilla pelo PL.

10. As matérias foram distribuídas em dez subcomissões, que disporiam de um prazo máximo de dez dias para a apresentação dos projetos específicos. As subcomissões e seus membros eram os seguintes: 1) *Organização Federal*: Ataliba Nogueira, Clodomir Cardoso, Argemiro Figueiredo; 2) *Discriminação de Rendas*: Souza Costa, Benedito Valadares, Aliomar Baleeiro, Deodoro de Mendonça; 3) *Poder Legislativo*: Costa Neto, Gustavo Capanema, Soares Filho; 4) *Poder Executivo*: Acúrcio Torres, Graccho Cardoso, Flores da Cunha; 5) *Poder Judiciário*: Valdemar Pedrosa, Atílio Vivácqua, Milton Campos; 6) *Declaração de Direitos*: Ivo D'Aquino, Eduardo Duvidier, Mário Mazagão, Arthur Bernardes e Milton Caires de Brito; 7) *Ordem Econômica e Social*: Agamenon Magalhães, Ataliba Nogueira, Hermes Lima, Baeta Neves e Café Filho; 8) *Família, Educação e Cultura*: Adroaldo Costa, Flávio Guimarães, Ferreira de Souza, Arruda Câmara e Guaraci Silveira; 9) *Segurança Nacional*: Silvestre Péricles, Magalhães Barata e Edgar de Arruda; 10) *Discriminação de Rendas*: Cirilo Júnior, Prado Kelly e Nereu Ramos.

11. O Projeto Primitivo encontra-se nos *Anais da Constituinte*, v.x, p.223-55. O Projeto Revisto está nos *Anais da Const.*, v.xx, p.224-51. Os trabalhos da Comissão de Constituição estão reunidos em seis volumes. Só foram consultados os três primeiros, os únicos encontrados nos arquivos de São Paulo. Segundo Osny Duarte Pereira, os três últimos não são encontrados nem mesmo em bibliotecas oficiais do Rio de Janeiro. Cf. Osny Duarte Pereira, *Que é a Constituição?, op. cit.*, p.33. A partir de agora, a referência aos Anais da Comissão de Constituição será *Anais da C. C.*, quando nos referirmos aos Anais da Assembléia Constituinte continuaremos utilizando o código *Anais da Canil*.

12. A denúncia feita por Prestes contra o processo pouco democrático de debates e o controle exercido na comissão por um pequeno comitê constituído pelos dirigentes do PSD e da UDN está citada em M. C. C. Souza, *op. cit.*, p.135-6.

13. Cf. *Anais da C. C.*, v.II, p.5.

14. Em manobra típica, a presidência dos trabalhos concedeu preferência de votação ao substitutivo de Cirilo Jr., que foi aprovado na comissão por 21 votos contra 16. Entretanto, Prado Kelly, reagindo à manobra da presidência — que gerara tumulto e oposição —, renunciou ao seu cargo de vice-presidente da Comissão de Constituição. Em vista do impasse criado pela reação udenista, Cirilo Jr. retirou a sua proposta, para que voltasse a ser considerada em outra ocasião, quando se discutisse o capítulo sobre o Poder Executivo. Dessa forma, Kelly reconsiderou a sua decisão, foi reeleito para a vice-presidência e a sessão foi encerrada. Cf. *Anais da C. C.*, v.II, p.182.

15. *Idem*, v.II, p.187.

16. *Idem*, v.II, p.192.
17. *Idem*, v.XI, p.194.
18. *Idem*, v.II, p.190.
19. Café Filho, nessa época, pertencia ao Partido Republicano Progressista; o PSP, ao qual pertencerá mais tarde, não estava ainda criado. Sua emenda está em *Anais da Const.*, v.XXI, p.420 e segs.
20. Votaram a favor da emenda Torres-Cardoso 17 deputados do PSD e os dois representantes petebistas. Os votos contrários foram de Silvestre Péricles, do PSD-AL; de Mário Mazagão, Aliomar Baleeiro, Ferreira de Souza, Milton Campos, Edgar Arruda, Hermes Lima, Flores da Cunha e Prado Kelly, da UDN; além dos votos de Caires de Brito, do PC; de Arthur Bernardes, do PR; de Café Filho, do PRP; de Deodoro de Mendonça, do PPS e de Raul Pilla, do PL.
21. Cf. *Anais da Const.*, v.XV, p.44.
22. *Idem*, v.XVIII, p.98.
23. Cf. *Anais da C. C.*, v.XVII, p.118.
24. José Duarte conta de que modo o PSP, pela voz de Nereu Ramos, "concedeu" na diminuição do mandato de seis para cinco anos afirmando atender ao propósito de que a deliberação não fosse exclusivamente de uma corrente, mas que refletisse a média dos sentimentos da nação. A UDN transigiu e, por princípio, abdicou da proposta da coincidência dos prazos para não alongar em demasiado o mandato da Câmara. Cf. J. Duarte, *op. cit.*, p.208-11.
25. Esta foi a denúncia que fez Otávio Mangabeira, quando da apresentação do Projeto Primitivo: "Parece-nos mesmo que, em boa regra, em bom senso (...) a dilatação do período, ainda que tivesse cabimento, jamais se deveria aplicar, imediatamente, ao governante, na vigência de cujo governo fosse ela proposta e aprovada, para que não pairasse sobre ele qualquer sombra de suspeita de haver contribuído, direta ou indiretamente, com o prestígio de sua autoridade, para uma reforma de tal monta, em seu próprio benefício". Cf. *Anais da Const.*, v.VII, p. 264.
26. Emenda de Soares Filho, *Anais da C. C.*, vol. II, p. 138.
27. *Idem, ibidem*.
28. Cf. *Anais da Const.*, vol. XXIV, p. 436.
29. Cf. *Anais da C. C.*, vol. II, p. 139.
30. A Carta de 1934 não se referia aos ministros do Supremo Tribunal Federal.
31. Cf. *Anais da C. C.*, v.II, p.148.
32. *Idem*, p.154.
33. *Idem*, p.155.
34. *Idem*, p.108.
35. *Idem*, p.109-10.
36. *Idem*, p.110-1.
37. *Idem*, p.65-6.
38. No plenário da Assembléia foram encaminhadas três emendas no mesmo sentido e com a mesma argumentação da de Pula: uma do Partido Comunista (Cf. *Anais da Const.*, v.XV, p.156); outra de Elói Rocha (PSDRS) e Antero Leivas (PSD-RS), e a terceira de Clemente Mariani (UDNBA) e Alberico Fraga. Outra vez na Grande Comissão, a extensão das imunidades ao suplente foi vetada.

39. Restringimo-nos tão-somente à questão das imunidades parlamentares. Para a análise comparada das Constituições de 1934, 1937 e 1946 e a introdução de dispositivos restritivos sobre as condições de decretação do estado de sítio, estado de guerra, etc., veja: F. C. Pontes de Miranda, *op. cit.*, p.333 e segs.

40. *Cf. Anais da Const.*, v.XXIV, p.105-6.
41. *Idem*, p.106.
42. *Idem*, v.XXIV, p.115 (grifos nossos).
43. *Idem*, v.XXIV, p.115 e segs.
44. *Idem*, p.117.
45. *Idem*, p.106-7.
46. *Idem*, p.113.
47. *Idem*, p.120.
48. Gurgel do Amaral justifica, em nome do PTB, o silêncio do partido, uma vez que a posição endossada de início era contrária a qualquer suspensão das imunidades parlamentares. *Idem*, v.XXIV, p.140.
49. *Idem*, v.XXIV, p.120-40.
50. *Idem*, p.129.
51. Foi votado e rejeitado um requerimento de Nestor Duarte (UDN-ba), que solicitava a supressão da segunda parte do art. 209, ou seja, suprimiria toda a parte referente à possibilidade de suspensão das imunidades parlamentares. A emenda supressiva de Nestor Duarte foi rejeitada por 168 votos contra e 78 a favor. *Idem*, p.130.
52. Para essas diferenças e outras questões da organização do Poder Legislativo no Brasil, cf. João Mangabeira, "A organização do Poder Legislativo nas constituições republicanas," in E. Lima (org.), *Estudos sobre a Constituição Brasileira, op. cit.*, p.113-25.
53. Cf. artigo 25 da Constituição de 1934.
54. Cf. *Anais da C. C.*, v.II, p.40-1.
55. Cf. Constituição dos Estados Unidos do Brasil de 1946.
56. Cf. *Anais da C. C.*, v.II, p.169.
57. *Idem*, v.II, p.170-1, para a argumentação de Agamenon Magalhães e Gustavo Capanema.
58. "Sr. Presidente, há uma razão relevante. A tendência a que estamos obedecendo é a de tornar permanente o Poder Legislativo. O período de férias é de três meses. Quais as funções da sessão permanente nesse período? Velar pela observância da Constituição no que respeita às prerrogativas do Poder Legislativo; providenciar sobre vetos que podem ocorrer naquele período; deliberar, *ad referendum* da Câmara, sobre o processo e a prisão de deputados e sobre a decretação de estado de sítio pelo presidente da República; autorizar este último a se ausentar para país estrangeiro; deliberar sobre a nomeação de magistrados e funcionários, nos casos de competência do Senado Federal; criar comissão e convocar extraordinariamente a Câmara dos Deputados. É um conjunto de medidas que não só visam a manter uma fiscalização adequada dos atos do presidente da República, mas também resguardar as liberdades políticas (...)." Prado Kelly em *Anais da C. C.,* vol. II, p. 170.
59. A emenda do PC apoiava a comissão e propunha uma composição diferente, de 25 deputados e cinco senadores, uma vez que os comunistas consideravam muito desproporcional a composição prevista no Projeto Primitivo. Cf. *Anais da Const.*, v.XV, p.188.

60. *Idem*, v.xv, p.189.
61. *Idem*, v.xv, p.186.
62. Cf. Aliomar Baleeiro, "Tribunal de Contas e controle da execução orçamentária", in *Estudos sobre a Constituição Brasileira*, *op. cit.*, p.97-109.
63. Cf. J. Duarte, *op. cit.*, p.169 e segs.
64. Cf. *Anais da Const.*, v.xiii, p.426.
65. *Idem*, p.144, 271 e 360.
66. *Idem*, p.427 e segs.
67. Essas questões foram indicadas por inúmeros autores. Veja particularmente o estudo de Sérgio Abranches, *op. cit.*
68. Problema assinalado pelo Tribunal de Contas, em 1951, quando afirma a sua dificuldade para analisar o gasto efetivo e bem informar o Congresso. Cf. A. Baleeiro, *op. cit.*, p.106-7.
69. Para o período governamental de Juscelino Kubitscheck, quando essas "negociações" foram particularmente importantes, veja M. V. M. Benevides, *O governo Kubitscheck (Desenvolvimento econômico e estabilidade política, 1956-1961)*, *op. cit.*
70. Cf. *Anais da Const.*, v.iv, p.307.
71. A emenda será assinada por Gofredo Telles Júnior, Benedito Neto, Cirilo Júnior, Horácio Lafer, Novelli Jr., Martins Filho, César Costa, Ataliba Nogueira, Lopes Ferraz e Honório Monteiro. Cf. *Anais da Const.*, v.xiv, p.355.
72. Cf. parágrafo 3º do art. 70 da Carta de 1946.
73. Cf. Theodore J. Lowi, *op. cit.* Veja especialmente Capítulo 5, "Liberal jurisprudence", onde faz excelente reconstituição do movimento por que passou, nos Estados Unidos, a instituição da delegação dos poderes.
74. *Idem*, p.127.
75. E. Espínola, *op. cit.*, p.72.
76. "Naquele tempo, em que se procurava fortalecer o Poder Executivo, não somente para armá-lo contra as perturbações e desordens, mas, ainda, para autorizar a sua intervenção em todos os problemas da vida econômica, os nossos constituintes repeliram quaisquer iniciativas favoráveis à prepotência do chefe do governo. Procurou-se, por esse meio, impedir a prática abusiva das delegações legislativas do Poder Executivo (...)." Cf. E. Espínola, *op. cit.*, p.77-83.
77. Cf. F. C. Pontes de Miranda, *op. cit.*, p.9.
78. O art. 58 da Carta de 1937 assim definia o Poder Legislativo: "O Poder Legislativo é exercido pelo parlamento nacional, com a colaboração do Conselho da Economia Nacional e do presidente da República, daquele mediante parecer nas matérias da sua competência consultiva e deste pela iniciativa e sanção dos projetos de lei e promulgação dos decretos-leis autorizados nesta Constituição". Cf. Constituição dos Estados Unidos do Brasil decretada a 10 de novembro de 1937.
79. *Anais da C. C.*, v.i, p.279.
80. *Idem, ibidem*.
81. *Idem, ibidem* (grifos nossos).
82. *Idem*, p.280-1.
83. *Idem*, p.286.

84. Votaram pela Emenda Capanema os udenistas Mário Mazagão (SP) e Prado Kelly (RJ).
85. *Anais da Const.*, v.XI, p.183.
86. A emenda proposta por Barbosa Lima Sobrinho asseguraria a delegação dentro dos limites da estrita observância às bases gerais da lei tal como a determinasse o poder legislativo, e não caberia delegação em caso de aumento de despesa pública. *Idem*, v.XLV, p.144.
87. *Idem*, v.XXI, p.295.
88. *Idem*, p.295.
89. *Idem*, p.296.
90. Paulo Sarasate, Soares Filho, Adelmar Rocha, da UDN, e Armando Fontes, do PR, apresentaram emenda nesse sentido. A que foi aprovada era assinada por nove parlamentares pessedistas, cinco udenistas, um do PR e Raul Pilla, do PL. *Idem*, v.XXI, p.284.
91. Em 1956, o ministro da Justiça convocou uma comissão especial de juristas encarregada de oferecer sugestões à reforma constitucional. Sobre a sua composição e as sugestões para a delegação de poderes e determinação de prazos, cf. H. Lima, *A travessia, op. cit.*, p.165-71. Como lembra M. V. M. Benevides, durante o governo JK entendeu-se que os parâmetros da Constituição de 1946 tinham se exaurido. "Esta Constituição, considerada 'retrógrada', pois alimentada por um 'liberalismo irrealista' (num século em que a intervenção estatal na atividade econômica era uma fatalidade inexorável), proibia a delegação dos poderes, o que significava amarrar o Executivo — na sua força dinâmica e criadora — aos caprichos de um Legislativo inorgânico e indisciplinado pela pluralidade da representação partidária. Assim, Kubitscheck criou instrumentos extraconstitucionais, uma forma sub-reptícia de obter delegação de poderes para a realização do Programa de Metas, que jamais teria sido possível se tivesse que passar pelos tradicionais processos de tramitação legislativa, caracterizados pelas longas negociações, entraves oposicionistas etc." A autora refere-se principalmente aos grupos executivos ou grupos de trabalho, ou à apresentação da proposta orçamentária sob forma de verbas globais. Cf. M. V. M. Benevides, *O governo Kubitscheck, op. cit.*, p.225-6.
92. Cf. *Anais da Const.*, v.XVIII, p.93.
93. *Idem*, p.94.
94. *Idem, ibidem*.
95. *Idem, ibidem* (grifos nossos).
96. *Idem*, v.II, p.460 e segs.
97. *Idem*, v.XI, p.289-99.
98. *Idem*, p.292.
99. *Idem*, v.VII, p.324.
100. A emenda n.2.474 encontra-se em *Anais da Const.*, v.XXII, p.191-3.
101. *Idem*, v.XV, p.139-41.

Considerações Finais
Formas do Estado e limites do Liberalismo

Sob vários aspectos, a literatura tem insistido na ineficácia dos controles legislativos sobre a ação burocrático-administrativa de intervenção econômica do Estado durante a vigência da Carta de 1946. Na Parte 1 deste trabalho, indicamos momentos decisivos, na década de 1950, de centralização e maior concentração do poder em mãos do Executivo Federal. Do ponto de vista institucional, se o órgão de planejamento não encontrou solução satisfatória, isso não impediu a criação de comissões setoriais, no segundo governo Vargas, e o Conselho de Desenvolvimento Econômico, na gestão Juscelino Kubitschek. A "administração paralela" avançou seu curso, acentuando mais e mais a hipertrofia do Executivo.[1]

Treze ou 14 anos depois da promulgação da Carta, Afonso Arinos, ao apontar para seus inúmeros vícios, distinguirá particularmente a tendência irrefreável de expansão do Executivo. A separação formal dos poderes, solene e peremptoriamente declarada no texto constitucional, "se transforma, aos poucos, na anulação e desaparecimento dos dois poderes, em face do crescimento invasor do Executivo".[2] O Executivo legisla e julga: "O governo federal, hoje, em regime constitucional, legisla constantemente fora do Poder Legislativo, e julga, sem parar, fora do Poder Judiciário".[3] E, mais ainda, legisla sobre os aspectos mais importantes da vida do cidadão: "Esta abundante legislação, que não é nada processual, mas perfeitamente substantiva, embora sem a forma completa da lei, trata, em geral, de coisa muito mais importante e interfere muito mais com a vida privada dos cidadãos do que a massa melancólica de leis formalmente votada pelo Congresso.[4]

Contudo há, evidentemente, a outra face deste processo, também indicada pela literatura. Se é verdade, como afirma Maria Victória Benevides,[5] que o Legislativo teve participação mínima nos processos decisórios referentes à política econômica do Executivo, manejou, entretanto, importantes dispositivos institucionais e políticos, formais ou informais, de controle, introduzindo alterações importantes nos planos de governo, seja no caso conhecido do manejo de verbas orçamentárias, seja nas "demoras" significativas de encaminhamento de decisões, seja, finalmente, negando a legislação de reformas consideradas essenciais pelo Poder Executivo. Nesse último caso, vale lembrar sobretudo as reformas bancária, tributária e administrativa.

As tensões e conflitos entre o Legislativo e o Executivo foram explicadas segundo distintas razões. De um lado, enfatizou-se a composição social conservadora do Legislativo. As regiões e os Estados menos desenvolvidos estariam aí sobrerepresentados, dadas as características da legislação eleitoral. Eleições majoritárias conferiam à Presidência maior "sensibilidade" e modernidade, em razão do peso dos setores urbano-industriais das regiões mais desenvolvidas.[6] De outro lado, a própria natureza "moderna" e a ação abrangente da máquina administrativa conferiria ao Executivo maior capacidade para apreender de forma global os problemas econômicos do país.[7]

Sérgio Abranches, considerando os argumentos mais correntes dessa concepção do Legislativo como obstáculo institucional ao processo de mudança social e econômica, insiste em que as características de sua atuação devem ser entendidas menos como medida de ineficácia, antes como próprias do papel do Legislativo no sistema político brasileiro, em sua missão de preservar um determinado padrão de nominação composto de grupos com interesses divergentes.[8]

No plano institucional, entretanto, não há como deixar de reconhecer o caráter restrito dos controles do Legislativo sobre a ação de um Executivo hipertrofiado, e em processo de centralização e concentração de poder. Os dispositivos utilizados pelo Congresso em sua ação de vigilância não foram capazes de se exercer sobre o núcleo dos processos decisórios controlados pelo Poder Executivo; puderam definir, como afirma Abranches, "parâmetros institucionais dentro dos quais o Executivo poderia planejar o desenvolvimento econômico do país", mas não atingiram o âmago das decisões nem impediram a própria violação desses parâmetros.[9]

Para os propósitos dessa discussão, o problema é menos o de verificar como e por que o Legislativo exerceu, em diversos momentos, ação de natureza obstrutiva à atuação econômico-administrativa do Estado, mas antes o de refletir sobre a sua incapacidade maior, como instituição, de *fiscalizar* e intervir no movimento de planificação, intervenção e regulação econômica do Executivo hipertrofiado. Voltemos, para isso, às discussões da Constituinte de 1946.

É já bastante conhecido o processo de "democratização controlada", tal como o cunhou Gabriel Cohn,[10] sob o qual se fez a transição do regime estadonovista à nova ordem política. As análises já elaboradas sobre a conjuntura de 1945-1946 auxiliam-nos a compor um quadro geral do caráter conservador que se impôs ao sentido e ao resultado dos trabalhos constitucionais, produzindo uma armação liberal na forma e muito pouco democrática nos seus conteúdos. Expressão, afinal, de um complexo quadro de lutas sociais, que se desenrola desde a crise do Estado Novo e, no qual, as forças dominantes lograram impor-se como oposição "liberal" ao regime e, em particular, às medidas democratizantes e nacionalizantes em curso no ano de 1945 (o afrouxamento dos controles sobre as mobilizações populares e as greves, a anistia, a lei antitruste etc.). Vitoriosas, trataram de ordenar uma nova estrutura de poder sob uma direção conservadora e com escasso apego à democracia.[11]

A Constituição, diante das relações entre igualdade e liberdade, foi pouco generosa no que diz respeito à constituição de uma sociedade democrática e livre. Foram reafirmados os mecanismos de controle sobre a classe operária, tais como os previstos na CLT, a exclusão do voto do analfabeto, dispositivos que tornavam impraticável o acesso à propriedade, particularmente no campo; enfim, a Carta de 1946 compôs um quadro restrito da cidadania, referente aos direitos sociais, civis e políticos.[12] Pouco poderíamos acrescentar ao que já tem sido assinalado, em diferentes trabalhos, sobre a forma limitada com que foram equacionados os conteúdos substantivos da democracia, numa Constituinte em que os setores subalternos praticamente não tiveram força e expressão.

É bastante comum a observação de que tanto aqueles "resultados" como a manutenção das estruturas centralizadas e poderosas do Estado, tal como haviam sido montadas no regime autoritário, deve-se à permanência das mesmas elites dirigentes, que teriam encontrado fórmulas e mecanismos de reproduzir o perfil e o funcionamento do aparelho forjado pela ditadura, movidas por uma ideologia autoritária e estatista. E que se defrontaram, quando muito, com um liberalismo à *outrance* expresso no jurisdicismo formalista de setores udenistas, que já haviam suplantado seus correligionários mais modernos e pluralistas.[13] Autoritarismo, estatismo e liberalismo individualista clássico, os setores conservadores dominantes divergiram, mas puderam também se juntar em acordos quando se tratava de assegurar seu férreo controle social e político.

Foi de Virgílio de Melo Franco uma das primeiras denúncias de que a Carta de 1946 "não deixou de receber, na sua moldagem, a marca dos dedos de constituintes egressos da ditadura e por ela deformados.[14] Seu irmão, Afonso Arinos, anos mais tarde, reiterará a opinião dos liberais udenistas que viram frustrados seus "sonhos" de 1946: a ditadura criou uma multiplicidade de formas de intervenção do Executivo à margem dos órgãos da soberania política. "Não podemos negar que isto é, dentro de certos limites, uma imposição da vida moderna sobre o Estado (...). Mas, também, não devemos perder de vista que muito da complicação regulamentar e administrativa inventada pela ditadura não tinha outra finalidade senão esta, muito caudilhista, de concentrar cada vez maior soma de poderes nas mãos do ditador, por meio da sujeição de todos os interesses privados ao seu controle e aos homens que o cercavam".[15] Na *journée des dupes* que teria significado o 29 de outubro, foi-se o ditador, mas permaneceram seus homens e seus dispositivos autoritários básicos, sob roupagens novas, é verdade, que disfarçariam muito mal as características do regime no qual se formaram.

No que diz respeito aos direitos sociais, Weffort assinalou a ideologia estatista, autoritária e paternalista que forças políticas anteriormente sustentadoras do Estado Novo trouxeram para a Constituição. O PSD e o PTB garantiram as "transferências", para a nova institucionalidade, dos instrumentos de controle criados pela ditadura. Também o PC e a UDN não estavam excluídos do envoltório ideológico que se expandia desde os anos de 1930, e que Lamounier tão bem caracterizou sob a expressão de "ideologia de Estado".[16]

Insistindo nos aspectos de continuidade, mas também naqueles de ruptura, entre o regime que ruía e o outro que se armava, Maria do Carmo Campello apontou, na montagem dos mecanismos de representação, para a ação consciente e sistemática levada a cabo por grupos dirigentes ligados ao Estado Novo e que, dessa forma, não apenas garantiram a sua sustentação no poder como reproduziram e inscreveram na nova armação institucional dispositivos forjados pela ditadura, entre eles os referentes à centralização dos poderes do Executivo.[17]

Recentemente, João Almino reiterou os conteúdos autoritários e "estatistas" presentes nas formulações partidárias, e que, se se manifestaram em vários aspectos, eram particularmente claros quando as deliberações se fizeram sobre as liberdades individuais e de associação política. No plano ideológico, em que pese as distinções, a conjuntura foi especialmente marcada pela mistura de elementos jurídico-formais, corporativistas e estatistas.[18]

Ao estudar as discussões e alternativas sobre as relações entre o Executivo e o Legislativo na Constituinte, vimos, por diversas ocasiões, a manifestação, por vezes até mesmo polarizada, de posições e soluções "autoritárias" e de manifestações liberais — do velho ou do neoliberalismo. Seria até mesmo possível reconstituir, na maior parte dos debates, um padrão que traz, num dos seus lados, setores pessedistas e petebistas voltados quase sempre para a defesa de maior poder ao Executivo e, de outro, setores udenistas e dos pequenos partidos — o PC, o PL, o PR e outros —, dispostos a lutar pela manutenção ou ampliação das prerrogativas do Legislativo. Assistimos também a um caso de abdicação dessa defesa, por parte da UDN, quando se acerta com o PSD na questão do estado de sítio e das imunidades parlamentares. Mas vimos mais do que isso. Retratamos um campo extremamente restrito de alternativas para a definição dos controles políticos sobre o Executivo naquilo que efetivamente implicava a sua hipertrofia. Para os setores que aparentemente tinham como grande preocupação refreá-lo e controlá-lo, as soluções eram limitadas e mal atingiam o alvo: menores prazos, controle político do orçamento, não ao veto parcial, não à delegação. Para outros, a saída foi quase sempre a de referendar e institucionalizar a situação de fato: o Executivo, para governar, necessita de prazos maiores, do veto parcial, da delegação etc. Onde estão os controles sobre a máquina desafiante e avassaladora?

Um *problema novo* desafiava o constituinte. Percebia difusamente as raízes da hipertrofia do Executivo: o grau de intervenção e regulação econômica e social do Estado e a forma burocrático-administrativa que vai se tornando dominante nos processos decisórios. É sob essa forma que o Executivo comanda, delibera e também legisla e julga. Como reconhecer a "fatalidade" dessa condição moderna e, ao mesmo tempo, preservar os princípios da democracia política e da armação institucional do Estado representativo? Colocada nestes termos, a fórmula clássica da estrutura tripartite dos poderes não parecia ser capaz de amparar um eficaz sistema de freios e contrapesos e refrear o Executivo.

A *institucionalização* desse tipo de Estado constituía um desafio para as diferentes correntes políticas e ideológicas presentes no debate institucional.

No texto constitucional, a inscrição de dispositivos que mantinham e até permitiam avançar a centralização, a par de outros que lograriam, no máximo, emperrar a máquina estatal, sem constituir controles eficazes respondem, a nosso ver, à *ausência de alternativas efetivas* ao repto que a nova forma do Estado colocava em processo de unificação, centralização e intervenção. Na busca de soluções para os problemas político-institucionais da organização do Estado, os constituintes moveram-se — e demarcaram suas diferenças — num espaço político-ideológico comum: *o das instituições clássicas da democracia liberal*. E este era o espaço de um *dilema*: aquele conformado pelas restritas e ineficazes possibilidades que o modelo político-liberal permitia aventar perante à nova realidade do Estado. Desse dilema foram prisioneiros tanto os que, em nome da liberdade e da democracia, entenderam encontrar na clássica tradição liberal "fórmulas salvadoras", quanto os que, em nome da preservação das condições mínimas do funcionamento do Estado, pretenderam assegurá-las tão-somente por meio de mecanismos de "cunho autoritário".

A insatisfação e o "desconforto" com relação à estreiteza dessas fórmulas para responder às questões mais complexas da estrutura e do funcionamento da máquina estatal, assim como do intervencionismo econômico, manifestaram-se também nas difusas propostas de "reestruturação" política do Estado, na busca de ampliação dos marcos das instituições políticas liberais, "atualizando-as" conforme as novas exigências.

As posições-limite que indicamos tiveram a virtude de revelar a novidade e o desafio. Para alguns, que identificavam a hipertrofia do Executivo com a natureza da forma de governo, a solução estava em sua transformação: a fórmula salvadora do parlamentarismo, que cancelaria, pelo mesmo formalmente, o problema, na medida em que subordinaria o Executivo (e sua máquina) à vontade soberana do Legislativo. Basta examinar os reclamos atuais sobre as dificuldades de fiscalização da máquina burocrática do Estado nos países de regime parlamentarista para imaginarmos até que ponto — *para a questão dos controles* — a solução era apenas formal.[19]

Para outros, era na reforma da estrutura do Estado que se devia buscar a salvação. Novos poderes, superando a estreiteza da divisão clássica, poderiam ser criados. O fundamental seria o *poder econômico*: um poder com a natureza de um órgão de planejamento sob o manto da soberania popular. Um órgão de planejamento e de controle público sobre a ação econômica do Estado — vimos os problemas que se colocaram para a sua institucionalização.

Curiosamente, vistos a partir das instituições políticas, os dois níveis de controle sobre a ação estatal confluem: o planejamento econômico e a ação fiscalizadora do Legislativo; o controle social e o controle político. E o fizeram "carregados" dos complexos conteúdos que já indicamos. Afinal, em que termos se colocou a questão do planejamento? De um lado, no reconhecimento da ação intervencionista e regulatória do Estado. Ação, entretanto, que teve, aqui e naquele momento, *sentido* determinado: foi industrializante no sentido mais amplo, assim como manifestou as iniciativas sociais do Estado, os seus gastos com saúde, educação, previdência etc. Natureza complexa da ação estatal que impõe exigências mínimas de agilidade, desenvoltura, capacidade de equacionar em conjunto as questões que lhe são afetas e, por isso mesmo, manifesta-se como máquina complexa, suporte inevitável de um Executivo forte. Se assim é, vale dizer, se o planejamento expressa mais que a mera racionalização, se recobre a ação econômica do Estado na alteração das bases da atividade econômica, estarão divididos em torno dele os interesses sociais. Estarão polarizados entre os que o querem, porque aí vêem as bases do seu futuro, e, obviamente, os que tentam obstaculizá-lo, porque aí está contida a ameaça ao seu presente. Mas o planejamento não é mero reconhecimento da ação intervencionista do Estado. É a possibilidade também de controlar a ação estatal, isto é, de definir a sua direção, o rumo e o ritmo que haverá de tomar. Um órgão do planejamento, nos moldes em que propunha Simonsen, deveria compor-se "das forças vivas da nação", que aí (numa inserção corporativa) fariam prevalecer seus interesses.

Como, entretanto, organizar um órgão dessa natureza? Na área do Executivo, reforçando-o ainda mais? Ou no campo do poder soberano, o Legislativo? Com composição corporativa ou como expressão da "vontade geral"? Colocado o problema nos termos das instituições representativas, ele ganha a conotação do *controle público* sobre a ação da máquina burocrática. É certo que haverá os que querem mais ou menos controle, mas há um problema particular: como empreender, no âmbito das instituições liberais, esse controle? Criando um poder novo, nas estruturas do Estado? Um poder que, exercendo as funções fiscalizadoras de um parlamento que expressa a soberania "popular", dê conta da natureza particular da ação estatal que se quer controlar: a gestão pública da economia e da vida social.

Se nos colocamos nesta perspectiva, os debates constitucionais, desde os que envolveram a criação do Conselho Nacional de Economia até o da definição das formas de controle do Legislativo sobre o Executivo, revelam uma situação bastante complexa. Extravasam os termos de uma mera reordenação consensual das instituições políticas por uma "frente" de classes dominantes, ou a simples clivagem entre adeptos de um centralismo autoritário e estatista *versus* liberais descentralizadores e privatistas. Vão também além da simples reprodução mimética de padrões ideológicos "externos", apropriados por elites dominantes "europeizadas". Há uma questão real e específica: a forma do Estado, a natureza das relações do Estado com a economia em um momento determinado da constituição do capitalismo. Assim como há um desafio ao equacionamento político-liberal desta questão — liberal sem adjetivos — que põe aqui, de forma agravada, a crise do liberalismo, num momento em que as forças sociais que podem superá-la numa perspectiva democrática são frágeis e heterogêneas. Pensemos um pouco melhor essas questões.

O modelo liberal de armação das instituições da democracia política enfrentava, desde o século passado, os desafios colocados pela presença e pressões das massas assalariadas e pelo avanço do capitalismo.[20]

No século XX, questões como a da economia industrial monopolizada, dos aparatos centralizados do Estado de regulação e intervenção econômica, dos "processos administrativos da decisão e gestão", assim como as exigências por parte dos setores populares em direção à plenitude da cidadania — vale dizer, a temática de T. H. Marshall e de Karl Mannheim —, colocavam para os defensores da liberal-democracia o desafio de adaptar-se ou perecer.[21]

Até onde, no Brasil de 1946, essa questão, que ganhara espaço nas sociedades capitalistas avançadas, era também um problema? O atraso econômico, político e cultural brasileiro, o peso da sociedade agrária tradicional, o incipiente desenvolvimento das bases materiais do capitalismo industrial não devem obscurecer a presença concomitante dessas mais recentes questões que, no plano da armadura institucional, impunham-se também ao constituinte.

A problemática embutida no *New Deal* ou na reconstrução européia do pós-guerra — o difícil equacionamento entre liberdade e igualdade, planejamento e democracia — atualizaram-se no Brasil, ao mesmo tempo em que ganharam envergadura as definições mais básicas das "liberdades políticas".

No reordenamento jurídico-político do Estado, em 1945, estavam simultaneamente colocados tanto o abecê das liberdades políticas — garantir o respeito às regras básicas do sufrágio universal e secreto e da representação eleitoral,[22] assim como fixar no parlamento a soberania popular e a unidade política da nação —, quanto a questão do controle político de uma estrutura estatal centralizada, burocrática, detentora de poder regulatório e decisório.

As circunstâncias históricas impuseram aos constituintes de 1946 as tarefas primordiais de construção de um Estado de direito, sob o formalismo e a universalidade da lei, assim como o desafio de institucionalizar e *tornar público* um poder estatal que se materializava e exprimia no arcabouço burocrático-material centralizado. Em outras palavras, coexistiam "etapas" diversas da construção institucional do Estado de direito, segundo os parâmetros da democracia liberal.

Não foi pois casual que, ao discutir a questão da "hipertrofia do Executivo" e as formas de refrear o arbítrio do poder, o debate constitucional tenha se imbricado, de forma curiosamente confusa, com a questão da "reforma do Estado" e da planificação como alternativas de controle público. Aliás, também não foi por acaso que, se Montesquieu foi constantemente invocado, também Mannheim surgiu como fonte de inspiração possível.

Embora percebida de forma difusa, estavam presentes e até agravadas as questões mais complexas da construção institucional da democracia política. Agravadas, sem dúvida, pelo fato da simultaneidade de questões que se colocavam sobre a base de uma sociedade que ainda nem minimamente sedimentara formas pluralistas de convivência social e de organização partidária. Agravadas, por outro lado, pela razão de que a questão do "planejamento" estava inegavelmente "carregada" de conteúdos políticos e sociais muito mais profundos que a politização "normal" das decisões e opções técnico-administrativas: naquele momento estava associada à possibilidade de alterar definitivamente as bases do capitalismo brasileiro, introduzindo "algo novo", isto é, uma economia industrial que inevitavelmente solaparia de vez os alicerces do setor mercantil-exportador.

Vimos como esses conteúdos estavam objetivamente vinculados, tanto nas propostas de planejamento quanto na intervenção real do Estado. O reconhecimento, pela maioria da Assembléia do intervencionismo econômico, colocava num horizonte distante posições liberais "radicais" como as expressas por Gudin. Para essas — para um Tristão da Cunha, ou mesmo para um Herbert Levy — as tensões entre planejamento e democracia ou dos controles sobre o Executivo poderiam resolver-se na própria economia liberal, na "desmontagem" dos órgãos estatais de intervenção ou na própria restrição a um órgão de planejamento.

Entretanto, reconhecido o intervencionismo e aceita a ação estatal com sentido industrializante — em graus e ritmos diversos, é verdade — o problema imediato que se colocava era o do enquadramento do intervencionismo e da "hipertrofia" do Executivo no perfil das instituições liberais e do Estado representativo. E aqui, obviamente, essas questões adquiriram estatuto próprio, envolvendo mas distanciando-se dos interesses sociais e econômicos mais imediatos. No plano propriamente institucional, mostraram sua "dificuldade", tais como se manifestaram na definição do CNE ou dos controles do Legislativo: como estender o *controle público* sobre a organização administrativa centralizada e burocrática do Estado e sobre sua ação de intervenção?

Seria ocioso lembrar que a busca de soluções para essa problemática, nos marcos das instituições representativas, constitui tarefa até hoje inconclusa e ainda desafiadora? Se assim é, nenhum sentido teria em voltar nossas críticas ao constituinte de 1946, por não ter "encontrado soluções" inovadoras para a organização "democrática" dos poderes do Estado.

Por isso mesmo, constatar apenas as oscilações entre o idealismo jurisdicista e a permanência do corporativismo estadonovista, ou, no plano da ideologia, a mescla desses conteúdos para apreender as clivagens do debate institucional, em 1946, como faz João Almino,[23] é subestimar a profundidade dos problemas que estavam então colocados. Isso, porque, sob a ênfase "autoritária" da argumentação dos primeiros, inegavelmente polarizados, como vimos, na formação pessedista-petebista, parece haver muito mais que a mera manipulação imediatista dos instrumentos de poder.[24]

Para além dos móveis políticos de todo tipo, a preservação de um aparato estatal dotado de força e autonomia para responder a um programa de avanço econômico e "integração social" das massas, nos limites do desenvolvimento do capitalismo, não deixou de estar subjacente à busca de "solução" político-institucional que mantivesse aberto o espaço à ação do Estado. Assim, um Executivo "forte" parecia ser a única solução, segundo esses setores, para dar formato institucional à ação de regulação e intervenção do Estado, que exigia cada vez mais autonomia e agilidade.

Nesse sentido, não sabemos como poderíamos apreender meramente como "estatista" os elementos programáticos e ideológicos dos partidos e parlamentares que afirmavam a necessidade da intervenção econômica do Estado ou a importância do planejamento da economia,[25] nem simplesmente como "autoritários" e manipuladores do poder os que buscaram a legitimidade de um Executivo "forte" e que dispusesse de agilidade e flexibilidade nas suas tarefas industrializantes e nas suas responsabilidades com gastos e serviços sociais.

Por seu turno, nas colocações dos "liberais" havia, a nosso ver, mais que o antiestatismo e o saudosismo da Primeira República, expressos em um jurisdicismo vazio. Havia *também* uma preocupação "moderna" e desafiante, a do controle político e do parlamento sobre as burocracias e seus poderes, que faziam do Leviatã um monstro dividido e manhoso.

Na questão já discutida da delegação de poderes, a divisão que perpassa os udenistas e pessedistas, por exemplo, e agrupa em posição contrária também setores comunistas ou do PL, parece mostrar um "corte" diferente. A argumentação favorável à delegação expressa, para setores do PSD ou da UDN, a inevitabilidade da extensão das funções do Executivo; mas também o veto à delegação, endossada por udenistas, pessedistas, comunistas, etc. revelaria não apenas o velho liberalismo, mas também um tipo de resposta neoliberal a uma situação em que se reconhece a expansão das funções e atividades do Executivo e, por isso mesmo, buscam-se instrumentos institucionais de reforço dos controles.[26]

Os dilemas em que se debatiam os constitucionais em face da institucionalização do Estado centralizado, burocratizado e intervencionista, estavam determinados *também* pelo próprio campo das instituições liberal-representativas em que se moveram. E, portanto, diziam respeito aos princípios maiores da concepção liberal da representação; da estruturação tripartite dos poderes; de um modo de articular instituições a direitos e a obrigações políticas; da soberania popular entendida como fixada no parlamento; do parlamento como expressão da "vontade geral" sob leis e normas universais. Foi nessa concepção político-ideológica liberal das instituições que se moveram todos, "autoritários" e "liberais", conservadores ou progressistas.

Sem dúvida, há um problema liberal clássico — o dos controles sobre o poder arbitrário, o das garantias e direitos políticos do cidadão, o da gestão jurídica e política da sociedade: as questões dos procedimentos, do funcionamento da democracia política, em síntese, do Estado de direito. Problema que não se esgota e desaparece, cremos, na crítica à desigualdade social sempre escamoteada na "igualdade jurídica e formal" ou na mera denúncia das reais contradições que sempre permeiam o Estado representativo moderno. Assim, não seria em razão do caráter jurídico e formal do encaminhamento dos controles que poderíamos apreender os seus limites, restrições e ineficácias.

Se é verdade que a democracia social é condição da democracia política, não é menos verdadeiro que as garantias políticas, assim como os escudos legal-formais e institucionais contra os processos alienantes do autoritarismo tendencial do Estado burocratizado, constituem requisitos de caráter universal, a serem levados em conta por quem quer que se preocupe com as questões da democratização da sociedade e do Estado. Já é hora, parece, de nos convencermos de que não há um antes e um depois, entre democracia social e democracia política, entre igualdade e liberdade: a forma disjuntiva com que essas questões foram equacionadas tanto pelo liberalismo quanto pelos múltiplos autoritarismos que a História tem registrado — sob os títulos mais nobres, alguns — obrigam-nos a afastar qualquer princípio de postergação, deixando que o futuro — o "progresso social" ou a "evolução da educação política do povo" — integre por si os conteúdos sociais e político-institucionais da democracia. Esses são, inegavelmente, formais, legais.

Não há, nesse sentido, como deixar de levar em conta as observações de liberais modernos como Sartori[27] ou Lowi[28] sobre a importância de regras universais, da lei e da norma, ou das instituições formalmente estabelecidas de governo — garantias também da igualdade social, de sua expressão no nível político e, afinal, de legalização e controle do poder centralizado e burocratizado.

Entretanto, se há uma questão legítima colocada no campo liberal e referente ao *controle público* sobre o Estado — definido, portanto, na lei, nas normas, e nos formatos e contornos das instituições —, não há como deixar também de reconhecer, com os diferentes autores que se ocuparam dessa questão, que o liberalismo não encontrou soluções capazes de refrear o arbítrio do poder, o desgoverno, as várias formas de ilegitimidade, as manifestações de "autonomização" e irresponsabilidade das burocracias, a corporativização e privatização do Estado. Enfim, todas as "usurpações" de um Executivo incontrolável e irrefreavelmente centralizador. E, aqui, parece não ser suficiente distinguir o velho do novo liberalismo.

Com certeza, o formalismo e o juridicismo do liberalismo clássico mal disfarçaram as suas limitações. Entretanto, também o liberalismo moderno — o liberalismo dos grupos de interesse[29] ou o liberalismo "elitista e pluralista de equilíbrio", de que fala Macpherson[30] — escamoteou a questão dos controles públicos, reduziu a democracia a um mero mecanismo de "mercado político", de competição entre elites, de cidadãos limitados à escolha dos governantes de cada período. Para o cidadão, o único "limite à tirania" estaria na alternância dos governos. A gestão pública da economia — a intervenção estatal, os órgãos administrativos e empresariais do poder público — está definitivamente fora do controle político. Schumpeter foi incisivo: a democracia é um método para escolher e autorizar governos, para eleger políticos que competem pelos votos.[31] Quanto ao controle da atuação burocrático-administrativa, "nenhuma pessoa responsável pode contemplar com serenidade as conseqüências de uma extensão do método democrático, isto é, da esfera da política a todas as questões econômicas. (...) Como já assinalei, (...) a extensão do domínio da gestão pública não implica uma extensão correlativa do domínio da gestão política. É concebível que o primeiro possa estender-se até absorver todas as questões econômicas de uma nação, enquanto que o segundo permaneça todavia dentro das fronteiras delineadas pelas limitações do método democrático".[32]

No Brasil, o reconhecimento de que a questão dos controles já fora superada pela História será feito por Afonso Arinos, ao indicar os princípios — simples e únicos — da "democracia moderna":

> A investidura do poder, pelo sufrágio, nem (sic) o exercício desse poder, por meio do seu controle e seus pesos e contrapesos, as atuações diferentes dos órgãos constitucionais, tudo isso parece reviver como sonho antigo, velha música ou perfume esquecido no fundo de um cofre fechado. (...) Sabemos hoje que a verdadeira democracia se exprime com fórmulas muito mais simples e muito escassas. Essas fórmulas, a rigor, são duas: a liberdade na investidura do poder e a liberdade na crítica do poder. Desde que o poder se constitua livremente, e desde que ao poder não seja vedado fazer crítica livre, então aí estará o sistema democrático; e este pode ser tão forte, tão intervencionista, em uma palavra, tão antiliberal no sentido econômico, tão positivamente antiliberal, tão socialista quanto qualquer governo totalitário.[33]

Não será na definição das instituições, nas formas de seu funcionamento, nas prerrogativas do Legislativo etc., que se deve buscar a solução para a institucionalização do poder hipertrofiado, avassalador, tendencialmente arbitrário e autoritário. Toda a questão se dirime na alternância e na investidura do poder: "Por mim, diria, senhor Presidente, que a grande provação dos sistemas democráticos, neste momento, poder-se-ia chamar de a institucionalização do poder; fazer do poder instituição que funcione por si mesmo no instante exato de sua transferência. A entrega sucessiva do poder, passagem do poder de um grupo governante para outro grupo governante, eis o que marca o ponto crucial de amadurecimento das nações".[34]

A questão do controle público sobre o "absolutismo burocrático", para usar uma expressão de Carlos Estêvam Martins, é suprimida pelas concepções jurídico-políticas das formas "modernas" de liberalismo e transfere-se, de fato, para o plano real da ação dos grupos de interesse, das barganhas e busca de favores governamentais, nos múltiplos modos de privatização ou mesmo "feudalização" dos organismos estatais de decisão. Ressurge sempre, é certo, principalmente em condições de ineficácia desses modos alternativos de controle.[35]

Sem dúvida, o controle público sobre a atuação intervencionista e regulatória do Estado interessa a todos os cidadãos. Essa é, efetivamente, uma reivindicação *democrática* cuja solução transcende o campo de alternativas liberais. De fato, transcendeu também o elitismo e o conservadorismo predominantes na Constituinte de 1946, assim como as forças que pretendiam ampliar o campo das liberdades democráticas, mas o fizeram nos moldes e nos termos do liberalismo.

É certo que o problema do controle público sobre a gestão estatal é hoje, ainda, um desafio. Colocou-se em 1946, num momento em que o país dava os primeiros passos em direção à industrialização, numa fase em que os setores mercantis-exportadores detinham grande força, e em que os setores que poderiam impulsionar formas mais democráticas de convivência e de organização política eram ainda muito frágeis. Dir-se-á que os fatores limitantes da democracia plena então presentes, e muitas vezes apontados, tornam ociosa a discussão.

Entretanto, é necessário assinalar que as particularidades da industrialização atualizaram, na sua primeira fase, questões comuns às democracias mais avançadas e até hoje em busca de soluções. Já em 1946, num momento em que o Leviatã mostrava tão-somente a sua primeira face, revelou-se a importância e urgência de fundar novas formas de efetivo controle democrático, de efetivação do controle público e do cidadão sobre a gestão estatal. Certamente, a natureza das formas democráticas de ordenação institucional constituem ainda hoje um campo de incógnitas e desafios, tanto mais cruciais se pensarmos, no Brasil, o caráter tão mais centralizador, burocratizado, autoritário, e "autonomizado" das estruturas estatais.

Nesse campo de incógnitas e desafios, porém, há algumas certezas que não podemos descartar. As formas democráticas de ordenação institucional a serem construídas seguramente deverão constituir uma *superação* das instituições liberais. Entretanto, com toda a segurança, não podem reduzir-se a um mero "alargamento tático" daquelas, desprezando o problema do controle público por parte de todos os cidadãos e confundindo-se com o próprio liberalismo. O desafio, nesses termos, vai muito além. É o de encontrar soluções para a ampliação, o aprofundamento — a transformação mesmo — das instituições do direito público, para fazer que a vida econômica e social, *em seu conjunto*, se submeta a critérios verdadeiramente sociais e democráticos de racionalidade e controle político.

Notas

1. Cf. O. Ianni, *Estado e planejamento econômico no Brasil (1930-1970)*, *op. cit.*, p.196; Celso Lafer, *op. cit.*
2. Cf. A. A. M. Franco, "A Constituição de 1946", in: A. A. Melo Franco, *Estudos e discursos*. São Paulo, Ed. Comercial, 1961, p.162-9.
3. Idem, "Federalismo e economia". *Idem*, p.117 e segs.
4. Idem, *A evolução da crise brasileira*. São Paulo, Nacional, 1965, p.54.
5. Cf. M. V. M. Benevides, *O governo Kubitschek*, *op. cit.*, p.208.
6. A análise clássica é de C. Furtado, "Obstáculos políticos al crecimiento económico del Brasil", in: Veliz Claudio, *Obstáculos para la transformación de América Latina*. México, Fondo de Cultura Económica, 1969.
7. Cf. O. Ianni, *op. cit.*, p.180.
8. S. H. Abranches, *op. cit.*, p.75 e segs.
9. Violação bem documentada por esse autor, quando se refere à legislação cambial, tarifária ou à estrutura administrativa paralela. Cf. S. Abranches, *op. cit.*, p.77-81.
10. Cf. G. Cohn, *op. cit.*
11. Para a análise da conjuntura de crise e "redemocratização", veja F. Weffort, "Origens do sindicalismo populista no Brasil (A conjuntura do pós-guerra)", *Estudos Cebrap* n.4. São Paulo, Cebrap, mai.-jun. 1973, p.67-105; M. H. T. de Almeida e C. E. Martins, "Modus in rebus (Partidos e classes na queda do Estado Novo)". São Paulo, 1973, *mimeo*; F. Weffort, "Partidos, sindicatos e democracia", *op. cit.*; M. C. Campello, *op. cit.*; R. Maranhão, *op. cit.*; João Almino, *Os democratas autoritários* (Liberdades individuais, de associação política e sindical na Constituinte de 1946). São Paulo, Brasiliense, 1980; M. V. M. Benevides, *A UDN e o udenismo*, *op. cit.*; L. W. Vianna, *Liberalismo e sindicato no Brasil*, *op. cit.*
12. As discussões, na Constituinte, sobre os direitos individuais de associação são feitas por J. Almino, *op. cit.* Veja também, L. W. Vianna, *op. cit.*, cap. VI, item 4.
13. Cf. F. Weffort, *op. cit.*, p.94.
14. Virgílio de Melo Franco, *O Estado de S.Paulo*, em 10/8/1948, citado por M. V. M. Benevides, *op. cit.*, p.72.
15. A. A. Melo Franco, *op. cit.*, p.118.
16. Cf. F. Weffort, *op. cit.*, p.93-4.
17. Os instrumentos de que se utilizaram foram, principalmente, o controle e a absorção, pelo PSD e PTB, das interventorias e clientelas urbanas; as formas emergentes do *getulismo* como movimento político organizado; a manipulação da legislação eleitoral, decisiva para o controle da primeira legislatura e, finalmente, a inscrição, no texto constitucional, de dispositivos garantidores da continuidade, particularmente os referentes à representação e à centralização dos poderes do Executivo. Cf. M. C. C. Souza, *op. cit.*, p.134-5.
18. J. Almino, *op. cit.*, p.358.
19. Pietro Barcelona indica essas questões no funcionamento da república parlamentar italiana. Cf. P. Barcelona, *op. cit.*
20. Entre tantos que estudam esse tema nos dias atuais, talvez seja Macpherson

quem coloca, de modo particularmente claro, esses desafios. Cf. C. B. Macpherson, *A democracia liberal: origens e evolução*. Rio de Janeiro, Zahar, 1978.

21. A importância da obra de Mannheim foi sintetizada, de forma feliz, por F. H. Cardoso, em "Aspectos políticos do planejamento", in: Betty Mindlin Lafer (org.), *O planejamento no Brasil*. São Paulo, Perspectiva, 1975. Como assinala este autor: "A 'racionalização' crescente passou a ser vista, na linguagem de Mannheim, como expressão do novo movimento da História, que impelia à 'democratização fundamental'. A liberdade, para preservar-se como algo mais que uma idéia geral, teria de apoiar-se na definição e, portanto, na antecipação das regras do jogo, na determinação das esferas da vida social, nas quais o plano impõe-se como recursos para a sobrevivência da própria 'sociedade política', além da expansão econômica, e nas áreas onde o jogo político (ou, no plano pessoal, as opções de todo tipo) assegura aos indivíduos a sua liberdade como pessoa e como cidadão".

22. Obviamente, a fraude e a manipulação de votos não foram extintas, mas, em evidente contraste com a Primeira República, o papel desempenhado pela Justiça Eleitoral assegurava condições mínimas de legitimidade ao processo eleitoral.

23. Cf. J. Almino, *op. cit.*, p.358.

24. O que obviamente existia e se manifestava na "defesa" de um Executivo forte, por parte do PSD, imediatamente interessado na manutenção dos seus recursos políticos e na defesa do controle que exercia sobre a máquina estatal.

25. Cf. J. Almino, *op. cit.*, nas seguintes passagens, p.42 e 47: "(...) o pensamento estatista, por outro lado, está levemente presente, na medida em que o programa afirma que a UDN delineia a reestruturação destinada a alcançar os objetivos propostos, pela *ação do Estado* e o desenvolvimento de todas as forças criadoras da nação (...) em que defende não apenas que as indústrias estratégicas fiquem a cargo do Estado (...)". Ou então quando afirma: "O estatismo está, por sua vez, presente no programa (do PTB) em passagens como a que defende uma 'planificação econômica atingindo todos os setores e visando, por meio da orientação, da intervenção ou gestão do Estado, que a produção do país atenda a todas as necessidades internas ou externas'".

26. A delegação, neste sentido, pode não ter constituído grave problema em 1891, mas colocou-se como tal em 1934 e 1946. Obviamente, o liberalismo mais clássico está presente, mas aí também se expressa a preocupação moderna dos liberais com a constatação do círculo vicioso que a delegação envolve. É interessante lembrar que a Constituição italiana do pós-guerra introduziu a delegação e, hoje, este instituto é objeto de dúvidas e discussões por parte de quem enfrenta a questão do controle público sobre a "esfera autônoma" da administração e a recaptura, por parte do Legislativo, de suas funções de fiscalização. Cf. P. Barcelona, *op. cit.*, p.53. Veja, também, a discussão citada de Lowi sobre a delegação e formas de restringi-la, *op. cit.*

27. Giovanni Sartori reafirma a importância das instituições jurídico-formais e nega a tese da "superação" das instituições liberais pelas democráticas. Veja, deste autor, os ensaios "Democracia e Liberalismo" e "Superamenti", in: *Democrazia e definizioni*. Florença, Società Editrice il Mulino, 1976, 4ª ed., caps. XIII e XIV.

28. Theodore Lowi, ao indicar o "fim do liberalismo", defende a recuperação drástica da "democracia jurídica", que reafirma por meio de leis e normas de caráter universal seus princípios primeiros. *Op. cit.*, cap.10, "Toward juridical democracy", p.287-314.

29. Sobre o "liberalismo dos grupos de interesse", cf. T. Lowi, *op. cit.*

30. Para Macpherson, o liberalismo "elitista e pluralista de equilíbrio" corresponde ao modelo schumpeteriano de democracia, em virtude de sua "visão" dos mecanismos democráticos análogos aos do mercado. Cf. C. B. Macpherson, *op. cit.*, cap. IV.

31. Cf. Joseph Schumpeter, "Otra teoria de la democracia", in: *Capitalismo, socialismo y democracia*. Madri, Aguillar, 1968, cap.XXII; veja, também, a excelente análise que faz Macpherson do modelo político de Schumpeter: C. B. Macpherson, *op. cit.*, p.81 e segs.

32. J. Schumpeter, *op. cit.*, p.379.

33. Cf. A. A. Melo Franco, "A Constituição de 1946", in: *Estudos e Discursos, op. cit.*, p.167-8.

34. *Idem, ibidem*.

35. Carlos E. Martins examina com muita perspicácia a natureza e o funcionamento das instituições liberais e os interesses sociais e políticos que subjazem às teses de "defesa da soberania dos cidadãos contra as tentativas de usurpação burocrática". Cf. C. E. Martins, *Capitalismo de Estado e modelo político no Brasil*. Rio de Janeiro, Graal, 1977, p.341.

Bibliografia

ABRANCHES, Sérgio Henrique Hudson de. "O processo legislativo — conflito e conciliação na política brasileira", tese de mestrado, DCSUNB, 1973, *mimeo*.

———. "The divided Leviathan, State and economic policy formation in authoritarian Brazil", tese de doutoramento, Cornell University, 1978, *mimeo*.

ALMEIDA, José Américo de. *A palavra e o tempo — 1937-1945-1950*. Rio de Janeiro, José Olympio, 1965.

ALMEIDA, Maria Hermínia Tavares de & MARTINS, Carlos Estêvam. "Modus in rebus (Partidos e classes na queda do Estado Novo)." São Paulo, 1973, *mimeo*.

ALMEIDA, Maria Hermínia Tavares de. "Estado e classes trabalhadoras no Brasil (1930-1945)", tese de doutoramento, FFLCH-USP, 1978, *mimeo*.

ALMEIDA, Rômulo de. "A experiência brasileira de planejamento, orientação e controle da economia", in: *Estudos Econômicos*. Departamento Econômico da Confederação Nacional da Indústria, v.2, jun. 1950.

———. "Entrevista", in: *Veja*, São Paulo, abril, 15 set. 1976.

———. "Entrevista", in: *O Estado de São Paulo*, 1. out. 1978.

ALMINO, João. *Os democratas autoritários* (Liberdades individuais, de Associação Política e Sindical na Constituinte de 1946). São Paulo, Brasiliense, 1980.

ANDERSON, Perry. *The lineages of absolutist State*. Londres, NLB, 1974.

ANDRADE, Almir de. *Contribuição à história administrativa do Brasil na República até o ano de 1945*. Rio de Janeiro, José Olympio, 1950, 2 vol.

ANDRADE, Régis de Castro. "A política social e normalização institucional." São Paulo, Cedec, 1980, *mimeo*.

AROUCA, Sérgio *et alii*. "O complexo previdenciário de assistência médica." Rio de Janeiro, Peses, Peppe, 1978, *mimeo*.

AUGUSTO, José. *O Conselho Nacional de Economia*. Rio de Janeiro, Livraria São José, 1956.

AURELIANO, Liana Maria Lafayette. *No limiar da industrialização*. São Paulo, Brasiliense, 1981.

BAER, Werner. *Siderurgia e desenvolvimento brasileiro*. Rio de Janeiro, Zahar, 1970.

_____. *A industrialização e o desenvolvimento econômico no Brasil*. Rio de Janeiro, Fundação Getúlio Vargas, 1975.

BALEEIRO, Aliomar. "Tribunal de Contas e controle da execução orçamentária", In: Hermes Lima et al., *Estudos sobre a Constituição Brasileira*. Rio de Janeiro, Fundação Getúlio Vargas, 1954.

BARCELONA, Pietro. *Stato e Mercato* (Fra Monopolio e Democrazia). Bári, De Donato Editore SpA, 1976.

BARRACLOUGH, Geoffrey. *The origins of the modern Germany*. Oxford, Oxford University Press, 1949.

BASBAUM, Leôncio. *História sincera da República*. São Paulo, Fulgor, 1968, 3ª ed., 4 vol.

BENDIX, Reinhard. *Estado Nacional y ciudadania*. Buenos Aires, Amorrortu Editores, 1974.

BENEVIDES, Maria Victória de Mesquita. *O governo Kubitschek: desenvolvimento econômico e estabilidade política (1956-1961)*. Rio de Janeiro, Paz e Terra, 1976.

_____. "A União Democrática Nacional, um partido em questão", *Cadernos Cedec*, n.1. São Paulo, Brasiliense, 1978.

_____. "A UDN e o udenismo. Ambigüidades do liberalismo brasileiro (1945-1965)", tese de doutoramento, FFLCH-USP, São Paulo, 1980.

BERNARDO, Antônio Carlos. "Legislação e sindicalismo: uma contribuição à análise da industrialização brasileira (1930-1945)", tese de doutoramento, FFCL-Assis, 1973, *mimeo*.

BOITO JR., Armando. "O populismo em crise (1953-1955)", tese de mestrado, IFCH, Unicamp, 1976.

BOUÇAS, Valentin. Discurso publicado in: *Jornal do Comércio*, 25/3/1954.

BRAGA, José Carlos de Souza. "A questão da saúde no Brasil: um estudo das políticas sociais em saúde pública e medicina previdenciária no desenvolvimento capitalista", tese de mestrado, Unicamp, 1978, *mimeo*.

BRIGGS, Moacyr. "O serviço público federal no decênio Getúlio Vargas", in: *Revista do Serviço Público*, abr. 1941.

BULHÕES, Otávio Gouveia de. "O imposto de renda e a isenção de classes", in *Revista do Serviço Público*. Dasp, ago. 1949.

_____. *À margem de um relatório* (texto das conclusões da Comissão Mista Brasileiro-Americana de Estudos Econômicos — Missão Abbink). Rio de Janeiro, Editoras Financeiras S.A., 1950.

CAMPANHOLE, Adriano e CAMPANHOLE, Hilton Lobo. *Todas as Constituições do Brasil*. São Paulo, Difel, 1977.

CANDAL, Arthur. "A industrialização brasileira, diagnóstico e perspectivas", in:

Flávio Rabelo Versiani e José Roberto Mendonça de Barros (org.), *Formação econômica do Brasil*. São Paulo, Saraiva, 1977.
CANO, Wilson. *As raízes da concentração industrial em São Paulo*. São Paulo, Difel, 1979.
CARDOSO, Fernando Henrique. "Hegemonia burguesa e independência econômica: raízes estruturais da crise política brasileira", in: Celso Furtado (org.), *Brasil, tempos modernos*. Rio de Janeiro, Paz e Terra, 1968.
_____, *O modelo político brasileiro*. São Paulo, Difel, 1972.
_____. "Aspectos políticos do planejamento", in: Betty Mindlin Lafer (org.), *O planejamento no Brasil*. São Paulo, Perspectiva, 1975.
_____. *Autoritarismo e democratização*. Rio de Janeiro, Paz e Terra,
_____. "Desenvolvimento capitalista e Estado: bases e alternativas", in: Carlos Estevam Martins (org.) *Estado e capitalismo no Brasil*. São Paulo, Hucitec-Cebrap, 1977.
_____, e FALETTO, Enzo. *Dependência e desenvolvimento na América Latina* (ensaio de interpretação sociológica). Rio de Janeiro, Zahar, 1970.
CARDOSO, Francisco da Malta. Trabalho apresentado ao Instituto de Economia Rural da Sociedade Rural Brasileira, in: SRB — *Revista da Sociedade Rural Brasileira*, out. 1947.
CARONE, Edgard. *O tenentismo*. São Paulo, Difel, 1975.
_____. *A Terceira República (1937-1945)*. São Paulo, Difel, 1976.
_____. *O Estado Novo (1937-1945)*. Rio de Janeiro-São Paulo, Difel, 1977.
_____. *A Quarta República (1945-1964)*, Documentos. São Paulo, Difel, 1980.
CARVALHO, José Murilo de. "Elite and State-building in imperial Brazil", tese de doutoramento, Stanford, 1975, *mimeo*.
_____. "Forças Armadas e políticas, 1930-1945" Rio de Janeiro, CPDOC, 1980, mimeo.
CASTRO, Antonio Barros. *Sete ensaios sobre a economia brasileira*. Rio de Janeiro, Forense, 1969-1971, 2 vol.
CAVALCANTI, Themistocles. "Intervenção da União na economia", in: Hermes de Lima (org.), *Estudos sobre a constituição brasileira*. Rio de Janeiro, Fundação Getúlio Vargas, 1954.
_____ et alii. "A intervenção do Estado e suas conseqüências na estrutura administrativa", in: *Cinco estudos: a Federação, a divisão de poderes, os partidos políticos, a intervenção do Estado*. Rio de Janeiro, Fundação Getúlio Vargas, 1955.
COELHO, Edmundo Campos. *Em busca da identidade: o exército e a política na sociedade brasileira*. Rio de Janeiro, Forense-Universitária, 1976.
COHN, Amélia. *Previdência social e populismo*, tese de doutoramento, FFLCH-USP, São Paulo, 1980, *mimeo*.
COHN, Gabriel. *Petróleo e nacionalismo*. São Paulo, Difel, 1968.

CORDEIRO, Hesio et alii. "Relatório preliminar da pesquisa sobre empresas médicas", Rio de Janeiro, UERJ/IMS, 1980, mimeo.
COUTINHO, Lourival. *O general Góes depõe*. Rio de Janeiro, Coelho Branco, 1955.
COUTINHO, Luciano. *"The internationalization of oligopoly capital"*, tese de doutoramento, Cornell University, 1974.
_____ e BELLUZZO, Luiz Gonzaga de Mello. "O desenvolvimento do capitalismo avançado e a reorganização da economia mundial no pós-guerra", in: *Estudos Cebrap*, n.23. São Paulo, Edições Cebrap.
CUNHA, Luís Antônio. *Política educacional no Brasil: a profissionalização em questão*. Rio de Janeiro, Eldorado, 1977, 2ª ed.
_____. *A política educacional e a formação da força de trabalho industrial na era de Vargas*. Trabalho apresentado no Seminário sobre a Revolução de 30. Rio de Janeiro, Fundação Getúlio Vargas, CPDOC, 1980.
CUNHA, Mário Wagner Vieira da. *O sistema administrativo brasileiro: 1930-1950*. Rio de Janeiro, Centro Brasileiro de Pesquisas Educacionais, MEC, 1963.
DALAND, Robert. *Estratégias e estilo do planejamento brasileiro*. Rio de Janeiro, Lidador, 1969.
DINIZ, Eli. *Empresário, Estado e capitalismo no Brasil: 1930-1945*. Rio de Janeiro, Paz e Terra, 1978.
_____. "O Estado Novo". Rio de Janeiro, Iuperj, 1978, mimeo.
DONNÂNGELO, Maria Cecília. *Medicina e sociedade*. São Paulo, Pioneira, 1975.
DRAIBE, Sônia Miriam. "Classes, Estado e industrialização na Argentina (Contribuição à análise das relações entre burguesia industrial e burguesia exportadora)", tese de mestrado, Flacso-Elas, 1975, mimeo.
DUARTE, José. *A Constituição Brasileira de 1946* (exegese dos textos à luz dos trabalhos da Assembléia Constituinte). Rio de Janeiro, Departamento de Imprensa Nacional, 1947.
DUTRA, Eurico Gaspar. *Mensagem Presidencial ao Congresso, Sessão Lagislativa de 1948*. Rio de Janeiro, Departamento de Imprensa Nacional, 1949.
_____. *Mensagem Presidencial ao Congresso, Sessão Legislativa de 1949*. Rio de Janeiro, Departamento de Imprensa Nacional, 1949.
ESPÍNOLA, Eduardo. *A nova Constituição do Brasil — Direito Público e Constitucional Brasileiro*. São Paulo-Rio de Janeiro, Freitas Bastos, 1946.
FAUSTO, Boris. *A Revolução de 1930* (História e historiografia. São Paulo, Brasiliense, 1972.
_____. "Pequenos ensaios de história da República: 1889-1945" *Cadernos Cebrap*, n.10, São Paulo, Edições Cebrap, 1972.
_____. "Expansão do café e política cafeeira", in: Boris Fausto (org.), *História geral da civilização brasileira*, t.III, v.I. São Paulo, Difel, 1975.
_____. *Trabalho urbano e conflito social no Brasil*. São Paulo, Difel, 1976.
FERNANDES, Florestan. *A revolução burguesa no Brasil*. Rio de Janeiro, Zahar, 1975.
FERNANDES, Heloísa. *Política e segurança*. São Paulo, Alfa-Ômega, 1974.

FERREIRA, Waldemar. "O conteúdo econômico da Constituição Brasileira de 1946", *Revista da Faculdade de Direito de São Paulo*, v.XLIII, 1948.
FIGUEIREDO, Paulo. "Federalização da Justiça", in: *Revista de Informação Legislativa*, n.7, 1965.
FRANCO, Afonso Arinos de Melo. *A alma do tempo: memórias*. Rio de Janeiro, José Olympio, 1961.
_____. *Estudos e discursos*. São Paulo, Comercial, 1961.
_____. *A escalada: memórias*. Rio de Janeiro, José Olympio, 1965.
_____. *A evolução da crise brasileira*. São Paulo, Nacional, 1965.
FRANCO, Celina Amaral Peixoto Moreira. "A criação do Banco Nacional de Desenvolvimento Econômico". Rio de Janeiro, CPDOC, s/d, mimeo.
FURTADO, Celso. *Formação Econômica do Brasil*. Rio de Janeiro, Fundo de Cultura, 1961, 3ª ed.
_____. (org.). *Brasil, tempos modernos*. Rio de Janeiro, Paz e Terra, 1968.
_____. "Obstáculos políticos al crecimiento económico del Brasil", in: Cláudio Veliz (org.), *Obstáculos para la transformación de América Latina*. México, Fondo de Cultura Económica, 1969.
GERSCHENKRON, Alexander. *El atraso económico en su perspectiva histórica*. Barcelona, Anel, 1968.
GOMES, Anápio (org.). *A economia de guerra no Brasil (O que fez a coordenação de mobilização econômica)*. Comissão de Mobilização Econômica, Rio de Janeiro, s/d.
GRAHAM, Lawrence S. *Civil service reform in Brazil*. Austin, University of Texas Press, 1968.
GUARNIERE, Laura C. "Alguns aspectos socioeconômicos do planejamento na cafeicultura", tese de mestrado, IFCH-Unicamp, 1979.
GUDIN, Eugênio. "Salte no abismo". *Correio da Manhã*, 19/3/1948.
_____ e SIMONSEN, Roberto. *A controvérsia do planejamento na economia brasileira*. Rio de Janeiro, Ipea, 1977.
HELLER, Hermann. *Teoria do Estado*. Trad. port. por Lycurgo Motta, da edição original alemã de 1934. São Paulo, Mestre Jou, 1968.
HENDERSON, W. O. *The State and the Industrial Revolution in Prussia (1740-1870)*. Liverpool, Liverpool University Press, 1958.
_____. *The Industrial Revolution in Europe (Germany, France and Russia) (1815-1914)*. Chicago, Quadrangle Paperbacks, 1968.
HILTON, Stanley E. "Vargas e o desenvolvimento econômico brasileiro, 1930-1945: uma reavaliação de uma posição sobre a industrialização e planejamento", in: Stanley E. Hilton (org.), *O Brasil e a crise internacional (1930-1945)*. Rio de Janeiro, Civilização Brasileira, 1977.
HOBSBAWM, Eric J. *A era das revoluções*. Rio de Janeiro, Paz e Terra, 1977.
HINTZE, Otto. *História de las formas políticas*. Madri, Revista do Ocidente, 1968.
IANNI, Octávio. *Estado e capitalismo*. Rio de Janeiro, Civilização Brasileira, 1965.

IANNI, Octávio. *O colapso do populismo no Brasil*. Rio de Janeiro, Civilização Brasileira, 1968.

_____. *Estado e planejamento econômico no Brasil (1930-1970)*. Rio de Janeiro, Civilização Brasileira, 1971.

JAGUARIBE, Hélio. *Desenvolvimento econômico e desenvolvimento político*. Rio de Janeiro, Fundo de Cultura, 1962.

LAFER, Betty Mindin. *Planejamento no Brasil*. São Paulo, Perspectiva, 1975, 3.ª ed.

LAFER, Celso. "The planning process and political system in Brazil: a study of Kubitschek's target plan (1956-1961), tese de doutoramento, Cornell University, 1970, *mimeo*.

LAMOUNIER, Bolívar. "Formação de um pensamento político autoritário na Primeira República", in: Bons Fausto (org.), *História geral da civilização brasileira* (O Brasil Republicano), t.III, v.II. São Paulo, Difel, 1977.

_____, e KINZO, Maria D'Alva Gil. "Partidos políticos, representação e processo eleitoral no Brasil, 1945-1978". Rio de Janeiro, *BIB* (5), 1978.

LEFF, Nathaniel. *Política econômica e desenvolvimento no Brasil: 1947-1964*. São Paulo, Perspectiva, 1975.

LEITE, Cleanto de Paiva. "O assessoramento da Presidência da República", *Cadernos de Administração Pública*. Rio de Janeiro, Fundação Getúlio Vargas, 1959.

LEME, Marisa Saens. *A ideologia dos industriais brasileiros, 1919-1945*. Petrópolis, Vozes, 1978.

LESSA, Carlos Francisco. "Quinze anos de política econômica", *Cadernos Unicamp*, n.4. Campinas, 1975.

LEVINE, Robert M. *The Vargas regime: the critical years: 1934-1938*. Nova, Columbia University Press, 1970.

_____ *Pernambuco and the Brazilian Federation (1889-1937)*. Stanford, Stanford University Press, 1978.

LEVINSHON, R. "O financiamento do Plano Salte", in: *Revista do Serviço*.

LÉVY, Herbert. *Problemas básicos da nação: economia, finanças, política nacional e internacional*. São Paulo, s.c.p., 1950.

LIMA, Hermes *et al. Estudos sobre a Constituição Brasileira*. Rio de Janeiro, Fundação Getúlio Vargas, 1954.

LIMA, Hermes. *A Travessia (Memórias)*. Rio de Janeiro, José Olympio, 1974.

LIMA, Medeiros. *Petróleo, energia elétrica, siderurgia — A luta pela emancipação* (um depoimento de Jesus Soares Pereira sobre a política de Vargas). Rio de Janeiro, Paz e Terra, 1976.

LOPES, Juarez Rubens Brandão. *Desenvolvimento e mudança social*. São Paulo, Nacional, 1972.

LOVE, Joseph. "Autonomia e interdependência: São Paulo e a Federação Brasileira, 1889-1937", in: Boris Fausto (org.), *História geral da civilização brasileira*, t.III, v.I. São Paulo, Difel, 1975.

_____. *O regionalismo gaúcho*. São Paulo, Perspectiva, 1975.

LOWI, Theodore J. *The end of liberalism*. Nova York, W. W. Norton & Company Inc., 1969.
MACPHERSON, O. B. *A democracia liberal: origens e evolução*. Rio de Janeiro, Zahar, 1978.
MAGALHÃES, João Paulo de Almeida. *Controvérsia brasileira sobre o desenvolvimento econômico*. Rio de Janeiro, Desenvolvimento e Conjuntura, 1961.
MALAN, Pedro *et alii*. *Política econômica externa e industrialização no Brasil (1939-1952)*. Rio de Janeiro, Ipea-Inpes, 1977.
MALLOY, James. *The politics of social security in Brazil*. Pittsburg, University of Pittsburg Press, 1979.
MANGABEIRA, João. "A organização do Poder Legislativo nas constituições republicanas", in: Hermes Lima (org.), *Estudos sobre a Constituição Brasileira*. Rio de Janeiro, Fundação Getúlio Vargas, 1954.
MANNHEIM, Karl. *Libertad y planificación social*. México, Fondo de Cultura Económica, 1946.
MARANHÃO, Ricardo. *Sindicato e democratização (1945-1950)*. São Paulo, Brasiliense, 1979.
MARQUES, José Frederico. "A federalização da Justiça", *Revista Forense*, n.167, 1956.
MARSHALL, T. H. *Política social*. São Paulo, Zahar, 1967.
_____. *Cidadania, classe social e status*. São Paulo, Zahar, 1967.
MARTINS, Carlos Estêvam. *Capitalismo de Estado e modelo político no Brasil*. Rio de Janeiro, Graal, 1977.
_____ (org.). *Estado e capitalismo no Brasil*. São Paulo, Hucitec/Cebrap, 1977.
MARTINS, Luciano. "Pouvoir politique et développement économique, structures de pouvoir et système de décisions au Brésil", tese de doutoramento, Universidade René Descartes, 1973, *mimeo*.
_____. "A Revolução de 30 e seu significado político", comunicação apresentada ao Seminário sobre a Revolução de 1930, Rio de Janeiro, CPDOC, Fundação Getúlio Vargas, 1980, *mimeo*.
MARX, Karl. *Critique de l'État hégélien* (manuscrito de 1843). Paris, edição de 18 de outubro de 1976.
MEIRA, Lúcio. "Conferência feita no Centro de Estudos Moraes Rego, São Paulo", in: *O Observador Econômico e Financeiro*. Ano XIX, n.22, junho de 1954.
MELLO, João Manuel Cardoso de. *O capitalismo tardio*. São Paulo, Brasiliense, 1982.
_____, e BELLUZZO, Luiz Gonzaga de Mello. "Reflexões sobre a crise atual", in *Revista Escrita*, n.2. São Paulo, 1977.
MICELLI, Sérgio. "O Conselho Nacional de Educação: esboço de análise de um aparelho de Estado", trabalho apresentado no Seminário sobre a Revolução de 1930, Rio de Janeiro, CPDOC, 1980, *mimeo*.
MIRANDA, Francisco Cavalcanti Pontes de. *Comentários à Constituição de 1946*. Rio de Janeiro, Borsoi, 1960, 3ª ed.

MOISÉS, José Álvaro. *Greve de massa e crise política* (estudos da Greve dos 300 mil em São Paulo — 1953-1954). São Paulo, Polis, 1978.

MONTEIRO, Jorge Viana e CUNHA, Luís Roberto Azevedo. "Alguns aspectos da evolução do planejamento econômico no Brasil — 1934/1963", *Pesquisa e planejamento econômico*, Ipea, 1974.

MOORE, Barrington. *Les origines sociales de la dictadure et de la démocratie*. Paris, Maspero, 1969.

MOURÃO, Milcíades M. *Dutra: história de um governo*. São Paulo, IPE, 1949.

MYRDAL, Gunnar. *Beyond the Welfare State*. Yale, Yale University Press, 1960.

NAGLE, Jorge. "A educação na Primeira República", in: Boris Fausto (org.), *História geral da civilização brasileira* (O Brasil Republicano), t.III, n.2. São Paulo, Difel, 1977.

NEUMANN, Franz. *Estado democrático e Estado autoritário*. Rio de Janeiro, Zahar, 1969.

O'DONNELL, Guilhermo. *Acerca del corporativismo y la question del Estado*. Buenos Aires, Documentos Cedes/GE, Clacso, n.2, 1975.

OLIVEIRA, Carlos Alonso Barbosa de. "Considerações sobre a formação do capitalismo", tese de mestrado, IFCH-Unicamp, 1977, *mimeo*.

OLIVEIRA, Fabrício A. de e WEITERSCHAN, Helga. "Aspectos históricos do federalismo fiscal no Brasil". Fundação João Pinheiro, *Análise e Conjuntura*, n.10, v.9, outubro de 1979.

OLIVEIRA, Lúcia Lippi de. "O Partido Social Democrático", tese de mestrado, Iuperj, 1973, *mimeo*.

PARIS, Mary Lou. "Idéias sobre educação no fim do Império: o jornal *A Província de São Paulo*, de 1875 a 1889", tese de mestrado, Faculdade de Educação-USP, 1979, *mimeo*.

PELAEZ, Carlos Manuel. *História da industrialização brasileira*. Rio de Janeiro, Apec, 1972.

PEREIRA, Jesus Soares. *Getúlio Vargas — A política nacionalista do petróleo*. Rio de Janeiro, Tempo Brasileiro.

PEREIRA, Osny Duarte. *Que é a Constituição?*, Cadernos do Povo Brasileiro, v.XXIII. Rio de Janeiro, Civilização Brasileira, 1964.

POULANTZAS, Nicos. *Pouvoir politique et classes sociales*. Paris, Maspero, 1968.

_____. "La teoria marxista del Estado y del derecho y el problema de la alternativa", in: *Hegemonia y dominación en el Estado Moderno*. Córdoba, Passado y Presente, 1969.

_____. *L'État, le pouvoir et le socialisme*. Paris, PUF, 1978.

PRADO, Salvio Pacheco Almeida. *Dez anos na política do café (1945-1955)*. São Paulo, Jornal dos Livros, 1956.

RANGEL, Ignácio. *A inflação brasileira*. Rio de Janeiro, Tempo Brasileiro, 1963.

ROKKAN, Stein. "Dimension of State formation and Nation-building", in: Charles Tilly (org.), *The formation of National States in Western Europe*. Princeton, Princeton University Press, 1976.

ROMANELLI, Otaíza. *História da educação no Brasil (1930-1973).* Petrópolis, Vozes, 1978.
SAES, Décio Azevedo Marques. "Classe moyenne et système politique au Brésil", tese de doutorado, École Pratique des Hautes Etudes, 1974, *mimeo.*
_____. "Coronelismo e Estado burguês: elementos para uma reinterpretação". São Paulo, 1979, *mimeo.*
SANTOS, Wanderley Guilherme dos. *Cidadania e Justiça.* Rio de Janeiro, Campus, 1979.
SARTORI, Giovanni. *Democrazia e definizioni.* Florença, Società Editrice Il Mulino, 1976, 4ª ed.
SCHMITTER, Philippe C. *Interest conflict and political crange in Brazil.* Califórnia, Stanford University Press, 1971.
_____. "Still the century of corporativism?", in *The Review of Politics* (36,1), 1974.
SCHUMPETER, Joseph. *Capitalismo, socialismo y democracia,* Madri, Aguillar, 1968.
SCHWARTZMAN, Simon. *São Paulo e o Estado Nacional.* São Paulo, Difel, 1975.
SHONFIELD, Andrew. *Modern capitalism.* Londres, Oxford University Press, 1965.
SIEGEL, Gilbert B. "The vicissitudes of governmental reform in Brazil: a study of the Dasp", tese de doutoramento, University of Pittsburg, 1964, *mimeo.*
SILVA, Hélia. *1942: guerra no continente.* Rio de Janeiro, Civilização Brasileira, 1972.
_____. *1944: O Brasil na guerra.* Rio de Janeiro, Civilização Brasileira, 1974.
_____. *1945: Por que depuseram Vargas.* Rio de Janeiro, Civilização Brasileira, 1976.
SILVA, Pedro Luiz Barros. "Reflexões sobre a política de saúde e previdência social no processo de constituição do Estado brasileiro", 1981, *mimeo.*
SIMONSEN, Roberto e GUDIN, Eugênio. *A controvérsia do planejamento na economia brasileira.* Rio de Janeiro, Ipea, 1977.
SINGER, Paul. "A política das classes dominantes", in: Octávio Ianni *et al., Política e revolução social no Brasil.* Rio de Janeiro, Civilização Brasileira, 1965.
SKIDMORE, Thomas F. *Brasil: de Getúlio a Castelo (1930-1965).* Rio de Janeiro, Paz e Terra, 1976, 3ª ed.
SOARES, Gláucio Ari Dillon. *Sociedade e política no Brasil.* São Paulo, Difel, 1973.
SODRÉ, Nelson Werneck. *História da burguesia brasileira.* Rio de Janeiro, Civilização Brasileira, 1967, 2ª ed.
SOLA, Lourdes. "O golpe de 37 e o Estado Novo", in: Carlos Guilherme Motta (org.), *Brasil em perspectiva.* São Paulo, Difel, 1968.
SOUZA, Maria do Carmo Campello de. *Estado e partidos políticos no Brasil (1930-1964).* São Paulo, Alfa-Ômega, 1976.
SOUZA, Nelson Mello E. "O planejamento econômico no Brasil: considerações críticas", in: *Revista de Administração Pública.* Rio de Janeiro, Ebap, 1968.
SOUZA, Paulo Renato de. "A determinação dos salários e do emprego em economias atrasadas", tese de doutoramento, Unicamp, 1980.
STEPAN, Alfred. *Os militares na política.* Rio de Janeiro, Artenova, 1975.

SZMRECSÁNYI, Tamás. *O planejamento na agro-indústria canavieira do Brasil (1930-1975)*. São Paulo, Hucitec-Unicamp, 1979.
TAVARES, Maria da Conceição e SERRA, José. "Além da estagnação", in: Maria da Conceição Tavares, *Da substituição de importações ao capitalismo financeiro*. Rio de Janeiro, Zahar, 1972.
TAVARES, Maria da Conceição. "Acumulação de capital e industrialização no Brasil", tese de livre-docência, FEA-UFRJ, 1975, *mimeo*.
TEIXEIRA, Anísio. *Educação no Brasil*. São Paulo, Nacional/MEC, 1976, 2ª ed.
TILLY, Charles (org.). *The formation of National States in Western Europe*. Princeton, Princeton University Press, 1976.
TRONCA, Ítalo. "Agentes da industrialização na República: a prática política dos militares", tese de doutoramento, História-USP, 1975, *mimeo*.
VALE, Osvaldo Trigueiro do. *O general Dutra e a redemocratização de 45*. Rio de Janeiro, Civilização Brasileira, 1978.
VARGAS, Getúlio. *A nova política do Brasil*. Rio de Janeiro, José Olympio, 1940, v.II.
_____. *O governo trabalhista no Brasil*. Rio de Janeiro, José Olympio, 1952, 1954 e 1969, v. I, II, III e IV.
VELHO, Otávio Guilherme. *Capitalismo autoritário e campesinato*. São Paulo-Rio de Janeiro, Difel, 1976.
VENÂNCIO FILHO, Alberto. *A intervenção do Estado no domínio econômico*. Rio de Janeiro, Fundação Getúlio Vargas, 1968.
VIANA, Ana Luíza D'Ávila. "O BNDE e a industrialização brasileira, 1952-1965", tese de mestrado, Depe, Unicamp.
VIANA, Márcia Maria D'Ávila. "A Comissão Mista Brasil-Estados Unidos no contexto do II Vargas", tese de mestrado, Universidade de Brasília, 1980, *mimeo*.
VIANNA, Arízio. *Orçamento brasileiro*. Rio de Janeiro, Dasp, Departamento de Imprensa Nacional, 1943.
_____, Dasp — Uma instituição a serviço do Brasil. Rio de Janeiro, Presidência da República, Dasp, Departamento de Imprensa Nacional, 1953.
VIANNA, Luís Jorge Werneck. *Liberalismo e sindicato no Brasil*. Rio de Janeiro, Paz e Terra, 1976.
_____. "O sistema partidário e o PDC", *Cadernos Cedec*, n.1. São Paulo, Brasiliense, 1978.
VILLALOBOS, João Eduardo Rodrigues. *Diretrizes e bases da educação — Ensino e liberdade*. São Paulo, Pioneira/USP, 1969.
VILLELA, Annibal Villanova e SUZIGAN, Wilson. *Política do governo e crescimento da economia brasileira (1889-1945)*. Rio de Janeiro, Ipea, 1973.
VINAGRE, José Clemenceau Caó. *Dutra: o presidente e a restauração democrática*. São Paulo, Ipê, 1949.
WEBER, Max. *Economia y sociedad*. México, Fondo de Cultura, 1944, 4 vol.
WEFFORT, Francisco. "O populismo na política brasileira", in: Celso Furtado (org.), *Brasil, tempos modernos*. Rio de Janeiro, Paz e Terra, 1968.

WEFFORT, Francisco. *Partidos, sindicatos e democracia: algumas questões para a história do período 1945-1964*. São Paulo, 1971, mimeo.

_____. *Classes populares e política (Contribuição ao estudo do "populismo")*, tese de doutoramento, FFLCH-USP, 1968, *mimeo*.

_____. *Sindicato e política*, tese de livre-docência, FFLCH-USP, 1972, *mimeo*.

_____. "Origens do sindicalismo populista no Brasil (A conjuntura do pós-guerra)", *Estudos Cebrap*, n.4, São Paulo, Cebrap, mai.-jun. 1973.

WHITAKER, José Maria. *O milagre de minha vida*. São Paulo, Hucitec, 1978.

WIRTH, John. *Minas Gerais and the Brazilian Federation (1889-1937)*. Califórnia, Stanford University Press, 1977.

WRIGHT MILLS, C. *The power elite*. Nova York, Oxford University Press, 1959.

ANAIS

1. *Anais da Assembléia Nacional Constituinte*
   (Anais da Constituição)
   Volumes: II, p. 460 e segs. e p. 470.
   IV, p. 307.
   VII, p. 264.
   IX, p. 204.
   X, p. 223-55.
   XI, p. 183, 294, 337.
   XII, p. 67, 172-77, 211, 350 e segs., 361 e segs., 391 e segs.
   XIII, p. 309-13, 424-6.
   XIV, p. 144, 355.
   XV, p. 44, 139-141, 186, 188, 189.
   XVII, p. 118, 216.
   XVIII, p. 93, 98.
   XX, p. 98, 224-51.
   XXI, p. 284, 295, 420 e segs.
   XXII, p. 191-93.
   XXIV, p. 105-6, p. 115 e segs., 120, 140, p. 436.

2. *Anais da Câmara dos Deputados*
   1951 — p. 142-52 e 265-71.

3. *Anais da Comissão de Constituição*
   (Anais da C.C.)
   Volumes: I, p. 286-7.
   II, p. 40-41, 138, 139, 148, 169, 170-1, 182, 187, 190, 192, 194.

4. *Anais do Conselho Econômico da Confederação Nacional da Indústria*, 1948.

BOLETINS

1. *Boletim Brasil Rural*, da Federação das Associações Rurais do Estado de São Paulo (Faresp), número especial, 1953.
2. *Boletim do Conselho Federal do Comércio Exterior* (CFCE), Rio de Janeiro, anos 1946, 1947, 1948, 1949 e 1950.
3. *Boletim do Conselho Técnico de Economia e Finança* (CTEF), Rio de Janeiro, anos 1946, 1947, 1948, 1949, 1950 e 1951.
4. *Boletim Informativo*, da Federação das Associações Rurais do Estado de São Paulo (Faresp), São Paulo, números de agosto a dezembro de 1952.
5. *Boletim Informativo da Confederação Nacional da Indústria* (CNI), Rio de Janeiro, 15/4/1952, p. 4 e segs.

DECRETOS E LEIS

1. *Artigos das Constituições dos Estados Unidos do Brasil* de:
   1934 — n.25
           n.64 a 72
           n.104 e 105
   1937 — n.57 a 63, de 10-11
           n.91, 92 e 103
           n.129
   1946 — n.70, parágrafo 3º
           n.95 a 97
           n.124
           n.205

2. *Decretos* de:
   06/9/1946 — n.9.874
   22/12/1947 — n.24.239
   12/6/1950 — n.28.255
   25/5/1951 — n.29.303
   11/7/1951 — n.29.741
   16/12/1953 — n.34.791

3. *Decretos-leis* de:
   3/12/1945 — n.17
   6/9/1946 — n.9.784

JORNAIS E PERIÓDICOS

A Noite, 13/11/1953.
Correio da Manhã, 27/9/1947 e 23/5/1948.
Diário do Congresso Nacional:
1947: 4/10 (p. 6539-41),
      8/10 (p. 6611-13 e 6615).
1948: 8/10
1949: 10/11 (p. 1.129)
Jornal do Comércio, 25/3/1954.
Jornal do Brasil:
1947: 16/5, 3/6, 3/7, 16/7, 23/7, 7/8, 30/8.
1951: 7/7.
O Estado de S. Paulo:
1945: 7/12.
1946: 7/12, 8/3, 12/3, 3/4, 14/6, 4/8, 18/10.
1947: 7/2, 22/4, 29/4, 30/4, 19/5, 29/6, 2/7, 9/10 e 22/11.
1948: 7/1, 10/1, 15/5, 24/8, 28/8, 3/9, 26/9 e 12/11.
1949: 5/2, 6/2, 5/3, 13/4, 22/4, 30/4, 4/5, 5/5, 7/5, 10/5, 2/6, 3/6 e 7/7.
O Jornal, 6/1/1954.
Análise e Conjuntura, Fundação João Pinheiro, v.9, n. 10, Belo Horizonte, out. 1979.
Revista do Comércio (da Confederação Nacional do Comércio, CNC). Edições de dezembro de 1945, abril de 1946 e março de 1948.
Revista do Conselho (Conselho Nacional de Economia, CNE), números 1-36, Rio de Janeiro, 1951 a 1955.
Revista de Cultura Contemporânea — Cedec, n.1 e 2, São Paulo.
Revista Diretrizes:
    Ano x, n.1.060, Rio de Janeiro, 9/3/1948, "Os lavradores do asfalto e o Plano Salte".

Ano x, n.1.364, Rio de Janeiro, 2/6/1949.
Ano x, n.1.380, Rio de Janeiro, 21/6/1949, "Rumos à economia brasileira".
Revista Escrita, n.2, São Paulo, 1967.
Estudos Cebrap, Edições Cebrap, n.4 e 23, São Paulo.
Revista da Faculdade de Direito de São Paulo, volume XLIII, 1948.
Revista Fisco e Contribuinte, nov. 1947.
Revista Forense, n.167, 1976.
Revista de Informação Legislativa, "Reforma Agrária — Projeto de Lei", n.7, DF, 1965-1958.
LEX — *Legislação Federal*, anos 1942, 1943 e 1946.
O Observador Econômico e Financeiro:
   Ano XIV, n.163, ago. 1949.
   Ano XIX, n. 22, julh. 1954.
O Economista, números de fevereiro e março, 1946.
Revista do Serviço Público — Dasp:
   números de janeiro a dezembro, 1946.
   número de julho/agosto, 1948.
Revista da Sociedade Rural Brasileira — SRB:
   números 310 e 314, jun. 1946.
   número 332, out. 1947.
   número 350, fev. 1950.

MENSAGENS

1. *Mensagem ao Congresso Nacional,* propondo o Programa do Petróleo Nacional e a criação da Petrobrás, 8/12/1951.
2. *Mensagem ao Congresso Nacional,* propondo o Plano Nacional de Eletrificação e a Eletrobrás, 1953.
3. *Mensagem Presidencial ao Congresso* na abertura da Sessão Legislativa — 1948, 1949 (Presidente Eurico Gaspar Dutra).
4. *Mensagem Presidencial ao Congresso* na abertura de Sessão Legislativa — 1951, 1952, 1953, 1954 (Presidente Getúlio Vargas).

RELATÓRIOS

Relatório do Administrador Geral do Plano Salte, 1952, Presidência da República.
Relatório do Banco do Brasil S.A., apresentado à Assembléia Geral dos Acionistas em abril de 1949, e referente ao exercício de 1948. Rio de Janeiro, *Jornal do Comércio*, Rodrigues e Cia., p. 41 e segs.
Relatórios do Banco do Brasil S.A., relativos aos exercícios de 1949, 1950 e 1951. Rio de Janeiro, *Jornal do Comércio*, 1950, 1951 e 1952.
Relatório da II Conferência Nacional das Classes Produtoras, Recomendações, Araxá, 1949.
Institute of Inter-American Affairs, *The Development of Brazil, Report of the Joint Brazil — United States Economic Development Comission, US.*
Government Printing Office, Washington 25 DC, 1954.
Relatório do Ministro da Fazenda, Ministério da Fazenda:
exercício de 1943, Rio de Janeiro, Imprensa Nacional, p. 19; p. 45-55; 77-85.
exercício de 1946, Rio de Janeiro, Imprensa Nacional, 1948, p. 84.

OUTROS

Ata final do Diário da Terceira Reunião de Consulta do Ministério das Relações Exteriores, 1942.
A Missão Cooke no Brasil, Fundação Getúlio Vargas (FGV). Rio de Janeiro, Centro de Estudos Brasileiros, 1948.
Banco Nacional de Desenvolvimento Econômico (BNDE), *Exposição sobre o Programa do Reaparelhamento Econômico*. Rio de Janeiro, 1956.
Câmara dos Deputados, *Reforma do Sistema Bancário Nacional, Projeto-lei 104-A*, novembro de 1946. Rio de Janeiro, Departamento de Imprensa Nacional, 1950.
Cepa, *A Reforma Administrativa Brasileira*, vol. I, II e III. Rio de Janeiro, Departamento de Imprensa Nacional.
Curso sobre Organização e Funcionamento do IBGE, Instituto Brasileiro de Geografia e Estatística (IBGE). Rio de Janeiro, IBGE, 1978.
Depoimentos sobre o Dasp, Departamento de Administração do Serviço Público (Dasp), serviço de documentação do Dasp, edição comemorativa do XXVIII aniversário, Rio de Janeiro, 1966.
— *O Plano Salte*, Dasp, Presidência da República. Rio de Janeiro, Departamento de Imprensa Nacional, 1953.
Dez anos de atividades do Conselho, Conselho Federal do Comércio Exterior (CFCE). Rio de Janeiro, Departamento de Imprensa Nacional, 1948.
Instituto Universitário de Pesquisas do Rio de Janeiro, Iuperj, *Expansão do Estado e intermediação dos interesses no Brasil*, Documento de Trabalho, Convênio Semor/Iuperj, vol. I e II. Rio de Janeiro, 1979.
"Memória justificativa do plano de eletrificação", in: *Plano Nacional de Eletrificação e Centrais Elétricas Brasileiras S.A.*, Presidência da República, Departamento de Imprensa Nacional, 1954.

IMPRESSÃO E ACABAMENTO:
YANGRAF Fone/Fax:
6198.1788